U0617651

北京大学
史学丛书

走向欧洲命运共同体之路

李　维　范继敏　主编

社会科学文献出版社
SOCIAL SCIENCES ACADEMIC PRESS (CHINA)

《北京大学史学丛书》出版说明

　　《北京大学史学丛书》是2018年北京大学百廿周年校庆之际，我系在学校财政大力支持下启动出版的一套历史学研究丛书。与已经开始出版的《北京大学人文学科文库·北大中国史研究丛书》、《北京大学人文学科文库·北大世界史研究丛书》、《北京大学中国古代史研究中心丛刊》、《未名中国史丛刊》相比，《北京大学史学丛书》选题范围更为广泛，除新撰专著外，也包括旧作增订、学术集刊、专题论文集、个人论文集等，旨在更加全面和充分地展示我系的学科建设成就。

　　北京大学历史学系渊源于1899年京师大学堂设立的史学堂，是全国高等教育中最早建立的史学教育机构。其学术实力在全国高校历史学院系中长期居于领先地位，在国际学术界也具有很高的声誉。近年来，随着兄弟院校历史学学科建设的不断加强，我系原有优势地位渐趋微弱，面临着巨大的挑战。在未来的时间里，我们将保持和发扬前辈师长的优秀学术传统，在已有基础上继续补充力量，整合队伍，拓展研究领域，明确学术标准，树立竞争意识，创造良好的学术氛围，鼓励和保护学术创新，力争产生更多的高水平学术成果，为北京大学的"双一流"建设做出应有的贡献。《北京大学史学丛书》出版的意义，亦在于此。

　　本套丛书出版，得到了社会科学文献出版社的大力支持，谨致谢意。

北京大学历史学系

2019年3月

目　录

前　言 ……………………………………………………………………… / i

·欧洲近代早期的思想与变革·

托马斯·莫尔与完美国家人民共同体 ……………………… 李宇恒 / 3

香肠事件与苏黎世宗教改革的开端 ……………………… 付家慧 / 18

动荡与平衡：宗教改革初期奥格斯堡市议会的

　　政治策略研究（1520—1529） ………………………… 吴　愁 / 29

苏格兰启蒙思想视域下的法国大革命 …………………… 林玉萍 / 44

·欧洲近现代的军事与战争·

19 世纪的英国海军及其转型 ……………………………… 徐桑奕 / 59

20 世纪初俄国战争与革命关系及对其评述的历时变化

　　——基于《消息报》的考察 ……………………… 许婷婷 / 74

试论 1941—1942 年塞瓦斯托波尔保卫战的

　　军事历史意义 ………………………………………… 谭学超 / 84

德国为何失败

　　——浅析法西斯德国在斯大林格勒战役中的

　　　　军事失误 ………………………………………… 华荣欣 / 95

缘何纽伦堡

　　——国际军事法庭审判纳粹首要战犯的时空决计 ……… 徐璟玮 / 106

冰英"鳕鱼战争"的爆发与海洋资源保护 …………………… 张秦瑜 / 119

·欧洲大陆的秩序与和平·

均势机制与体系扩展：欧洲均势体系（1815—1914）的
    演变与思考 …………………………………………… 靳晓哲 / 131
战争的精神源流
    ——阿伦特《极权主义的起源》中关于个体与意识
        形态的历史反思 ……………………………… 何世韬 / 157
"柏林犹太人大屠杀纪念碑之争"与德国的二战反思 …… 王丹妮 / 169
"和平不只是没有战争"
    ——西德与美国和平主义者的意见交流（1979—1987）
        ………………………………………………… 范继敏 / 183

·欧洲各国的历史与文化·

塞缪尔·约翰逊的文学阅读观
    ——"地方语文化"兴起背景下的讨论 …………… 张子悦 / 207
工业社会下的工人自助
    ——英国罗奇代尔先锋社的成立 ………………… 李 威 / 224
德意志第二帝国的官僚和学者
    ——以阿尔特霍夫与哈纳克为例 ………………… 粟河冰 / 243
虚构的"民族共同体"
    ——以纳粹德国大众旅游活动中的地区交流为例 ……… 宋 昊 / 255
东西德统一后柏林的记忆文化
    ——以滕伯尔霍夫机场、德意志－俄罗斯博物馆
        和洪堡论坛为例 ……………………………… 方心怡 / 268
德国历史博物馆对集体历史意识塑造的影响 ………… 孙怡雯 / 287

·欧洲一体化的危机与挑战·

康德的欧洲一体化思想及其困难 …………………… 彭晓涛 / 303

欧盟建立初期德国的难民问题 ………………………………… 宋舒杨 ／ 313

道义与利益的制衡：德国难民危机与难民政策研究 ……… 刘星延 ／ 327

全球经济危机前后欧洲的积极福利改革 …………………… 郭海龙 ／ 343

前 言

2018 年 9 月 15—16 日，北京大学历史学系举办了"走向欧洲命运共同体之路"博士生论坛。此次论坛由北京大学研究生院主办，北京大学历史学系承办。来自北京大学、清华大学、中国社会科学院、中央编译局、中国人民大学、北京师范大学、首都师范大学、北京外国语大学、南京大学、中山大学、吉林大学、南开大学、天津师范大学、山东大学、华东师范大学、上海外国语大学、湖南师范大学、德国波鸿鲁尔大学等海内外高校及研究机构的 80 余位学者、研究生参加了论坛。本届论坛的主题为"走向欧洲命运共同体之路"，具体探讨了欧洲民族国家历史、欧洲国家间的交流与互动、欧洲战争的教训与启示、欧洲一体化的历史与现实等四方面问题。论坛力求借鉴吸收历史学、哲学、德语文学、国际关系、政治学等人文社科领域的理论和成果，实现跨学科的积极互动。青年学子们在会上开展了广泛的交流，进行了深入的探讨。本届论坛还强调，在研究外国史的同时，要重视我们自己的历史文化。今年是著名历史学家齐思和先生诞辰 111 周年。齐先生学贯中西，不仅是中国世界中古史学科的奠基者之一，还在先秦史、晚清学术思想史、乾嘉考据学等领域做出了重要贡献。论坛召开了纪念会，勉励青年学者坚定中国文化自信，在欧洲史研究工作中取得更大的成绩。

会议结束后，我们收集、整理了 20 余篇论文，大致涉及以下五个论题，现呈现给广大读者。

论题一"欧洲近代早期的思想与变革"，共收录 4 篇论文。北京大学历史学系博士研究生李宇恒的《托马斯·莫尔与完美国家人民共同体》一文认为，莫尔是著名的思想家和政治家，他继承和超越了意大利人文主义传统，提出建立以人为本的近代人民国家。其思想核心是建立一个以人为本的人民共同体。莫尔不仅设想了近代国家的完美模式，也为我们当今建设和谐国家与和谐社会提供了借鉴。北京大学历史学系博士研究生付家慧的《香肠事件与苏黎世宗教改革的开端》一文，探讨了世俗生活对宗教改革的影响。文章指出，香肠事件直接导致苏黎世新教和天主教的矛盾公开化，而市民和市议会的参与则真正促进了苏黎世宗教改革的展开。社会生活的转变成为宗教改革的基础。德国哥廷根大学博士后吴愁的《动荡与平衡：宗教改革初期奥格斯堡市议会的政治策略研究（1520—1529）》一文，分析了奥格斯堡市议会在宗教改革早期的 1520—1529 年应对时局的城市政治策略，从中得出三点认识：其一，奥格斯堡市议会的总体目标是把城市建设成为一个统一、稳定的"基督教"社会有机体，因此，城市当局对所有可能产生社会混乱以及动荡的事件都严加管制，无论是世俗事件还是宗教事件；其二，市议会作为世俗力量在此期间成功介入一些宗教事务，增强了管辖范围与自身权威；其三，市议会 1520—1529 年间的政治策略制定，主要受鲍丁格的"中间道路"策略影响。北京师范大学历史学院硕士研究生林玉萍的《苏格兰启蒙思想视域下的法国大革命》一文表明，大部分苏格兰启蒙思想家对大革命抱持着温和审慎的立场。他们以权威原则和效用原则作为政府权威合法性的主要来源，视大革命为破坏社会进步的事件。以米勒为代表的少数苏格兰思想家则认为，大革命体现了社会进步和效用原则的胜利，是社会长期演进的产物。这两种评述为考察法国大革命提供了各具价值的分析理路。

论题二"欧洲近现代的军事与战争"，共收录 6 篇论文。南京大学历史学院博士研究生徐桑奕的《19 世纪的英国海军及其转型》一文，考察了英国海军在拿破仑战争结束后，随时代变化做出了相应的调整，采取一系列转型措施应对未来的挑战。北京大学外国语学院博士研究生许婷婷的《20世纪初俄国战争与革命关系及对其评述的历时变化——基于〈消息报〉的考察》一文，总结了《消息报》在苏联解体后的评述发生的变化：其一，国内革命力量对战争形势的有效利用是革命爆发的关键因素；其二，来自其他参战国的外部干预在历次革命中从未缺席，但它们对革命的作用不应被夸大；其三，革命和战争可以互相推动，革命压力可以促使政府对外发动战争，但战争不能从根本上消除革命危机。北京大学历史学系博士研究生谭学超的《试论 1941—1942 年塞瓦斯托波尔保卫战的军事历史意义》一文认为，1941—1942 年塞瓦斯托波尔保卫战是苏联卫国战争乃至整个第二次世界大战期间重要和具备特殊军事特色与意义的战役。虽然最终以苏军战败撤退和塞瓦斯托波尔的失陷告终，但成功挫败了德军在 1941 年完成对南俄地区全面控制的企图，迫使德军不能达到通过控制南俄地区，而同时发动对莫斯科方向的进攻的战略目的，其军事战略意义对 1942 年苏联和德国的战争形势都有着深远的影响。中国社会科学院欧洲研究所硕士研究生华荣欣的《德国为何而败——浅析法西斯德国在斯大林格勒战役中的军事失误》一文，分析了法西斯德国在斯大林格勒的失败原因，主要有：希特勒及德国最高统帅部在战略决策上的失误、军队战术单一、后勤供应困难、士气低落以及保卢斯将军的个人性格问题等。上海理工大学助理研究员徐璟玮的《缘何纽伦堡——国际军事法庭审判纳粹首要战犯的时空决计》一文，梳理了决定纽伦堡审判时间和地点的重要因素，并分析了这些因素的影响和最终造成的结果。中国人民大学历史学院博士研究生张秦瑜的《冰英"鳕鱼战争"的爆发与海洋资源保护》一文，讨论了冰岛和英国之间"鳕鱼战争"的爆发，认为制度约束对海洋资源保护起到显著效果，但从海洋资源可持续角度而言，提升海洋危机意识也是海洋资源保护中不可或缺的部分。

论题三"欧洲大陆的秩序与和平"，共收录 4 篇论文。南京大学历史学院博士研究生靳晓哲的《均势机制与体系扩展：欧洲均势体系（1815—1914）的演变与思考》一文认为，1815—1914 年的欧洲经典均势体系维持了欧洲大陆的"百年和平"，该体系内均势演化的内在逻辑先后经历了"大国协调"机制、"大国自主"机制、"大国结盟"机制三个阶段。最终，伴随全球殖民扩张以及欧洲均势与全球非均势等矛盾的显现，欧洲大国在"结盟"逻辑下逐步走向两极同盟的"对抗"与战争。华东师范大学历史学系硕士研究生何世韬的《战争的精神源流——阿伦特〈极权主义的起源〉中关于个体与意识形态的历史反思》一文，关注阿伦特对二战前历史的反思。阿伦特指出，反犹主义、帝国主义、极权主义，作为政治、经济和社会文化等原因所形成的意识形态，一个比一个更加凶狠地剥夺个体的人权。个体被迫害的原因在于"恶的平庸性"和公共、社会领域侵犯了私人领域。北京大学历史学系博士研究生王丹妮的《"柏林犹太人大屠杀纪念碑之争"与德国的二战反思》一文，梳理了柏林"欧洲被害犹太人纪念碑"建立的前因后果、论战双方论点，并简述了该论战对德国二战反思的意义。北京大学历史学系博士研究生范继敏的《"和平不只是没有战争"——西德与美国和平主义者的意见交流（1979—1987）》一文，以柏林绿党档案馆藏相关信件、活动安排、印刷品等原始档案为基础，梳理了 1979—1987 年西德与美国和平主义者之间的意见交流：西德和平运动前期，为促使北约双重决议破产，双方意见交流聚焦于现实问题，批判威慑政策，就实践层面遇到的困难相互求助；而在 1983 年 11 月 22 日联邦议会通过北约双重决议之后，西德和平主义者则与美国同仁深入探讨了和平背后的民主制、国际政治秩序、南北经济发展不平衡等深层次问题，不断充实其和平观的内容。研究西德与美国和平主义者之间跨大西洋的意见交流，有助于深入、细致地了解和平运动的历史面貌和 80 年代资本主义阵营内部的社会现实。

　　论题四"欧洲各国的历史与文化"，共收录 6 篇论文。北京大学历史学系硕士研究生张子悦的《塞缪尔·约翰逊的文学阅读观——"地方语文化"兴起背景下的讨论》一文，发现约翰逊不是古典文学的狂热推崇者，而更热衷于方言写作的文学作品。他的阅读兴趣反映了"地方语文化"的兴起。北京大学历史学系博士研究生李威的《工业社会下的工人自助——美国罗奇代尔先锋社的成立》一文指出，罗奇代尔先锋社逐渐摸索出一条适合实情实境的特殊道路，他们所构想的运行原则更是影响着英国乃至世界合作社运动的发展。先锋社的成立是"旧"与"新"的分水岭，意义深远。北京大学历史学系博士研究生栗河冰的《德意志第二帝国的官僚和学者——以阿尔特霍夫与哈纳克为例》一文，通过研究阿尔特霍夫与哈纳克在高等教育和科学政策领域的活动，揭示了威廉帝国时期官僚与学者的微妙关系。北京大学历史学系博士研究生宋昊的《虚构的"民族共同体"——以纳粹德国大众旅游活动中的地区交流为例》一文，根据德国联邦档案馆所藏的党卫队保安局与盖世太保对"欢乐是力量之源"组织（Kraft durch Freude，简称 KdF）所组织的旅行的监控报告，发现游客们时常会感受到阶级差异、地区矛盾、教派分歧以及纳粹党员所享有的特权。文章表明，纳粹党所宣称的要通过 KdF 所提供的旅行业务来加强德国民众间的团结，进而缔造"民族共同体"的目标并未实现，对于实际参与了旅行的德国民众而言，除了切实享受到的优惠假期福利，他们并未真正认同纳粹"民族共同体"这一政治社会理念。北京大学历史学系硕士研究生方心怡的《东西德统一后柏林的记忆文化——以滕伯尔霍夫机场、德意志－俄罗斯博物馆和洪堡论坛为例》一文，探寻了柏林的记忆文化，认为东西德统一之后柏林的记忆文化，就是在尊重过去史实、淡化历史伤痕的基础上，积极寻找过往历史新的意义，并创造新的文化认同。中国人民大学外国语学院硕士研究生孙怡雯的《德国历史博物馆对集体历史意识塑造的影响》一文表明，德国历史博物馆的创建和发展，是联邦德国历史反思的重要映照，此博物馆及其基金会在凸显统一后德国新首都的独特政治和历史作用方面，发挥了积极作用。

　　论题五"欧洲一体化的危机与挑战"，共收录 4 篇论文。南开大学哲学院博士研究生彭晓涛的《康德的欧洲一体化思想及其困难》一文，阐述了康德从目的王国到国际联盟的思想，以及他就国家间从对抗走向合作、建立稳定有效的国际合作机制、如何对待联盟外部成员提出的论证。北京大学历史学系硕士研究生宋舒杨的《欧盟建立初期德国的难民问题》一文，考察了欧盟早期的德国难民政策和社会舆论状况。认为当时德国没有出现大规模"疑欧"现象，主要有两个原因，一是在难民问题引发社会不满时，德国和欧盟都采取了限制性的难民政策，有效地控制了难民数量；二是当时欧盟的一体化程度较低，欧盟难民政策对民众的切身影响不大，关于欧盟难民政策的讨论主要限于政治精英群体，尚未成为选民关心的主要议题。这些结论对于认识德国难民问题的历史和现状有所助益。山东大学哲学与社会发展学院硕士研究生刘星延的《道义与利益的制衡：德国难民危机与难民政策研究》一文，把难民危机中的德国难民政策概括为三个阶段：2015 年 8 月之前国家利益主导下的谨慎难民政策，2015 年 8 月至 2016 年初人道主义精神主导下的宽松难民政策，2016 年至今人道主义精神与国家利益双重作用下的难民政策新调整。文章认为，随着难民危机进入尾声，德国妥善处理难民入境及其社会融入问题依然任重道远。中央党史和文献研究院助理研究员郭海龙的《全球经济危机前后欧洲的积极福利改革》一文指出，德、英、瑞、荷等欧洲国家快速克服全球经济危机的根本原因在于，这些国家进行了积极福利改革。改革的主要内容有社会福利的精准化，劳动力市场供、需两侧的改革，福利管理制度的改善等。

　　本书收录的论文，具有鲜明的跨学科特点。来自文学、哲学、国际关系等研究领域的文章，能够关注历史问题，注重历史背景的影响，注意到时间线索带来的发展变化；来自史学领域的论文，则尝试借助相关学科的理论工具，进行深入分析。这些文章虽未对欧洲命运共同体做出整体评价，未能预测其未来，但时刻从具体研究出发，关怀、回应着现当代的重大问题。正是这些基础研究，为进一步的理论探讨做好了细致、认真的准备，使之不至流于"假大空"。

　　从论坛的召开，到论文集的出版，我们得到了北京大学研究生院、北京大学历史系的大力支持，得到学界各位师长的关心鼓励，得到社会科学文献出版社宋欣荣、邵璐璐两位编辑老师的热情帮助，在此一并表示感谢！

李　维

2019 年 11 月于北京肖家河

欧洲近代早期的思想与变革

托马斯·莫尔与完美国家人民共同体

李宇恒

　　15 世纪下半叶至 16 世纪上半叶，君主制度在欧洲有较大发展。它取代了中世纪的地方割据和领主附庸制度，依各国国情建立了中央政府，有官僚制度、有国家税收、有统一司法、有议会、有独立主权和完整领土、有常备的武装力量，俨然成为统一和高效的近代国家。君主制度在英国和法国发展得比较充分，促成这些国家迅速崛起；在意大利，君主制度开始取代城邦共和制度。这一时期的文化意识形态也出现变化：以文学、诗歌、艺术为主要内容的文艺复兴转向了维护共和制度的政治论说。这一时期的政论家中，有教人如何当朝臣的卡斯蒂利奥内（Castiglione）、圭恰迪尼（Guicciardini），也有试图以利害关系或基督教道德劝说、制约君主的马基雅维利（Machiavelli）、伊拉斯谟（Erasmus）。此外，还出现了一位非常著名的人物，即生于伦敦的托马斯·莫尔（Thomas More）。他身居高位，却在英国发起对君主制度的批判。他写了一本名为《乌托邦》（*Utopia*）的书，鼓吹人民共和、建立一种人民共同体的体制，来保障人民的福祉。

　　根据莫尔思想的发展历程，本文拟就莫尔的人文主义、人民共同体的原则和人民共同体国家三个方面，因旧史之文，略加诠释，试图从英国复杂的社会矛盾切入，分析君主制下统治阶级与人民的尖锐的阶级矛盾，以期探讨莫尔的主旨，将人民共同体和君主制加以对照考察。

一　莫尔的人文主义

托马斯·莫尔是英国亨利八世统治时期的一名学者和政治家。他生于1478年2月7日，[①] 即英国红白玫瑰战争期间；死于1535年7月6日，正是亨利八世王权走向巅峰的时候。1533年6月，他曾自拟过一份墓志铭，简短概括自己的一生：

> 托马斯·莫尔出生于伦敦一个虽不知名却可敬的家族。他在一定程度上致力于文学研究，之后在青年时代花费几年时间在法庭上做一名律师，后来作为副司法行政官（Under-Sheriff）在伦敦担任法官职务，无敌的亨利八世——唯一一位获得"信仰捍卫者"称号特殊荣誉的国王，这一称号通过刀剑和笔端赢得——允许他进入宫廷。他被宫廷接受，被选为国王议会议员、授予爵士、任命为副财政大臣（Under-Treasurer），之后任兰彻斯特大法官（Chancellor of Lancaster），最后由于君主的特别支持担任英格兰大法官。与此同时，他被选为下议院议长（Speaker of the House of Commons）……[②]

莫尔的交游，除伊拉斯谟外，还有在牛津求学时结识的希腊语教师威廉·格罗辛（William Grocin），在他的影响下，莫尔重拾了对希腊语的兴趣。通过格罗辛，莫尔结识了托马斯·利纳克尔（Thomas Linacre）、威廉·利利（William Lily）和约翰·科利特（John Colet）等人。伊拉斯谟的《愚人颂》（*The Praise of Folly*）便是在莫尔家里写成，莫尔也和伊拉斯谟一起将罗马时代思想家和希腊语作家卢西亚诺（Luciano）的著作从希腊语翻译成拉丁语，并于1506年在巴黎结集出版。伊拉斯谟如此评论英国的人文主

---

① 关于莫尔的生卒年月，学术界有所争议。存在四种说法，一说是1477年2月7日，一说是1478年2月6日，一说是1478年2月7日，还有学者认为三种都可信。现在普遍承认的是第三种。参见 Frank Mitjans, "Reviewing and Correcting the Article on the Date of Birth of Thomas More," *Moreana*, Vol. 49, No. 3 - 4 (2012)：251 - 62。

② 1533年6月，莫尔在写给伊拉斯谟的一封信中随附自己的墓志铭。Thomas More, "To Erasmus Chelsea < June? 1533 >, trans. by Haworth," in Elizabeth Frances Rogers ed., *St. Thomas More：Selected Letters* (New Haven and London：Yale University Press, 1967), p. 180.

义圈子："格罗辛渊博的知识让人叹服，利纳克尔见解深邃精辟，托马斯·莫尔高尚且和蔼可亲。"他认为："这个国家的学识正在蓬勃发展，它所结出的丰硕果实已随处可见。"① 此外，莫尔也同政治人物交往，如研究亚里士多德（Aristotle）的利纳克尔就是亨利七世的医生，同时也是王子阿瑟（Arthur）的老师。莫尔的父亲约翰·莫尔（John More）是高等法院法官，在莫尔 12 岁时把他安置在大主教（后来的红衣大主教、英国大法官）约翰·莫顿（John Morton）家里做侍从，莫顿是亨利七世时期的重臣，莫尔深受他的影响。②

莫尔是一位名副其实的人文主义者，③ 古典学造诣深厚，拉丁语基础扎实。"他年纪很小时就饱读古典作品。青年时代，他致力于希腊文学及哲理的研究。"④ 人文主义是 14 世纪欧洲危机的产物。黑死病和社会制度崩溃使欧洲陷入困境，知识精英出来救世，在佛罗伦萨和威尼斯传播新文化。有人把人文主义的历史上溯到但丁（Dante）和彼特拉克（Petrarca），再晚一点的有薄伽丘（Boccaccio）、萨鲁塔蒂（Salutati）和布鲁尼（Bruni）。

意大利的人文主义思潮或多或少影响了莫尔，他从中汲取部分营养，同意下述观点：国家或君主统治的根本目的是维护人民权益。莫尔像但丁

---

① 蒲国良：《莫尔：乌托邦社会主义首创者》，中国工人出版社，2014，第 21 页。

② 〔德〕考茨基：《莫尔及其乌托邦》，关其侗译，华夏出版社，2015，第 115 页。

③ 在文艺复兴人文主义传统里，威廉·罗珀（William Roper）、托马斯·斯特普尔顿（Thomas Stapleton）、科瑞塞克·莫尔（Cresacre More）、理查德·马里厄斯（Richard Marius）、彼得·阿克罗伊德（Peter Ackroyd）、安东尼·肯尼（Anthony Kenny）的传记中都提到了莫尔的人文主义教育，贾斯珀·里德利（Jasper Ridley）、阿瑟·B. 弗格森（Arthur B. Ferguson）、昆廷·斯金纳（Quentin Skinner）、杰勒德·B. 韦格默（Gerard B. Wegemer）、A. L. 莫顿（A. L. Morton）、爱德华·苏茨（Edward Surtz）、罗素·埃姆斯（Russell Ames）等学者都坚定地认为莫尔是人文主义者。

　　与之相反，R. W. 钱伯斯（R. W. Chambers）认为《乌托邦》是赞美中世纪修道院禁欲主义的著作，是对当代进步政治思想的反动，莫尔想恢复中世纪集体主义。P. 阿尔贝·迪阿梅尔（P. Albert Duhamel）认为《乌托邦》的风格、内容、结构方法都彰显了中世纪色彩。而在 H. 昂肯（H. Oncken）看来，虽然莫尔是基督教人文主义者，但他更是"英国帝国主义之父"，因为"莫尔的乌托邦主义所建立的是一种殖民地农业社会基础上的政权。它实行高度集中计划，把恐怖统治神圣化，是后来一切政治意识形态都不及的"。参见〔奥〕弗里德里希·希《欧洲思想史》，赵复三译，广西师范大学出版社，2007，第 373 页。

④ Erasmus, "999/To Ulrich von Hutten, Anterp, 23 July 1519," in *The Correspondence of Erasmus*, Vol. 7, trans. by R. A. B. Mynors（Toronto：University of Toronto Press, 1987），p.17，转引自〔英〕托马斯·莫尔《乌托邦》，戴镏龄译，商务印书馆，2015，"附录一"，第 125 页。

和彼特拉克一样，关注统治者的美德和社会民生问题；像萨鲁塔蒂和布鲁尼一样，倡导积极生活、关心城市规划；像马基雅维利和伊拉斯谟一样，期望国家强盛、人民快乐生活。《乌托邦》第二部分的一段论述表明了莫尔与上述人文主义者的相似之处："德行引导我们的自然本性趋向正当高尚的快乐，如同趋向至善一般。相反的一个学派把幸福归因于至善。乌托邦人给至善下的定义是：符合于自然的生活。上帝创造人正是为了使其这样地生活……"①

但是，莫尔与前述人文主义者又有所不同。在莫尔的拉丁语诗作中，"他摒弃了意大利诗人放肆的奥维德主义（Ovidianism）和北方人文主义者（northern humanists）沉闷的宗教信仰"。② 另外，但丁、彼特拉克的政治学说本质上同马基雅维利、伊拉斯谟的规劝论一样，将社会理想维系在统治者一人身上，莫尔不同意这样的看法。他认为寄希望于君主徒劳无用，因为不是人民依靠君主，而是君主依赖人民。"不但国王的荣光，而且他的安全，系于老百姓的富裕，而不是系于他自己的富裕。"③ 况且，"老百姓选出国王，不是为国王，而是为他们自己，直率地说，要求国王辛勤从政，他们可以安居乐业，不遭受欺侮和冤屈。正由于此，国王应该更多关心的是老百姓的而不是他个人的幸福，犹如牧羊人作为一个牧羊人，其职责是喂饱羊，不是喂饱自己"。④

莫尔将理想寄托于人民和制度。在莫尔的理想盛世，一方面要培养人的理性。"理性首先是在人们身上燃起对上帝的爱和敬，我们的生存以及能享受幸福都是来自上帝。其次，理性劝告和敦促我们过尽量免除忧虑和尽量充满快乐的生活；并且，从爱吾同胞这个理由出发，帮助其他所有的人也达到上面的目标。"⑤ 人失去理性后非常危险，会变成动物。在我们感官的便捷与野兽的野蛮特性之间，傲慢的人变成狮子，愤怒的人变成熊，淫荡的人变成山羊，醉酒的暴食者变成猪，贪得无厌的敲诈者变成狼，弄虚

---

① 〔英〕托马斯·莫尔：《乌托邦》，第72—73页。
② Leicester Bradner and Charles A. Lynch，"Subjects and Themes，" in Clarence H. Miller etc. eds.，*The Complete Works of St. Thomas More*，Volume 3 （New Haven：Yale University Press，1965），p. 61.
③ 〔英〕托马斯·莫尔：《乌托邦》，第37页。
④ 〔英〕托马斯·莫尔：《乌托邦》，第37—38页。
⑤ 〔英〕托马斯·莫尔：《乌托邦》，第73页。

作假的骗子变成狐狸，嘲弄的小丑变成猴子。我们可能永远都无法从野兽形状恢复本来面目……①

另一方面，要消灭私有制。因为"任何地方私有制存在，所有的人凭现金价值衡量所有的事物，那么，一个国家就难以有正义和繁荣"。② 只有生产资料归全民所有才能实现公正，而"公正是一个国家的力量源泉"。③ 在《皮科的生活》（*Life of Pico*）、《理查三世史》（*The History of King Richard III*）、《乌托邦》这三部著作中，莫尔充分阐释了人民和制度。《皮科的生活》研究人在理性和智慧引导下的生活状态，④《理查三世史》和《乌托邦》则研究暴政产生的原因和最完美的国家制度。

莫尔"称赞皮科是虔诚的世俗凡人的生活典范"，⑤ 认为皮科是"在国内外因学识和虔诚声名卓著的人"，"他因百科全书式的知识在整个欧洲享有盛誉，也因其生命的神圣性而受到尊敬"。⑥ 皮科将人的地位推向一个新高度。上帝曾对亚当说："任何你选择的位子、形式、禀赋，你都是照你自己的欲求和判断拥有和掌控的。其他造物的自然一旦被规定，就都为我们定的法

---

① 参见 Thomas More, "The argument & mater of the first epistle of Picus vnto his neuieu Johan fraunsces," in Anthony S. G. Edwards etc. eds., *The Complete Works of St. Thomas More*, Volume 1 (New Haven: Yale University Press, 1965), pp. 76 – 77。

② 〔英〕托马斯·莫尔：《乌托邦》，第 43 页。

③ 〔英〕托马斯·莫尔：《乌托邦》，第 92 页。

④ 在人类生活方面，莫尔最欣赏的人是皮科。"皮科向他的朋友们展现了绝妙的尊贵和礼貌，并不是向那些身体强壮或夸大财富的人展现，而是向那些学识和环境约束他的人展现。"莫尔曾将翻译改编作品《皮科的生活》当作新年礼物送给修女乔伊丝·利（Joyce Leigh），并附有一封信，信中说："这些作品更有裨益，大部分是由约翰·皮科——米兰都拉的伯爵，一位意大利的领主，他的聪明才智和美德毋庸赘言——用拉丁语所著，因为我们宁可在审视自身微弱势力之后细致浏览他的圣洁生活，而不是充分审视皮科的美德之后浏览。" Thomas More, "To Joyeuce Leigh < London, c. 1 January 1505 >" in Elizabeth Frances Rogers ed., *The Correspondence of Sir Thomas More* (Princeton: Princeton University Press, 1947), p. 10.

⑤ 〔英〕安东尼·肯尼：《托马斯·莫尔》，倪慧良、巫苑之译，中国社会科学出版社，1992，第 21 页。

⑥ Thomas Stapleton, *The Life and Illustrious Martyrdom of Sir Thomas More*, *Formerly Lord Chancellor of England* (London: Benziger Brothers), p. 10. 科瑞塞克·莫尔（Cresacre More）在《莫尔传》中对此观点做出如下回应："莫尔决定结婚；因此他质问自己，作为一种生活方式，独身的平信徒皮科，因其美德闻名遐迩，还因其学识特别杰出；莫尔翻译并阐述皮科的生活，以及许多皮科极具价值的书信，和美好生活的 12 条人生箴言。"参见 Anthony S. G. Edwards, "Introduction Life of Pico," in Anthony S. G. Edwards etc. eds., *The Complete Works of St. Thomas More*, Volume 1, p. 38。

则所约束。但你不受任何限制的约束，可以按照你的自由抉择决定你的自然，我们已把你交给你的自由抉择。我们已将你置于世界的中心，在那里你更容易凝视世间万物。我们使你既不属天也不属地，既非可朽亦非不朽；这样一来，你就是自己尊贵而自由的形塑者，可以把自己塑造成任何偏爱的形式。你既能堕落为更低等的野兽，也能照你灵魂的决断，在神圣的更高等级中重生。"① 人可以在俗世中完善自身，其中，坚定而强大的意志必不可少。如果一个人的意志脆弱会很危险，"对他来说，没有什么是确定的，没有什么是和平的，相反，所有事情都是可怕的，所有事情都是悲伤的，所有事情都是致命的"。② 但是，如果一个人拥有坚强的意志，当他遇到挑衅和冲突时，没有什么可以战胜他的意志，因此不需要借助其他力量，而是自己去征服。③

莫尔在《理查三世史》中刻画了一个暴君形象，描绘了残暴的政治制度。"在理查统治期间，从未停止过残酷的死亡和杀戮，直到他自己的毁灭结束了它们。"④ 暴政发生的根源是不完善的法律。莫尔在开篇就强调："理查的父亲通过法律而不是战争向议会提出他的诉求，发起对王冠的挑战。"⑤ 传记接下来讲述的，是理查三世如何借助法律将夺权合法化。莫尔没有用道德或利害关系劝说君主，而是揭露了君主制度与人文主义相悖的本质，政治权谋充斥着利益交换。例如，投靠理查的白金汉公爵爱德华（Edward Duke of Buckingham）为了谋取更多利益，与理查达成了一项互惠协议：如果理查加冕，将让其唯一合法继承人迎娶公爵女儿，并且给予公爵赫特福德伯爵（the Earldom of Hertford）的占有权。⑥ 又如，"对国家衰落负最大责任的人是一位律师，他因其法律知识而受到尊重。为了谋求优先晋升和提拔，通过滥用法律威望和地位，这个博学的卡茨比（Catesby）开启了事件的整个链条"。

---

① 〔意〕皮科·米兰多拉：《论人的尊严》，顾超一、樊虹谷译，北京大学出版社，2010，第 25 页。

② Pico Mirandola, "First Letter to Gianfrancesco, trans. by Thomas More," in Anthony S. G. Edwards etc. eds., *The Complete Works of St. Thomas More*, Volume 1, p. 80.

③ *Ibid.*, p. 78.

④ Thomas More, "The History of King Richard Ⅲ," in Richard S. Sylvester ed., *The Complete Works of St. Thomas More*, Volume 2 (New Haven: Yale University Press, 1965), p. 82.

⑤ *Ibid.*, p. 45.

⑥ *Ibid.*, p. 44.

二　人民共同体的原则

人文主义者触及人类幸福的主题后，在现实面前纷纷失败。莫尔意识到，在英国，不可能通过改造统治者实现人民幸福。于是，在研究理想的人、暴政和完美的制度之后，莫尔从人的角度切入，认真思考让人类生活美满的要素是什么，人类的共同利益如何实现并最大化，如何建立人民自己的国家来维系人民的福祉。

共同体主要有两种组成方式，或自然形成，或有意识地创造。前者是血缘、亲族、种族和气质等由地域传导的同一性联系。后者则根据利益范围又分为两种，一种是全部共同利益的发展，一种是局部私人利益的聚合。① 莫尔的人民共同体思想倾向于全体居民的共同利益，旨在开创和谐、多赢、互惠的局面。莫尔的共同体也是国家的一种形式，在他那里，实现、享受快乐幸福的生活是共同体的宗旨和最高原则，他把快乐区分为精神快乐、身心快乐和物质快乐三种。"乌托邦人特别不肯放过精神的快乐，以其为一切快乐中的第一位的、最重要的。他们认为主要的精神快乐来自于德行的实践以及高尚生活的自我意识。"②

政府与民众的同一性，是共同体秩序的根本基础。与英国政府被少数君主、贵族把持不同，共同体实行的是人民政权。这种一致性在于官员是由人民选举的，并且始终把民需、民生、民享、民意、民权放在首位。换言之，国家为人民福祉服务，政府和人民之间不存在凭借权力压迫剥削的问题。这反映出共同体的人民性质。若想人民过上幸福生活，国家必须为人民服务，满足人民的一些需求。首先，和平是民心所向。莫尔非常热爱和平，"他曾多次担任国王的大使，最后在出使康布雷（Cambrai）时担任卡思伯特·滕斯托尔 [Cuthbert Tunstall，当时的伦敦大主教，不久之后是杜勒姆大主教（Bishop of Durham），他的学识、智慧和美德在当今之世难得一见] 的助理和同事。在那里，令他非常高兴的是，他以大使的身份亲眼见证基督

---

① 〔英〕戴维·米勒、韦农·波格丹诺编《布莱克维尔政治学百科全书》，中国问题研究所等组织翻译，中国政法大学出版社，1992，第143页。

② 〔英〕托马斯·莫尔：《乌托邦》，第79页。

教世界最高君主之间和平条约的续订，恢复世人渴望已久的和平。愿天堂确认这份和平，使它持久存续"。① 莫尔曾对大女婿威廉·罗珀（William Roper）说，如果上帝帮助他实现三个愿望，就算立刻将他杀死，他也心甘情愿。

这三个愿望是："第一，绝大多数基督君主们处于致命的战争中，希望他们都能处于普遍和平状态；第二，基督教会目前遭遇许多谬论和异端邪说，希望它们能在完美统一的宗教中确定；第三，国王的婚姻问题现在受到质疑，希望在上帝的荣耀和各党派平静中得以良好解决。"② 莫尔认为暴政的一个重要原因就是战争频仍。战争对人民和国家发展可谓百害无一利，战争所需的巨额耗费都是搜刮人民而来。"国王应该考虑的不是攫取新的土地，而应是去考虑现有土地的妥善管理；国王不应该用战争使自己的臣民破产和遭受不幸，而应该关心臣民的福利。"③ 人民需要和平，他们希望自己能保全生命，呵护妻儿的安宁，保障自身财产安全，不被随意征税，没有抢劫和勒索。④

在经济上，共同体的原则是废除私有财产，资产归全体国民所有，实现资源共享的根本原则。从莫尔的人民共同体思想中，可以看到《理想国》（Res Publica）的影子。柏拉图（Plato）和莫尔都关注财产分配问题，都希望通过公有制实现平等和正义。但是，两者又有明显不同。第一，柏拉图借助道德建立理想国，规劝贵族阶层无私、谦让；莫尔则借助经济制度消除贫富差距，⑤ 因为经济不平等的关键在于生产者没有掌握生产资料。第

---

① Thomas More，"To Erasmus. Chelsea < June？ 1533 >，trans. by Haworth，" in Elizabeth Frances Rogers ed.，*St. Thomas More*：*Selected Letters*，p. 180.

② William Roper，"The Life of Sir Thomas More，Knight，" in Gerard B. Wegemer and Stephen W. Smith eds.，*A Thomas More Source Book*（Washington D. C.：Catholic University of America Press，2004），pp. 28 – 29.

③ 〔苏〕奥西诺夫斯基：《托马斯·莫尔传》，杨家荣、李兴汉译，商务印书馆，1984，第127页。

④ Thomas More，"The History of King Richard Ⅲ，" in Richard S. Sylvester ed.，*The Complete Works of St. Thomas More*，Volume 2，p. 69.

⑤ 高一涵：《欧洲政治思想史》，东方出版社，2007，第318页。在作者看来，"柏氏和莫尔对于财产的态度各有不同。柏氏抱的是禁欲主义，莫尔却带点快乐主义。柏氏共产主义的原因在道德，想使治国阶级护国阶级人人无私；莫尔共产主义的原因在经济，想打破当时贫富不均的实际社会。柏氏看见希腊的国家败坏在自私自利的政客手中，所以想取消私有财产权；莫尔看见英国的土地尽被资本家夺去，把农田占作牧场，所以主张财产公有。柏氏不想使上层阶级做工，只想使他们免去财产家室之累；莫尔却想使全国人民自食其力，故要使个人自勤手足"。

二，柏拉图将人分为三个等级——知识贵族、武士、体力劳动者，职责分别是管理国家、打仗和做工。脑力劳动和体力劳动近乎对立，柏拉图想建立的依然是贵族等级制国家。莫尔则一视同仁，人人都是体力劳动者和脑力劳动者。"乌托邦人不分男女都以务农为业。他们无不从小学农，部分是在学校接受理论，部分是到城市附近农庄上实习旅行，有如文娱活动。"①莫尔想建立人民的国家，人民能够悠闲、体面地生活。"乌托邦宪法规定：在公共需要不受损害的范围内，所有公民应该除了从事体力劳动，还有尽可能充裕的时间用于精神上的自由及开拓，他们认为这才是人生的快乐。"②

满足人民生活的基本需要，是共同体国家的最基本保障。这里可以比较英国与乌托邦的不同。国家要满足人民的基本物质需求，使人们不再为吃饭、居住、工作等经济问题发愁。1510 年 9 月，莫尔正式开启法官生涯。"据罗珀记载，担任伦敦副司法行政官后，莫尔'通过他的官职和学问'每年赚 400 英镑，这对一位 33 岁的律师来说是相当可观的收入。"③ 可是，1516 年，当莫尔被派遣到弗兰德斯（Flanders）的商业大使馆谈判时，他仍然觉得收支失衡。在写给伊拉斯谟的信中，莫尔说："当我出使时，我必须维持两个家庭的开支，一个在国内，一个在国外。为了使我的随从受益，国王授予我相当慷慨的津贴，可是并没有为我不得不留在国内的家人考虑丝毫；如您所知，尽管我是一个和善的丈夫、宽容的父亲、温柔的主人，在说服我的家庭成员没有食物就去工作这件事上，我从未成功……"④ 在理想社会，这一问题根本不会存在。因为"财产是共有的，没有竞争，每个人都在共同利益的指导下从事工作"。⑤ 这一政策的结果是，人民"无忧无虑，快乐而安静地生活，不为吃饭问题操心，不因妻子有所需索的吵闹而烦恼，不怕男孩贫困，不愁女孩没有妆奁，而是对自己以及家中的妻、儿、孙、曾孙、玄孙，以及绵绵不绝的无穷尽后代的生活和幸福都感到放心"。⑥

依法治国、保证法律公正，是共同体得以维持的主要手段。如果比较

---

① 〔英〕托马斯·莫尔：《乌托邦》，第 55 页。

② 〔英〕托马斯·莫尔：《乌托邦》，第 59 页。

③ J. A. Guy, *The Public Career of Sir Thomas More*（London：Yale University Press, 1980），p. 5.

④ Thomas More, "To Erasmus < London, c. 17 February 1516 >, trans. by Haworth," in Elizabeth Frances Rogers ed., *St. Thomas More：Selected Letters*, pp. 69–70.

⑤ 〔英〕戴维·米勒、韦农·波格丹诺编《布莱克维尔政治学词典》，第 486 页。

⑥ 〔英〕托马斯·莫尔：《乌托邦》，第 115 页。

莫尔在《乌托邦》中的欢乐心情与 1534 年在伦敦塔监禁的场景，两者之间
就是天壤之别。在《乌托邦》中，莫尔描述了他心中最完美的制度，它们
建立在法律基础之上。乌托邦人民都遵守公共法令，它"或是贤明国王公
正地颁布的，或是免于暴政和欺骗的人民一致通过的"。① 由于"非常贤明
而神圣的制度"，乌托邦"法令极少而治理得宜，善必有赏，可是由于分配
平均，人人一切物资充裕"，而其他国家"不断制定法律，却全都不上轨
道"。② 因为"在别的国家，人们固然谈说公共福利，但所奔走打算的却只
是私人的利益。在乌托邦，私有财产不存在，人们就认真关心公事"。③

　　而在英国，莫尔感到的却是法治无存，任何人都受到暴君的残酷折磨。
在 1534 年 4 月写给大女儿玛格丽特·罗珀（Margaret Roper）的信中，莫尔详
细叙述了被传唤审问的过程和自己对法律的体会。从中可以看出，莫尔认为
人民有拒绝或赞同法案的自由，这一自由不应受到任何压迫。"我也渴望看到
《继承法案》（Act of Succession），这部法案以印刷品的形式寄送给我。此后，
我自己悄悄地读了，并且考虑了这个法案的誓言，我向他们表明，我的目
的既不是在法案中找什么错误，也不是在制定法案的任何人身上找错误，
既不是在誓言中找什么错误，也不是在任何发誓的人身上找错误，更不是
要谴责其他任何人的良知。但是，至于我自己，实际上，我的良心在这件
事中深受触动，虽然我不愿否认向《继承法案》宣誓，但是，对于在那儿
提供给我的誓言，我不能发誓，否则我的灵魂会面临被永久惩罚的危险。
如果他们怀疑我只是因为心里怨恨或其他幻想而拒绝誓言，我准备在那里
用我的誓言来满足他们。如果他们不信任我，他们应该如何更好地给我任
何誓言？如果他们相信我会在那里发誓，那么我相信他们善良，他们不会
强迫我用他们提供给我的誓言宣誓，因为他们会认为对它发誓违背我的良
知。"④ 另外，人民对政治事务有自己的理解，不会被轻易糊弄和诱骗。⑤ 在

---

① 〔英〕托马斯·莫尔：《乌托邦》，第 74 页。
② 〔英〕托马斯·莫尔：《乌托邦》，第 43 页。
③ 〔英〕托马斯·莫尔：《乌托邦》，第 114 页。
④ Thomas More, "To Margaret Roper < Tower of London, c. 17 April 1534 >, trans. by Haworth,"
　　in Elizabeth Frances Rogers eds., *St. Thomas More*: *Selected Letters*, pp. 217 - 218.
⑤ 在乌托邦，人人都精通法律，尽可能地保证公平、维持公平，不被律师欺骗。参见 Thomas
　　More, "Utopia, Book Ⅱ," in Edward Surtz, S. J. and J. H. Hexter eds., *The Complete Works of
　　St. Thomas More*, Volume 4 (New Haven: Yale University Press, 1965), p. 195.

《理查三世史》中，白金汉公爵第一次鼓吹理查的伟大美德与合法继承权后，本以为会听到观众激情地呼喊"理查国王！理查国王！"但实际情况是"所有人都安静下来，没有一声回答"。① 当公爵"又以其他顺序和其他词语再次向民众讲演同样的事情后"，"所有之前站在那儿的人都没有回复一个字，一切都像午夜一样寂静，而不是人们之间窃窃私语，似乎可能承认这就是最好的做法"。②

贯彻自由、平等原则是共同体的社会原则。在乌托邦，人民享有充足的政治自由，不会因为被胁迫而违心做事。共同体必须设立福利制度，以便所有人都能够得到健康的身体和丰富的文化。国家应该提供优越的医疗条件，"医院设备完善，凡足以促进健康的用具无不应有尽有。而且，治疗认真而体贴入微，高明医生亲自不断护理……"③ 国家还应建立稳定的社会秩序，促使人们和谐相处；制定福利政策，照顾老弱病残；等等。总之，莫尔试图变贵族国家为服务于全民的国家，变体力劳动者为脑力劳动者，变经济私有制为全民公有制，建立人民共同体的国家。

另外，国家也应满足人民的文化需求，丰富精神活动。"精神之乐来自德行的实践以及高尚生活的自我意识"，④ 具体包括"理智以及从默察真理所获得的喜悦"、"对过去美满生活的惬意回忆以及对未来幸福的期望"。⑤ 不过，完善自身的美德并非易事，"当一个人依靠自己的力量攀登美德这条陡峭的道路时，有一千种方式阻碍他，无数诱惑使他沉沦。无论您身在何处，一方面只有虚伪的爱和谄媚者的甜蜜毒液回荡；另一方面，激烈的仇恨、争吵、论坛的喧嚣低声反对您。您转眼望去，除了糖果商、鱼贩、屠夫、厨师、饲养员（poulterers）、渔民、捕鸟者，谁来为暴食者、世界及其主人提供食物，魔鬼吗？"⑥ 即便如此，国家也应借助教育帮助人民严格自律、抵制诱惑、提升德行。

---

① Thomas More, "The History of King Richard Ⅲ," in Richard S. Sylvester eds., *The Complete Works of St. Thomas More*, Volume 2, p. 75.

② *Ibid.*

③ 〔英〕托马斯·莫尔：《乌托邦》，第 62 页。

④ 〔英〕托马斯·莫尔：《乌托邦》，第 79 页。

⑤ 〔英〕托马斯·莫尔：《乌托邦》，第 77 页。

⑥ Thomas More, "To John Colet < London？ c. March 1512？>, trans. by Hallett," in Elizabeth Frances Rogers ed., *St. Thomas More：Selected Letters*, pp. 4 – 5.

三　人民共同体的制度

在由人民共同体建立的国家中，满足人民的诉求需要建立一系列与之相合的制度，不然将难以长久维系。莫尔相信，只有法律能全面保障这些制度，但是，制定法律的权力在人民手中。莫尔非常清楚，法律既可以维护人民的权益，也可以破坏它。"更糟的是富人不仅私下行骗，而且利用公共法令以侵吞穷人每日收入的一部分。即使富人不曾这样侵吞，那些对国家最有贡献的人却获得最低的酬报，这已经看来不公平了。可是现在富人进一步破坏并贬低正义，以至于制定法令，使其冒充正义。因此，我将现今各地一切繁荣的国家反复考虑之后，我断言我见到的无非是富人狼狈为奸，盗用国家名义为自己谋利。他们千方百计，首先把自己用不法手段敛聚的全部财富安全地保存起来，其次用极低廉的工价剥削所有穷人的劳动。等到富人假借公众名义，即是说也包括假借穷人的名义，把他们的花招规定为必须遵守的东西，这样的花招便成为法律了！"① 在《乌托邦》中，莫尔制定了一整套公平的法律体系。

为了从根本上保障共同利益，需要建立政治、经济、军事、宗教等各方面制度，并且将其清楚明了地写入法律。首先，经济上必须废除私有制，实行公有制。"当写到围栏、流浪汉、失业的士兵、法律的拖延、穿制服标志的仆人、布料行业的反复困境，以及农产品的引入和垄断以提高其市场价格时，莫尔正在思考他的同胞们非常清楚的问题，其中有持续了 25 年的各行各业的问题，有持续了 100 年的一些问题。莫尔的成就并不在于细致地发现了这些邪恶弊端，而在于把它们作为一个互相联系的整体处理，不是当作独立的植物而是当作生长整体。它们可能表面上分开，但是有一个隐匿的相同的根源。"② 这个根源是私有制。私有制滋生"徇私与贪利这两个弊病"，它们"一旦支配了人们的判断，便立刻破坏一切公正，而公正是一个国家的力量源泉"。③

① 〔英〕托马斯·莫尔：《乌托邦》，第 116 页。
② J. H. Hexter, *More's Utopia: The Biography of an Idea* (New York: Harper & Row, 1965), pp. 65 – 66.
③ 〔英〕托马斯·莫尔：《乌托邦》，第 91 页。

其次，建立合理的政治制度，官员都由人民推选产生，他们帮助人民实现共同利益。在莫尔的理想社会，政治制度非常完善，而且不会被随意变革。因为官员选举方式严苛，权力分散在各个家庭中。全国共有54座城市，每个城市有6000户家庭，每个家庭"成年人不得少于十名，也不得多于十六名"。① 在一个城市中，人民每年都行使两到三次选举权，第一次根据人口数量选举基层官员（飞拉哈）与高层官员（首席飞拉哈），第二次按照区域地理选举最高层官员（总督）及其候选人（总督候选人），第三次则依据年龄划分从长者中选出参加全国大会的代表。莫尔详细介绍了前两次选举，第三次则简略提及，并未规定长者参选的年龄及具体推举方式。每30户选出一位飞拉哈，每300户选出一位首席飞拉哈，每1500户选出一位总督候选人，每6000户选出一位总督。其中，基层官员一年一换，每个家庭参政当选的概率是30∶1。由此看来，每座城市的执政官体系为：1名总督，20名首席飞拉哈，200名飞拉哈。

理想社会还有严格的作息制度，"午前劳动三小时，然后是进午膳。午后休息二小时，又是继以三小时工作，然后停工进晚餐"。② 婚姻法规定女子18岁才能婚嫁，男子22岁才能娶妻。宗教方面"有一条最古的制度，任何人不能由于自己的信仰而受到责罚"。③ 不仅如此，法律还明确规定了医疗制度、教育制度、人口制度等。

法律的效用非常明显，往往立竿见影，但是它主要从外在约束人们的行为。"当一个人除法律外什么都不怕，除肉体外对什么都不寄予希望，那么，毫无疑问，为了满足他的私人欲望，他会想方设法回避国家法律，或是力图用强暴手段破坏国家法律。"④ 这种情况下，道德约束和学识教养将发挥作用。提高人民的综合素质对巩固人民共同体大有裨益。与意大利人文主义者不同，莫尔并不专注于君主一人的道德品质和学问，而是关注全体人民。他相信，通过学习知识，人民可以变得更加理性，活得更有尊严，心胸和眼界更为宽广。

莫尔建议从法律和道德两方面双管齐下保障人民共同体，维护人民的

① 〔英〕托马斯·莫尔：《乌托邦》，第60页。
② 〔英〕托马斯·莫尔：《乌托邦》，第56页。
③ 〔英〕托马斯·莫尔：《乌托邦》，第104页。
④ 〔英〕托马斯·莫尔：《乌托邦》，第105页。

共同利益。良好的制度能限制权力滥用，官员在制定决策时优先考虑人民的权益；人民遵纪守法，品德良好，和睦共处，为了共同利益而奋斗不息。"没有私有制和特权阶级，以及民主的政治制度都说明：在我们面前挺立的是不受暴政压迫的自由人民和掌握自己命运的真正主人。"① 莫尔的人民共同体思想几乎都蕴藏在《乌托邦》中，他对这个人民掌权的乌有之乡甚是满意，情有独钟。他曾在信中对伊拉斯谟说："您不知道我有多兴奋，我觉得如此骄傲，高昂着头。在我的白日梦中，我永久地被我的乌托邦居民标识为他们的国王；我能看到自己现在正在行军，头戴小麦做的王冠，在我的方济各会教士服中非常瞩目，带着一把小麦作为神圣的权杖，挤满了阿玛若提安（Amaurotians）杰出的随从，和这个庞大随从一起，倾听外国大使和国王；与我们相比，他们是可怜的生物，因为他们愚蠢地为穿着幼稚的装束和女性华丽的服装感到骄傲，系着卑劣的黄金，在他们的紫袍、珠宝和其他空虚的装饰品中很可笑。"②

四 结语

莫尔是一位具有鲜明特点的英国人文主义者。莫尔的核心理念是从人文主义到人类共同体，再到人民共同体的国家。他与意大利人文主义相比差异明显，最大的不同有两点：其一，他完全脱离了通过劝说君主来保卫人民利益的传统，转而建立人民自己的和谐国家；其二，他认为人类的福祉是全方位的，包括政治、经济、文学、艺术、格调和良好的生活品质，而不是像意大利人文主义者那样最后从文学艺术走向唯政治论。

莫尔的人民共同体是建立在公有制基础上的人民国家，旨在实现国家与社会、国家与自然、国家与民族、中央与地方、国内与国外、政治精英与专业文化精英、统治者与人民之间的高度和谐。这一切，都是通过国家为民、民为国家来实现的。莫尔主张以人为本，以民为本，要站在人民的立场思考国家制度建设和人类命运的走向。莫尔深信法律能保障最完美的

---

① 〔苏〕奥西诺夫斯基：《托马斯·莫尔传》，第148页。

② Thomas More, "To Erasmus ＜ London, 15 December 1516 ＞, trans. by Haworth," in Elizabeth Frances Rogers ed., *St. Thomas More: Selected Letters*, p. 85.

制度和人民的共同利益，也相信学问和道德能培养出最完善的人，他们会从人民全体利益着眼，而不会因为私利囿于一隅。这些人民和制度共同构建了一个民主、文明、法治、友爱的社会。"一个良好的社会与其说是本身体现了共同体的要素，不如说是提供了一种各类共同体都可以有其安身立命之地的环境。"①

　　莫尔创造了体系化的理想国家模型，并不是凭一时冲动，而是经过深思熟虑和理性设计。以人为本是莫尔思想的核心，人民共同体是莫尔建立的实践方式。莫尔设想，当社会如此运作时，社会的不和谐因素就会减少甚至杜绝。公共的善或共同的利益将人们聚集在一起，求同存异，围绕共同的目标思考、行动、和谐相处，最终实现世界大同。

（作者为北京大学历史学系世界史专业 2015 级博士研究生）

---

① 〔英〕戴维·米勒、韦农·波格丹诺编《布莱克维尔政治学词典》，第 144 页。

香肠事件与苏黎世宗教改革的开端

付家慧

宗教改革史学家卡特·林德伯格（Carter Lindberg）认为，如果说德意志宗教改革以路德关于赎罪券的神学讨论开始，那么苏黎世宗教改革则是由一个公开事件，即"香肠事件"引起的。[①] 作为德国宗教改革开端的赎罪券问题和《九十五条论纲》受到广泛关注和深入研究，作为苏黎世宗教改革甚至是瑞士宗教改革开端的香肠事件却没有得到足够的关注和讨论。

1522 年四旬斋（Lent）期间，苏黎世的一些俗人和教士违反教规食用香肠，成为苏黎世宗教改革爆发的导火索。一个事件如何发酵为一场撼动整个城市的改革？苏黎世作为瑞士第一个进行宗教改革的城市，非常值得关注。分析苏黎世香肠事件的始末及其带来的一系列连锁反应，有助于发现和探讨德意志宗教改革对其他国家和城市的影响，以及俗人和教士在宗教改革发展中所扮演的角色。学界对于苏黎世的宗教改革研究主要集中在对茨温利的研究上，苏黎世的宗教改革研究通常被等同于茨温利的宗教改革研究。但是对香肠事件加以分析可以发现，苏黎世的宗教改革并不仅体现在改革家的改革思想和活动中，民众和政府的参与真正推动了苏黎世的宗教改革。

一　香肠事件始末

德意志宗教改革爆发后，宗教改革的消息和马丁·路德等改教家的著

---

① Carter Lindberg, *The European Reformations* (Willey and Blackwell, 2010), p. 161.

作就通过伯尔尼等地的印刷商传播到其他城市。很多人对此欣喜若狂，认为真理终于得以彰显，也有很多天主教徒对此反应迟缓。茨温利就为他的瑞士同胞对宗教改革的无知感到惊讶。他认为："人们在被动的被命令和劝告时，通常反应迟缓，只有出于自身的冲动，才能迅速地行动。"① 对于苏黎世的民众来说，香肠事件正是关乎他们信仰和生活的事务，也是改革在苏黎世发生的契机。

苏黎世香肠事件发生在 1522 年的四旬斋期间。四旬斋是天主教会的重要节日之一，天主教会通常将四旬斋的起源追溯到《新约》中"耶稣在旷野四十天"的故事：耶稣在布道之前，被圣灵引到旷野，受魔鬼的试探。他禁食四十昼夜。② 为了模仿基督的行为，基督徒在复活节前进行禁食。起初，斋戒只是从耶稣受难日到复活节早晨，后来延长到整个复活节前的一周，4 世纪又进一步延长为复活节前四十天，因此这一封斋期被称作"四旬斋"。漫长的四旬斋在基督徒一年的生活中占据了重要位置，它位于气氛欢快的狂欢节和复活节之间，却是一个和罪最相关的节日。人类始祖因为犯罪而沦落，所有人类都背负原罪，并且每个人还在不断犯罪，罪同时是基督徒个人的和整体的。因此罪作为个人的污点需要个人的忏悔，作为基督徒整体的污点，又需要共同的禁欲仪式来补赎，其中一年中最重要的悔罪季节就是四旬斋。③

四旬斋期间，基督徒会采取很多中世纪流行的悔罪苦行方式，比如禁食、慈善、朝圣、唱赞美诗等，其中禁食是一种最为普遍的方式。禁食一方面被用于每个基督徒犯罪之后的补赎，比如中世纪流行的悔罪规则书为不同的罪制定了不同时间长度的禁食方案；另一方面在基督教的历法中有固定的斋戒日，如星期五作为耶稣受难日一直是东西方教会固定的斋戒日，四旬斋则是基督徒在一年中进行集中禁食的时期。四旬斋禁食作为中世纪基督徒悔罪苦行的一种形式，大体形成于 7 世纪。到查理大帝统治的加洛林

①　Hans J. Hillerband, *The Reformation. A Narrative History Related by Contemporary Observers and Participants* (Baker Book House, 1985), p. 123.

②　马太福音 4：1 - 4：11；马可福音 1：12 - 1：13；路加福音 4：1 - 4：13。

③　John Bossy, *Christianity in the West 1400 - 1700* (Oxford University Press, 1985), p. 42.

王朝时代，在封斋期实施悔罪苦行已经成为基督徒普遍遵守的宗教戒律。①
1215 年第四次拉特兰会议确定了七项圣礼，其中要求每个基督徒每年至少
进行一次忏悔礼，就是在四旬斋期间进行。四旬斋因为包含耶稣受难日，
成为适合悔罪的沉重季节。其中，禁食作为克制食欲的手段，禁止肉食、
禁止在日落之前进食，在中世纪具有特别的意义。违反四旬斋的禁食，将
受到其他教徒的批评以及天主教会的惩罚。查理曼在 785 年发布的一项敕令
中规定：如果有人放弃封斋期的斋戒，进食肉类，就以"蔑视基督信仰"
的罪名处死；除非此人出于某种生理需要，必须进食肉类。②《蒙塔尤》中，
萨巴罗的罗尔达人纪尧姆·奥斯塔兹是一个身体壮实的成年男人，他大胆在
斋期吃肉，引发他哥哥贝尔纳的怒火，贝尔纳说："你要是再吃一点，我就把
这碗肉泼在你身上。"③ 而到了宗教改革时期，这一情况发生了巨大变化。

1522 年四旬斋期间，苏黎世的印刷商克里斯托弗·弗罗绍尔（Christo-
pher Froshauer）为了即将到来的法兰克福市集，和他的工人们辛苦赶制新
版本的保罗书信。为了让十二名疲惫的工人有体力继续劳动，他命令女仆
煎香肠和鸡蛋，他自己和其他印刷工人，甚至还有在场的几个教士都吃了
香肠，而这正是天主教会所严令禁止的。他们的公开违规行为泄露后，市
议会关押了弗罗绍尔等人，并对他们进行审问和罚款。在审讯中，弗罗绍
尔的女仆弗莱默承认她的主人让她在圣灰星期三④烹饪香肠和鸡蛋，在场
的印刷工人、教士和一些葡萄园园丁都食用了这些香肠。鞋匠、面包师普
尔（Bartholime Pur）供认当时在场的教士有利奥·尤德（Leo Jud）、洛伦
兹·凯勒（Lorenze Keller）及茨温利，而除了茨温利，在场的俗人和教士都
吃了香肠。⑤

事件的主角弗罗绍尔是苏黎世当时非常有名的印刷商，他的作坊承担

---

① 刘城：《中世纪西欧基督教文化环境中"人"的生存状态研究》，北京师范大学出版社，
2012，第 143 页。
② 刘城：《中世纪西欧基督教文化环境中"人"的生存状态研究》，第 150 页。
③ 〔法〕埃马纽埃尔·勒华拉杜里：《蒙塔尤》，许明龙、马胜利译，商务印书馆，1997，第
524—525 页。
④ 圣灰星期三是复活节前四十天，四旬斋的第一天。当天教堂将举行涂灰礼，教士将棕榈枝
烧成灰涂抹在信徒的额头上，作为悔改的标记。
⑤ Emil Egli, *Aktensammlung zur Geschichte der Züricher Reformation in den Jahren 1519 – 1533* (Zur-
ich, 1879), S. 233.

了苏黎世政府的所有印刷工作。香肠事件发生后，弗罗绍尔为了捍卫自己行为的正当性，写了一封长信给苏黎世议会，为研究宗教改革对俗人思想的影响提供了重要参考。在信中，弗罗绍尔在承认四旬斋吃肉这一行为的前提下，说明了自己这样做的两个理由：首先，四旬斋规定的饮食无法满足他们的体力需求。为了在法兰克福市集到来前完成印刷工作，他和工人们必须夜以继日地辛苦工作，如果他们按照四旬斋的规定，只吃谷物饱腹，就无法负担他们的高劳动强度，而他们在资金上又不能总以鱼肉来代替肉类。其次，弗罗绍尔坚信上帝以圣经启示基督徒，基督徒应该按照圣经生活，而这种生活不是由饮食的种种限制组成，也不是由外在行为彰显，而是通过内心坚定的信仰、信任和爱实现的。① 因此他不想违背法律和圣经，也并没有违背。弗罗绍尔的思想深受德意志宗教改革思想的影响，他的话语体现了"唯独圣经"、"因信称义"的新教信仰。在这种思想的影响下，他违反了传统四旬斋的规定，并且以此为依据捍卫自己的行为。由此可见，很多天主教徒在新教的影响下正在试图摆脱天主教会的许多规定，从而获得了在思想、饮食、行为上的更多自由，教规对世俗生活的束缚也在减弱。

这次事件是否为预先策划并不可知，但是在场的许多人确是以后苏黎世宗教改革的积极参与者。其中参与食肉的利奥·尤德是艾恩西德尔恩（Einsiedeln）的天主教士，更是茨温利的大学同窗和以后进行改革的助手。② 印刷商弗罗绍尔后来成为传播新教思想的重要人物，他印刷发行了路德和茨温利等改教家的作品，在1520—1564年共印刷了近700部作品以及100万本书籍和小册子。在宗教改革的思潮中，实际上相较于路德对赎罪券问题的学术讨论所引起的政府、教会的关注，参与香肠事件的大多是城市的普通市民，他们作为苏黎世宗教改革先声的发出者，引起了更多普通人的关注，这也是它能够引发一系列连锁反应的原因。

二 苏黎世的反应：茨温利、市民和议会

香肠事件是一部分俗人和教士对天主教会教规和传统的挑战，其特别

① Emil Egli, *Aktensammlung zur Geschichte der Züricher Reformation in den Jahren 1519 – 1533*（Zurich, 1879）, S. 234.

② Carter Lindberg, *The European Reformations*（Willey and Blackwell, 2010）, p. 162.

之处在于它并没有以政府和教会对触犯教规者的处罚结束，而是它带来的连锁反应将此事最终合法化，这意味着天主教的权威被打破，也标志着宗教改革的开端。在香肠事件的后续事件中，苏黎世的人民牧师茨温利成了毋庸置疑的主角，是改革在思想上的领袖。而苏黎世的市民则因在香肠事件上的立场不同而产生分裂，造成城市骚乱，迫使政府不得不采取措施来维护城市安定。最后，苏黎世市议会在各方的思想和行动中追求调和，以辩论而不是武力手段解决纷争，是宗教问题最终决策的制定者。

茨温利 1484 年出生于一个富裕农民家庭，童年时期先后在巴塞尔和伯尔尼学习古典文化，14 岁进入维也纳大学学习神学和哲学，并受到人文主义思潮的影响。他先后在维也纳大学和巴塞尔大学获得学士和硕士学位，1506—1517 年在瑞士的格拉鲁斯（Glarus）地区担任牧师。后来他申请到苏黎世附近的艾恩西德尔恩教区担任教堂牧师，在那里他学习了伊拉斯谟所编写的希腊语圣经，并如路德反对台彻尔一样，反对在瑞士销售赎罪券的法兰西斯修会修士伯纳德·参孙。茨温利在祈祷和布道中讲解圣经并以此闻名，1518 年被授为苏黎世大明斯特教堂（Great Minster）的人民祭司。德意志宗教改革发生后，茨温利一直对路德十分关注，购买和阅读路德的论文。茨温利在香肠事件中的立场十分特殊，他既是香肠事件的当事人和目击人，又没有参与吃香肠和违背四旬斋教规，但是他站在了印刷商弗罗绍尔等人一边，反对天主教关于四旬斋的规定。

在香肠事件发生不到三个星期内，茨温利就公开布道，以"关于自由和食物的选择"（Concerning Freedom and Choice of Food）为题，支持那些违反四旬斋规定的信徒。他认为印刷工人出于印刷圣经的目的吃肉，他们是为了对抗高强度的劳动，属于出于好意而违反四旬斋禁食，因此他们的行为并没有冒犯上帝，也不应该受到惩罚。茨温利将自己比作羊群的牧人，只以圣经为依据，保护良善可欺的羊群。① 随后，茨温利讨论了"是否有人有权来禁止食物？"他进一步提出，天主教会制定的四旬斋禁食等规定超出了圣经的范围，是对上帝的冒犯。同时提倡基督徒的自由，反对教会增加

---

① S. M. Jackson, Huldreich Zwingli, *The Reformer of German Switzerland* (New York: G. P. Gutnam's Son, 1901), pp. 404 - 407.

人的束缚。① 这一布道内容在三个礼拜后被弗罗绍尔印成小册子，这也是茨温利问世的第一本书。

茨温利对弗罗绍尔等人及其行为的公开支持使整个城市陷入争斗中，茨温利的支持者和反对者们在小酒馆时常发生斗殴事件，还有传言说一些天主教狂热分子计划将茨温利绑架到苏黎世隶属的康斯坦茨主教区，让他接受康斯坦茨主教的处罚。1522 年 4 月，因为"一些人在四旬斋不必要的吃肉行为，导致城市的种种争论、不安和紧张"，苏黎世大议会（Great Council）决定警告苏黎世城市和乡村的每个人在没有进一步的指示之前，如果没有得到允许或没有合理理由，不能在四旬斋吃肉。同时禁止在吃肉问题上互相言语攻击和发生暴力冲突。② 大议会是苏黎世主要的权力机构之一，由苏黎世 12 个手工业行会分别派出的 12 名师傅代表，以及 18 名由贵族和商人组成的治安官组成。除此之外，苏黎世还有一个小议会，由 50 名成员构成，类似于一个内阁，其中的成分和大议会相同。苏黎世市长是议会的首脑和主席，权力较大。在遇到如外交事务等重大问题时，大议会和小议会将组成由 212 人构成的两百人议会。

大议会的法令颁布后，茨温利仍然坚持自己的立场并继续布道。为此，康斯坦茨的主教要求苏黎世政府保护天主教会的传统，警告苏黎世的教士不要再传播异端思想。③ 香肠事件在苏黎世引发了严重的宗教冲突，那些在四旬斋禁食问题上、在对教义和圣经的理解上产生分歧的苏黎世人互称异端和叛徒，大议会所制定的安抚性举措也并没有平息城市的骚乱，因此两百人议会决定于 1523 年 1 月在苏黎世举行宗教辩论，来维护和平和基督教的统一。④

这场辩论的主题已经远远超过香肠事件所带来的四旬斋禁食问题的范畴，茨温利在辩论前起草的《六十七条论纲》中所确立的辩论主题，全面暴露了天主教和新教的不同。在这份论纲中，茨温利对于教会权威还是圣

---

① *Ibid.*，pp. 448 – 450.

② Emil Egli, *Aktensammlung zur Geschichte der Züricher Reformation in den Jahren 1519 – 1533* (Zurich, 1879), S. 237.

③ Philip Schaff, *History of the Christian Church* Volume Ⅷ The Swiss Reformation 3rd Edition (Grand Rapids, MI：Christian Classics Eternal Library, First Published 1882), p. 35.

④ Hans J. Hillerband, *The Reformation. A Narrative History Related by Contemporary Observers and Participants* (Baker Book House, 1985), p. 132.

经权威问题、人依靠耶稣得救还是教会得救问题、信仰得救还是因信称义、圣餐礼的化体说还是纪念说等问题都进行了阐述。他否定了天主教会的传统权威，批评天主教会的腐败和贪婪。其中与香肠事件直接有关的第 24 条中，茨温利进一步说明："基督徒不应该做上帝没有规定的事情，因此人可以在任何时候吃食物，天主教关于奶酪和黄油的规定是一种欺骗。"① 茨温利在这次大辩论之前，还收到教宗阿德里安六世的来信，教宗希望茨温利能回到天主教会的阵营中，在辩论中捍卫天主教会。但是显然，茨温利并没有听从教宗的建议。

苏黎世的大辩论场面十分宏大，因为香肠事件带来的影响甚至已经波及苏黎世以外的城市，受到宗教人士和俗人的共同关注。后来的改教家布林格这样记述当时的情景：大约 600 位多识和高贵人士聚集在苏黎世的市政厅，还有一些人专门来见证这次辩论，其中包括来自苏黎世各地的神职人员、其他城市的宗教领袖以及来自大学和偏远之地的知识分子等。② 在辩论开始之前，苏黎世市长首先说明了这次辩论的缘由和原则：因为茨温利的布道引起了苏黎世城市和乡村的分歧和不稳，城乡中有茨温利的支持者和反对者，为了平息茨温利布道所带来的纷争，以及双方的冲突带来的苏黎世不稳定状态，邀请苏黎世各地的神职人员以及康斯坦茨的主教参与辩论，所有参加辩论者只要以圣经为依据，都可以大胆阐明自己的观点和立场。这次辩论将香肠事件引起的是否应该禁食、四旬斋能否吃肉的问题扩大，因为在辩论中不可避免地涉及更多宗教改革的焦点问题。茨温利和康斯坦茨主教代表法贝尔是辩论的主角。茨温利坚持以圣经为最高权威，认为自己的布道只是在传播真正的上帝之言，却被他人指控为异端、骗子和教会不顺从的仆人。康斯坦茨的教士法贝尔则捍卫被茨温利否定的天主教仪式和传统，如禁食、忏悔、宗教节日、弥撒等，认为这些行为荣耀上帝而非反对上帝，并且肯定圣人和圣母崇拜的合理性。茨温利坚持认为这些都是人为的教规和习俗，救赎并不能依靠这些善工和外在行为，而全部依赖于救赎主耶稣。茨温利和法贝尔二人都是以圣经为依据，以不同的诠释来捍

---

① Hans J. Hillerband, *The Reformation. A Narrative History Related by Contemporary Observers and Participants* (Baker Book House, 1985), p. 133.

② Heinrich Bullinger, *Reformationsgeschichte* Ⅰ (C. Beyel, 1838), p. 97.

卫自己的观点。在中世纪，对圣经的解释权为教会掌控，教会拥有绝对的权威，但是宗教改革否定了教会的绝对权威，打开了阅读和解释圣经的通道，因此也给不同教派的产生开辟了一条大道。

在辩论的最后，苏黎世市议会签署了一项法令，宣布这次分歧的最终结果。首先，由于没有人能以圣经为依据证明茨温利是一个异端分子，苏黎世议会允许茨温利在苏黎世继续传播福音和布道。其次，苏黎世所有城镇和乡村的教士只能传播福音，不能再用"卑劣"、"异端"等词互相攻击。任何不遵守这两项规定的人都将会被关押。① 这次辩论的成果不仅在于将茨温利等新教教士的布道合法化，还在于带来之后一系列的实际改革。1523年9月大明斯特教堂颁布了新的教会法令，包括减轻人们在宗教事务上的经济负担，如停止洗礼收费，为逝者敲钟等事项不再收取费用；缩减神职人员的数量；请有学识、有能力者公开以希伯来语、希腊语和拉丁语宣讲圣经等。辩论是宗教改革时期解决宗教观念分歧和争端的流行方式，路德与天主教神学家艾克的辩论不仅让路德进一步阐明了新教思想，也使得路德个人声名鹊起，赢得更多的支持。苏黎世的这次大辩论也意义重大，不仅为传播新教思想和进行改革铺平道路，而且议会成功地以和平方式解决争端。

香肠事件如同一颗火种，迅速燃烧扩大为对众多宗教问题的讨论，演变成苏黎世的宗教改革，最终促成苏黎世众多新教法令的出台。究其原因，茨温利在关键时刻的起身、苏黎世市民对香肠事件的参与、苏黎世世俗政府在宗教事务上的独立性，共同促成了香肠事件的发酵。在香肠事件引起宗教争端时，或者说在苏黎世的宗教改革前期，茨温利在教义上为新教的发展提供指导，而市民则作为一个群体促使市议会做出反应与改变。苏黎世人对发生在他们身边的香肠事件真正参与讨论，并且被茨温利和天主教的布道煽动为两个阵营，他们之间针锋相对而引起的骚乱一步步推动着政府的变革脚步。苏黎世市议会在这场宗教骚乱中扮演着调解者的角色，他们试图避免信徒之间的相互攻讦和冲突，以颁布法令、举行公开辩论等手段维护城市的稳定。市议会对茨温利态度温和，并没有将其作为异端处理，一方面由于茨温利是市议会所任命的人民牧师，并且和市议会关系良好；另

① Hans J. Hillerband, *The Reformation. A Narrative History Related by Contemporary Observers and Participants* (Baker Book House, 1985), pp. 142 – 143.

一方面随着德意志宗教改革的进一步发展，尤其是路德新教思想的传播，宗教改革已经成为席卷整个天主教世界的风潮，也是每个地区所必须解决而不能规避的问题。而苏黎世市议会主导其宗教问题的前提在于，其在香肠事件之前就掌握了对宗教事务的控制权。苏黎世政府虽然认可康斯坦茨主教的宗教司法权，但是议会有权监督教会财产、监管女修道院。教宗则由于对苏黎世雇佣兵的依赖格外宽容，使得苏黎世能够将地方教会置于世俗统治之下。

三　香肠事件背后的新教思想

在香肠事件发生一年之后，苏黎世取消了所有禁食规定。后来瑞士城市巴塞尔也出现了模仿香肠事件的烤乳猪事件，那里的新教徒们试图模仿苏黎世人，想要通过饮食和节日挑战天主教会权威，从而引起其他信徒和民众的关注，达到宗教改革的目的。香肠事件作为苏黎世宗教改革开端的一个标志性事件，鼓舞了瑞士其他城市的新教徒，也表明饮食上的选择是天主教和新教的显性区别之一。茨温利关于"人的堕落并不是因为什么进入嘴巴，而是从嘴巴里出来什么"的观点背后是新教和天主教在虔诚标准、得救方式上的不同观点。基督教作为一个以罪和赎罪为核心的宗教，如何得救对于任何基督徒来说都是一个关键问题。基督徒从中世纪到近代最关注的问题一直是如何获得拯救。

宗教改革思想的一个关键部分就是唯独圣经代替了教会权威，上帝的话语代替了教宗的话语，教会对圣经也不再有垄断性的解释权，这意味着教会对世俗生活的控制可能产生全面性的松动。宗教改革将宗教节日减少，宗教仪式也随之简化，人们的生活中宗教色彩不再占据如之前那么大的比重。四旬斋曾经是天主教会的重要节日，和得救也有很大关联，是一个天主教徒集体克制罪恶的肉体欲望、忏悔赎罪的仪式。所有信徒都要遵守四旬斋的戒律，包括在四旬斋期间不能结婚、吃肉等。而这显然对人们的生活造成很大的不便和约束，尤其对那些需要高热量饮食来从事强体力劳动的人以及身体病弱的教徒。香肠事件所涉及的禁食问题，并不只有节日才进行，在中世纪的天主教会禁食被视作很大的善工，天主教会鼓励这种行为，普通人也要在每周五以及其他一些节日禁食，可以说禁食影响了人们的日常生活，或者说禁食是人们日常生活的一部分。在教会的教导下，信徒认为禁食是虔诚的重要表现，因此一些人出于虔诚和自愿的心情进行禁食。中世纪基督徒倾向于将遵守四旬斋期间的禁食作为判断一个基督徒虔诚与否的标志，真正的基督徒会进行严格的禁食，对肉体的意志成为减少犯罪的途径之一。2世纪末3世纪初的非洲教会之父特尔图良将斋戒视为基督徒精英的标志之一，这种做法把被上帝选中的基督徒同普通基督徒区分开，其长期影响是基督教的一种禁欲主义，主动不进食成为通往完美彼岸途径的一个方面。① 被称为"圣路易"的法国国王路易九世就一直严格遵守斋戒。他在四旬斋期间以及每个星期五，连鱼和水果都不吃，直到他的身体垮掉为止。②

　　宗教改革时期，宗教改革家对天主教四旬斋的规定和解释提出质疑。和茨温利类似，路德和加尔文没有完全否定禁食这一行为，但是否定四旬斋期间的禁食可以作为一种善工，否定禁食可以作为赎罪的手段，否定将禁食与虔诚、神圣联系在一起的看法。路德认为：我们最坏的部分是将禁食作为一种善工，认为通过这种行为可以赎罪，可以获得恩典。这使得我们的禁食散发恶臭、亵渎上帝和变得可耻，所以不饮不食，不暴食、不醉酒，成为坏的、恶的。③ 加尔文主张非功利的禁食，信徒真正对自己所犯的罪感到痛苦，才是真正的谦卑和虔诚。上帝最痛恨人用外在的行为来掩盖内心，伪装成很虔诚。在新教的观念中，禁食与否成为一个取决于个人选择的私人事件，而不再是教会鼓励甚至强制的行为，不遵守四旬斋的规定进行禁食不再被惩罚。新教取消了众多天主教会的教规，让普通人过普通人的生活，实际上给了教徒更多生活的选择和自由。

　　这一重大改变反映了欧洲近代世俗社会转变的新需求。以饮食为例，饮食是人们日常生活的重要部分，满足人生活的基本需求，也为劳作提供能量。而饮食在中世纪也浸润在宗教的影响中。中世纪是一个信仰的时代，

---

① 〔英〕罗伊·斯特朗：《欧洲宴会史》，陈法春、李晓霞译，百花文艺出版社，2006，第38页。

② 〔英〕罗伊·斯特朗：《欧洲宴会史》，第54页。

③ Martin Luther, *Sermons by Martin Luther*, Vol. 2, edited by John Nicholas Lenker, trans. by John Nicholas Lenker and others, Guttenberg Project, p. 111.

也是一个神职人员的时代，神职人员影响着包括国王和普通人的所有生活。① 中世纪的神职人员具有神圣性，教会被认为是上帝在人间的代表，教士尤其是修士将肉体享乐作为通向神圣的阻碍。他们作为天堂钥匙的掌管者，将这种思想传递给所有天主教徒，以得救为最高追求让所有天主教徒以教士的生活方式为目标，抑制人的欲望。俗人对教士的模仿，一方面有助于抑制人的犯罪行为，提高人的道德标准；另一方面，教会的标准往往高于普通人的标准，抑制人在谋利、婚姻、职业等方面的选择。在苏黎世的香肠事件中，无论是俗人弗罗绍尔还是教士茨温利都提出禁食对正常劳动的阻碍，弗罗绍尔想要完成生产上的目标而违反了禁食的规定，表明天主教的规定和市民的实际生产生活需求是矛盾的；茨温利支持了普通人的需求，所以很多苏黎世人站在他的阵营，呼吁政府进行新教改革。宗教改革将俗人神圣化，将教士世俗化。② 这意味着天主教禁食、朝圣等传统被剥去神圣的外衣，而俗人的饮食、生产等需求变成合理的诉求。宗教改革的一大重要影响就是以近代社会的标准取代中世纪教会的标准，适应了近代社会发展的需求，尤其是近代城市生活的需求。

在中世纪，教会职能的扩大主要是因为中世纪国家四分五裂，国家无力对社会进行有效的管理。中世纪天主教会对天主教徒的要求是逐渐叠加、逐渐丰富化和体系化的。各种仪式、节日、教规全面规定了人的生活。一方面，天主教会在社会道德、济贫、医疗等多个方面代替了国家角色，有助于社会的正常运作和发展，对社会进行有效的约束和控制；另一方面，教会在此过程中发生世俗化，聚敛财富和道德败坏使其权威消退，引起世俗政府和普通人的不满。在近代民族国家的形成过程中，国家对地方的控制也逐步加强。宗教改革提出的世俗政府管理教会迎合了民族国家的需求，教会许多职能为国家取代，同时教会对世俗生活的规训也减少了。

（作者为北京大学历史学系世界史专业 2016 级博士研究生）

---

① Steven Ozment, *The Age of Reformation 1250 – 1550: An Intellectual and Religious History of Late Medieval and Reformation Europe* (Yale University Press, 1981), p. 35.

② Steven Ozment, *The Reformation in the Cities* (Yale University Press, 1975), p. 84.

动荡与平衡：宗教改革初期奥格斯堡市议会的政治策略研究（1520—1529）

吴　愁

从 1517 年宗教改革发生开始，德意志各诸侯辖区与自由城市陷入宗教改革的浪潮冲击之中，接受还是拒绝改革，如何应对动荡混乱的局势，成为城市统治阶层遭遇的一大挑战。作为宗教改革的核心命题之一，世俗权威逐渐置于教会权威之上的角色变换，也恰恰是在这样一个不断应对挑战的过程中完成的。1518 年，路德的新教思想传到奥格斯堡之后，由于奥格斯堡作为帝国的印刷中心的独特地位，引发了 16 世纪蔚为壮观的印刷风潮，新教、天主教各种宣传铺天盖地，论战不断，社会上人心激荡；1522—1523 年，粮食危机爆发，引发百姓骚动，乞讨遍地，混乱不堪；1524 年，市议会驱逐一位受欢迎的赤脚修士，引发民众的游行与抗议，城市动乱发生；此外还有伴随新教风波的激进的圣像破坏运动、影响整个南德意志的再洗礼教派风波等。这些事件，构成了对市议会城市管理的强有力挑战。那么，市议会作为世俗权威如何应对挑战，采取了哪些举措？市议会为何采取"中间道路"政策？在这个过程中，世俗权威角色如何循次渐进崛起，一步步居上？

通过对奥格斯堡市议会档案材料以及其他相关史料的整理，本文总结发现，市议会在 1520—1529 年为应对时局所采取的城市管理措施主要有以下几个方面：第一，反对书面或口头上的煽动性宣传；第二，反对不经控制的乞讨；第三，反对公开或秘密集会；第四，禁止携带武器与禁止破坏圣像。总体来说，这一阶段奥格斯堡市议会执行的是受到康哈德·鲍丁格（Konrad Peutinger）影响的"中间道路"政策。

一　反对书面或口头上的煽动性宣传

1518 年，随着路德的新教思想的到来，奥格斯堡城市内部掀起了前所未有的印刷宣传高潮：一部分印刷厂积极支持新教传播，另一部分积极维护传统教会，出现了印刷宣传的竞争高潮。① 由于路德对德语的提倡，印刷书籍不仅吸引了受教育阶层，也吸引了普通大众，尤其是《圣经》及德语版的其他福音书籍。② 这种印刷宣传的迅速膨胀在满足了民众的信息需求的同时，也引起了市议会对社会安定受到威胁的担忧。为此，市议会制定了反对书面或口头上的煽动性宣传的规定，根据形势发展，先后有三个方面：禁止狂热的印刷宣传、禁止亵渎神灵、禁止激进的布道。

1520 年 8 月，市议会开始反对那些未经许可的狂热激进的新教出版宣传和口头宣传。两个半月以后，罗马颁布了对路德的禁令，但在还未抵达帝国各个城市之时，市议会就已经开始限制这些宣传了。③ 1520 年 8 月 28

---

①　Künast, Hans Jörg, "Matin Luther und der Buchdruck in Augsburg, 1518 – 1530," in Gier Hel-mut-Schwarz, Reinhard (Hrsg.), *Reformation und Reichstadt: Luther in Augsburg*; *Katalog zur Ausstellung der Staats-und Stadtbibiliothek Augsburg in Zusammenarbeit mit der Evang. – Luth. Ge-samtkirchengemeinde Augsburg im 450. Gedenkjahr von Luthers Tod* (Augsburg 1996), S. 65 – 70.

②　Roth, Friedrich, *Augsburg Reformationsgeschichte*, Band I (München: 1901), S. 61f.; Künast, Hans Jörg, *Gedruckt zu Augsburg und-handel in Augsburg zwischen 1468 – 1555* (Studia Augustana: Bd. 8) (Tübingen: 1996), S. 32 f.

③　Philip Broadhead, "Popular Pressure for Reform in Augsburg, 1524 – 1534," in Mommsen, Wolfgang J. (Hrsg.), *Stadtbürgertum und Adel in der Reformation. Studien zur Sozialgeschichte der Reformation in England und Deutschland* (Stuttgart: 1979), S. 80 – 87; Philip Broadhead, Internel Politics and Civic Society in Augsburg during the Era of the Early Reformation 1518 – 1537 (Diss. Phil. Masch., Canterbury, Kent, 1981), S. 200; Uhland, Friedwart, *Täufertum und Obrigkeit in Augsburg im 16 Jahrhundert* (Diss. Phil., Tübingen, 1972), S. 21 f. Schmidt 认为此时"市议会只是把这种信仰分裂的苗头看作审查问题"。Schmidt, Heinrich Richard, *Reichstädte, Reich und Reforma-tion, Korporative Religionspolitik 1521 – 1529 – 30* (Stuttgart: 1986), S. 71.

日，"在市议会的贵族雅各布·富格（Jakob Fugger）和康哈德·鲍丁格博士的要求下，该城印刷商不得再印刷那些未在市议会报备的书籍和宣传册子"。① 雅各布·富格和鲍丁格虽然都禁止路德的书籍在奥格斯堡印刷和宣传，但是二人动机不同。雅各布与罗马教廷有经济上的往来（兜售赎罪券他也是获益者之一）；② 鲍丁格不同，他公开反对改革运动，但对他而言更重要的是城市的经济、政治与城市市民的统一。

根据市议会的要求，一直到12月底大主教有意拖延的路德禁令到达前，市议会没有发现出版商在奥格斯堡出版被禁止的书籍。③

1521年皇帝下达的沃尔姆斯禁令对路德的书籍有了更加明确的要求：已经出版的必须焚毁，未经出版的不许再出版。④ 在这种情况下，市议会推迟公布皇帝的禁令，一来在皇帝的禁令与教皇的要求之间权衡，二来也考察自己城市的市民对宗教改革的态度。⑤

1523年，市议会开始决定对出版审查进行一些调整，不再在皇帝与自己的市民之间为难，因为情况发生改变，市面上有太多有关各种宗教问题的小册子出版发行，市议会已经没有能力全面执行出版禁令。市议会虽然宣布禁止路德书籍的销售和印刷，然而实际上由于路德学说的巨大影响，这个禁令在奥格斯堡行之有限，市议会也只是时不时地重申一下，来确保

---

① "auf bewelh eines Erbern Rats durch Jacoben Fugker und Docotor Bewtinger den nachgemelten Buchtruckern angesagt un bevohlen, bey aids flichten, damit sie ainem Rat verwandt sein, das sy in den irrungen, die sich haben zwischen den geistlichen und doctoren der heiligen geschrift, desgleichen in schmach und verletzung der Eren sachen on wissen und willen ains Erbern (rats) nichts ferrer trucken sollen," StAA (Stadtarchiv Augsburg), Reichstadt, Ratsbücher, Nr. 14. S. 272; Lutz Heinrich, *Conrad Peutinger*, *Beiträge zu einer politischen Biographie*. *Ablandlungen zur Geschichte der Stadt Augsburg 9* (Augsburg: Die Brigg Verlag, 1958), S. 379, Anm. 130.

② Rem-Chronik, S. 137, = Kastner, Ruth (Hrsg), *Quellen zur Reformation 1517 – 1555. FSGA BÖ Ausgewählte Quellen zur deutschen Geschichte der Neuzeit*, Bd. 16 (Darmstadt: 1994), S. 170.

③ 但是它们在 Ingolstadt 出版了。RuR, 35, Nr. 5; Schmauch, Stadion, S. 55; Lutz, Peutinger, S. 165 f. ; Uhland, Friedwart, *Täufertum und Obrigkeit in Augsburg im 16. Jahrhundert* (Tübingen: 1972), S. 23; WiU Ⅰ, 147, Nr. 41.

④ ABA (Archiv des Bistums Augsburg), BO 383 (Abschrift des kaiserlichen Mandates vom 26. Mai. 1521); vgl. RTA J. R. Ⅱ Nr. 92, S. 640 – 659, besonders S. 656.

⑤ Roth, *Reformationsgeschichte* Ⅰ, S. 66 f. ; Uhland, Täufertum, S. 24 f; Rem-Chronik, S. 166 (Kastner, Quellen, S. 172).

城市的政治平静和社会秩序的安定。因此，基于 1520 年 8 月的规定，市议会在 1523 年 3 月 7 日的会议上做出新规定，要求所有的出版商不许出版发行那些没有作者和出版商署名的小册子，并且要向市长报备。①

这一要求被传达给城市中的所有出版商。可以看出，这项规定还是本着教皇以及传统教会的立场反对改革的，② 由此也基本上奠定了城市对改革的敌对态度。③ 尽管颁布了这个规定，但实际上还是有很多匿名出版的小册子，它们通常会在两天后被召回，但在这两天之内也是可以发挥一定的效果。④

1524 年 4 月，奥格斯堡市政厅重申自己的立场，反对路德及其作品，但是市议会此次宣布并没有按照以往的惯例，张贴的文本在夜里很快就被市民撕掉了，因为人们认为谁也阻止不了福音的传播。⑤

不仅是书面宣传上，口头上的宣传也使市议会感受到了城市的和平正在受到威胁。在这种情况下，1520 年 2 月 11 日，市议会规定以任何一种形式亵渎神灵都将面临惩罚：

> 所有加诸上帝之名、圣灵之上的脏话、诅咒、流言都应该避免；任何对于上帝的母亲以及神圣之母的侮辱和中伤的话语，都不允许出现；那些举止轻佻的人，男人和女人，年老和年幼，对于基督秩序的轻蔑、鄙视，将会受到法令的制裁。⑥

---

① StAA, Reichstadt, Ratsbücher, Nr. 15. Fol. 26r - 27r; Broadhead, Politics, 96f; Uhland, Täufertum, 22; WiU I, 158, Nr. 65.

② ABA, BO 383（Abschrift des Kaiserlichen Mandates vom 26 Mai 1521）, Vgl. RTA J. R. II, Nr. 92, S. 640 - 659, S. 656.

③ Roth, *Reformationsgeschichte* I, S. 66 f. ; Uhland, Täufertum, S. 24 f; Rem-Chronik, S. 166（= Kastner, Quellen, S. 172）.

④ StAA, Reichstadt, Ratsbücher, Nr. 15. Fol. 27r; Uhland, Täufertum, S. 22.

⑤ Rem-Chronik, S. 211 f.（= Kastner, Quellen, S. 179）.

⑥ "Alle lestrungwort/schwier vnd fluch/bey dem namen gots/vn seinem hailigsten glidern/zuuermeiden," Auch die Verunglimpfung des Namens der Gottesmutter sowie der hailigen/marter/wunden/oder glidern wurde ausdrücklich miteingeschlossen. Der Rat sah sich zu dem Dekret veranlasst, da "bey vil leichfertign personen-manners vnd frawen geschlechten/alten vnd jungen［die Mißachtung der christlichen Ordnung］laider in vergess vnd verachtung komen will." StAA, Reichstadt, Anschläge und Dekrete I（1490 - 1649）, Nr. 4; EWA-Akten, Nr. 1561/1, nr. I, 4（spätere Abschrift）.

对于亵渎神灵的惩罚根据情节严重程度而力度有异，区分是口头还是行动，此外，诽谤、辱骂当局也会受到惩罚，书面的亵渎同样面临惩罚，这个条例在 1524 年 1 月 17 日被重申。① 1526 年和 1528 年这项要款又扩大到对于酗酒以及其他公共场合的行为的要求。②

对于言论的审查主要是针对城市里那些表露出反感情绪的人，包括一些改信新教和未改信的传教士，他们时不时会煽动听众进行大规模的论战，这威胁了城市的公共安全，市议会对这种情况进行惩戒主要也不是出于是新教还是天主教的信仰关系，而是出于城市管理的目的，为了保证城市内部的和平与稳定。例如 1523 年 10 月，两位市议会布道士的布道引起了市议会上层的不满，市议会对他们进行了压制。③ 再如 1525 年市议会受大主教教堂所托，禁止一位过于激进的布道士克莱茨（Matthias Kretz）布道。④ 同年还有关于很多宗教节日的讨论，新教一方认为需要削减很多节日，部分市民积极响应，市议会极力关注事态发展，避免动乱。⑤ 1528 年 9 月，为了与新教派论战，尤其为了反对激进的再洗礼派，天主教布道士那赫提噶（Othmar Nachtigall）被市议会警告，并被软禁在家。⑥ 同样，新教牧师也有一部分被市议会关注，并被劝诫。⑦

二　反对不经控制的乞讨

与上述时常引发矛盾与争议的审查不同，市议会在其他方面可以很好地发挥自己的权威作用。

---

① StAA, Reichstadt, Ratserlasse 1507 – 1599（3 Exemplare）；Ratsbücher, Nr. 15, fol. 48v.

② StAA, EWA-Akten, Nr. 1561/1, nr. I, 10（Abschrift）und Nr. I, 12$^{1/2}$（Abschrift）.

③ StAA, Reichstadt, Ratsbücher, Nr. 15, fol. 45r.；Roth, *Reformationsgeschichte* I, S. 120 – 126；Broadhead, *Politics*, S. 202.

④ StAA, Reichstadt, Ratsbücher, Nr. 1, fol. 170r – 170v.（31. Mai/1. Juni）.

⑤ Rem-Chronik, 216；Sender-Chronik, 209. 在接下来的几年，市议会始终把这件事看作影响城市公共生活的一个重要问题。

⑥ StAA, Reichstadt, Ratsbücher, Nr. 15, fol. 189r – 192r.（6./7. Sept.）；Sender-Chronik, S. 205 – 208；Roth, *Reformationsgeschichte* I, S. 306 – 309；Broadhead, *Politics*, S. 202 f.

⑦ StAA, Reichstadt, Ratsbücher, Nr. 15, fol. 192v – 193r.（15./19. Sept.）；Sender-Chronik, S. 208 f.

　　1522 年 3 月 27 日，奥格斯堡市议会发布了救济金规定，一共满满七页纸，主要用来保证救济金用在那些有需要的居民身上。① 在其中三个城区中（圣雅各布、圣乌里希和圣斯蒂芬），一共设置了六位救济金负责人，这些负责人都来自上层阶级（准贵族或骑士），他们在救济金办公处的协助下管理救济金，任期两年，任期内不允许兼任其他市政职务。② 他们的主要职责就是汇集募捐来的钱财，监督这些钱财是否用在了有意义的花费上，比如通过定期访察把钱发给有需要的穷人；这些领取救济金的人会被列在一个花名册上，上面记录了他们的名字、救济金额以及他们的市风举止是否符合市议会规定；领救济金的人和他们年岁稍大的孩子可以凭自己能力上街乞讨，但是必须经过救济金办公处的许可，还会在本来的救济金金额中扣除一部分；外来乞讨者最多允许在城市中停留三天；乞讨者的孩子将被送到勤劳正直的市民家中照料；教会收到的供养捐赠必须交给城市的救济金办公处，一旦违反，市议会将会施以严重的惩罚，甚至驱逐出城；该条款的修正必须经市议会会议讨论决定；1526 年的救济条款规定，领受救济金的人不被排除在行会选举之外。③

　　1522 年救济金条款的颁布可以说是市议会的一次胜利，它直接接管了中世纪属于教会的救济机制，可以说是利用教会的财力扩大了自身对教会的影响，这种改变除了因为教会势力衰弱之外，还有很多重要的因素，如人们希望通过世俗管理机构设立的救济金制度，给予那些无家可归的人以及贫苦的穷人一种规范的安置，尤其是可以对一些潜在的不稳定人员进行监督。这是市议会的一个重要动机，从市议会的角度这样也能够缓解由此带来的社会压力，消除不稳定因素，保证城市的和平与秩序；并且这种规范使得市议会将接受救济金的人收拢在自己领导范围下，间接地增加了这

---

① StAA, Ratserlasse 1507 – 1599；KWA, G 36；SStBA 2^0 Aug. 243/2；2^0 Aug. Ordnungen, 1 Abt. , Nr. 1 u. 2；2^0 Aug. 9 Anschläge, 2. Abt. , pag. 1 u. 9.

② 通常他们在任期一年的时候交替更换一半的新负责人，例如 1528—1530 年。StAA, Reichsstadt, Ratsbücher, Nr. 15, fol. 179v；Nr. 16, fol. 3r, fol. 19v.

③ StAA, Anschläge und Dekrete I（1490 – 1649），Nr. 17；EWA-Akten, Nr. 1561/1, nr. I, 17（Abschrift）；SStBA, 4^0 Aug. Ordnungen, 2 Abt. , 5. Bd. , Teil. Nr. 1.

些民众对于市议会的认可，增强了市议会作为世俗政府的权威。①

三 反对公开或秘密集会

1524 年 8 月 12 日市议会颁布"公开集会禁令"时所宣称的理由是为了"完好的统一、基督教与城市的秩序、管理、以及和平"。② 实际上主要是因为城市 1524 年由于赤脚修士 Johann Schilling 激进的布道所引发的骚乱。在平息这次动乱之后，市议会为了避免类似的事件发生，决定禁止公开集会。除此之外，还禁止激进的言论。正式的法令文本这样写道："在城市内部和外部，言论与交往如引起反对、骚乱、愤慨，将被视为违抗以及不恭罪提交城市裁判法院处理。"③ 一旦触犯这条规定，将会面临最严厉的惩罚，例如"财产、荣誉、身体乃至生命"，由于此次 Schilling 事件引发的骚乱，两位纺织工被处死，执行的就是这个条例。④

此后，随着事态的发展，市议会开始扩大"集会禁令"，不仅在公开场合，也包括非公开场合，因为城市开始出现再洗礼派的集会，尤其从 1526 年开始，其形势越加不容小觑。⑤ 奥格斯堡的再洗礼派社区的建立与其领导人 Hans Denck、Balthasar Hubmaier 等密不可分，在他们的领导下，再洗礼派迅速壮大。他们认为孩子一经出生就洗礼在圣经中是没有根据的，因此成年信徒需要接受再洗礼。他们的团体自成一派，独立自主，不承认世俗

---

① 奥格斯堡的救济金制度是最早一批建立起来的，为其他帝国城市提供了榜样，例如纽伦堡 1522 年夏、斯特拉斯堡 1523 年也同样颁布了类似的规定，并宣称是依照路德的学说。"Ordnung eyns gemeynen kastens, Radschlag wie die geystlichen gutter zu handeln sind"（WA 12, 2）. 早在 1522 年 2 月维腾堡的市政模式就开始影响奥格斯堡，但其具体内容还有待探究。Adolf Laube（Leitung）, Annerose Schneider, Sigrid Looß: Flugschriften der Frühen Reformationsbewegung（1418 - 1524）Band I, Topos Verlag Vaduz, 1983, S. 1033 - 1037.

② "gutter ainigkait/Christenlicher/vnd Statlicher ordnung/Regierung/vnd fridens," StAA, Anschläge und Dekrete I（1490 - 1649）, Nr. 9; Ratsbücher, Nr. 15, fol. 69r.

③ "inner vnd ausserhalben derseblen Stat/［sind］redden vnd handlungen fürgenomen vnd geschehen/die zu widerwillen/auffrur/entpörung/auch zu vngehorsam/vnd verachtung gepürender oberkait dieser Stat dienen sollen." StAA, Reichstadt, Ratsbücher, Nr. 15, fol. 66r - 69r; Roth, *Reformationsgeschichte* I, S. 156 - 169.

④ "an gut/Eeren/Leib/vnd Leben" Sender-Chronik, S. 159; Rem-Chronik, S. 208（= Kastner, Quellen, S. 179）.

⑤ Roth, *Reformationsgeschichte* I, S. 237 - 240; Sender-Chronik, S. 186 - 194.

权威的体系。

　　市议会认为他们蔑视了市议会作为上帝律法之下的世俗权威，打破了市议会意图建立一个封闭统一的基督教社会（corpus chrisitianum）的目标，因此对他们抱着坚决打压的态度。这些再洗礼派多次挑战城市管理机构的权威，因此市议会将之视为威胁城市社会和平的因素，也担心会再次引发像 1524 年那样的城市动乱，决定采取一系列措施与再洗礼派对抗。① 例如，在神学方面，指责再洗礼派是误入歧途，是错误的学说，并邀请了城市里比较有名望的新教神学家雷吉乌斯（Urbanus Rhegius）及新教布道士弗洛斯（Johann Frosch）、阿格里克拉（Stepha Agricola）和凯勒（Michael Keller）进行布道和反驳，包括进行书面神学论述，反驳再洗礼派的观点；9 月，召开了一个小议会，邀请这四位布道士与再洗礼派的领导人进行辩论；② 10月，市议会委托这几位布道士发挥自己的影响力，在再洗礼派社区自由地布道。③ 在法令方面，1527 年夏，市议会对再洗礼派使用了一系列的惩处措施；1527 年 10 月 11 日，正式取消再洗礼派信徒的选举资格。④

　　由于很多再洗礼派的领导人是外来的，⑤ 市议会开始特别监察外来的人，并且赋予所有城市的政府机关对于"榜上有名"的再洗礼派信徒的监察权力；在法令的描述中，特别强调了再洗礼派对于城市社会统一的威胁。城市当局要求市民们让孩子们接受洗礼，自身不接受再次洗礼；不去参加他们的路边讲道，而是去平常的教会去听讲道。最后市议会规定如果违反这些规定将遭到严厉的惩罚。⑥ 规定颁布后，市议会也严格照此执行了，那些自己进行了再洗礼，或将他们的房子用于再洗礼信徒的聚会场所，或为之提供落脚处的人，被驱逐出城；那些改信再洗礼派的人，其市民资格及职务被取消。⑦

---

① Zschoch Hellmut: Reformatorische Exisitenz und konfessionelle Identität, Urbanus Rhegius als evangelischer Theologe in den Jahren 1520 bis 1530, Tübingen, 1995, S. 233 und S. 268 – 273.

② StAA, Reichstadt, Ratsbücher, Nr. 2, fol. 111r – 115r.

③ StAA, Reichstadt, Ratsbücher, Nr. 15, fol. 149v.

④ StAA, Anschläge und Dekrete I (1490 – 1649), Nr. 12; Druck, Mayer, Geschichte, S. 251 f.

⑤ "das etliche alhie/auch ettlich frmbde/so an anndern ortten vertriben/veriagt/vnd annde meer/herkomen/den hayligen vnd christenlichen kindertauff/veracht/vnd vernicht", ibid.

⑥ StAA, LitSlg, Selekt "Wiedertäufer & Religionsacten"; Teildruck bei; Uhland, Täufertum, Quelle Nr. III, S. 287 – 289, Lutz, Peutinger, S. 278 – 283.

⑦ Sender-Chronik, S. 194f.; Uhland, Täufertum, S. 153 f.

通过神学布道、大量的驱逐出城以及对外来者的监察和各种处罚，市议会逐渐掌控了局面。[①]

四　禁携武器与禁止破坏圣像

1524 年，奥格斯堡的城市动乱刚刚平息不久，爆发在其周边地区的农民战争又给城市营造了十分紧张的氛围。市议会之前已经颁布了"集会禁令"，在 1525 年 1 月 29 日又颁布了一个新的禁令："禁止携带武器。"这项措施主要是出于城市安全的考虑，避免携带武器引发的斗殴以及潜在的大动乱。[②] 城市有许多民众对于持武器的农民抱以同情，市议会也是为了避免民众大规模同情情绪一旦公开，再次引发骚动。值得注意的是这个条款对于骑士以及普通教徒（Laien）比较具有针对性。"任何人不允许在白天和晚上与其他人发生冲突或尖叫嚎叫，只能在街道上和平、安静地走。所有城市中的人员，无论神职人员还是世俗人员，都应知晓此事。"[③]

同样，奥格斯堡的教堂也不能保证不受暴力的侵扰，如 1524 年有人亵渎了赤脚修士教堂中的圣水和诸多墓地，还有人偷走了圣安娜教堂圣坛上的圣饼。[④] 这种情况在接下来的几年更严重，甚至新教的布道士也参与其中，如 1529 年 3 月 14 日激进的新教布道士凯勒破坏了赤脚修士教堂的十字架。[⑤] 在隔一天的布道上他承认了这件事情并宣称要破除偶像。对于这件事，市议会采取了容忍态度，因为他们担心凯勒在信众中的受欢迎会引发像 1524 年那样的大规模市民骚乱。[⑥]

为了避免接下来对教堂及教堂物品的破坏，市议会紧接着在 3 月 19 日

---

① 这个条文的起草和颁布与鲍丁格密不可分，鲍丁格在条文中尤其强调了宗派主义可能会带来市民分裂的危险。Uhland，Täufertum，S. 169；Sender-Chronik，S. 204.

② SStBA（Staats-und Stadtbibliothek Augsburg），2⁰ Aug. 9 Anschläge，1. Abt.，Nr. 23；2 Abt.，29；4⁰ Aug. Anschläge，Nr. 2.

③ "Es soll auch nyemandt weder tags noch nachts/den andern freuenlich antaschten/noch behonen/sonder manigklich fridlich vnd berublich auff des Reichsstrasse wandeln. Daruor sich auch alle vnd yede/gaistlich vn weltlich personen in diser stat zuuerhuten wissen." Roth，*Reformationsgeschichte* I，S. 158 f；Preu-Chronik，S. 24 – 26.

④ Roth，*Reformationsgeschihcte* I，S. 158 f.

⑤ Roth，*Reformationsgeschichte* I，S. 306；Broadhead，*Politics*，S. 237 f.

⑥ Sender-Chronik，S. 214 – 217（Kastner，Quellen，S. 188 f）.

颁布了一个新的"禁止破坏圣像"的规定，不允许任何人"冒犯、滥用、弄脏或毁坏挂在或立在教堂、教堂庭院及其他地方的圣像，军队的铠衣，绘画作品以及其他物件"，[1] 违反者将会受到"财产、身体及生命"方面的严厉惩罚。

　　通过以上的事例我们可以看出市议会的两个倾向：一方面，市议会作为世俗的权威阶层逐渐承担了原本教会承担的"宗教关怀"任务；[2] 另一方面，16世纪20年代市议会的法律法规颁布情况，基本涵盖了不断增长变化的帝国城市市民社会生活的方方面面，[3] 其中事态与市议会的反应机制构成了一个互动，由此构建了小议会的自主性及其作为帝国城市管理者的权威性。[4] 市议会完成了从教会改革的维护者到驱动者的身份转换。而此时还远未达到教派化教会建设的阶段。[5]

五 "中间道路"政策

　　奥格斯堡的"中间道路"政策与鲍丁格密不可分。鲍丁格所主导的这一政治路线主要有三个原则：（1）对哈布斯堡皇室家族绝对忠诚；（2）奥格斯堡的经济繁荣；（3）以人文主义为理想的适度教会改革。

　　鲍丁格的这一理念主要源自他的法学教育背景及他在马克西米利安皇帝时期的经历。在这一时期，他经常充当皇帝的法学顾问，被问询帝国政策问题。鲍丁格的兴趣在于大经济政治，一方面是与威尔士家族之间的联系，另一方面是促进自己家乡城市经济繁荣的理想。鲍丁格对于教会改革

---

① "die Bilder/Wapen/gemeel/vnd annder gedechtnuß/So in Kirchen/auf den Kichenhäfen/vnd sonnst allenhalben aufgemacht sein/vnd stehen/on wissen/willen vnnd schaffen der Oberkait daselbs/mit vnsaberkait nit betadeln/noch schehen/noch in annder weg bescheidigen/noch zerbrechen." StAA, Ratserlasse 1507 – 1599；Sender Chronik, S. 217 （= Kastner, Quellen, S. 189）.

② Schmidt, Heinrich Richard, *Reichstädte*, *Reich und Reformation*, *Korporative Religionspolitik 1521 – 1529/30*（Stuttgart：1986）；Hamm Berndt, *Bürgertum und Glaube：Konturen der städtischen Reformation*（Göttingen：Vandenhoeck & Ruprecht 1996），68ff.

③ 例如前文提到的救济金制度，Sieh-Burens, Katarina, *Oligarchie*, *Konfession und Politik im 16. Jahrhundert：zur sozialen Verflechtung der Augsburger Bürgermeister und Stadtpfleger 1518 – 1618*（München：Vögel，1986），S. 147 f。

④ Sieh-Burens, Oligarchie, Kapitel 5. 1 und 5. 4.

⑤ StAA, Ratserlasse 1507 – 1599.

的看法主要是基于他自身的人文主义背景，对教会的弊端有一些批评。从16 世纪 20 年代初开始，鲍丁格就主要通过市长和市议会施加政治影响，建议城市的统治阶层接受对教会弊端的批评，并进行适度的改革。

与施瓦本联盟城市会面之后，1525 年 1 月底，鲍丁格参加了城市的"十三委员会"会议，就奥格斯堡的政治主体走向进行讨论。① 其中，对其他帝国城市和地区的态度是核心议题。然而最后这次会议所讨论出来的政治准则却没有执行，因为教会改革的问题在农民战争之后在其他地区变得难有清晰迹象可循了。最后与会者同意，奥格斯堡不会与违背沃尔姆斯禁令的城市沆瀣一气，加入他们的联盟。然而一些倾向于改革的城市就是奥格斯堡的邻城，这样奥格斯堡在与它们合作时会不受信任，由此对经济上的合作和往来产生很大影响。相比于经济上的这个大问题，奥格斯堡的教会革新就只是一个次要问题了。因为奥格斯堡作为帝国城市，其立足基础，以及城市自身的利益、城市贸易家族的利益，是建立在这种城市联盟的基础之上的，奥格斯堡担心，其他城市出于嫉妒会不惜在奥格斯堡经济衰退的路上落井下石。②

因此，鲍丁格在起草这次会议纪要的时候写道，"寻找一种中间道路"是城市应该做的，在路德学说的政治影响之下，寻求最佳的政治—外交路线。③ 鲍丁格这种"中间路线"的理想政治策略在他对伊拉斯谟《罗马书》的评论信中有详细论述。④

奥格斯堡所担心的政治上的孤立，在鲍丁格政策执行不久后就显露出来，这也反映在施瓦本联盟主席乌里希·阿茨特（Ulrich Artzt）⑤ 与市议会以及鲍丁格的回应之中。⑥ 市议会在 3 月 11 日写给阿茨特联盟主席的信（主要是鲍丁格起草的）中，向施瓦本城市联盟中保证了奥格斯堡会在地区

① StAA, Reichstadt, Ratsbücher, Nr. 1, fol. 48v – 50v（27. Jan）.

② Schmidt, *Reichstädte*, S. 304 f.

③ Schmidt, *Reichstädte*, S. 304 f. Schmidt 认为奥格斯堡在这个十年的后半段，主要坚持的是"拒绝的态度"。从奥格斯堡市议会内部的角度来说，"中间道路"不是那种空洞的摇摆不定，而是积极的政策。

④ SStBA 8°Th. GeS. 56a.

⑤ Blendinger Friedrich, "Ulrich Artzt," in Gött Freiherr von Pölnityz（Hg. ）, Lebensbilder aus dem Bayerischen Schwaben Bd. 6，München 1958，S. 88 – 130，hier S. 121 – 123.

⑥ Roth, *Reformationsgeschichte* I, S. 177 – 179；Broadhead, Politics, S. 172 – 182.

和平问题上给予支持，并请求阿茨特主席不要在联盟成员中宣扬奥格斯堡内部的动荡，因为这可能会威胁到对奥格斯堡作为一个可信赖的联盟伙伴的认可。在这封信的末尾，市议会还请求阿茨特在联盟成员与农民之间的冲突问题上，尽可能寻求中和之道，缓解与农民之间的矛盾，避免不必要的流血牺牲。① 阿茨特主席在两天之后的回信中毫不客气地说道，奥格斯堡只要管好自己如何为放纵的邪说赎罪就好了，很显然人们担心城市的下层弱势民众会与农民汇合一道。② 显然，这位坚定的传统信仰者、政治经验丰富的主席并不满意奥格斯堡的"怀柔策略"，在他看来这种策略过于保守，对造反的农民以采取武力的手段解决。然而这位主席的意见以及随后城市中发生的动乱并没有改变由鲍丁格制定的市议会"中间路线"政策。两天后，阿茨特又单独给鲍丁格写了一封信，信中称他了解鲍丁格的观点，但自己依旧对农民持强硬态度。③

市议会依然坚持自己的温和策略，始终保留对话的可能性，在 1525 年 3 月中旬的农民战争中也依然如此。④ 这一情况也在另一封信中报告给了阿茨特，⑤ 由此奥格斯堡作为农民战争爆发期间的一座和平城市而备受瞩目，其中立态度也得到了交战双方的认可。⑥

除此之外，奥格斯堡的"中间道路"政策也体现在其他事件上。例如，1525 年 1 月奥格斯堡十三委员会议召开时，奥格斯堡特使何瓦特（Konrad Herwart）成功地使奥格斯堡作为帝国城市也作为一个独立代表参加"1526年斯派尔帝国议会"。⑦ 市议会为此高兴的原因在于，这样他们便可以在帝国议会上发言，提倡所有的城市在面临改革还是不改革、新教还是天主教的两难选择时像他们一样走中间和平路线。⑧ 奥格斯堡在帝国中的地位以及城市内部不断增长的社会问题，使这次帝国议会与奥格斯堡的未来决策意义重

---

① StAA, LitSlg, 1525, Maerz (ad13. 3); Lutz, Peutinger, S. 240 f. Druck bei: Vogt, Wilhelm: Die Correspondenz des schwäbischen Bundeshauptmanns Ulrich Artzt von Augsburg 1524 – 1527, I, Teil, in ZHVS 6 (1897), S. 281 – 404, hier S. 366 – 368 Nr. 213.

② StAA, LitSlg, 1525, Maerz (ad13. 3); Lutz, Peutinger, S. 240 f.

③ StAA, LitSlg, 1525, Maerz (ad17. 3); Druck bei: Vogt, Correspondenz I, S. 371f. Nr. 128.

④ StAA, Reichstadt, Ratsbücher, Nr. 15, fol. 84r – v (25. 3).

⑤ StAA, LitSlg, 1525, Maerz (ad28. 3).

⑥ StAA, Reichstadt, Ratsbücher, Nr. 1, fol. 85r – 97r (27. /30. 3. 25). Rem Chroni, S. 228.

⑦ Schmidt, *Reichstädte*, S. 268 – 274.

⑧ Lutz, Peutinger, S. 295 – 298.

大。然而这次计划并没有如鲍丁格所建议的那样顺利进行，在使者何瓦特直接书面转告市长安东·比墨（Anton Bimmel）之后失败了，这样，"中间道路"作为主导的外交政策失败了。① 这也为30年代后奥格斯堡宗教政策的制定不再过问鲍丁格的意见做了铺垫。②

可以说从20年代开始，鲍丁格就致力于进行一种人文主义的适度和缓的教会改革，然而到了20年代末，奥格斯堡自身的政治利益与皇帝所给出的政治要求越来越难以统一，也并不符合外部的政治现实环境。③ 他所寻求的联盟的可能性也越来越走入困局。

农民战争之后，诸帝国城市都在找寻一个合适的立足点，既不与诸侯公爵的权力相抵抗，也不完全不顾及民众的意愿。因此，在同一目标驱使之下，乌尔姆和斯派尔在1525年7—9月尝试建立一个适合所有帝国城市的联盟，④ 奥格斯堡也有加入意愿，⑤ 然而这个计划以落空告终，因为小城市和大城市的需求不同，根本无法满足所有城市的需求。在这样的背景之下，同年帝国城市中最有权势和影响力的纽伦堡、乌尔姆和奥格斯堡结成一个单独的联盟，然而因为奥格斯堡想要保持已有的诸多贸易垄断，并且想要最大限度地执行"中间道路"，不能对教会改革的人全面让步，因为一旦让步也就意味着站到皇帝的对立面，这是奥格斯堡极力避免的，这个联盟也

---

① Gößner 认为，在16世纪30年代初，"中间道路"仍然在奥格斯堡宗教与联盟政策考量中发挥着不可或缺的作用，Immenkötter 也持同样观点。不同的是，Immenkötter 从教派的角度来看1534年。参见 Gößner Andreas, *Weltliche Kirchenhoheit und reichsstädtische Reformation：Die Augsburger Ratspolitik des "Milten und mitleren weges" 1520 – 1534*（Berlin：Akademie Verlag，1999），第10章第3节。

② 1533年后鲍丁格个人依然坚持"中间道路"政策。到1534年，市议会完全放弃了此道路政策。Gößner 认为，1524年、1530年和1534年是奥格斯堡比较明显偏离"中间道路"的年份（参见上书第10章第3节）；Broadhead 原来也是这种观点，后来有所改变。Broadhead，*Politics*，S. 50，S. 107，S. 111 f，S. 196 f.

③ 对此，Lutz 认为："以鲍丁格十多年的从政经验来看，帝国的政治结构正在他眼前发生令人惊诧的变化，不仅是那些浅层的，埋葬过去的传统、产生新的事物，而是正在发生的宗教分裂改变了整个国家和帝国之间的关系格局。所有的政治秩序的根源，即在人们需要共同生存这一前提条件下，对于宗教分裂的现实应对，也因此，这位老书记官不得不一如既往地寻找支持，这是他的政策能够发挥影响的外在条件，也是他的失败原因所在。"Lutz，Peutinger，S. 223.

④ Schmidt，*Reichsstädte*，S. 234 – 242.

⑤ Roth，*Reformationsgeschichte* I，S. 272 – 288；Lutz，Peutinger，S. 267，S. 335.

很快以失败告终。①

这种帝国城市之间的不统一局面，促使黑森州伯爵在接下来的几年努力建成一个统一的诸侯与帝国城市之间的新教联盟，奥格斯堡对此虽然也有一些响应，因为此时城市的上层阶级已经有很多倾向于改革，虽然还是非公开的状态，例如已经容许新教牧师在城市中布道。然而纽伦堡、乌尔姆和奥格斯堡三城最终还是拒绝了黑森州伯爵的提议，尽管背后原因各一。到了 1526 年 3 月，在斯特拉斯堡联盟发展之时，这三个城市也开始商讨强化结盟，但是由于各自的利益不同，尤其是奥格斯堡对于竞争关系的考虑，最后失败了；1527 年秋，为应对施瓦本联盟，三城的关系又近了一些；② 接下来的 1528 年，随着施瓦本联盟对于三城的压力又大了一些，三城在埃斯林根尝试与斯特拉斯堡建立一个新的四城联盟。③ 在这次会谈中，奥格斯堡的使者提出这两点建议：

（1）派一位共同的使者前往皇帝查理五世那里，请求皇帝解除对诸城的"沃尔姆斯禁令"，为此，诸城愿意为皇帝在需要之时提供财政的支持；

（2）联盟的基础应该在于共同保护福音派，但是原则上并不反对皇帝和施瓦本联盟。

然而，这几个城市都不大愿意接受奥格斯堡的这个提议，这个联盟最后也未成功。这样，奥格斯堡的"中间道路"就面临两难境地，一方面与南德诸城难以达成一致，另一方面其自身的政策设定也难以为继。④ 因此，1530 年帝国议会在奥格斯堡的召开，对于奥格斯堡市政当局是一个巨大的考验。

---

① 纽伦堡与此不同，在证明了会"毫不动摇忠诚于皇帝陛下"之后，市议会从 1525 年开始一步步进行城市的宗教改革，第一个高潮是在 1525 年 3 月举行了一次宗教会谈，然后开始有目的地逐步清除城市中的传统信仰的人员和教会，一直持续到 1525 年 8 月。1533 年又开始进行进一步的教会整顿改革。参见 Schindling Anton, Nürnberg, in ZIEGLER, Walter (Hrsg.), *Die Teritorien des Reiches im Zeitalter der Reformation und Konfessionalisierung*, Land und Konfesion *1500 – 1650* (Münster: 1989), S. 32 – 42。

② RTA, J. R. Ⅶ/1, S. 143 – 148; Lutz, Peutinger, S. 283 – 286.

③ StAA, Reichstadt, Ratsbücher, Nr. 15, fol. 193v (24.9); RTA, J. R. Ⅶ/1, 335.

④ Lutz, Peutinger, S. 295 – 300.

六　小结

以上以奥格斯堡为个案，分析了在 1520—1529 年宗教改革早期，奥格斯堡市议会作为世俗权威如何应对动荡的时局。不难看出，市议会以稳定、秩序、发展为核心追求，对所有可能产生社会混乱及动荡的事件都严加管制，无论是世俗事件还是宗教事件，体现了奥格斯堡市议会承袭中世纪以来的"公共福祉"的执政理想与目标：把城市建设成为一个统一、稳定的"基督教"社会有机体。然而，教派分裂趋势逐渐形成，它所带来的影响也越来越不可忽略，恰恰在这样的艰难挑战下，市议会作为世俗权威加强了对宗教事务的介入、增强了自身权威、扩大了管辖范围，为后期领导宗教改革打下了基础。由此可见，宗教改革作为一场综合事件所带来的最根本的改变之一，即是教会与世俗政权之间的较量，而后者逐步居于上风。

1520—1529 年，"中间道路"政策成为奥格斯堡市议会的主导策略，其原则坚持对哈布斯堡皇室家族绝对忠诚、保证奥格斯堡的经济繁荣、以人文主义为理想的适度教会改革。在这三者之中，相较于经济的发展、外在的政治势力平衡问题，教会革新只是一个相对次要的问题。后续奥格斯堡在外交政策及教会改革问题上的被动局面，都不断验证着这一点。这是一个非常有趣的现象，我们可以看到，宗教改革作为一场以神学问题开场，触及社会、政治、经济、制度方方面面的综合事件，它的走向绝不只是宗教神学问题那么简单，其中夹杂政治、经济利益等因素，形成了复杂的先后主次关系，在不同的城市地区呈现出迥然不同的样貌与结局。作为一个关系复杂的城市，随着时局的变化，奥格斯堡进退维谷，一方面难以与南德诸城达成一致，另一方面来自城市内部改革的呼声与来自皇帝和传统势力的矛盾也越来越尖锐，其自身的教会改革牵连着帝国更大的势力捭阖。因此，奥格斯堡市议会作为城市管理者，其挑战远未结束。这种挑战磨砺着市议会承担更有力的世俗权威的同时，也奠定了城市未来具有"中立调和"政治特性的双教派兼容并包格局。

（作者为德国哥廷根大学博士后）

苏格兰启蒙思想视域下的法国大革命

林玉萍

在考察英国对法国大革命的评论时，学术界往往聚焦于伦敦，忽略了苏格兰。之所以出现这种现象，是因为苏格兰在评论法国大革命上的贡献被学者们描述成间接性的，而且这种贡献主要体现在亚当·斯密（Adam Smith）政治经济学的影响上。实际上，苏格兰启蒙思想家对法国大革命的评论颇丰，其中的佼佼者，如亚当·斯密、威廉·罗伯森（William Robertson）、亚当·弗格森（Adam Ferguson）、约翰·米勒（John Millar）等，都极其热切地观察着 1789 年发生的系列事件。①

一 思想背景：休谟和斯密对法国君主政府的评述

在法国大革命的早期阶段，英国对大革命的评论多基于国内政治情况，其中的代表性评论即产生于埃德蒙·柏克（Edmund Burke）与激进派以及部分辉格党人的争辩中，这场争辩集中体现了英国在法国大革命事件上的立场。当时的苏格兰启蒙思想家大都在这场争辩中缺席，这也在很大程度

---

① Anna Plassart, *The Scottish Enlightenment and the French Revolution* (New York：Cambridge University Press, 2015), p. 7. 虽然斯密和罗伯森分别于 1790 年和 1793 年逝世，他们也没有对大革命做出任何公开的评论，但我们仍可从斯密在 1790 年《道德情操论》（*Theory of Moral Sentiments*）的再版中以及罗伯森的信件中找到一些评论。弗格森在 1789 年退休后，曾多次对大革命期间的事件进行评论；米勒也多次匿名发表有关大革命的观点。

上导致苏格兰启蒙思想家对法国大革命的评论长期"无人问津"。① 苏格兰学者对大革命的评论与高层政治和主流议题疏离，也鲜少在他们的英国同侪中公开，他们对由柏克引起的争辩兴味索然，转而另辟蹊径，在 18 世纪法国和苏格兰哲学的理论根基之上来评论大革命。②

实际上，尽管苏格兰启蒙思想家没有直接参与这场争辩，他们也仍旧对其有所贡献，这主要体现在他们对争辩参与者思想层面的影响上。苏格兰启蒙思想家关于历史和政治经济学的理论为柏克的反对者如潘恩（Thomas Paine）和沃斯通克拉夫特（Mary Wollstonecraft）所用，而柏克本人也受到了苏格兰启蒙思想的深刻影响。③ 柏克与苏格兰启蒙思想家交流，他对大革命的谴责在很大程度上植根于苏格兰对商业发展和社会进步之间关系的反思，他也和休谟（David Hume）、斯密一样，对法国大革命威胁现代社会的进步表示担忧，在对人类行为和社会交流机制的考察上也与斯密、罗伯森的观点相似。④

具体来说，柏克和他的反对者的主张受到苏格兰启蒙思想的影响，这些启蒙思想多是源于休谟和斯密的理论，为苏格兰对法国大革命的回应提供了较为完整的思想背景。

（一）休谟：法国现有君主制能够导向进步

苏格兰启蒙思想家对 18 世纪法国君主制的看法不仅反映出他们对社会和政府的理解是建立在对习俗的考察之上的，也体现了他们对法国和法国哲学的共鸣和熟悉：他们对法国历史及其君主制的描述与英国辉格党对自由的叙述没有太大的差异，他们在历史学和法学方面的著述倾向于强调英法两国的趋同性。尤其是作为一个终身亲法者的休谟，他不满辉格党以"英国式自由"

① 苏格兰很少在这场争辩中露面还有其他因素：亚当·斯密去世后苏格兰启蒙运动的衰落、苏格兰温和派学者根深蒂固的保守思想、邓达斯政府对政治报复的恐惧以及缺乏激进哲学思想的本土传统等。有记载表明，参与其中的苏格兰人多是一些年轻学者，他们要么在政治立场上接近福克斯辉格党，如詹姆斯·麦金托什（James Mackintosh），要么站在英国激进派的阵营中，如托马斯·克里斯蒂（Thomas Christie）。

② Anna Plassart, *The Scottish Enlightenment and the French Revolution*, p. 16.

③ 柏克与斯密、斯图尔特、米勒和休谟在保持友好关系的同时还有通信往来。1784 年，他在被任命为格拉斯哥大学名誉校长时，还利用这个机会拜访斯密和米勒（Anna Plassart, *The Scottish Enlightenment and the French Revolution*, p. 21）。

④ Anna Plassart, *The Scottish Enlightenment and the French Revolution*, pp. 21 – 22.

（English liberty）来反对"法国奴役"（French slavery）的做法，认为法国和英国的政府在将来很可能会越来越相近。休谟在他的《英格兰史》（History of England）中试图打破英国会稳步走向自由的辉格党观点，而他的文章《英国政府更倾向于绝对君主制，还是一个共和国》（Whether the British Government Inclines more to Absolute Monarchy, or to a Republic）则坚称相比于自由政府，绝对君主制政府能更迅速地随着文明的进步而得到改善。由此，休谟认为当法国在一个"能充分洞察自己和公众利益的"国王引导下轻而易举地完善政府的时候，英国政府将来可能会不断地支持君主制原则，这样的话英法政府之间的差异"将不会像现在这么大"，法国的绝对君主制是可行的政治组织模式。① 在休谟之后，当 1789 年法国大革命开始时，苏格兰人对"法国专制"这一概念没有过多考虑，在他们看来，法国和英国的不同政府体制其实都能兼容进步的观念，这一进步的观念涵括了交流、财富和市民自由的增加。法国没有必要跟随英格兰走相同的宪政道路，前者国内正进行的改革也能够导向进步。

（二）斯密：法国 1789 年革命是一种政治冒险

斯密对 1789 年法国的系列事件的评论主要基于他所提出的两大原则：权威原则（principle of authority）与效用原则（principle of utility）。他认为，这两大原则是政治合法性的主要来源，它们通常并存于政治社会中，前者在君主政体中较为强大，后者则在共和政体和民主政体中较有优势。但是，这两种原则都有其局限性：建立在效用原则基础上的政体仍需要权威使其保持稳定，相应的，即使是一个最具权威的政府，也需要一定程度的效用来支持，因为"一个国王的行为如果荒谬暴虐到了极致，那么他可能会一起失去他的权威"。② 在充满政治怨愤的时候，由于没有任何理论可供参考，如何权衡这两大原则、如何确定哪一原则应占优势就变得困难起来，这时就需要"尽最大努力地运用政治智慧"，在"旧制度的权威"和"更大胆但时常更冒险的革新精神"之间做出选择。③ 总的来说，斯密认为"权威原则

① Anna Plassart, *The Scottish Enlightenment and the French Revolution*, pp. 31 – 32.
② Adam Smith, *Lectures on Jurisprudence* (Indianapolis: Liberty Fund, 1982), pp. 320 – 321.
③ Adam Smith, *Theory of Moral Sentiments* (Indianapolis: Liberty Fund, 1982), pp. 231 – 232.

的基础是效用原则"。①

在对权威原则和效用原则进行诠释和分析的基础上，斯密总结称，法国现在对效用原则的偏爱以及对君主权威的反抗有其自身的合理性，但这样的行为无疑是冒险的。他主张，法国如今正处于自由不断扩大的结构性进步中，舍此去追求更为普遍的政治权利在很大程度上是无意义的，继而可能会威胁到进步的进程。这样一来，斯密就把法国 1789 年的革命视为一个"高风险、低回报"的计划。②

实际上，在大革命爆发之前，休谟和斯密就一致认为相较于赋予人民更多的政治权利，建立一个"法治政府，而非人治政府"对社会繁荣而言更加重要。③ 当法国政府受到呼吁更多政治自由的要求的挑战时，斯密提醒道，与民主原则相比，现代文明习俗的保存和完善与人们的幸福自由有着更为直接的关联；当法国民众在政治自由上没有绝对的"权利"时，他们当然有权希望政治上的改善，不过，增加政治权利的革命未必会让他们生活得更好，反而可能会使那些更为重要的自由陷入险境，这些自由是现代社会道德进步和习俗的一部分。④ 以此观之，休谟和斯密对 1789 年法国革命的思考、对社会和现代性的检视并不是通过直接考察政治制度来进行的，而是通过探索道德朝向以文雅开化为特征的商业社交性的进步过程来看的，但法国革命之后还是出现威胁现代商业世界繁荣安宁的征兆，休谟和斯密最为担忧的现象终究没有避免。然而，他们的系列观点为随后的苏格兰启蒙思想家考察法国大革命提供了独特的分析视角和思想背景。⑤

二　1792 年前的法国革命

——基于权威原则和效用原则的考察

1790 年代，当英格兰和爱尔兰正经历着广泛的政治争辩和激进主义的煽

---

① Christopher J. Berry, *Social Theory of the Scottish Enlightenment* (Edinburgh: Edinburgh University Press, 1997), p. 106.

② Anna Plassart, *The Scottish Enlightenment and the French Revolution*, pp. 33 – 34.

③ David Hume, "Of Civil Liberty," in Eugene F. Miller ed., *Essays: Moral, Political, and Literary* (Indianapolis: Liberty Fund, 1987), p. 94.

④ Anna Plassart, *The Scottish Enlightenment and the French Revolution*, p. 34.

⑤ Anna Plassart, *The Scottish Enlightenment and the French Revolution*, p. 40.

动时，苏格兰政治氛围相对平静，社会较为稳定，从思想层面讨论法国正发生的系列事件尤受压制。《爱丁堡评论》（*Edinburgh Review*）作家亨利·科伯恩（Henry Cockburn）① 和弗朗西斯·霍纳（Francis Horner）② 都曾把这一阶段的苏格兰描绘为一个"令人窒息的、偏狭的和政治倒退的"地方，听不见任何改革的声音。③ 苏格兰沉闷的思想氛围在科伯恩看来，与邓达斯政府的做法关系密切：邓达斯被称为"苏格兰的灯塔"（Pharos of Scotland），他领导下的托利党政府利用"法国大革命中的棘手问题"，以打击"叛乱"、激进主义和"极端激进主义"为借口，扼杀所有对改革的期待。④ 这一时期的苏格兰在很大程度上是保守的托利党势力的大本营。⑤

（一）支持者：法国革命怀揣自由进步的理想

和英格兰一样，苏格兰起初对法国大革命是欢迎的，当时的布道词、报纸和私人信件都说明许多苏格兰人将大革命视为效仿光荣革命的一种尝试。⑥ 当时具有改革思想的苏格兰辉格党人对法国的事件有着极为广泛的好奇心，渴望能亲眼见证革命的开展，许多人还在 1790 年代早期出发到法国，并带回了他们的所见所闻。爱丁堡和格拉斯哥的启蒙思想家一般对法国采纳辉格党原则上表示欢迎：著名的改革主义者米勒，较为温和的里德（Thomas Reid）、罗伯森和斯图尔特（Dugald Stewart）都赞成法国正在进行的改革，

① 亨利·科伯恩（1779—1854），苏格兰律师和法官，在 1830—1834 年担任苏格兰副检察长（Solicitor General for Scotland）。他既是《爱丁堡评论》的主要供稿人之一，也是苏格兰启蒙运动的重要社团——沉思社（Speculative Society）的成员。

② 弗朗西斯·霍纳（1778—1817），苏格兰律师和政治经济学家，他积极参与辉格党政治活动，是辉格党阵营内的政治家。霍纳受苏格兰启蒙思想家休谟、斯图尔特等人的影响颇深，创立并主笔《爱丁堡评论》。1807 年入选爱丁堡皇家学会（Royal Society of Edinburgh）。

③ Anna Plassart, *The Scottish Enlightenment and the French Revolution*, p. 44.

④ Henry Cockburn, *Memorials of His Time*（Edinburgh：Adam and Charles Black, 1856）, p. 230, 82.

⑤ 休谟和斯密的哲学和历史学著述有其革新之处，有时还表现出有意的挑衅倾向，但这些著述更多地受到了他们在政治上的实用主义、温和以及对改革理论的怀疑的影响。苏格兰启蒙运动所呈现出的"温和"特征有其宗教、政治、文化和社会层面的根源，这使得苏格兰启蒙思想家们大都不认同激进主义（Anna Plassart, *The Scottish Enlightenment and the French Revolution*, pp. 45 – 46）。

⑥ Bob Harris, *The Scottish People and the French Revolution*（London：Pickering & Chatto, 2008）, pp. 50 – 51.

而弗格森和卡莱尔 (Thomas Carlyle)① 起初对大革命态度较为审慎，但也未直截了当地表示敌意。②

这些苏格兰启蒙思想家对法国革命者的支持在米勒身上得到了最为具体的展现，他的改革立场十分鲜明。

1790 年，米勒与苏格兰缓慢出现的改革运动越走越近，而这些改革运动与激进主义有着紧密的联系。米勒还与里德一起加入了苏格兰的改革社团，1791 年 7 月 14 日，他们一起出席了在格拉斯哥召开的会议，共同庆祝巴士底狱陷落两周年。③ 米勒对大革命时期系列事件的评述是建立在他对斯密道德哲学和政治哲学的重新解释基础上的，具体而言，他通过重新解释斯密对作为政治合法性来源的权威和效用这两大原则的讨论，对大革命进行分析。米勒认为，效用原则会随着社会进步发挥更大的作用，而权威原则会渐渐地失去其必要性，而且，政府的合法性源自其保护民众自然权利的能力，因此，政府是否合法就可以通过其是否符合民众的"效用"需求来判断，效用成为米勒考察法国大革命的主要参考原则。1791 年底，米勒发表了一场关于政府的演讲，这一演讲始终坚持认为，大革命体现了效用原则的胜利。米勒主张，在特殊历史条件下出现的权威原则，形成于习惯的积累和某些个人或群体的原始优势，其中习惯的作用通过财富和特权的世袭得到加强。而效用原则的出现是为了避免滥用权威。这样一来，权威原则成为社会早期阶段的特征，而效用原则体现出了更多的文明性。

与斯密将政治合法性二元来源的分析焦点置于人们的道德本质上不同，米勒将这两大原则推到社会历史的发展背景中，认为它们在政府运作中扮演的角色会随历史发展而异，并最终由社会进步决定：社会越进步、越文明，权威原则的作用就越小，效用原则的角色就越重要。这是因为随着社会的发展、知识的传播，权威的力量会渐渐消退，并为更好地理解和提升政治制度的需求替代。故依照效用原则仔细察看公共举措，并提出完善方

---

① 卡莱尔是在法国大革命之后才出生的一位苏格兰思想家，曾于 1837 年写作《法国大革命》。他认为大革命代表着民主"恐怖而崇高地"降临于现代世界，表明了"神圣正义对目空一切的腐败贵族的审判"；他对大革命充满了复杂情感，混合了"敬畏、共谋与不屈的热情"，但也掺杂了恐怖与同情（〔英〕约翰·布罗：《历史的历史：史学家和他们的历史时代》，黄煜文译，台北，商周出版，2010，第 356—357 页）。

② Anna Plassart, *The Scottish Enlightenment and the French Revolution*, pp. 48 – 49.

③ Bob Harris, *The Scottish People and the French Revolution*, p. 25.

案的风尚将会逐渐普遍化。① 米勒特别指出，大革命是社会越发进步之下效用原则凸显的体现，其间革命者在考察社会和政治现状的基础上提出了自己的改善方案。

里德是法国大革命的另一位早期仰慕者，也最早对大革命表示欢迎。里德认为政治权威植根于道德基础而非产权关系上，因而改善政府的适当方法不在于产权改革（property reform），而是道德改革（moral reform）。② 这也是他一开始欢迎大革命，并将它视为达到道德进步的一种尝试的原因。③ 不过，并非所有此时期的苏格兰启蒙思想家都像米勒和里德那样一开始就支持大革命。

（二）审慎警惕者：法国革命潜藏破坏稳定的危险

弗格森像他的许多英国同侪那样，早期对大革命表示了欢迎。弗格森在 1790 年 1 月写给老朋友麦弗逊（John Macpherson）的信中展现了对大革命的信心，认为法国"比起迄今为止的状况，将会成为在欧洲和亚洲更好的邻居"。但他的信心到 1792 年就消失了。他在给麦弗逊的另一封信中，下结论称法国的主要目标是征服欧洲乃至欧洲以外的领土。由此观之，弗格森对大革命的态度是有所保留并保持警惕的。④ 弗格森在 1792 年的《道德与政治科学原理》（*Principles of Moral and Political Science*）中认为，效用原则不能被视为一般政治原理的标准。在他看来，由于社会塑造了人的道德本质，保存那些认可个人美德的社会条件是最重要的立法目标，而这就是人们"必须使自己适应国家利益"的原因。在对法国革命者以及英国那些"人权"支持者的露骨批判中，弗格森将政治制度比喻为"我们安全而又熟悉的房子"："拆掉这间房子，甚至准备重新建造一座更好的、更安全

---

① John Millar, *An Historical View of the English Government from the Settlement of the Saxons in Britain to the Revolution in 1688*, Vol. Ⅳ (London: J. Mawman, 1803), p. 305.

② Anna Plassart, *The Scottish Enlightenment and the French Revolution*, p. 56.

③ 但大革命的发展还是令里德失望，随后他认为革命者的政治改革没有实际的可能性，并为重新规划一个完全建立在道德基础上的社会秩序而提出了立法上的实用建议，如废除私有财产、由国家管理教育等（Anna Plassart, *The Scottish Enlightenment and the French Revolution*, p. 56）。

④ Iain McDaniel, *Adam Ferguson in the Scottish Enlightenment: The Roman Past and Europe's Future* (Cambridge, Massachusetts: Harvard University Press, 2013), p. 183.

的，并且摧毁塑造人们道德的社会基础，这样就会使居住者暴露于外界的
危险之中。"这样一来，保存政治社会之于改善现代道德就是最重要的事
情。因此，在政治社会中，国家安全必定是首要的，而这只能通过政府的
权威得到保障。由于国民幸福依赖于国民能够恰如其分地理解自己的责任，
而非一味地争取并实现政治诉求，因而，政治改革在很多时候都是不必要
的。对弗格森来说，国家安全总是政府的根本目标，而这只能通过政府权
威来确保。① 他坚信，依照效用原则的政治改革尝试可能会颠覆权威原则，
并转而破坏国家安全，毁害个人自由、财富和幸福的社会基础。② 由此，弗
格森的观点实际上就将休谟和斯密的主张重新联系起来了，亦即政府的主
要角色是保护民众的安全，社会的道德进步更依赖政治稳定，而非社会层
面的或政治层面的运作。法国革命派试图破坏权威原则，单方面强调效用
原则，最终只会戕害个人自由。

　　尽管弗格森在 1790 年初对大革命持审慎态度，到 1792 年又对其不加掩
饰地批判，但并无证据表明他那些温和的同侪最初也反对法国改革。他们
肯定不会是革命的狂热支持者，但同时也保持着谨慎的立场，既赞美 1688
年的自由，又强调不顾后果的革新潜藏的危险。

三　1792 年后的法国革命

——对革命堕入暴烈与狂热的考察

　　在苏格兰，当 1792 年法国大革命发展得越发激进时，对大革命的支持
骤然被视为具有高度煽动性的现象。革命演变成雅各宾派的统治和国际冲
突，在欧洲观察者看来，这场革命已不再是确立有限宪政的改革尝试，相
反，它逐渐与恐怖、军事政府和欧洲范围内的战争等措辞相连。在大革命
进行之初，苏格兰启蒙思想家将其视为光荣革命在欧洲大陆上的再现，因
而没有对其公开表示反对。然而，大革命在 1792 年后的暴烈发展使他们满
腹疑团，遑论大革命随后呈现的仓皇反复现象。诸如此类的"反常"迫使
思想家们思索为什么英格兰能达到政治自由，法国却不能；英格兰的政治

---

① Anna Plassart, *The Scottish Enlightenment and the French Revolution*, p. 131.
② Anna Plassart, *The Scottish Enlightenment and the French Revolution*, p. 57.

自由是历史发展中的特例,还是能普及到全欧洲的范例。在这样的背景下,苏格兰思想家倾向于将英格兰置于广阔的欧洲背景中,以此比较法国和英格兰君主政体的演变,尝试找出它们是在何时与如何出现分歧的,以及它们在未来可能如何演进。

(一) 关注外部战争对革命进程的影响

1790 年代中后期,米勒和麦金托什都对大革命的失败进行了另类的解释,认为作为外在因素的战争使得法国社会进步的内在机制脱轨,并改变了社会道德。

米勒认为,早在 13 世纪时英法两国政府发展分歧的苗头就已经出现了:英格兰爱德华一世 (1271—1307) 在位期间的君主权威比起法国腓力四世 (1285—1314) 时期要更受约束,男爵从君主那里获得了最为重要的特许权。[1] 但在法国,君主权力的延伸并未受到抑制。在米勒看来,英法发展道路出现分歧的主要根源在于两国军事结构上的差异,这在很大程度上由地缘因素决定:位于海岛上的英格兰鲜少有机会侵略他国,因此其国王难以使臣民习惯于他的权威,同时也难以通过他的军事勇猛和荣耀来获得民众的仰慕和服从。然而,法国君主有更多机会展示才能,从而扩展自身的权威。[2] 也正因如此,法国君主没有必要像英格兰国王那样与其他贵族达到势力平衡,两国权力制衡的差异使法国错失了增强民众影响力的机会,从而使其君主政体更加稳固。米勒认为,在一定程度上,随着法国君主专制不断通过军事力量得到增强,对法国而言,在 1789 年效仿英格兰走向政治自由的进程可能已经太晚了。[3] 而大革命在 1792 年后出现恐怖统治和民主狂热的根本原因在米勒看来并非来自国内。[4] 相反,这应该完全归因于威胁法国的敌对势力,暴力的外部干预成为大革命事业失败的根源,法国革命者出于保存力量、捍卫革命成果的目的,需要一些强势人物的出现。而这

---

[1] John Millar, *A Historical View of the English Government from the Settlement of the Saxons in Britain to the Revolution in 1688*, Vol. II, pp. 148 – 149.

[2] John Millar, *A Historical View of the English Government from the Settlement of the Saxons in Britain to the Revolution in 1688*, Vol. II, p. 157.

[3] Anna Plassart, *The Scottish Enlightenment and the French Revolution*, p. 80.

[4] 米勒认为,国债、1789 年温和的改良主义,抑或是更为激进的革命者所提出的民主原则,都不是引起大革命性质突变的根本因素。

也就能解释为什么米勒直至 1793 年后仍未曾谴责法国革命者。①

（二）　审视法国革命的狂热面向

伴随这种对大革命性质变化的原因分析，苏格兰启蒙思想家也针对 1792 年后大革命发展过程中体现出来的狂热、爱国主义特征乃至其军事活动进行了讨论。

从苏格兰的视角来看，"狂热"一词有其附加的政治和历史联系，苏格兰启蒙运动中对狂热的批判是与其政治温和倾向紧密相关的。18 世纪中期，休谟就曾警示狂热的危险性，认为这种"错误的宗教"反对了"人类理性，甚至道德"。② 不过，后来的苏格兰启蒙思想家对狂热的理解有所不同，他们在战争背景中强调法国民族精神呈现出新的狂热本质，认为当与捍卫国家相关时，狂热更易被展示为一种积极的概念。③ 其中的主要代表人物仍是米勒，他主张法国爱国主义的理性根源没有被狂热取代，而是仅仅被狂热加强，从而转变了对狂热这一概念的理解。对于法国军事行动所展现出来的侵略性，米勒认为法国士兵体现了捍卫自由和独立的无上民族勇气，法国在大革命中的军事行动和它参与的战争不是由魅力超凡的领导人指挥的，而是法兰西民族自身。欧洲发动的反法战争带来了一种全新的战争形式，其战争目的不是寻求保护或扩张领土，不是出于遏制一个强大邻国的势力，同样也不是保护自身的商业优势，他们这么做是要破坏法国的体制，甚至也许是要消除其独立存在。④ 因此，在米勒看来，法国大革命所具有的狂热特征实际上出于捍卫独立自由的爱国主义，也由此伴随着一系列的军事行动，在这些军事行动中，一支大多由普通民众组成的军队的战果似乎表明它比欧洲常备军更为精良。针对这一不可思议的现象，米勒提出了一个假设加以解释：作为一个民族的法国遭到覆灭的威胁，这重新激活了它的爱国主义，法国军队中民众对自由的热爱使他们变得所向披靡。如此一来，

---

①　Anna Plassart, *The Scottish Enlightenment and the French Revolution*, p. 85. 在对法国大革命走向恐怖统治原因的分析上，麦金托什和米勒的观点较为相似，都将外部势力的干预作为根源。

②　David Hume, "Of Superstition and Enthusiasm," in Eugene F. Miller ed., *Essays: Moral, Political, and Literary* (Indianapolis: Liberty Fund, 1987), p. 76.

③　Anna Plassart, *The Scottish Enlightenment and the French Revolution*, p. 107.

④　Anna Plassart, *The Scottish Enlightenment and the French Revolution*, pp. 118 – 121.

大革命的狂热与爱国主义是对民族的统一和存亡的狂热，而非仅仅对自由或权利的抽象狂热。

尽管诸如米勒等苏格兰启蒙思想家都有强有力的理由来捍卫法国大革命，但在弗格森那里，有关大革命的论述立即改以美德和堕落的道德角度展开，并与罗马共和国及其衰亡相比较。

（三）考察法国革命的政治自由目标

弗格森认为法国君主政体的崩溃不是社会长期演进的结果，也不是法国自由启蒙概念"进步"的结果。在他看来，法国君主制的军事力量过于根深蒂固，民众对这一政体所提供的保护过于满足，以致他们想要推翻这个政体。[①] 像柏克那样，弗格森在大革命之初就预示到暴力和专横的来临，认为民主政治会使法国大革命堕入血腥混战和专制统治之中。在《道德与政治科学原理》中，弗格森警示称，民主政府的原则不可避免地导致一种平民统治的形式，而这只能带来暴政。而且，美德往往会被商业繁荣削弱，在这样的社会实行民主政治存在危险。[②] 从这一意义而言，在弗格森看来，民主制度在提升公共美德和自由的能力上是有限的，那种认为代议民主是自由的，因为它让人们有机会自主选择领导人的想法本身是存在缺陷的。弗格森认为，与公共自由相关的不是有多少人投票，而是被选择的领导人的品质。直接民主和间接民主都只是选择并任命领导人的方式，而代议民主选择出来的领导人是否就比贵族制或君主制的更为正直，这是存疑的。所以，弗格森主张，与公共自由相关的不在于政府形式，而是能否有正直的统治者和民众。

弗格森在于1790年代和1800年代关于大革命的评论中，始终把大革命视为古代世界民粹政策威胁的重现，而非一个失败的"辉格党"革命试验。[③] 对于大革命逐渐显露出来的狂热和军事威胁特征，弗格森认为法国的民主精神和改革已经激烈地改变了军权的本质，民主原则的初次引入对军队产生了尤为深远的影响，竞争和野心接踵而至，士兵梦想着为自己争取

---

① Anna Plassart, *The Scottish Enlightenment and the French Revolution*, p. 129.
② Anna Plassart, *The Scottish Enlightenment and the French Revolution*, p. 130.
③ Anna Plassart, *The Scottish Enlightenment and the French Revolution*, pp. 132 – 133.

擢升和荣耀，因而，法国军队在一系列的斗争中取得了空前未有的胜利。弗格森认为大革命给英格兰安全和欧洲和平带来了威胁，这是法国大革命引发其憎恶的主要原因。[1] 弗格森的分析分别是建立在与古代军事专制的对比和民主精神对法国军事组织的内在影响基础上的，法国军队成为他的讨论重心，并提醒他古代民主精神的危险。弗格森对大革命的反思在欧洲社会引起了反响，他的《道德与政治科学伦理》在德国和法国颇受欢迎，随后《爱丁堡评论》对法国战争的评论也采纳了他的分析，即这些战争是古代侵略性帝国主义与现代商业帝国之间的战争，后者的代表是英国。[2]

综上观之，米勒和弗格森都把"民族精神"的出现视为对苏格兰启蒙运动所赞扬的商业现代化的一个强大挑战，所以，对于这样一种产生于大革命的最具吸引力和危险性，却又前景良好的因素，弗格森和米勒尤其担心它会使商业国家民族嫉妒的潜在破坏性成为现实，而休谟与斯密早就对此提出了警告。[3] 这些共同的主题将苏格兰启蒙思想家对大革命的讨论统一起来，而下一代苏格兰思想家的贡献就在于对"苏格兰启蒙运动"的分解和传播上，把苏格兰启蒙运动的理论转移到英国和19世纪的背景中。

四　结语

在有关启蒙运动的研究中，法国启蒙运动往往占据了主流的论述地位，但同样在18世纪思想活跃的苏格兰启蒙运动却长期未能获得与其成就相当的关注。然而，苏格兰启蒙运动以其独特的思想体系及价值屹立于世，这是无可动摇的。

苏格兰启蒙思想家对法国大革命的总体立场是温和审慎的。在对大革命的观察中，休谟和斯密提供了较为完整的思想背景：休谟认为法国君主

---

[1]　Iain McDaniel, *Adam Ferguson in the Scottish Enlightenment: The Roman Past and Europe's Future*, p. 183.

[2]　Anna Plassart, *The Scottish Enlightenment and the French Revolution*, p. 152.

[3]　Anna Plassart, *The Scottish Enlightenment and the French Revolution*, p. 155. 在休谟和斯密看来，在商业和贸易竞争中，国家间的嫉妒很可能恶化为国家间互相敌对的"全面"战争。米勒和弗格森认为大革命已产生了一种新的战争形式和国家关系，而这似乎就是休谟和斯密谴责和警告的"嫉妒"所表现出来的极端形式（Anna Plassart, *The Scottish Enlightenment and the French Revolution*, p. 223）。

政体是可行的政治组织模式，法国不必跟随英格兰走相同的宪政道路；斯密认为权威与效用作为政治合法性的主要来源，后者是前者的基石，大革命以效用为原则来反抗专制君主的权威虽有其合理性，但仍具危险性，大革命是一个"高风险、低回报"的计划。休谟和斯密是以道德、商业、社交性等为切入点而非政治制度的角度来观察法国社会的进步进程的，这就为此后的苏格兰启蒙思想家提供了观察大革命的基本视角。

1792 年之前，苏格兰启蒙思想家们尤其借鉴了斯密所提出的权威原则和效用原则。他们中间，既有法国革命的支持者，亦有法国革命的审慎警惕者。米勒尤其对大革命表示了欢迎，他认为大革命体现了效用原则的胜利，认可法国革命对自由进步理想的追求；而像弗格森等苏格兰启蒙思想家则对大革命态度有所保留，认为大革命蕴藏着破坏政治稳定的危险，革命派追求政治自由的系列做法可能会反过来戕害个人自由，最终得不偿失。1792 年之后，随着大革命逐渐走向暴烈与狂热，苏格兰启蒙思想家开始关注革命进程的变化，考察外部战争所带来的影响，分析大革命所表现出来的狂热等特征，其间米勒把大革命的民主失败归因于外部的敌对势力，革命者本身不负主要责任；而弗格森的态度则有所保留，他认为革命者一味地争取政治权利是不合时宜的。

不同于英格兰思想界的反应，当时的大多数苏格兰启蒙思想家对法国大革命进行的系列思考更为丰富而多元，其主要基调也更为温和谨慎，苏格兰启蒙思想家们大都既不是革命的狂热支持者，也不绝对否定革命。他们从道德哲学的角度审视大革命，考察道德、习俗等因素在社会发展进程中不可忽视的作用，倡导更为审慎稳健、更为循序渐进的通向自由平等的发展道路。在今天看来，苏格兰启蒙运动的这些特质依然闪烁着光芒，也为反思法国大革命提供了一个颇具价值的维度。

（作者为北京师范大学历史学院法国史专业 2017 级硕士研究生）

欧洲近现代的军事与战争

19 世纪的英国海军及其转型

徐桑奕

拿破仑战争的结束是海战和海军由风帆时代过渡到蒸汽舰时代的重要事件之一，这场历时漫长的战争也是英国海军辉煌的缩影。海军史、海战史学界对此主题已有为数不少的研究成果。丁朝弼的《世界近代海战史》、李东霞的《1815 年前的海权、海军与英帝国》、尼古拉斯·罗杰（N. A. M. Rodger）的《控制海洋：不列颠海军史（1649—1815）》、理查德·哈丁（Richard Harding）的《风帆舰队的进化（1509—1815）》、保罗·肯尼迪（Paul Kennedy）的《英国海上主导权的兴衰》等论著，从不同角度概述或考察了拿破仑战争前后英国海军强盛的历史。[①] 其中，特拉法加战役（Battle of Trafalgar）的决定性意义与英方将领霍雷肖·纳尔逊（Horatio Nelson）的事迹和传奇色彩也被极尽渲染。

时代的变迁带来的是海军物质、人员制度和战略上的全面变化，同时也伴随着转折带来的徘徊和阵痛。与 1815 年之前海战史研究的丰硕成果不同，学术界关于 1815 年后的历史研究重心向英帝国史、殖民地、全球贸易和国际关系等方向转移，在海军逐渐成为英国对外政策的专业执行工具的背景下，对它的研究也出现了不同分支。在已有成果中，迈克尔·刘易斯

---

① 丁朝弼：《世界近代海战史》，海洋出版社，1994；李东霞：《1815 年前的海权、海军与英帝国》，博士学位论文，南京大学，2004；Rodger, N. A. M. , *The Command of the Ocean: A Naval History of Britain, 1649 – 1815* (London: Penguin Books, 2004); Harding, Richard, *The Evolution of the Sailing Navy, 1509 – 1815* (London: St. Martin's Press, 1995); 〔英〕保罗·肯尼迪：《英国海上主导权的兴衰》，沈志雄译，人民出版社，2014。

（Michael Lewis）的《海军的转型：一部社会史（1814—1864）》① 一书详细论述了拿破仑战后 50 年的状况，着重记述了战后海军的各方面变迁给社会带来的影响。英国历史学者马丁·威尔考克斯（Martin Wilcox）撰写的论文《阴霾的和平：拿破仑战争后皇家海军官员的挫折（1815—1825）》② 重点阐述了战后十年间海军官员所面临的一系列困境及其应对方式。他的另一篇论文《海军代理人的"秘密事务"（1700—1820）》③ 则从另一个角度揭示了海军官员的职业生涯和生活状况等方面。米尔本的论文《英国商运船只的工程师（1812—1863）》④ 关注了商运船只和造船业的发展。胡杰的论文《维多利亚时代英国主导的海洋世界体系及其对中国的启示》⑤ 以海军为一个方面，考察了维多利亚时代英国海洋总体战略的特点。贾珺的论文《1815—1914 年英国海权特点分析》⑥ 则讨论了英国和同期别国的海上军事存在及力量对比。以上论著切入点都较为独特，论述也比较精当。但在目前看来，关于战后英国海军转型及其内在逻辑问题，仍存在一定的挖掘空间。例如，现有著述多是对拿破仑战争后的社会史研究，着重关注战后问题的社会影响，对海军本身的研究则着墨稍逊；另外，对海军的关注也主要集中于军事、外交等方面，对其本身的技术性运作和发展的阐述略显不足。因而，本文拟在此基础上，尝试解读 1815 年后海军的一系列改变以及转型的原因和过程，并探析其对往后数十年英国海军的行动和战略模式产生了何种影响。

一 战后英国海军转型的动因

18 世纪后期以来，英国海军屡次在关键战役和行动中立下奇功，得到

---

① Lewis, Michael, *The Navy in Transition: A Social History, 1814 - 1864* (London: Hodder and Stoughton, 1965).

② Wilcox, Martin, "These Peaceable Times are the Devil: Royal Navy Officers in the Post-war Slump, 1815 - 1825," *The International Journal of Maritime History*, Vol. 26（3）, 2014, pp. 471 - 488.

③ Wilcox, Martin, "The 'Mystery and Business' of Navy Agents, c. 1700—1820," *The International Journal of Maritime History*, Vol. 13（2）, 2011, pp. 41 - 68.

④ Milburn, R. G., "The Emergence of the Engineer in the British Merchant Shipping Industry, 1812 - 1863," *The International Journal of Maritime History*, Vol. 28（3）, 2016, pp. 559 - 575.

⑤ 胡杰：《维多利亚时代英国主导的海洋世界体系及其对中国的启示》，《太平洋学报》2015 年第 6 期。

⑥ 贾珺：《1815—1914 年英国海权特点分析》，《军事历史研究》2006 年第 1 期。

国内社会和舆论的高度认可。1740 年代，乔治·安森（George Anson）在条件极端恶劣的情况下，擒获西班牙商船"卡瓦东加号"（Cavadonga）并获得价值数百万的金银，载誉回国。60 年代，爱德华·霍克（Edward Hawke）又在出师不利的情况下力挽狂澜，在对法作战中取得了"1805 年之前最为决定性的胜利"，[①] 自此掌握了七年战争的胜利之匙。尽管后来遭受了北美战争的挫败，但它的海上统治力犹在；1805 年的特拉法加战役重创了法西舰队，鼓舞了英国人的士气和信心，[②] 亦粉碎了法国对英海上封锁的企图。可以说，海军是这一时期英国推行海洋政策和进行海外贸易的最重要倚仗，是所有战绩和财富的基础。

　　然而，拿破仑战争的结束意味着无仗可打，军方遂将工作重点向物质、人员等领域偏移。数十年来的战争对建制庞大的海军是极大的考验，不少战舰常年损耗，返厂维修周期缩短，对军舰的整体调度和战力造成了负面影响。同时，战争中一系列新技术的运用也预示着变化的到来，风帆时代的战术和战舰或不再适用于未来的海上战争，改变在所难免。从英国国内来看，18 世纪后半叶到 19 世纪，正是工业革命方兴未艾之际，机器的使用一定程度上解放了人力，也使官方可将资源投向技术等更为急需之处。以造船业为例，18 世纪的舰船设计者和工程师们已将木材的使用提升到了很高的水准，也在不断寻找质地更好的木材充作原材料。北美战争结束后，曾有船队深入加拿大内陆探寻优质木材，后来军方又在波罗的海沿岸发现了质地更为坚韧的木材，并投产使用。1808 年下水的"苏格兰号"被视为木质战舰的代表作。进入 19 世纪后，铁开始在舰船制造中扮演了重要角色；1820 年代起，木质战舰的船身上开始使用不少铁质器材。随着蒸汽机的出现、改良和应用，以及威力更大的火炮的出现，蒸汽舰取代木质战舰的趋势愈加明朗。英国海军部对此也深知，技术将成为 19 世纪各国海军拉开档次的关键。

　　拿破仑战争是欧洲军械历史上的重要分水岭。正如历史学家所指出的："特拉法加战役是风帆时代最后一次大规模的舰队作战……（此后的）海权之争主要体现为英法之间的经济战……英国将一以贯之、不屈不挠地推行

---

① Herman，Arthur，*To Rule the Waves*（New York：Harper Perennial，2004），p. 290.

② 胡杰：《海洋战略与不列颠帝国的兴衰》，社会科学文献出版社，2012，第 106—110 页。

全球海上战略。"① 全球海上战略与英国在世界范围内面积广大的殖民地息息相关。实际上，英国自百年战争时期就意识到，海军"更重要的作用"，在于"保护本国的贸易和海上航线"。② 到 18 世纪中期，博林布罗克子爵也提出，国家的昌盛，取决于陆军和海军的成就，以及依靠德才兼备的、真正不列颠精英的强大稳定的政府；亦即，捍卫和拓展海疆应成为英国的基本国策。③ 如此幅员辽阔、跨度巨大的殖民地，更需要众多富有战斗力的舰船来拱卫；显然，陈旧且低效的大量木质帆船无法担负此责任，故舰船的转型升级刻不容缓。

同时，海洋战略的全球化也意味着军事存在在世界海域及港口的广泛部署，以及作战兵力迅捷投放的能力。要达到这些目标，也须有数量足够且战斗力强的舰船作为保障。此外，随着战争的结束，国家也暂时无须大量常备海军，因此，精兵简政的构想被提上日程，而如何处理和安置冗余水兵关乎军中士气乃至社会民心所向。另外，精简后的军官与海员要提升其军事素养，以应对此后作战需要。这些都是促使战后英国海军求变的动因。

二　海军转型的具体措施及影响

（一）舰船领域的进步

时至 19 世纪初，风帆时代的技术逐渐开始向蒸汽舰技术过渡。最初的蒸汽船是以木材为主要原料，装以桅帆和蒸汽机，风小或遇逆风时就开动蒸汽机；风大而遇顺风则扬帆，以借助风力。④ 可见，当时的蒸汽机技术已初步被运用到船只上作为动力，搭配一定蒸汽动力的明轮船（paddler）业已在近海贸易中广泛使用。1814 年，海军计划将蒸汽机装载在小型单桅帆船上，并于 1821 年开始建造第一批单桅蒸汽船。蒸汽船需要配备锅炉、机器设备和

---

① 〔英〕安德鲁·兰伯特：《风帆时代的海上战争》，郑振清等译，上海人民出版社，2005，第 182 页。
② 〔英〕杰弗里·帕克：《剑桥战争史》，付景川译，吉林人民出版社，1999，第 168 页。
③ 徐桑奕：《19 世纪前英国海疆意识的嬗变及其历史逻辑考察》，《郑州大学学报》2018 年第5 期。
④ 张天、时春荣：《英国工业革命与海军的发展》，《宁夏大学学报》（社会科学版）1986 年第 4 期。

大量煤炭，就势必要减少火炮的数量，从而会一定程度上降低舰船的机动性和战斗力，因此该政策在一开始推行时遇到了一些阻力。但随着法国实力的恢复及其海军随即出现抬头迹象，英国在船舶革新上的力度亦逐渐增大。蒸汽动力——包括铁甲、火炮等——都是对于法军起势的回应。[①] 到了40年代，蒸汽机开始被大量运用于战舰当中。随着蒸汽动力、铁甲的优势越来越明显，英国也随之取得了一系列卓著的战果，继而将动力、材料的变革不断推进。1852年，一名舰船勘测官员在向海军部的反馈中称，他所考察的"皇家乔治号"已经足以承载功率为400马力的蒸汽机；同时，当务之急是加紧所有舰船的蒸汽化进程，一些新建的或在建的船只都应配备蒸汽机和螺旋桨。[②] 在这些政策倾向的引领下，1860年前夕，军中的蒸汽战舰从50年代时的180艘猛然增至460余艘，[③] 英国得以继续保持在海上的优势地位。

造船材料的使用方面也出现了一定进展，木材对战舰生产的"垄断"地位开始受到金属材料的挑战。1780年代，英国制造出第一艘铁制帆船，开始了其用铁造船的历史。18世纪末19世纪初，朴次茅斯造船厂引进蒸汽动力，海军开始了从风帆时代向蒸汽动力时代的转变。而战舰建造结构及动力的变化，也对相关人才的技术素养提出了与以往截然不同的要求。船厂对工程师们的要求开始从"建造和修复风帆战舰"转变为"使用蒸汽动力建造新式战舰"。[④] 1820年，法国率先制造出第一艘配备有蒸汽机的铁制船；在他国经验的启示下，英国经过多年的尝试和实验，终于在1833年建造出一艘排水量达到30吨的铁制汽船"阿格莱亚号"。自此，英国开始大力发展铁制舰船。在1838年成功横渡大西洋的四艘汽船中，即有一艘名为"大西号"的铁制船。时至1840年代，英国又着手将铁制汽船的制造技术引入海军。1845年，铁制战舰"伯肯海德号"成功下水；随后，英国相继

① Lambert, Andrew, *The Crimean War: British Grand Strategy, 1853 – 56* (Manchester: Manchester University Press, 1990), p. 27.
② Hattendorf, J. B., Knight, R. J. B., Pearsall, A. W. H., Rodger, N. A. M., and Till, Geoffrey, eds., *British Naval Documents 1204 – 1960* (London: Navy Records Society, 1993), p. 689.
③ Bastable, Marshall, *Arms and the State: Sir William Armstrong and the Remarking of British Naval Power, 1854 – 1914* (Aldershot: Ashgate, 2004), p. 62.
④ 师琪：《英国辉煌时代的见证者：论18—20世纪初朴茨茅斯与英国海军的发展》，硕士学位论文，南京大学，2017，第38页。

在 1856 年和 1859 年制造出铁制军舰"刚强号"和"勇士号",[①] 其中"勇士号"的排水量达 9200 吨,[②] 当时的战舰鲜有能出其右者。有学者就此评论认为,尽管近代欧洲的军事技术变革中的一些领域并非最先由英国主导,后者却能最快地将技术成果应用于海军建设中,且迅速形成即战力,[③] 这正是近代英国海军能长期制霸海洋的主要原因之一。

在官方以外,民间人士和机构也在舰船和海事方面发挥了作用。19 世纪初,《劳氏船级社年鉴》(*Annals of Lloyd's Register*)、《最新船舶登记》(*New Registry-Book of Shipping*) 等出版物已在英国多个港口派驻专人,广泛度量和收集船舶基本参数、国籍、船主身份、来往港口等具体信息且定期出版,便利了社会对此类信息的获取,也令军方能在战时对不同商船加以区分,并进行更有效的动员与征用。

(二) 船坞和港口的升级与扩张

国内港口营建是此时期海军发展的又一方向。英国素来多天然良港,伦敦、布里斯托、赫尔、普利茅斯一直是其主要港口,承接着有限的欧洲国家间的进出口贸易。[④] 由于与欧洲大陆隔英吉利海峡相望,英格兰东部及南部港口,如伦敦、赫尔等港口都曾受益匪浅。大航海时代开始后,洲际之间交往增多,大西洋由禁区变为主要国际商道,随之而来的是西海岸布里斯托、切斯特和利物浦等港口崭露头角,[⑤] 英国海岸拥有的建港天然优势显露无遗。

随着舰船的革新及其规模的扩大,相应的基础配套设施也呼之欲出。工业革命初期,海军即获得了许多造船厂、翻砂厂;19 世纪初,为数众多的新口岸和新港口工程在英国沿海城市动土兴建,据估算,这些设施可供近两万艘商船和军用舰艇使用。同时,不少用于航海的灯塔也相继开工建

---

① 张天、时春荣:《英国工业革命与海军的发展》,《宁夏大学学报》(社会科学版) 1986 年第 4 期。

② Herman, Arthur, *To Rule the Waves*, p. 453.

③ 胡杰:《海洋战略与不列颠帝国的兴衰》,第 123 页。

④ 陆伟芳:《港口城市:18—19 世纪上海与利物浦发展的比较研究》,《学术月刊》2000 年第 3 期。

⑤ 陆伟芳:《港口城市:18—19 世纪上海与利物浦发展的比较研究》,《学术月刊》2000 年第 3 期。

设。① 根据舰队和商船的战时需要，从 18 世纪末到 1930 年代，伦敦和利物浦先后建成了两个船坞体系，全英最重要的军用船坞之一查特姆港也在同期开始了其翻新和升级的过程。其时，港口和船坞中的部分设施已开始使用铁质材料，坚固耐用，整个体系的设备亦较为完备和先进，领先于同期其他国家，为海军提供了全面而系统的后勤保障。

与此同时，为提高效率，英国也不断增加其海外所控制港口的数量，其中的一些已然规制严整、运行有序，功能上从负责中转、补给的港口升级为驻扎常备官兵、具有一定范围辐射和威慑能力的军事基地。有学者用"网络化"一词来形容该时期英国海外军港的部署模式，揭示当时英国走向全球的海洋策略与思路。② 英国已控制了圣赫勒拿岛、好望角、毛里求斯和锡兰等一系列岛屿和要冲，在 18 世纪中期业已很大程度上驱逐了加勒比地区的西班牙势力和南亚次大陆的法国势力；以此为基础，伴随着海洋霸权地位的进一步确立，英国在中东、东南亚、非洲、加勒比、南太平洋和南美洲等地区也建立了军事基地。其遍布全球的军事基地呈一定的网络性特征，大体可分为四条"战略弧"：（1）东亚—东南亚—南太平洋线；（2）地中海—苏伊士运河—印度洋线；（3）西非—南大西洋线；（4）北美—加勒比线。③迄 1848 年，英国在各大洲均建立了军事基地，其海外设施达 13 万处左右，远超国内的军事设施数量，④ 为海军在全球各海域的任务执行和力量投放奠定了基础。1850 年左右，英国共拥有战舰逾 160 艘，其中约 130 艘驻扎在海外，包括印度、地中海、西非、加勒比诸岛、太平洋及南美区域的港口和基地中。⑤ 这保证了英军能在较短的时间内到达涉事海域，抢占先机。

---

① 张天、时春荣：《英国工业革命与海军的发展》，《宁夏大学学报》（社会科学版）1986 年第 4 期。
② 孙德刚：《帝国之锚：英国海外军事基地的部署及其战略调整》，《军事历史研究》2015 年第 4 期。
③ 孙德刚：《帝国之锚：英国海外军事基地的部署及其战略调整》，《军事历史研究》2015 年第 4 期。
④ Harkavy, Robert, *Strategic Basing and the Great Powers*, *1200 - 2000*（New York：Routledge, 2007），p. 54，75. 转引自孙德刚《帝国之锚：英国海外军事基地的部署及其战略调整》，《军事历史研究》2015 年第 4 期。
⑤ 〔英〕保罗·肯尼迪：《英国海上主导权的兴衰》，第 129 页。

（三）海军的裁汰、出路和教育

拿破仑战争期间，英国海军曾达到一个前所未有的规模，1813 年，海军中的服役人数达到顶峰，随后开始缓慢下降，在 1817 年时达到了十多年来的谷值；再之后又缓慢上升，上升趋势一直延续到 20 年代中期。[①] 由此可见，战争的结束意味着大规模的裁军，而且在这个过程中，不同层级的人员都受到波及，但其具体执行又根据军衔官阶等有所差异：普通海员（seamen）一般直接被裁汰或遣散，部分常备士官（standing officers）[②] 理论上还可以继续留在原舰船上服务，而（委任）军官（commissioned officers）的薪金待遇则被打了对折，[③] 战时可观的赏金已不复存在。总体看来，海军官兵的确在拿破仑战争之后面临严峻的生计危机。有学者认为，对英国来说，这场胜利只意味着"英国性"开始萌发：解决了内部整合问题的英国，开始向全球的、帝国的方向发展。同时，在战争中被动员的阶层——工人、女性、普通士兵、殖民地人民等——一致在战后开始寻求回报。[④] 无疑，将战时和战后情况对比来看，海员和士兵就是其中最引人注目的群体，因为相较于其贡献，他们收到的回报着实有限，甚至入不敷出。

当代知名海洋史学家尼古拉斯·罗杰曾直言："对今（1815 年左右）后的海军军官们来说，要想拥有一个光辉的职业生涯，最重要的一点就是要生逢其时。"[⑤] 这个略带戏谑性的结论道出了一个事实，即拿破仑战争结束后的一段时间，并非建功立业之"时"。官方的一系列作为对后来的海军人员组织产生了一定影响。对海员和一般士官来说，战争的结束意味着失业。1813—1817 年，约有 12.4 万人被海军裁撤，多数人只能分得一笔"遣散费"。[⑥] 这种爆发性的失业潮给社会带来了普遍的"愤懑、怨望和不满"情绪，[⑦] 从而

---

① Wilcox, Martin, "These Peaceable Times are the Devil," p. 472.
② 如炮手（gunners）和水手长（boatswains）等。
③ Wilcox, Martin, "These Peaceable Times are the Devil," p. 472.
④ Koditschek, Theodore, *Liberalism, Imperialism, and the Historical Imagination*, *19ᵗʰ Century Vision of a Great Britain* (Cambridge：Cambridge, 2011), p. 40.
⑤ Rodger, N. A. M., *The Command the Ocean：A Naval History of Britain, 1649 – 1815* (London：Penguin, 2004), p. 381.
⑥ Wilcox, Martin, "These Peaceable Times are the Devil," p. 473.
⑦ Hilton, Boyd, *A Mad, Bad, and Dangerous People? England 1783—1846* (London：Oxford, 2006), p. 251.

影响了社会其他领域的发展。收入的锐减直接限制了消费水平的提高，也进一步造成了农业、商业等的萎靡。而官方也并没有为立下战功的军官们规划好未来发展的道路。数据显示，1813—1818 年，委任军官数量从约 5000 人上升到 6000 人，这其中，已退役及领取到退休金的人数比例在 3.5% —3.8%；剩余 95% 以上的可用人员中，在岗人数逐年下降，从 1813 年的 2448 人下降到 1818 年的 597 人，失业率从 50% 一路飙升到 90%。[①] 这种惊人的失业率一方面源于军方对人员和舰船数量对比的错误估计。即便是在 1813 年，战舰数量也远远少于军官人数，由此导致大量军官只得待业。另一方面，如历史学家所指出的，官方对人员的军衔和地位大加提拔擢升，却未给予他们足够的工作机会，[②] 以致冗员冗费大量增生。这种现象一直延续到战后：1817 年，只有 19 人获准被提拔为上尉；进入 20 年代，则每年均有超过 80 人获此殊荣。[③] 一系列大规模、大面积的提拔使得军中"高官"、"大官"俯拾皆是，他们中的多数享受着尊崇的地位和待遇，却并未发挥出与其身份相匹配的作用，长此以往，军中老龄化、低效化现象凸显，使其重负难释。

　　裁军意味着留下的人员需担负起更多的责任和事务。普通海员和士兵的裁撤大势已经不可逆转，同样是面临失业，军官的选择则会更多一些。海军转型以及生计的压力使得他们不得不进行多种尝试。首先，军官们最迫切的愿望就是重返舰队服役，为此，他们时常留意信息，尝试沟通，使其姓名能够见闻于用人部门；有人求助于代理人（naval agents）[④]，希望后者能在海军部里为自己"多多美言"，以争取在新一轮的提拔中榜上有名。然而，岗位的竞争十分激烈，时常有人重复申请同一岗位而不得。纵然如此，军官们仍前赴后继，孜孜追求舰队上的一个职位，因为在服役期间至少能得到全薪，而且存在哪怕微乎其微的机会去争取名利。

　　商船贸易成为军官择业的又一选择。自 1791 年起，就陆续有军官开始加入商船队伍；从拿破仑战争后期开始，弃军从商的人数逐年持续走高，

①　Lewis, Michael, *The Navy in Transition*: *A Social History*, *1814—1864*, p. 69.

②　Lewis, Michael, *The Navy in Transition*: *A Social History*, *1814—1864*, pp. 67 - 68；Wilcox, Martin, "These Peaceable Times are the Devil," p. 475.

③　Lewis, Michael, *The Navy in Transition*: *A Social History*, *1814—1864*, p. 70.

④　海军代理人是和军官们联系紧密的一类人。他们眼线众多、消息灵通，时常为客户提供官方内部的信息或秘闻，有时也从事借贷业务。

1817—1824 年，约有 600 名军官加入了商业的队伍。① 对此，海军部没有过多地加以阻拦，只是将一些限制和条款公布在《伦敦宪报》（London Gazette）上，其中包括加入商船队伍的军官不得为外国效力、不得穿着海军制服、须主动向海军部汇报其去向、须在出海后 6 个月内返回英格兰等条例。② 另一种通常的去向是参与缉私活动，当时普遍的一种看法认为，去这里服役是一种事业上的倒退，③ 但岗位依然供不应求。事实上，这些官兵是换了一种形式为国效力，一旦开战，他们中的多数仍会被应征。尽管如此，这些情形还是表明，相比于数年前的辉煌战绩和前景，战后的海军经历了一个很大的落差，而这实则是历史进程和国家政策变化使然：战争的结束减少了可能获取的战功和赏金，迫使军方节省人事开支；另外，为了推进舰队的蒸汽化，政府投入了大量物力、财力，也势必会降低人员的待遇。继续留在军中的人员为不被裁汰，不得不努力提高个人素质，以应对舰队蒸汽化的技术操作和远洋作战的高压与疲劳。

海事研修学院和学校等机构的兴起和发展给官兵的素质提升提供了可能性。拿破仑战争期间，议会就决定在朴次茅斯造船厂内成立一个专门面向船舶制造相关人员的高级研修机构。为了更好地发挥机构的教育功能，机构规定进行研修的人员必须经过测试，而且他们须是造船厂委员会成员，或是皇家海军学院教授，抑或是海军上尉以上军官，且对应试者的知识水平和军事素养都有一定的要求。④

除了面向具有一定职务和资历的人员设立研修机构外，为更好地适应未来战舰发展的态势，及时将工业革命中涌现的成果应用在战舰建造中，官方还在军中发掘人才，成立了海军建筑学院。该学院经常邀请航海领域的资深专家举办讲座，由于该学院秉持精英教育的理念，直到 1832 年学院关闭之际，共培养出约 40 名学生。⑤ 相比于参加研修机构的人员来说，这些学员所处的环境更为优渥，接受的教育质量更高，因而也具备较好的理

---

① The National Archives（TNA）：ADM 6/207 - 8，*Admiralty Leave Books*，*1783 - 1825*.
② TNA：ADM 6/208，*Admiralty Leave Book*，*1816 - 1825*.
③ Lewis，Michael，*The Navy in Transition：A Social History*，*1814 - 1864*，pp. 88 - 90.
④ 师琪：《英国辉煌时代的见证者：论 18—20 世纪初朴茨茅斯与英国海军的发展》，第 38—39 页。
⑤ 师琪：《英国辉煌时代的见证者：论 18—20 世纪初朴茨茅斯与英国海军的发展》，第 40 页。

论水准和实践能力。1848 年，海军建筑学院进行了重组，以往教学过程中
出现的问题得到了修正；1864 年，学院又颁布了新的教学方案，以应对新
的现实需要。其中，有关门第、阶层差异的内容都被删去，学业水平成为
衡量学生能力的主要标准。此外，学院还规定每位学生在毕业之前须在蒸
汽舰船上实习，同时放松了对学员择业的限制。但毕业生的去向仍集中于
海军部、造船厂、舰队或商船队等，[①] 继续为海军的进步贡献力量。

三 战略转型和海军定位

18 世纪，英国在造船、机械动力、武器装备等领域就已开始出现技术
上的进步态势，为日后的远洋作战和离岸补给的时代奠定了物质基础；工
业革命催生的各类新式技术助力了海军的转型，也在时代变迁的背景下促
使英国传统的海洋战争方式发生转换：在对已知世界认识不断加深、对外
战争不断进行中，英国开始从策略层面着眼于长距离、大领域的作战准备。
从英国的角度看，19 世纪的海军优势不应仅停留在战舰和枪炮数量层面，
更应重视其在世界范围内对重要水道、海域及贸易航线的控制能力；风帆
时代双方列阵齐射的时代行将终结，以"寻求海上决战"为中心思想的
"纳尔逊遗训"也暂告一段落，海军作为国家权力和意志的体现与执行者，
其"到位率"和"威慑力"的作用将日趋凸显。

世界形势的发展与海军战略定位的变迁有着密切的关联。北美战争后，
英国所占领的殖民地大都对其贸易及战略起着极其重要的作用。印度是英
国重要的原料产地和巨大的产品销售市场，也是通向中国贸易的桥头堡；
直布罗陀具有重要战略地位；西印度群岛殖民地盛产蔗糖，且位置重要；
加拿大则是对美洲中西部贸易的通道。[②] 于英国而言，对外贸易要比统治殖
民地更为重要，对于开拓新殖民地，英国已无多大的兴趣。[③] 换言之，殖民
地意味着市场和原料产地，其经济意义已超过政治意义。同时，为数不少

---

① 师琪：《英国辉煌时代的见证者：论 18—20 世纪初朴茨茅斯与英国海军的发展》，第 40—
41 页。
② Harlow, Vincent T., *The Founding of the Second British Empire*, *1763 – 1793*, Vol. 1（London：
Longman, 1952），p. 4.
③ 郭家宏：《论美国革命后英国帝国观念的变化》，《安徽教育学院学报》2001 年第 2 期。

的英国人相信，丢弃了殖民地这一"包袱"，英国反而能获得更多实在的利益，因为他们不用再为此付出额外的代价维护其海外统治。但是，英国仍然控制的殖民地依旧有着相当的战略意义，所以英国也不会放弃它们。①

由此可见，英国的海外政策已开始从"掠夺—统治—贸易"逐渐向"航线—中转—贸易"的模式演进，并依此对海上力量进行部署。这种世界范围内的力量部署也被学者认为是一种全球性事务被管理的形式与过程，它有着相关的规则、制度安排和法律等，或可概括为"贸易优先于统治"。② 具体来看，英国的这种"全球治理"既是对全球秩序的规范和控制，也在相当的程度上实现了自身的利益，因此它的"全球治理"偏向于是一种"强权国家对世界事务的管理和调控"。③

国内政界的思想和心态也对海军定位产生了一定影响。1815 年后，随着英国的繁荣和英帝国的强大，英国人的民族自豪感和优越性心理日益明显。传统的爱国主义思潮有向民族主义转化的倾向，政府经常使用爱国主义修辞来强调人民与政府的一致，从而宣扬英国作为"自由先锋"帮助被压迫民族的历史使命。这一定程度上影响了 50 年代"罗马类比"思潮的产生和发展。深厚的古典教育传统加之这一时期帝国主义思想的萌发、高涨，以及学术先驱对罗马历史地位的重新评价，合力造就了 19 世纪中晚期的思想风潮。在这种氛围之下，"罗马"成了英国帝国话语当中的一个基本元素。④ 虽然罗马时期的大规模海战并不常有，舰队所发挥的政治、军事作用却不可小觑，所以尽管这无法给英国提供直接的战斗经验，但仍被英国政界和学界看重。英国学者斯托巴特指出，"罗马照亮了我们自己的历史"，而现代英国人"几乎不可避免地要从罗马历史中汲取类比，并为自己未来的道路寻找教训和指引"。⑤ 他们援引了诸多罗马时代的军事案例，来进一步论证海军之于英帝国的重要性。他们指出，英国海军力量的主要任务，

① 郭家宏：《论美国革命后英国帝国观念的变化》，《安徽教育学院学报》2001 年第 2 期。

② Harlow, Vincent T., *The Founding of the Second British Empire，1763 - 1793*，p. 5. 转引自郭家宏《论美国革命后英国帝国观念的变化》，《安徽教育学院学报》2001 年第 2 期。

③ 何平：《全球化 1.0 时期英国的全球治理》，《经济社会史评论》2017 年第 1 期。

④ 熊莹：《"罗马类比"与维多利亚——爱德华时期英国"帝国话语"的建构》，《英国研究》2011 年第 12 期。

⑤ Stobart, J. C., *The Grandeur That Was Rome：A Survey of Roman Culture and Civilization* (London：Sidwick & Jackson, 1912)，p. 3.

是同贸易、帝国、外交和少数武力行动一道，按照英国的方式共同塑造 19
世纪的世界形态；[1] 亦即，英国并非要建立以暴力征服、统治世界为主要特
征的罗马式的军事霸权，而是要建立一种英国主导的世界秩序，它将从这
一秩序中收获安全、行动自由和繁荣的贸易。总之，以海军的实力给对手
造成震慑，"不战而屈人之兵"，使得世界在英国国家利益和价值范式的框
架内运行，或许就是一切转型想要达到的最终效果。

　　以这种社会意识和战略思想为先导，海军在 19 世纪展开与介入战争的
模式在原有基础上有所变化。克里米亚战争期间，英国在波罗的海部署了
舰队，牵制住了俄国大量的军事力量；在黑海沿岸的塞瓦斯托波尔，陆军
在海军的掩护下登陆，二者协同作战，但主要的战役过程是由陆军完成的。
同时，各国一边拉拢中立国准备战争，一边准备和谈，边打边谈，一直持
续到战争结束。[2] 海军成为政府间谈判磋商的砝码，英方据此对俄持强硬态
度。可以看出，海军在战争中的直接"戏份"有所减少，但它的存在与出
击依然有着较强的威慑力。类似的场景在同期的亚洲也曾出现。1840 年的
鸦片战争中，英国舰队在数量、吨位、武器等方面都领先清朝舰船，且其
作战方略明晰，义律给巴麦尊的密函中提及，要以收缴鸦片为借口，"立刻
用武力占领舟山岛，严密封锁广州、宁波两港、以及从海口直到运河口的
扬子江江面"，给中国"以迅速而有力的打击"。[3] 据统计，在约 2 万人的英
军中，海军有 8000 人，陆军为 12000 人。[4] 这表明，海军愈加向配合陆军作
战的角色转变。

　　19 世纪的政治家和学者所阐述的观念一定程度上影响了海军战略的走
向，而政治理想需要借助海军这柄利刃来实现。一旦实现全球自由贸易，
拥有世界上最强大的海军、掌握最先进的造船工业和航运业，以及建立了
最发达的海洋服务产业的英国将成为最大的受益者。因此，维多利亚时代
英国上层的普遍共识是，英国要成为一个捍卫自由商业及自身海洋交通线

①　Barton, Gregory, A., *Lord Palmerston and the Empire of Trade*（London：Pearson Education,
　　2012），p. 118.
②　尚永强：《英国与克里米亚战争》，博士学位论文，首都师范大学，2013，第 98 页。
③　《英国鸦片贩子策划鸦片战争的幕后活动》，《近代史资料》1958 年第 4 期。
④　张墨：《鸦片战争中的海战》，《历史教学》1997 年第 7 期。

的全球性强国。[①]

四 结语

综上可见，"转型"是拿破仑战争后英国海军发展的关键词之一，这当中包含了物质、技术和人员等领域的转型等，令海军开始从风帆时代过渡到蒸汽时代。物质和技术上的革新，以及人员制度的调整，深刻影响了未来英军的作战方式。此外，世界各地联系的日益紧密，也让海上力量愈加成为介入国际事务的重要工具。

英国海军转型的历史大致体现在如下方面：

首先也是最重要的一点是，英国或许没能最先开发出先进技术，却是最快将其应用于舰船和武器的国家之一。此外，早在18世纪，作战时俘获的敌方舰船就会被送往英国造船厂进行比对，造船师会记录下其参数和优点，作为参考。

其次，虽然人力资源的重要性不言而喻，但在近代晚期，战争已不完全依靠"人海战术"制胜，官兵素质很大程度上成为战争的胜负手。19世纪初的海军裁员潮一方面是顺应情势，另一方面也是决策层对英式战争模式的回归。"精干的行政管理体系"和"小规模的帝国军队"必然不堪庞大官僚系统和常备军的重负，[②] 拿破仑战争中的诸多功勋将士遂只能提升个人素质或另谋职位以徐图再起，舰队蒸汽化和舰载武器的更新换代又对官兵的军事素养提出了进一步的要求。因此，提升兵员的专业技能水平是近现代国防与战争的必由之路。

最后，在维多利亚时代，世界进入了"早期全球化"时期，[③] 英国所意图建立的并不是一个庞大的罗马式帝国，而是一个具有某种联邦性质的联合组织。[④] 英国力求在此基础上，通过率先实行自由贸易，带动建立一个由它主导的贸易体系，从而促使英国所提倡的规范、制度和准则在全球范围内建构和推广，以实现商品、资金、人员的自由流动，即一种"建设性的

---

① 胡杰：《海洋战略与不列颠帝国的兴衰》，第 130—137 页。
② Kennedy, Paul, *The Rise and Fall of the Great Powers* (London：Unwin Hyman, 1988)，p. 176.
③ 何平：《全球化 1.0 时期英国的全球治理》，《经济社会史评论》2017 年第 1 期。
④ 胡杰：《海洋战略与不列颠帝国的兴衰》，第 97 页。

帝国主义"。[①] 在这当中，英国更多地将关注重点投向亚洲、拉美等区域的国家。凭借强大的海军实力和为数众多的海军基地，英国具备了较好的兵员投放和舰船到位能力，继而能对世界各地的政局产生影响。而另一方面，必须看到的是，在这一过程中，英国做出了诸多有损他国主权和利益的侵权行径，这无疑是要注意甄别和受到谴责的。

（作者为南京大学历史学院世界史专业 2017 级博士研究生）

---

① Gambles, Anna, "Free Trade and State Formation: The Political Economy of Fisheries Policy in Britain and the United Kingdom Circa, 1780 – 1850," *The Journal of British Studies*, 2000 (39), p. 291. 转引自胡杰《海洋战略与不列颠帝国的兴衰》, 第 131 页。

20 世纪初俄国战争与革命关系及对其评述的历时变化

——基于《消息报》的考察

许婷婷

20 世纪初俄国先后经历了三次战争和三次革命，三次战争即日俄战争、第一次世界大战和苏俄内战，三次革命即 1905—1907 年革命、二月革命和十月革命。作为对后世影响深远的大事件，这些战争和革命在其后百年间不断被人们提起和讨论。俄罗斯国内对这段历史的看法也随着时代的变化而变化。20 世纪初俄国的这一系列战争与革命历来是国内学者的研究热点，但系统考察其彼此间关系并探讨其在当代俄罗斯国内评价的研究尚不多见。鉴于报纸是反映社会舆论的最佳媒介，本文以俄罗斯历史悠久的《消息报》[①]为依据，以苏联解体这一对俄罗斯思想领域产生重大影响的历史事件为节点，分析其报道中涉及上述革命与战争的论述，得出 20 世纪初俄国历次革命与战争间的相互关系及不同历史阶段其国内对这些关系的评述变化。

[①] 俄罗斯《消息报》创刊于 1917 年，自创刊之日起就具有革命性质，苏联解体前一直是苏联最高苏维埃机关报。苏联解体后，《消息报》成为独立出版物。本文资料来源为俄罗斯消息报数据库 https://dlib.eastview.com/browse/publication/11265（1917 – 2011）和俄罗斯消息报官网 https://iz.ru（2012 – 2018）。

一　1905—1907 年革命与日俄战争

日俄战争爆发于 1904 年，当时的俄国工业发展速度虽快但起点低，与英国等资本主义大国存在巨大差距，而作为其经济主体的农业资本化程度低，转型困难，社会贫富悬殊，阶级矛盾尖锐，1905—1907 年革命是人民反抗情绪积聚已久的结果。关于日俄战争对 1905—1907 年革命的影响，苏联解体前后的《消息报》都认为，战争，尤其是战败，加剧了国内矛盾，是引发并促进革命的重要因素。如解体前的报道："日俄战争就此开始。战争使俄罗斯不同社会力量间的冲突加速发展，导致了 1905 年革命。"① "战争成为转折点。国内革命风潮开始日益增长，越来越多的民众参与其中。"② 解体后的报道："奉天会战和对马海战失利使民众的革命情绪更加膨胀。"③ "1905 年革命成了与日作战的后果之一。"④ 而评述变化在于，解体后的报道中多了对战争刺激下一些主观人为因素推动革命的说明。比如关于国内革命力量利用战争的报道："相反，列宁和布尔什维克认为，沙皇政府在这场掠夺战中的失败是有益的，因为这会削弱沙皇制度、加强革命。布尔什维克向广大群众解释日俄战争的侵略本质，由此对革命运动的发展产生了巨大影响。"⑤ 再如，关于日本为取得战争胜利秘密支持俄国革命的报道："日俄战争初期日本参谋本部派明石元二郎大佐组织各反政府运动的协同配合以扰乱俄国局势。"⑥ "1905 年前夕在与日本的对抗中出现了困局：损失惨重而筋疲力尽的日军无力再发动积极的军事行动，而俄国则财政困难，因为西方拒绝为其提供必要的贷款，还爆发了在很大程度上是靠日本资金支持的革命。"⑦

① 《日俄战争 1904—1905》，《消息报》1939 年 2 月 9 日。
② 《1905 年革命的教训》，《消息报》1925 年 11 月 27 日。
③ 《一百年前爆发了日俄战争，一场没有胜利的大战》，《消息报》2004 年 2 月 7 日。
④ 《海军上将罗日斯特文斯基玄孙今在日工作》，《消息报》2004 年 2 月 6 日。
⑤ 《一百年前爆发了日俄战争，一场没有胜利的大战》，《消息报》2004 年 2 月 7 日。
⑥ 《第一次俄国"颜色革命"》，《消息报》2015 年 1 月 22 日。
⑦ 《我保护的不是专制，而是俄罗斯——尼古拉二世及家人遇害一百周年纪念日》，《消息报》2018 年 7 月 17 日。

对于 1905—1907 年革命对日俄战争的影响，苏联解体前后的《消息报》都认为，即将到来的革命是沙皇对日开战的助推剂。如解体前的报道："'沙皇想通过战争扼杀革命。结果事与愿违。日俄战争加速了革命。'（《联共（布）党史简明教程》）"① 解体后的报道："沙皇的酷吏们战前告诉沙皇，为了防止革命，有必要同日作战。"② "普列韦临走时对他说：'阿列克谢·尼古拉耶维奇，您对俄国内政不了解。要想抑制革命，我们需要一场小小的胜利的战争。'"③ 评述的变化在于，解体后的报道补充了革命对战争的另一个影响，即开战后爆发的革命牵制国力，加速了战争失败。比如："战争即使是在对马海战后也本尚可继续，而且，按美国军事百科全书作者们的看法，并非没有打赢的希望——但爆发的革命使之不可能了。"④ 当然，革命牵制并非日俄战争失败的主要原因。面对发出"皇国兴废在此一战，各员一层奋励努力"信号的日军，战前轻敌⑤、装备落后、远距作战都是俄军的致命失误。

二 二月革命与第一次世界大战

1914 年 8 月 1 日，德国对俄宣战，俄国正式加入第一次世界大战。参战两年半后，二月革命爆发。关于一战对二月革命的影响，苏联解体前后的《消息报》都认为，一战加剧了国内矛盾，是二月革命的"加速器"。如解体前的报道："二月革命是由帝国主义时期俄国经济政治发展的总体进程造成的。世界帝国主义战争促使国内深刻的社会矛盾增长，加速了其革命危机的成熟。"⑥ "迅速爆发还源于很重要的一点，即革命是在帝国主义战争

---

① 《日俄战争 1904—1905》，《消息报》1939 年 2 月 9 日。
② 《一百年前爆发了日俄战争，一场没有胜利的大战》，《消息报》2004 年 2 月 7 日。
③ 《瓦西里·韦列夏金的战争与和平》，《消息报》2018 年 3 月 5 日。
④ 《俄国与侥幸行为》，《消息报》2002 年 4 月 8 日。
⑤ "在对日战争策略上，俄国当时分成两派，以财政大臣维特和外交大臣拉姆兹多夫等人为代表的一派，建议不要轻易对日发动战争……另一派以御前大臣别佐布拉佐夫、内务大臣普列韦、远东总督阿列克谢耶夫为代表，他们主张对日强硬，并认为日本乃蕞尔小邦，不堪一击，'扔帽子就可以把它压倒'。"赵士国：《历史的选择与选择的历史——近代晚期俄国革命与改革研究》，人民出版社，2006，第 189 页。
⑥ 《二月革命》，《消息报》1957 年 3 月 12 日。

条件下展开的。列宁将世界大战称作加速器①，'全能的导演'。"② 解体后的报道："1917 年 2 月所发生的事我们应当首先感谢尼古拉二世。沙皇违背战略利益、在军队没有准备好的情况下把自己的国家拖入了世界大战。"③ "为什么在那个几乎是蓬勃发展的国家爆发了革命？专家们一致认为，人民只是没经受住那场战争的考验。而推翻沙皇后又没经受住自由的考验。"④ 评述的变化在于，解体后的报道补充了国内外势力利用战争契机推动革命的信息，如国内资产阶级对革命的推动："革命是精英群体——寡头和知识分子利用战争困难，为建立自己的政权而发动的，而同时他们又不明白政权和那个他们要管理的国家的性质。"⑤ "一方面，不满是在战争过程中由加剧的复杂社会经济形势造成的；另一方面，是被大资本家催生和培养起来的，他们积极资助工人委员会、建立支线网络组织。罢工运动、乡村暴动和郊区起义严重消耗了当局警力，搅乱了国内局势。"⑥ 再如国外帝国主义对革命的干涉："二月暴动是英国争夺欧洲和世界统治权斗争中的重要环节……这场斗争的任务之一是将俄国从地缘政治地图上排除并将其变为资源附属国……英国人组织政变的直接证据是劳合·乔治在国会上针对俄国君主制被推翻所说的话：'战争的目的之一已实现。'"⑦ 相关资料表明，趁战乱鼓动二月革命的不只有英国，"仿佛到处都能看到德国人的诡计，甚至是在易怒的皇后身上，而在战时的彼得格勒……大量涌现的'资本家们'突然都有了外国名字"。⑧

---

① "战争之所以是革命的加速器是因为它在很大程度上加强了沙皇制度对外国帝国主义的依赖性。沙皇政府作战主要靠的是从英法美这些帝国主义者重利借来的钱。表面仍是独立国家的沙皇俄国日益成为一个附属国……战争是革命加速器还因为，它给广大人民带来了前所未有的灾难。统治阶级把国家变成了苦刑役场，备受盘剥、忍饥挨饿的劳动人民靠亲身经历和布尔什维克党的思想影响越来越坚信，出路只有一条：拿起武器推翻叛国和暴力的政府……战争是加速器还因为它磨炼了工人阶级，磨炼并巩固了布尔什维克党，后者凭借极端困难的条件下的忘我工作证明，只有它能为人民大众的利益斗争到最终的胜利。"《十月门槛》，《消息报》1957 年 3 月 12 日。

② 《十月革命的序幕》，《消息报》1957 年 3 月 12 日。

③ 《民族耻辱纪念日》，《消息报》2007 年 3 月 5 日。

④ 《1917 年 2 月——有当节日的理由吗？》，《消息报》2007 年 3 月 13 日。

⑤ 《二月覆灭》，《消息报》2007 年 3 月 7 日。

⑥ 《记住过去的教训》，2017 年 2 月 20 日。

⑦ 《记住过去的教训》，《消息报》2017 年 2 月 20 日。

⑧ Романов Петр Валентинович, Год 1917. Война и революция одновременно, https://histrf.ru/mediateka.

《消息报》的报道也认为干涉同时来自敌友两个阵营："俄国加盟协约国让这个巨大的矛盾变成了世界大战。盟国和敌国都没忽略俄国那些五花八门的革命者。国外对不成系统的反对势力的巨额资助绝不是我们今天的臆想。"①

　　关于二月革命对第一次世界大战的影响，苏联解体前的《消息报》没有太多涉及，而在苏联解体后的报道中主要说明了二月革命对一战的两个影响。一是革命爆发的风险促使沙皇参战。"而如果俄国试图袖手旁观，则其两个潜在的盟友会被迅速打败。之后很可能就轮到孤立的俄国了。革命这时很可能会爆发得甚至比实际更快……尼古拉二世在1914年夏天的形势下做出的选择是最理性的。他把君主制从直接的威胁中拯救了出来。而长期战争造成的危险不会当下就表现出来。"② 二是二月革命是导致一战俄国战败的重要原因。"俄国是在1917年2月输掉了战争。要是输掉的仅仅是战争就好了。"③ 具体来说，二月革命打乱了帝国的作战计划："俄国在第一次世界大战中的主要目的之一是夺取黑海海峡——博斯普鲁斯海峡和达达尼尔海峡……空降部队靠近海峡的想法只有在大战中才可能实现……空降战役被调整到1917年春天。但突然爆发了二月革命。"④ 二月革命还导致了军队分裂及解散："为争夺对俄国军队的政治影响，在二月革命刚成功后的那几天就开始了两派胜利者——自由资产阶级派和自由社会主义派间的斗争。"⑤ "二月革命们夺取了政权，称这是取得战争胜利的必要之举，而'万恶的沙皇制度'则妨碍战争胜利。结局众所周知：仅几个月后刚打完胜仗（如布鲁西洛夫突破和之后的1916年进攻）的俄国军队就不复存在了。"⑥ 值得一提的是，相关资料还显示了革命对整个战局进程的一个影响，即二月革命创造了自由政府，为美国结盟参战扫清了障碍。"如今再没形式上的障碍阻止美国加盟协约国参战了。在威尔逊向国会提议对德宣战的发言中说：'俄国有了新的自由政府，也有可能会发展巩固，这一点可以帮助

----

① 《地缘政治教训》，《消息报》2018年8月1日。
② 《1914年：俄国那个忙帮的值吗？》，《消息报》2014年6月29日。
③ 《列宁和米留科夫》，《消息报》2014年8月5日。
④ 《"两岸"领袖的会面》，《消息报》2014年7月30日。
⑤ 《正规军是如何消失的》，《消息报》2014年5月23日。
⑥ 《俄国的黑暗之年……》，《消息报》2017年2月28日。

我们打消能否与俄政府结盟的疑虑，之前它确实如我们认为是残暴腐败的.'"[1] 如果再考虑到美国参战极大地加速了一战结束这点，则我们有理由认为，二月革命也在一定程度上加速了整个一战的结束。

三　十月革命与第一次世界大战

列宁在俄国刚一参战时就指出，同德国的战争是沙皇政府"送给革命最好的礼物"。对于一战对十月革命的影响，苏联解体前后的《消息报》都认为，一战为十月革命的爆发创造了有利条件。如解体前的报道："一战熔炉里诞生了十月社会主义革命。"[2] "一战为工人阶级胜利创造条件。"[3] "一战加剧矛盾，十月革命开启了世界资本主义的瓦解，从个别薄弱环节开始。"[4] "十月革命十周年让我们回想起，十月革命是世界大战的产物，而革命岁月引领我们无产阶级战斗的旗帜是世界革命的旗帜。"[5] 解体后的报道："革命最重要的催化剂是第一次世界大战。它促进了俄国社会的瓦解。"[6] 而评述的变化在于，解体后的报道指出了战时诱发革命的国内外人为因素。如国内革命者利用战争："有一段时期列宁认为，革命失败了，不会再有革命了……列宁明白，新时代正在降临，不会有他的位置。拯救他的是第一次世界大战：它遏制了新的、20 世纪的到来。凭这点他迅速跳上了列车，跳上了铅封的车厢。"[7] "而又有战争。这点最终还是被所谓的革命者们利用了。"[8] 再如战争对象国德国为赢得胜利而秘密支持革命："他转达说：如果俄国革命胜利后能退战，德国愿意资助布尔什维克。凯斯克尤拉从柏林拿到了'差旅费'——25 万马克，只有为数不多的钱落到了俄国革命者们手中。"[9] "这个版本是说，能从俄国退战中获益的德国政府，故意组织以列宁

①　Романов Петр Валентинович, Год 1917. Война и революция одновременно, https://histrf.ru/mediateka.

②　《25 年过去——从一战走向二战》，《消息报》1939 年 7 月 30 日。

③　《赫鲁晓夫同志的发言》，《消息报》1963 年 1 月 17 日。

④　《莫洛托夫同志的报告尾声》，《消息报》1937 年 11 月 10 日。

⑤　《致十月革命十周年纪念日》，《消息报》1927 年 10 月 16 日。

⑥　《被规划的悲剧》，《消息报》2017 年 11 月 1 日。

⑦　《今天列宁对我们来说是什么?》，《消息报》2006 年 1 月 20 日。

⑧　《没有下文的革命》，《消息报》2017 年 11 月 2 日。

⑨　《德国中介从列宁那里骗走了党的经费》，《消息报》2007 年 12 月 13 日。

为首的激进团体俄国社会民主工党的代表们乘坐所谓'铅封的车厢'从瑞士去往俄国，并资助了布尔什维克破坏俄军战斗力、瓦解国防工业和交通的活动。"①

"资本主义者政府发动的战争只能由工人革命结束。"② 对于十月革命对一战的影响，苏联解体前的《消息报》认为，十月革命使俄国退战，加速了整个一战的结束。如："十月革命举起了和平的旗帜、指明了退战的道路。"③ "党坚决反对帝国主义的立场加速了一战结束。"④ 苏联解体后的《消息报》论述十月革命对一战影响的报道不多，与解体前报道的评述差别较大，认为十月革命可能不是加速，而是延迟了一战结束："认为俄罗斯在一战中遭受失败，经济崩溃，军队涣散，人口资源耗竭，饥荒肆虐，无能的专制政府通过叛国来领导整个国家。这一切与真相相去甚远……有理由推测，如果俄国当时留在作战国阵营中，如果盟友们协调好的战略计划得以实现，则战争仍会以协约国的胜利告终，只不过要早很多，且有俄国参加。"⑤

四　十月革命与国内战争

与日俄战争和一战相对独立于革命不同，国内战争与十月革命关系紧密，是十月革命的延续。⑥ 对于十月革命对国内战争的影响，苏联解体前后的《消息报》都认为，十月革命引发了国内战争，如解体前的报道："十月革命让国家走上了社会主义道路……新生的苏维埃共和国不得不经历了外来干涉和内战、经济封锁和产业崩溃、阴谋和颠覆、怠工和恐怖等诸多考

---

① 《十月政变的几个版本》，《消息报》2010 年 11 月 15 日。
② Ленин В. И.，Война и революция，Полное собрание сочинений，Том 32，Мая 1917 г. 51，Лекция 14（27）.
③ 《十月革命 37 周年纪念》，《消息报》1954 年 11 月 7 日。
④ 《苏共二十大莫洛托夫同志的发言》，《消息报》1956 年 2 月 21 日。
⑤ 《二月覆灭》，《消息报》2007 年 3 月 7 日。
⑥ "这就要提到二十世纪初伟大的革命时代，它包含四个革命周期：第一次俄国革命（即 1905—1907 年革命——引者注）、1912—1914 年革命高潮、二月革命、伟大的十月社会主义革命和内战。"［Александр Фролов，"Война и революция，" Советская Россия（2017）：5 окт］"国内战争"中国一般称为"苏俄内战"。

验。"① 解体后的报道："那时在我们眼前革命或政变接连发生，使人们陷入内战，破坏了经济，更可怕的是，还有道德、精神财富、全国人民彼此间的关系。"② 此外，解体前后的报道还都提到，内战爆发是革命成功的布尔什维克的有意推动。

关于国内战争对于十月革命的影响，苏联解体前的《消息报》认为，国内战争巩固了十月革命的成果，为革命的后续事业提供了精神动力。如："在国内战争和外来干涉的艰苦岁月彼得格勒的工人同全国工人们一道英勇地捍卫了十月革命成果，坚定地击退了内部反革命势力和外来干涉者的猛攻。"③ "国内战争时期产生的那些为社会主义祖国而忘我奋斗的传统将是我们这些十月革命继承者争取胜利的不竭勇气、毅力和意志源泉。"④ 苏联解体后的《消息报》关于内战对十月革命的影响没有太多论述。正如一位杜马议员所说："当今的俄罗斯社会还没有准备好去认识国内战争……人们厌倦了思索悲剧。危机时期人们需要更多甜美的事物。"⑤

五　结语

"战争和革命的实质都是特定阶级政策的延续，都具有深刻的社会经济原因。其中主要的一点是存在制造社会暴力的剥削阶级。"⑥ 对于 20 世纪初的俄国而言，国家积贫积弱已久，统治阶级愚昧冷酷，战争和革命集中爆发有其必然性。1905—1907 年革命与日俄战争之间，二月革命、十月革命与第一次世界大战之间有着相似的互相推动关系。在工人运动和农民起义此起彼伏的背景下，政府迫切需要扭转颓势，内政改革无力就只能寄希望于对外战争，无论是日俄战争还是第一次世界大战，都是政府转移国内视线、缓解革命危机的手段。但战争并没有解决根本问题，其带来的诸多压力又使国内矛盾加剧，革命只能卷土重来。几次循环后终于爆发了十月革

---

① 《苏联共产党纲领》，《消息报》1961 年 11 月 1 日。

② 《戏剧和革命》，《消息报》2017 年 10 月 11 日。

③ 《忠于革命——勃列日涅夫同志的发言》，《消息报》1967 年 11 月 6 日。

④ 《社会主义的伟大胜利 50 周年——苏共中央总书记勃列日涅夫同志的报告》，《消息报》1967 年 11 月 4 日。

⑤ 《斗争又在继续》，《消息报》2008 年 10 月 31 日。

⑥ Студопедия，Война и революция，https://studopedia.ru/11_149520_voyna-i-revolyutsiya.html.

命和国内战争，二者解决了根本性的土地问题，为国家后续发展开辟了新的道路。

对于俄国20世纪初的几次革命和战争的关系，《消息报》在苏联解体前后两个不同的历史时期所做出的评述是有变化的。我们从其对"1905—1907年革命与日俄战争、二月革命与第一次世界大战、十月革命与第一次世界大战、十月革命与国内战争"这四组关系的评述变化中发现了一些共通之处，而这些共通之处正是我们在这几组战争与革命关系的研究中应当注意的新角度。

第一，国内革命力量对战争形势的有效利用是革命爆发的关键因素。革命爆发的主要原因固然是战争加剧了国内矛盾，但国内革命力量对战争形势的有效利用这一点也不容忽视。在《消息报》苏联解体后的报道中可以发现，每次革命爆发的背后都有革命者的推动，如日俄战争期间布尔什维克向民众解释战争的侵略本质、一战期间寡头和知识分子利用战争困难推动二月革命等。20世纪初的俄国已经历了无数次工人罢工和农民运动，积蓄了足够的革命力量和经验。因此，当对外战争爆发时，敏锐的革命者们便及时抓住这个契机有效扩大了革命影响。从这个意义上说，不仅是对外战争引发了革命，革命也利用了对外战争。

第二，来自其他参战国的外部干预在历次革命中从未缺席。苏联解体后的《消息报》中，关于外来势力支持革命的论述不再是禁忌：日本间谍组织反政府运动、英国支持二月革命、德国资助列宁等。虽然这些外来干预的真实性已为越来越多的资料所证实，但它们对革命的作用绝不应被夸大。"如果国内没有那么多叛变者愿意收钱和布局，任何国外的钱袋和政治权谋都无法摧毁一个国家。"①

第三，革命和对外战争可以互相推动。苏联解体后的《消息报》中增加了很多对政府参战原因的分析，其中很重要的一点就是为了转移革命压力、抑制革命爆发。沙皇政府想靠一次"小小的胜利的战争"压制革命而发动了日俄战争，想靠长期的战争延缓革命对君主制眼前的威胁而参加了

① 《革命的教训》，《消息报》2016年12月1日。

一战。临时政府没有退战也是因为想靠打赢战争来结束革命。① 因此，不仅战争可以引发革命，革命也可以推动战争的爆发。然而，对外战争是否达到了抑制革命的效果呢？应当承认，两次对外战争短期内确实起到了缓解革命压力的作用，② 但作用并不持久，当战争激起的爱国热情冷却后，因战争而加剧的社会矛盾只会让革命更加汹涌。

当下，俄罗斯国内对那段战争与革命紧密交织的历史仍众说纷纭，没有定论。俄罗斯联邦委员会发言人瓦莲京娜·马特维延科 2017 年 11 月 7 日在《消息报》的十月革命百年专访《凝视过去，为了更好地看见未来》中指出："这并不是说社会在二月、十月及其后续事件问题上已完全达成共识。人民关于这个时代的历史记忆既有伟大成就，也有悲剧事件……我完全认同俄罗斯总统的话：痛苦的过去绝不能被从民族记忆中抹去，也不可能为之辩解。我们和后世子孙应当铭记那些镇压惨剧，铭记造成不幸的原因。"我们认为，不管革命还是战争都不是最终目的，如何以最小牺牲实现人民的最大福祉才是值得去深入思考的。

（作者为北京大学外国语学院俄语语言文学专业 2017 级博士研究生）

---

① "如何看待战争成为了俄罗斯 1917 年政治大辩论的中心问题，也成为所有重大革命活动的中心议题。事实上，对战争不同看法的主要分界线在于：对一些人来说，革命是结束战争的一种手段；而对另一些人来说，不断地打赢战争是结束革命的一种手段。"〔法〕尼古拉·韦尔斯：《1917 年，革命中的俄罗斯》，宫宝荣译，上海人民出版社，2007，第 61 页。

② "1900—1903 年工农运动数量相对不多，但在稳步增长。罢工数量一年内从 2.94 万增长到了 8.68 万，农民运动数量从 3.3 万增长到了 53.3 万。日俄战争之初发生了明显下降，降了接近 2/3，但下降并未持续多久。短暂的军事爱国主义的欣喜后，沙皇军队的失败只是更强烈地刺激了革命情绪的增长……1914 年 7 月军事爱国主义高潮席卷整个欧洲。7 月 20 日俄国数以万计的人走到彼得堡的宫殿广场跪拜尼古拉二世，出现了五年未见的'沙皇与人民紧密团结'的景象……将军所说的'道德败坏'指的当然是民众情绪又从卫国转向了革命，这个转向之所以出现，是因为即使是资产阶级革命也应该完成的主要任务——停战和土地问题没有解决。"Александр Фролов，"Война и революция，"Советская Россия，2017 - 10 - 05.

试论 1941—1942 年塞瓦斯托波尔保卫战的军事历史意义

谭学超

一　导论

　　众所周知，塞瓦斯托波尔保卫战是苏联伟大卫国战争乃至整个第二次世界大战期间重要和具备特殊军事特色与意义的战役。在苏联时期，它被视为 1941—1942 年战争最艰苦和恶劣的战略防御阶段的最重要战役之一。因其总共坚守了约 250 天，不管在当时的环境，还是在战争史上都是一个特例。早在斯大林时代，苏联对塞瓦斯托波尔保卫战予以高度正面的评价，相关的专书和文件材料集也有相当部分是关于该战役的研究和描述。直到苏联解体之前，苏联历史学界和军方因应档案史料的解封程度，陆续出版了一系列以英雄的塞瓦斯托波尔保卫战为主题的回忆录、史学专书、学术论文和文艺作品，它们对研究塞瓦斯托波尔保卫战乃至苏联伟大卫国战争初期的历史都有重大积极作用。①

---

① 参见红军总参谋部《塞瓦斯托波尔保卫战：行动和战术纲要》（Генштаб РККА，Оборона Севастополя：Оперативно-тактический Очерк），国防人民委员部军事出版社，1943；沃洛比约夫：《1941—1942 年的塞瓦斯托波尔保卫战》（В. Ф. Воробьёв，Оборона Севастопо-ля в 1941－1942 гг.），伏龙芝军事学院，1956；肖明：《塞瓦斯托波尔简史》（Г. И. Семин，Се-вастополь—Исторический очерк），苏联国防部军事出版社，1955；吉洪诺夫主编《塞瓦斯

然而，在后苏联时代，真正具有史学价值和有利于研究成果发展的著作极其稀少。①取而代之的是在俄罗斯和乌克兰境内占据主流地位的伪学术书刊，它们大多出自对军事、历史和时事感兴趣的业余评论员和写手（публицисты）之笔，基本上漠视基本史实，忽视考证研究，推崇抄袭剽窃，内容错漏百出。它们把塞瓦斯托波尔保卫战描绘成一场由苏军指挥官无能和怯懦造成的可耻失败，刻意渲染 1942 年塞瓦斯托波尔陷落的悲剧色彩，却全然不提 1941 年的英勇战斗，也不顾当时的历史背景；对这段历史的评价也由"英雄的"篡改成"悲剧的"塞瓦斯托波尔保卫战。②

托波尔英雄城市的历史》第二册［Б. В. Тихонов（ред. ），История Города-Героя Севастополя，том 2］，苏维埃乌克兰科学院出版社，1958；科里勒尔：《1941—1942 年英雄的塞瓦斯托波尔保卫战》［Е. И. Кельнер，Героическая оборона Севастополя（1941 - 1942 гг. ）］，克里米亚出版社，1958；马克西莫夫：《1941—1942 年的塞瓦斯托波尔保卫战》（С. Н. Максимов，Оборона Севастополя，1941 - 1942 гг. ），军事出版社，1959；凡涅耶夫等：《英雄的塞瓦斯托波尔保卫战》（Г. И. Ванеев и др. ，Героическая Оборона Севастополя 1941 - 1942），军事出版社，1969；凡涅耶夫：《伟大卫国战争期间的黑海舰队水兵》（Г. И. Ванеев，Черноморцы в Великой Отечественной Войне），军事出版社，1978；莫尔古诺夫：《英雄的塞瓦斯托波尔》（П. А. Моргунов，Героический Севастополь），科学出版社，1979；阿契卡索夫、巴甫洛维奇：《伟大卫国战争期间的苏联海战艺术》（В. И. Ачкасов и Н. Б. Павлович，Советское военно-морское искусство в Великой Отечественной Войне），军事出版社，1973；阿契卡索夫、巴索夫：《苏联海军作战史》（В. И. Ачкасов и А. В. Басов，Боевой Путь Советского Военно-Морского Флота），军事出版社，1988；巴索夫：《1941—1945 年伟大卫国战争期间的克里米亚》（А. В. Басов，Крым в Великой Отечественной Войне 1941 - 1945），科学出版社，1987；马祖宁：《英雄的塞瓦斯托波尔》，《军事历史杂志》（Н. Мазунин，Героический Севастополь//Военно-исторический журнал）1966 年第 10 期；伊格纳托维奇、科托夫：《1941—1942 年塞瓦斯托波尔保卫战的防空炮兵》，《军事历史杂志》［Е. Игнатович，И. Котов，Зенитчики в обороне Севастополя（1941—1942 гг. ）//Военно-исторический журнал］1976 年第 11 期；穆斯亚科夫主编《塞瓦斯托波尔——关于该市保卫战和解放战的文艺创作材料汇编》［П. И. Мусьяков（ред. ），Севастополь—Сборник литературно-художественных произведений о героической обороне и освобождении города русской славы］，苏联国防部出版社，1954。

① 凡涅耶夫：《1941—1942 年的英雄的塞瓦斯托波尔编年史（2 册）》（Севастополь 1941 - 1942 гг. ，хроника героической обороны），1995；《英雄的塞瓦斯托波尔保卫战编年史》（Хроника героической обороны Севастополя），莫斯科，1998；阿尔塔巴耶娃：《值得致敬的城市》（Е. Б. Алтабаева，Город，Достойный поклонения），望远镜出版社，2013。

② 如多钱科、盖特曼涅茨《1941—1945 年伟大卫国战争期间的海军》（В. Д. Доценко，Г. М. Гетманец，Флот в Великой Отечественной Войне 1941 - 1945 гг. ），艾克斯摩出版社/捷拉幻想出版社，2005；斯库拉托夫：《海军海防兵和海岸防务》［И. С. Скуратов и др. ，Береговые войска ВМФ. Береговая оборона—Фундамент 250 - дневной неприступности Севастоп-

　　因此，笔者认为有必要通过对原始档案文献及严肃主流学术作品的研究和分析，重新阐述、剖析、评价塞瓦斯托波尔保卫战的军事特色和历史意义。

二　克里米亚、塞瓦斯托波尔战役的相关军事史概念辨析

　　克里米亚战役和塞瓦斯托波尔保卫战是苏联卫国战争初期南部战场继摩尔达维亚和乌克兰地区激烈战事以来的主要战役之一。1941 年 8—9 月的敖德萨保卫战抵挡了罗马尼亚军团的进攻，在一定程度上粉碎了德军一举控制黑海的军事企图。[①]但德军在基辅方面的进攻取得较大成果，并在 9 月底就攻占了基辅和周边的重要城镇和地区，迫近顿巴斯地区。南俄的形势迅速对苏联南部战线构成重大威胁。与此同时，德军第十一军［指挥官原为欧根·冯·索贝尔特（E. von Schobert）陆军上将，其触雷阵亡后由埃里

　　оля］，库奇科沃地带出版社，2014；阿巴拉莫夫：《黑魔鬼——伟大卫国战争期间的海军陆战队》（Е. П. Абрамов，Чёрные дьяволы—морская пехота в Великой Отечественной Войне），雅乌泽 – 艾克斯摩出版社，2008，共 638 页；《黑色死神——苏联海军陆战队的作战》（Чёрная смерть：советская морская пехота в бою），雅乌泽 – 艾克斯摩出版社，2009；什拉科拉德：《塞瓦斯托波尔要塞的悲剧》（А. Б. Широкорад，Трагедии Севастопольской крепости），雅乌泽 – 艾克斯摩出版社，2005；尼美科：《1941—1942 年克里米亚和塞瓦斯托波尔的防御战》［А. В. Неменко，Оборона：Крым. Севастополь（1941 - 1942 гг.）］，非官方出版，2009；《塞瓦斯托波尔的防御战纪实》（Хронология Обороны Севастополя），梁赞大学出版社，2017；尼科尔斯基：《黑海地区的伟大卫国战争——功勋、罪责、惩罚（共二册）》（Б. В. Никольский，Великая Отечественная Война на Чёрном Море как череда подвигов，преступлений и наказаний），非公开出版，2013；纳奥莫夫：《1941—1942 年塞瓦斯托波尔守军的艰苦命运》（Ю. С. Наумов，Трудная судьба защитников Севастополя 1941 - 1942 гг.），非公开出版，2009；努绪金、鲁泽耶夫：《塞瓦斯托波尔的最后一战》（О. И. Нуждин，С. Рузаев，Битва за Севастополь—Последний штурм），雅乌泽 – 艾克斯摩出版社，2015；曼诺申：《英雄的悲剧》（И. С. Маношин，Героическая трагедия），辛菲罗波尔，2001；以撒耶夫等：《1941—1944 年的克里米亚战役》（А. В. Исаев и др.，Битва за Крым 1941 - 1944 гг.），雅乌泽出版社，2016；斯达尔切乌斯：《敖德萨和塞瓦斯托波尔的保卫战——上述防御作战行动对 1941—1942 年武装斗争的过程和结果的影响》（И. Е. Старчеус，Оборона Одессы и Севастополя—Влияние этих оборонительных операций на ход и результаты вооружённых борьбы в 1941 - 1942 гг.），《军事历史杂志》2016 年第 10 期。

①　关于敖德萨保卫战的描述和研究，参阅伏尔斯基主编《英雄的 73 天——1941 年敖德萨保卫战日记》（С. А. Вольский，73 героических дня—хроника Обороны Одессы в 1941 г.），灯塔出版社，1978。

希·冯·曼施坦因（E. von Manstein）陆军上将出任]，负责对南俄克里米亚和高加索黑海沿岸发动攻击，为争夺进出克里米亚半岛的控制权，与由费奥多尔·库兹涅佐夫（Ф. И. Кузнецов）中将率领的苏军第五十一独立集团军在克里米亚半岛北部发生激烈的阵地战。德军 9 月底攻破别列科普，犹如扼住了进出克里米亚半岛的陆路咽喉，苏军在克里米亚北部的防御空间受到了严重的挤压。而一旦德军攻占克里米亚全境和塞瓦斯托波尔军港，敖德萨的守军也势必失去海上支援而面临被围歼的命运。这造成了苏军最高统帅部不得不下令撤走敖德萨防区由彼得罗夫（И. Е. Петров）少将指挥的滨海集团军，将其调派至克里米亚参与战斗。

时至 1941 年 10 月，别列科普 - 伊颂的地带成为克里米亚的主战场，但以德军攻破伊颂地区的苏军防线告终。[1] 巴托夫（П. И. Батов）少将临时升任并接管第五十一集团军后继续与德军周旋作战。与此同时，苏军方面在1941 年 10 月 22 日下令组建克里米亚诸兵种集成军，由临危受命的黑海舰队列夫琴科（Г. И. Левченко）海军副上将统率，负责塞瓦斯托波尔军港及克里米亚的作战和防务，包括指挥和协调滨海集团军和第五十一集团军的调动和作战，这两个集团军为准备塞瓦斯托波尔战役的过渡作战单位。[2]

对于 1941 年 9—10 月的克里米亚战役的过程和结果，斯达尔切乌斯对列夫琴科的评价极尽诋毁，极不公正。在他看来，正是列夫琴科误判形势和兵力布置不力，导致滨海集团军和第五十一集团军分别撤往塞瓦斯托波尔和刻赤两个位处克里米亚南部端点的防区。[3] 事实上，克里米亚战役的失利有各种主客观原因，包括兵力对比和地理制约，而在近代历史上从未出现过当别列科普被攻破后，克里米亚的守军仅凭半岛上的军力就能成功抵挡敌军

---

① 巴索夫：《1941—1945 年伟大卫国战争期间的克里米亚》，第 46—56 页；凡涅耶夫等：《英雄的塞瓦斯托波尔保卫战》，第 26—33 页。

② 巴索夫：《1941—1945 年伟大卫国战争期间的克里米亚》，第 57—81、88—91 页；凡涅耶夫等：《英雄的塞瓦斯托波尔保卫战》，第 50—56 页。但因兵力不足和战斗秩序混乱，苏军的临时战壕和工事防线无法抵御德军，节节败退。德军取得了对主要公路和铁路要津的控制权，于 1941 年 10 月中下旬先后攻克了赞盖（Джанкой）、沃龙佐夫卡（Воронцовка）、艾巴里（Айбары）、伊夫柏托利亚（Евпатория）、沙奇（Саки）、辛菲罗波尔（Симферополь）、巴赫奇萨莱（Бахчисарай）等地，推进至塞瓦斯托波尔的东北面外围地区。

③ 斯达尔切乌斯：《敖德萨和塞瓦斯托波尔的保卫战——上述防御作战行动对 1941—1942 年武装斗争的过程和结果的影响》，《军事历史杂志》2016 年第 10 期。

并实现反攻的战例。① 尤其是当时的局势是，9 月底苏军西南方面军和南方面军负责的南部战线（左岸乌克兰）已被挤迫到波尔塔瓦（Полтава）以东—扎波罗热（Запорожье）—米利托波尔（Мелитополь）一线，别列科普的正北面和东北面已经被德军占领，已无任何苏军部队作战，而克里米亚战役也实际上处于被追赶、挤压和包围的敌后作战状态。从理论角度来看，必须从邻近抽调援军遏止德军对克里米亚半岛北部的攻势，再配合半岛守军的反攻来实现对克里米亚的解围。② 因此，把所有的责任都推到列夫琴科等将领身上，不仅完全罔顾历史事实，也是寻找历史替罪羊的行为。

三　浅析塞瓦斯托波尔保卫战初期的战役特色和阶段性防御作用

战役的第一阶段是在 1941 年 11 月，其主要军事意义体现在击退德军第十一集团军采用试探式闪电战进攻塞瓦斯托波尔防区的战术企图。自 1941 年 11 月 4 日防区正式建立并成为一个独立的作战区域单位起，临危受命的彼得罗夫少将考虑到兵分两路撤退的滨海集团军仍有不少部队在撤退至塞瓦斯托波尔途中，而当时防区内有限的兵力仍未完成阵地驻防，加上德军暂时未抵达防区南部附近，因此更倾向于抄近路迅速进攻防区北部，以图迅速攻占塞瓦斯托波尔。③

斯达尔切乌斯错误地断言当时滨海集团军及塞瓦斯托波尔守军（原文没有指明什么部队）在海岸炮台和舰炮的支援下，在米肯兹亚附近和德军

---

① 奥加尔科夫主编《苏联军事百科全书第 7 册》［Н. В. Огарков（пред. ред.），Советская военная энциклопедия，т. 7］，苏联国防部军事出版社，第 192—193 页插图 "塞瓦斯托波尔保卫战、英雄的塞瓦斯托波尔保卫战"、第 278—283 页；赫罗莫夫主编《苏联内战和外国武装干涉百科全书》［С. С. Хромов（гл. ред.），Гражданская Война и Военная Интервенция в СССР］，苏联百科全书出版社，1983，第 380 页附图、第 560—561 页附图。

② 日林主编《苏联伟大卫国战争通俗学术简史》［П. А. Жилин（ред.），Великая Отечественная Война – краткий научно-популярный очерк］，政治文献出版社，1973，第 71、79—82 页。

③ 尤其是在从北路攻打卡林泰（Калымтай）和艾芬捷盖（Эфендикой），从中北路攻打杜湾盖（Дуванкой），以及从中路攻打米肯兹亚（Мекензия）和卡拉 – 科比亚谷地（Долина Кара-Кобя）的企图。

先头部队发生战斗。① 事实上，当时滨海集团军的主力还未完成进驻，由黑海舰队的海军陆战队组成的塞瓦斯托波尔驻防军，包括第三海军陆战团，第八海军陆战旅，当地步兵团，第十七、十八、十九海军陆战营，加上其他部队，如第二六五军属炮兵团的部队、炮兵学院、第七二四炮台的士兵，以及碉堡守军，成为阻挡了德军（第二十二、一三二、五十步兵师的先头部队）自 11 月 6 日至 9 日的频繁进攻的主要力量，② 不仅在米肯兹亚附近击退了德军的进攻，也自北向南在阿兰切（Аранчи）、别尔比克车站、卡拉 - 科比亚谷地、乌柏（Уппа）等地击退了德军。虽然被迫退却并丢失了卡林泰和杜湾盖等战略要地，但总算挫败了德军第一波闪击和攻占塞瓦斯托波尔的企图。③ 等到滨海集团军部队陆续进驻防区后，④ 11 月 9 日彼得罗夫下达新的作战命令，在重新划分的四个分区进行了大幅度兵力重整和布防，以针对德军可能从南部发起进攻的企图，但是仍然不敢把北部的兵力转移至南部，所以南部第一分区的兵力在重组前还是在四个分区中最薄弱的。⑤

1941 年 11 月 10—11 日德军主攻防区南部，企图控制雅尔塔 - 塞瓦斯

---

① 斯达尔切乌斯：《敖德萨和塞瓦斯托波尔的保卫战——上述防御作战行动对 1941—1942 年武装斗争的过程和结果的影响》，《军事历史杂志》2016 年第 10 期。

② 苏联—俄罗斯国防部中央档案馆（Центральный Архив Министерства Обороны СССР-России，以下简称国防部中央档案馆），滨海集团军全宗，第 9900 号编目，第 7 号卷宗，第 35—36 页。

③ 国防部中央档案馆，滨海集团军全宗，第 9900 号编目，第 22 号卷宗，第 18—34 页；红军总参谋部：《塞瓦斯托波尔保卫战：行动和战术纲要》，第 14—17 页，第 2、3 号作战地图。

④ 斯达尔切乌斯在文章中写道，滨海集团军于 1941 年 11 月 9 日完成了在塞瓦斯托波尔防区内的集结（参见斯达尔切乌斯《敖德萨和塞瓦斯托波尔的保卫战——上述防御作战行动对 1941—1942 年武装斗争的过程和结果的影响》，《军事历史杂志》2016 年第 10 期），事实上并不准确，在 11 月 13 日以前，第四十骑兵师的余部，以及第四五六内务人民委员部步兵团的 1 个营和 1 个后备空军营组成的第一分区作战分队，仍在塞瓦斯托波尔防区第一分区以外东南面的瓦尔努特卡、库楚克 - 穆斯科米亚和高地区等地殿后作战，并未全部进驻防区（参见红军总参谋部《塞瓦斯托波尔保卫战：行动和战术纲要》，第 19—20 页，作战地图第 4 号）。

⑤ 国防部中央档案馆，滨海集团军全宗，第 9900 号编目，第 7 号卷宗，第 40—43 页；巴索夫：《1941—1945 年伟大卫国战争期间的克里米亚》，第 99—100 页。根据 11 月 9 日的作战命令，在第四区布置了第 95 步兵师（第一六一、一六二、二四一步兵团）；在第三区布置了第二十五步兵师（第三十一、二八七步兵团以及第三海军陆战团）；在第二区布置了第一七二步兵师（第 514 步兵团、第二海军陆战团以及第一塞瓦斯托波尔混合步兵团）为主力部队；而在第一区则以第二骑兵师的残部加上由内务人民委员部士兵和炮兵学员组成的第三八三步兵团为主要防御力量，由四二一步兵师残部组成的预备队一三一步兵团以及内务人民委员部边防战士混成团作为支援第一和二分区的增强力量。

托波尔公路，北部基本上没有重大明显的攻势。① 然而，斯达尔切乌斯错误地认为德军在整个 11 月攻势都只针对防区北部。② 事实上，德军第七十二步兵师在 11 月 11 日就攻下了瓦尔努特卡（Варнутка），并随后沿雅尔塔公路攻下了库楚克－穆斯科米亚（Кучук-Мускомья）至察塔－卡亚（Чатал-Кая）等地，逐步控制外围的 555.3、198.4、508.1、482.2、471.7 高地。11 月 13 日德军开始对巴拉克拉瓦（Балаклава）前沿阵地的巴什涅亚（Башня），以及 386.6—440.8—212.1 高地三角区。11 月 13—15 日的战斗主要集中在对上述高地三角区的反复争夺上，在 11 月 15 日以后，德军将战火引燃至靠近第一、二分区的前线，如卡马雷（Камары）、巴拉哥达捷国营农场（совхоз Благодать）、212.1 高地以东、巴什涅亚区域，并企图攻破战略重镇巴拉克拉瓦。直到 11 月 19 日，防区南部的苏军处于被动的战略战术防御态势，顽强的作战曾屡次阻止德军的推进，但总体上往内退却。彼得罗夫及其幕僚曾多次下令反攻，但并没有取得预期效果。③ 时至 11 月底，德军因无法突破巴拉克拉瓦以东的阵地，继而无法控制雅尔塔－塞瓦斯托波尔公路南段，最终无法展开对塞瓦斯托波尔的进攻。④

　　1941 年 12 月初，战局旋即进入了短暂的间歇期，双方转入防御，秘密准备战斗，修筑战壕和碉堡，埋设地雷，并经常间歇性地炮击对方阵地。⑤

　　到了 1941 年 12 月 17 日，曼施坦因下令德军第十一军第二十二、一三二、二十四、五十、七十二步兵师，罗马尼亚军第四山地步兵旅和第五摩托化步兵旅，以协同作战方式全面向塞瓦斯托波尔发动著名的十二月突击。其战术进攻目标主要是苏军防线相对比较薄弱的侧翼地带和阵地接合点，以实现快速突破和推进，直捣北湾（Северная Бухта）和塞瓦斯托波尔北部。

---

① 德军第七十二步兵师（拥有约 100 辆坦克）部队主要攻击塞瓦斯托波尔防区南部的第一分区，并针对第三和第二分区的接合处（科拉－科比亚和 319.6 高地）发动辅攻。

② 斯达尔切乌斯：《敖德萨和塞瓦斯托波尔的保卫战——上述防御作战行动对 1941—1942 年武装斗争的过程和结果的影响》，《军事历史杂志》2016 年第 10 期。

③ 国防部中央档案馆，滨海集团军全宗，第 9900 号编目，第 7 号卷宗，第 46—47、53—56、62—64 页；第 22 号卷宗，第 95—118 页。

④ 国防部中央档案馆，滨海集团军全宗，第 9900 号编目，第 22 号卷宗，第 40、51、54、74 页。

⑤ 国防部中央档案馆，滨海集团军全宗，第 9900 号编目，第 9901 号编目，第 20 号卷宗，第 111—135 页。

对此，斯达尔切乌斯轻描淡写地指出德军只是加速攻破第三分区的防御以到达北湾的岸边。[①] 但实际上，德军的攻势远比斯达尔切乌斯所描述的要复杂，主攻方向由德军第二十二和一三二师针对防区北部（即第四和第三分区）的前沿阵地卡林泰和艾芬杰盖地区以西、阿济滋－奥巴（Азиз-Оба）、卡亚－巴什（Кая-Баш）等地发动突击，企图在最短时间内击破由滨海集团军第九十五和二十五步兵师驻防的第四、第三分区的前线防御，往西直取塞瓦斯托波尔城区。[②] 根据档案史料记载，除了把守防区正北部的第九十步兵团击退了进犯的罗马尼亚第五摩托化步兵旅，在对抗德军正面进攻的第四、三分区防线方面陷入了极其危险的局面。尽管遭到苏军的顽强抵抗，德军第二十二师先遣部队的两个营及 15 辆坦克成功突破了苏军黑海舰队第八陆战旅的右翼防线，而德军第一三二师以 1 个营兵力也击破了苏军第二八七步兵团第一营阵地的右侧，并继续往前推进。在这种情况下，守在第八陆战旅和第二八七步兵团之间的第二四一步兵团就陷入了孤立境地。[③]

到了 12 月 19—20 日，德军已经攻占了防区北部一半的土地，并继续向南朝北部海湾方向进攻。[④]

然而，掌管俄军官方军史研究权限的斯达尔切乌斯却在文章中完全曲解了这段历史。他指出，由于苏军的顽抗和及时调整，德军并未大规模迫使苏军退却，并仅能占领北部第四分区的面积不大的土地。[⑤]

根据档案史料，一直坚守在第四区东北前线的第八海军陆战旅无力抵抗德国具有兵力和装备优势的猛攻，被迫于 12 月 20 日逐渐后撤至腹地。而一直压制罗马尼亚第五步兵旅的第九十步兵团，为了免陷入德军包围，也于 12 月 22 日后撤，以致整个前线被迫退至柳比莫夫卡（Любимовка）—米肯兹耶维山区车站（ПСТ. Мекензиевы Горы）—第 1 号米肯兹哨所（Кордон Мекензи № 1）一线，并且失去了第三和第四分区原有的一半以上的土地面积，但及时的撤退在当时的情况下也是明智之举，不仅挽救了面

---

① 斯达尔切乌斯：《敖德萨和塞瓦斯托波尔的保卫战——上述防御作战行动对 1941—1942 年武装斗争的过程和结果的影响》，《军事历史杂志》2016 年第 10 期。

② 红军总参谋部：《塞瓦斯托波尔保卫战：行动和战术纲要》，第 29—30 页，第 5 号作战地图。

③ 国防部中央档案馆，滨海集团军全宗，第 9900 号编目，第 23 号卷宗，第 84—92 页。

④ 国防部中央档案馆，滨海集团军全宗，第 9900 号编目，第 23 号卷宗，第 94—112 页。

⑤ 斯达尔切乌斯：《敖德萨和塞瓦斯托波尔的保卫战——上述防御作战行动对 1941—1942 年武装斗争的过程和结果的影响》，《军事历史杂志》2016 年第 10 期。

临被围歼危险的第九十团，也为争取集中兵力拱卫塞瓦斯托波尔市赢得了
重整布防的时间和机会。最后滨海集团军集中全部火炮部队的火力支援，
坚守上述阵线，并且再次迫使德军停止进攻，转入防御。[①]

四　塞瓦斯托波尔保卫战的坚守与失败原因探讨

从另一角度来看，1941 年底的战斗也预示了塞瓦斯托波尔保卫战的失
败宿命，暴露了诸如防御阵地侧翼薄弱、缺乏严密的梯次防御布阵等问题，
它们非但没有在 1942 年得到根本的解决，反而越加恶化。遗憾的是，像大
多数后苏联时代的业余写手那样，斯达尔切乌斯关注的更多是诸如 1942 年
5 月刻赤陷落，以及德军在防区外布置大口径巨型铁道火炮等外部因素。[②]
虽然苏军曾经积极希望利用德军在转入防守的 1942 年初（1—3 月）发动反
攻，试图收复在 1941 年 12 月的战役中丧失的大片北部土地，但两次有组织
的反攻均因兵力不足和协同作战上的问题，加上德军阵地防御的优势，未
能取得决定性的成功，而防区面积直到德军的第三次大规模进攻前基本上
没有任何有利于苏军的变化。[③]

其次，塞瓦斯托波尔防区的结构性问题非但没有得到改善和解决，反
而更加严重。因为苏军在防区的防务加强，并没有因应防区缩小的情况做
出及时而根本的调整和改变。平庸无能、不谙军事布防的防区工程兵主管
希里诺夫（А. Ф. Хренов）少将把注意力和工作重心过分集中在简易而消极
的反步兵/反坦克地雷埋设、炸药装置布置、雷区和反步兵/反坦克障碍物
方面的工作，在建造钢筋混凝土材质的炮垒、机枪碉堡，以及一般的机枪
土木火力工事方面的工作则严重不足，这导致塞瓦斯托波尔防区的火力网

---

①　红军总参谋部：《塞瓦斯托波尔保卫战：行动和战术纲要》，第 32—34 页。

②　斯达尔切乌斯：《敖德萨和塞瓦斯托波尔的保卫战——上述防御作战行动对 1941—1942 年
武装斗争的过程和结果的影响》，《军事历史杂志》2016 年第 10 期。

③　红军总参谋部：《塞瓦斯托波尔保卫战：行动和战术纲要》，第 44—45 页；国防部中央档案
馆，滨海集团军全宗，第 9900 号编目，第 40 号卷宗，第 2—12、18—23、27—33、41—72
页；第 126 号卷宗，第 5、51、135、198 页；第 129 号卷宗，第 23—40 页；克雷洛夫：《被
烤灼的棱堡》（Н. И. Крылов, Огненный Бастион），军事出版社，1973，第 236—237 页；
凡涅耶夫等：《英雄的塞瓦斯托波尔保卫战》，第 141、221 页；楚尔辛主编《英雄的塞瓦
斯托波尔保卫战 1941—1942 年，档案文件和材料汇编》，第 107—108 页。

战斗力无法得到有效提高，甚至还不如 1941 年的水平。在结构上，塞瓦斯托波尔防区有很多地方并没有修建任何防御工事，处于防御真空或不设防的状态，大部分的火力防御建筑和工事都集中在防区的三个防御地带的分界线沿线，更严重的是，在前线的不少防御建筑群落，并没有驻军。[①]

实战表明，雷区和临时障碍物无法有效抵御和阻挡德军的进攻和突破，1942 年 6 月 7 日德、罗联军发动第三次对塞瓦斯托波尔的全面进攻，实际上是沿用 1941 年 11 月和 12 月的进攻路线，并采取先北后南的战术。但由于防区的结构性漏洞，德军第一三二、五十、二十四步兵师当天就先后在各自的进攻地点攻破了苏军在防区北部卡梅什雷山区侧翼、别尔比克等相对薄弱的地带，迫使苏军第九十五和一七二步兵师的相关部队往内收缩和后退。德军迅速攻占塞瓦斯托波尔城市北部，其后又在 6 月 17 日左右开辟南部攻势，从南部夹击塞瓦斯托波尔防区，苏军在 1942 年 6—7 月完全无法阻止德军的推进和突击，并且实际上已经丧失了有效的战斗意义。[②]

五　结论

首先，自 2014 年俄罗斯收回克里米亚和塞瓦斯托波尔以来，帝俄和苏联时期的塞瓦斯托波尔战役成为热门的历史研究专题。然而，由于俄罗斯官方根深蒂固的反苏意识形态和历史虚无主义流毒，加上当代俄罗斯历史学研究界蓄意的轻视、漠视甚至忽视苏联时期研究著作成果的价值，以及研究人员渐趋庸俗化和业余化的普遍弊病，的确直接导致近年来大量涌现了不少在政治立场上盲目诋毁苏联、在历史内容上错漏百出、在观点结论上谬误连篇的伪造历史作品，并有泛滥成灾之势。

其次，塞瓦斯托波尔保卫战的战役特色和历史意义，绝非代表俄罗斯当代军方和官方观点的斯达尔切乌斯所描述的那样，只是有功于 1942 年的后续战役——仅仅体现在战役过程对德军人员和弹药方面的损耗，以及塞

[①]　国防部中央档案馆，滨海集团军全宗，第 9900 号编目，第 126 号卷宗，第 5、51、135、198 页；楚尔辛主编《英雄的塞瓦斯托波尔保卫战 1941—1942 年，档案文件和材料汇编》，第 107—108 页；凡涅耶夫等：《英雄的塞瓦斯托波尔保卫战》，第 221 页。

[②]　红军总参谋部：《塞瓦斯托波尔保卫战：行动和战术纲要》，作战地图第 7、8 号。

瓦斯托波尔保卫战对延宕德军进攻斯大林格勒和高加索地区的作用。[1] 实际上，尽管塞瓦斯托波尔保卫战以战败和失陷结束，苏联最高统帅部对于塞瓦斯托波尔保卫战的过程和结果都给予了高度评价，而在苏联时代该战役也被称为"英雄的塞瓦斯托波尔保卫战"。[2] 可见塞瓦斯托波尔保卫战本身已经远远超出了苏军为保卫一座黑海沿岸孤城展开顽强斗争的独立事件范畴，其极具英雄主义和军事战略价值的斗争本质，体现在总体战局的连锁反应——破坏德军总战略的顺利实施上。

最后，在考察战役的细节本身，也必须注意到苏、德双方在防守和进攻上的战略战术问题都有值得商榷的地方。在苏联方面，除了兵力不足引起的一系列防御部署和作战的问题漏洞外，更受制于错误的防务设施建设。塞瓦斯托波尔防区存在的一系列结构性缺陷，没有得到充分的重视，也并未在宝贵的战争间歇期得到根本性的改善，这直接导致塞瓦斯托波尔防区的综合战斗力的根本削弱，最终造成 1942 年 6 月德军发起第三次进攻时得以迅速突破苏军防线的薄弱地带而直逼塞瓦斯托波尔市和军港。

（作者为北京大学历史学系世界史专业 2018 级博士研究生）

---

[1] 斯达尔切乌斯：《敖德萨和塞瓦斯托波尔的保卫战——上述防御作战行动对 1941—1942 年武装斗争的过程和结果的影响》，《军事历史杂志》2016 年第 10 期。
[2] 阿尔塔巴耶娃：《值得致敬的城市》，第 284 页。

德国为何失败

——浅析法西斯德国在斯大林格勒战役中的军事失误

华荣欣

斯大林格勒战役是 1942 年 6 月 28 日至 1943 年 2 月 2 日由纳粹德国为争夺苏联南部城市斯大林格勒而与苏联红军进行的战役。这场在伏尔加河畔上演的人间大屠杀不仅成为苏德战争的重要转折点，也就此改变了第二次世界大战的走向。这场战争不仅使法西斯德国和苏联投入了数以百万计的官兵，其所具有的重大意义和深远影响数十年来也吸引着无数专家学者的目光。钮先钟教授在《第二次世界大战的回顾与省思》中单纯从军事角度，用翔实的史料描述了斯大林格勒战役的整个进程，但他把法西斯德国在斯大林格勒战役中的失败主要归咎于希特勒的刚愎自用及遥控指挥，忽略了其他因素。[①] 英国著名军事记者、军事理论家、战略学家李德·哈特（B. H. Liddell Hart）将德军在苏联的失败主要归咎于一些客观的或技术的因素，如苏联的地理交通、严酷的冬季、德军坦克多车轮式而非履带式等。用他的话说："关于苏联决定胜负的因素，战略和战术尚在其次，最主要的却是空间、后勤和机械。"[②]

近年来，中国学者关于这个问题也做了诸多研究，大量的军事学家、史学家都对这场战役进行了详尽的描述和分析。但整体而言，对法西斯德国在斯大林格勒战役中的军事失误仍然存在探讨的空间。首先，既有研究

---

① 钮先钟：《第二次世界大战的回顾与省思》，广西师范大学出版社，2003。

② 〔英〕李德·哈特：《第二次世界大战战史》，钮先钟译，上海人民出版社，2009，第 225 页。

多聚焦于战争的残酷性以及双方的兵力部署和装备性能上，而实际上法西斯德国在斯大林格勒战役中的失败是由多方面因素构成的，不只有客观方面的原因，也包含主观方面的因素。其次，虽然有对法西斯德国在斯大林格勒战役中的军事失误的分析，但大多不太全面，不足之处主要在于过分强调某一个人或某一方的行为和作用。有鉴于此，本文试图利用多方关于斯大林格勒战役的描述，分析法西斯德国在斯大林格勒战役中的军事失误，以期对该战役有更深入的了解。

一　希特勒及德国最高统帅部在战略决策上的失误

希特勒及德国最高统帅部在战略决策上的失误主要可以归纳为三点：首先，希特勒及德国最高统帅部违反了闪电战的基本原则，分兵突进；其次，法西斯德国情报部门包括希特勒本人对苏联认识不足，盲目自信乐观；最后，由于盲目自信乐观，希特勒及德国最高统帅部战争准备不足，导致保卢斯（Friedrich Wilhelm Ernst Paulus）的第六集团军孤军深入，缺乏后援和防御准备，补给困难，最终酿成悲剧。

闪电战是第二次世界大战时期法西斯德国所使用的一种战术，闪电战理论是由古德里安（Heinz Wilhelm Guderian）创造的，这一战术有三个要素：奇袭、快速、集中。主要是充分利用飞机、坦克和机械化部队的快捷优势，集中优势兵力，以突然袭击的方式克敌制胜。[1] 在第二次世界大战初期，纳粹德国利用闪电战，27 天就征服了波兰，1 天征服丹麦，23 天征服挪威，5 天征服荷兰，18 天征服比利时，39 天征服号称"欧洲大陆最强国"的法国。而与此同时，纳粹德国的伤亡却是微乎其微。正像德国上将、陆军总参谋长弗朗茨·哈尔德（Franz Halder）所说："在没有进攻苏联之前，第三帝国的军队从来都是战无不胜的。就连法兰西这样的强大对手都必须要对我们俯首称臣，其他那些本就渺小的国家就更不用说了。"[2]

闪电战的重要原则就是集中优势兵力，奇袭对手，但是在 1942 年希特勒和德军最高统帅部下达的新一轮的作战指令——第 41 号指令中，希特勒

---

① 张勤、杨承清：《星级战将》，航空工业出版社，2012，第 128 页。
② 王恩泽：《决战斯大林格勒》，哈尔滨出版社，2013，第 1 页。

明确表示此次作战行动要攻占高加索，夺取油田，还要占领顿涅茨盆地工业区、库班小麦产区和斯大林格勒。这样兵分两路的战略部署导致战线过长，难以集中优势兵力，一旦遇到敌方大规模的抵抗，就难免有力不从心、首尾难顾之感。正像陆军总参谋长弗朗茨·哈尔德在看到这份作战指令时所说："这个时候再发动如此大规模的作战行动是不明智的做法，毕竟帝国军队在此前莫斯科战场上遭遇到的失败所造成的阴霾还没有完全散去，这给军队的士气以及很现实的力量储备都带来了巨大的伤害，在这样的状态下发起新一轮的进攻，无异于是自寻死路。"[1] 就连在前线作战的古德里安将军都认为"兵力的部署捉襟见肘"。[2] 因此，在 1942 年 11 月下旬，在苏联发动反攻的时候，德军斯大林格勒一线上存在的战线过长、兵力不足的问题就暴露无遗了。就连德国人自己都认为，"按照原来的计划，这一攻势要分几个阶段进行，因为它需要的兵力已超过一个集团军群的限度，而且至少还要准备强大的预备队，可事实上根本没有这样的预备队……"[3]

其次，法西斯德国情报部门包括希特勒本人对苏联认识不足，对于将要进行的战争抱持着极度乐观的态度，大大低估了苏联的战争潜力。在 1942 年 3 月召开的一次秘密军事会议上，希特勒对各位与会指挥官说："去年冬天的麻烦已经过去了，现在战争的主动权还在我们手中。这一次我们不能让俄国人再依靠严冬的积雪苟延残喘了，也一定要在今年夏、秋两季给斯大林以致命的打击。"[4] 第 41 号指令中更明确写道："敌人在人员和物资方面的损失极为严重，在这个冬季，敌人在扩大所谓初期战果的努力中，已使其准备用于以后作战的预备队主力受到很大消耗……德军指挥官和部队的优势必将再次赢得行动的主动权，迫使敌人就范。"[5] 在希特勒看来，此时的苏联人已经处在穷途末路、挣扎无望的最后阶段，用他的话说就是"只要给上最后的一击，我们就扼住了斯大林的喉咙"。[6] 就连德第六集团军

---

[1] 王恩泽：《决战斯大林格勒》，第 2 页。
[2] 〔德〕海因茨·威廉·古德里安：《闪击战：古德里安回忆录》，李江艳译，时代文艺出版社，2016，第 192 页。
[3] 〔德〕汉斯-阿道夫·雅各布森：《第二次世界大战的决定性战役：德国观点》，中国人民解放军军事科学院外国军事研究部译，江苏人民出版社，1982，第 214 页。
[4] 石磊：《决定性转折——斯大林格勒战役》，中国环境科学出版社，2006，第 76 页。
[5] 王恩泽：《决战斯大林格勒》，第 20 页。
[6] 王恩泽：《决战斯大林格勒》，第 66 页。

统帅保卢斯起先也认为攻打斯大林格勒不会遇到什么麻烦，在他看来苏联人在夏季作战中的惨败已经让他们没有力量再去组织什么有力的反击了，而且德国总参谋部预测帝国军队很有可能会在当年的秋天占领高加索地区以及整个斯大林格勒。① 甚至于到了1942年11月，德国情报人员及希特勒对于苏联红军的频繁调动仍视若无睹，在他们看来，苏联人之所以调动军队，只不过是为了弥补其千疮百孔的防御阵线而已，他们谁都不敢相信也不愿意相信苏军会有发动一场大规模进攻性行动的能力。所以直到苏军即将发动反攻之前的11月18日，不论是希特勒还是德国的情报人员或是将军们，都对苏联的行动缺乏应有的戒备和警惕。正如朱可夫（Georgy Konstantinovich Zhukov）将军所说：我军正在准备最大规模的反攻，德军侦察部门没有发现这种情况。侦察工作的笨拙加深了德寇在战役上的失败。② 等德军反应过来，为时已晚，这正是由希特勒及其追随者的盲目自大导致的。

由于盲目乐观自大，希特勒及德国最高统帅部战争准备不足，这不仅体现在莫斯科战役上，也充分体现在斯大林格勒战役上。在战争起始阶段，上至希特勒，下至保卢斯第六集团军的军官们都认为攻打斯大林格勒不会遇到什么麻烦，希特勒就曾表示："1942年一定要在东线结束战事。"③ 希特勒的军事信条只有两点：一是进攻就是最好的防守，二是拒绝任何形式上的军事撤退。所以在保卢斯率第六集团军孤军深入的时候，在德军的战线后方很难找到一条预备性的防线，希特勒也绝不会允许任何撤退。④ 这也就不难解释为何在保卢斯被困斯大林格勒之后只能坚守阵地等死了，即使是在德军中享有传奇般声誉的曼施坦因（Erich von Manstein）元帅亲自指挥救援，也因为兵力不足以及希特勒的拒绝撤退、保卢斯无法突围而回天无力。德军第六集团军、坦克第四集团军各兵团及其配属的加强部队从1942年11月起，就已陷入苏联红军的完全包围之中。戈林（Hermann Göring）元帅曾信誓旦旦向元首许诺要建立一条"空中桥梁"，每天给第六集团军运送物资，但实际上，他不知道被围困的第六集团军每天至少需要900多吨食

---

① 王恩泽：《决战斯大林格勒》，第157页。
② 〔苏〕格·康·朱可夫：《斯大林格勒保卫战》，王健夫等译，天津人民出版社，1980，第28页。
③ 蔡琳杉：《斯大林格勒战役》，第71页。
④ 王恩泽：《决战斯大林格勒》，第8页。

品、弹药和燃料，而实际上德国空军根本没有这样的运输能力，更遑论苏联冬季糟糕的气象条件以及苏联红军对于德国空军的有利打击。在 11 月时，德国航空兵每昼夜只能向第六集团军运送 50 吨物资，一直到保卢斯率众投降时，每天的运输量也没有超过 80 吨。[①] 而且有些物资在运输途中就被苏联的航空兵炸毁，真正能运到的物资对于被围困的第六集团军来说实在是杯水车薪。处在围困中的总参谋长施密特中将在给他柏林朋友的信中写道："目前我们仿佛感到被人出卖了……这里已经没有食物了……真正断粮了。根据我对德国士兵的了解，必须清醒地估计到，士兵的体力已经消耗殆尽。在这种冰天雪地中每个人都会说：现在对我一切都无所谓，或是慢慢冻死，或是被苏联人征服。"[②] 1 月的斯大林格勒，气温降到零下 25 摄氏度以下，许多一直没领到冬装的士兵只得四处去寻找御寒之物，毯子、被子窗帘都被他们裹在身上，甚至女人的内衣、裙子和头巾也成为了士兵的服装。战争、饥饿、寒冷和疾病折磨着德军第六集团军。连保卢斯上将也不得不承认："在这个时候还不撤退的话，我们也许就要永远葬身在这片又寒冷又缺乏生存乐趣的土地上了。"[③] 由于盲目自信乐观，希特勒及德国最高统帅部战争准备不足，导致保卢斯的第六集团军孤军深入，缺乏后援和防御准备，补给困难，最终酿成第三帝国的悲剧。

二　德国军队战术单一

正如前述，闪电战确实是一种很先进的作战方式，能够在短时间内最大限度地集中优势兵力给敌人以致命的打击，在第二次世界大战初期，纳粹德国运用闪电战在欧洲战场上一路高歌猛进便是最好的证明。但是在斯大林格勒战役特别是巷战过程中，在斯大林格勒市内坑坑洼洼的工厂区内，闪电战的优势完全得不到发挥。而相反，苏联红军却采取了灵活的作战方式，在实践中摸索经验，并在作战中加以完善。正如崔可夫（Vasily Ivanovich Chuikov）将军在回忆录中所写的那样："与德寇的战术相反，我们在城

---

① 蔡琳杉：《斯大林格勒战役》，第 198 页。
② 蔡琳杉：《斯大林格勒战役》，第 207 页。
③ 王恩泽：《决战斯大林格勒》，第 177 页。

市作战中，从来不墨守成规，我们重视在实践中摸索经验，并在作战中不断加以完善……经常是根据当时当地的具体情况，不断找出组织和实施战斗的新的方法。"①

自德军 9 月 13 日进入斯大林格勒城区之后，战斗变得异常激烈。为了争夺每一座房屋、车间、水塔，甚至是每一堵墙、每一个地下室乃至每一片瓦砾，双方展开了激烈的交战。不久之后德军已经占领了这座城市的大部分区域，但是苏联人的抵抗越来越猛烈。战事越打越残酷，越打越胶着，在斯大林格勒到处都是废墟，苏联红军在面对更有优势兵力的德军时一直采用游击式的运动战来打击敌人。在与第六集团军展开巷战时，苏军第六十二集团军统帅崔可夫将军下令强调："我再次警告所有作战团体的指挥官们：不要策划连级、营级的整体作战行动，应该组织以小队为基础的攻势。"② 崔可夫将军非常明白这样的作战方式更加有利于快速灵活地行动。往往在德军以为战斗已经结束而走进倒塌的建筑物里的时候，隐藏起来的苏军战士开始从瓦砾废墟中伏击入侵者。即便是被德军围得水泄不通，弹尽粮绝，誓死不降的苏军士兵也会要么找机会展开白刃搏斗，要么要求指挥所向阵地开炮以求与敌同归于尽。苏军这种视死如归的顽强意志，严重阻碍了德军进攻的步伐。在战争过程中，斯大林格勒市内各个工厂的工人也被武装起来，同苏联红军一起誓死保卫斯大林格勒。他们把自己的岗位变成了战场和堡垒，直接对入侵者实施打击，真正是人人皆负守土之责。

三　德第六集团军孤军深入，补给困难

正如前述，从 1942 年 11 月起德军第六集团军陷入苏联红军的完全包围之中，就连德军方面也不得不承认"战线拉得太长，武器和弹药补给日益困难"。③ 12 月，在斯大林格勒城下，德军数百架运输机被击落，苏军在对外正面的作战中，也使德军航空兵的运输力量受到削弱。苏联红军实施空

---

① 〔苏〕崔可夫：《崔可夫战争回忆录：从斯大林格勒到柏林》，赵云峰、吴蕴辉译，军事学院出版社，1985，第 374 页。

② 〔英〕邓肯·安德森、劳埃德·克拉克、斯蒂芬·华尔什：《东线战场：1941—1945》，李清站、高原、李鹏译，冷杉审校，国际文化出版公司，2002，第 131 页。

③ 〔德〕尼·冯·贝洛：《希特勒副官的回忆》，张连根译，吉林人民出版社，1984，第 344 页。

中封锁，从保卢斯被围到 12 月底，德军共损失飞机 3000 架，① 第六集团军从空中得到补给的希望越来越小。运输物资的"空中桥梁"没有建立起来，前来救援的军队却被打得越来越远，第六集团军所面临的困难越来越多，就像苏联红军向保卢斯发出的最后通牒中所写的那样："红军部队已经把德军这股力量围的水泄不通。依靠德军从南和西南面实施进攻来挽救你们军队的一切努力都是徒劳的……给你们运送少量食品、弹药和燃料的德军运输航空兵……被苏联航空兵打得伤亡惨重……你们被围部队的形势是十分艰难的，他们忍受着饥饿、疾病和寒冷的折磨。俄罗斯的严冬已经降临……可你们的士兵还没有冬装……作为司令员，您……非常清楚，你们要突围已经不太可能了。你们的处境也是不可救药的，继续抵抗是毫无意义的。"②

　　与此同时，苏军的增援部队却源源不断地到来，仅 9 月 27 日至 10 月 2 日的短短 5 天内，苏联红军最高统帅部就先后向斯大林格勒派出了 5 个师团。11 月之后，苏联方面更是调兵遣将，集合重兵，准备围歼第六军团。从 11 月 1 日到 20 日，运过伏尔加河的就有 16 万多名士兵和军官、1 万多匹马、430 辆坦克、600 门火炮、14000 辆汽车，以及 1 万多吨弹药和粮食。③ 1 月，苏联红军发起"指环战役"之后，第六集团军四面楚歌，被迫投降。在 1 月 20 日给集团军群指挥部和统帅部的报告中，保卢斯指出："由于粮食、燃料和弹药发生了灾难性的困难，部队的战斗力急速下降……除在伏尔加河前线作战的部队外，其它部队既没有构筑好的阵地，也没有住所和木材。"④ 1 月 24 日，保卢斯向元首请示："部队弹尽粮绝……已无法进行有效的指挥……伤员 18000 人，无衣无食也无药品……崩溃在所难免。"⑤ 保卢斯在投降之后，曾问红军指挥官舒米洛夫中将：苏联士兵为何能够日日夜夜冒着零下 30 度的严寒，躺在冰天雪地里进攻？舒米洛夫指着一个苏联士兵对他说："看看我们的战士穿的是什么吧，毡靴、棉裤、保暖内衣、

---

① 石磊：《决定性转折——斯大林格勒战役》，第 225 页。
② 石磊：《决定性转折——斯大林格勒战役》，第 231 页。
③ 〔苏〕格·康·朱可夫：《斯大林格勒保卫战》，王健夫等译，第 33 页。
④ 石磊：《决定性转折——斯大林格勒战役》，第 244 页。
⑤ 石磊：《决定性转折——斯大林格勒战役》，第 247 页。

短皮袄、护耳皮帽、防寒手套。我们的祖国就是这样关怀着自己的保卫者。"①

四　战争准备不足，拖延日久，补给困难，严重影响士气

战争拖延日久，补给困难，斯大林格勒久攻不下，德国最高统帅部及各级指挥官又没有采取有效措施激励士气，导致德国军队军心涣散，士气低落。与此同时，苏联红军却采取了一系列方法来激励红军将士，使得苏联红军越战越勇，士气高涨，最终不仅阻挡了纳粹德国的侵略步伐，还实现了第二次世界大战欧洲战场的重要转折。

在斯大林格勒战役中，在经过 4 个多月的血战之后，一直困在斯大林格勒的绝大多数德国士兵已经没有任何热情和信心可言，悲观绝望的气氛笼罩在多数德国军人心中。在德国第六集团军的士兵写给家乡的信中称："眼下部队里连最起码的武器补充和食物供给都成了大问题，在这种弹尽粮绝的情况下……现在的实际情况就是要人没人，要粮没粮，这仗还怎么打？难道还真指望有什么奇迹发生？……我们对这场战争已经没有任何的希望可言了。对于我们很多人来说，只要能够活着走出斯大林格勒，就是最大的奇迹。"② 就连保卢斯也开始绝望："我这个要死的人，对战争的结果已经没有任何的关心了。"③

相反，苏联红军却在斯大林格勒战役中，越战越勇，这与苏联红军的高昂士气是密不可分的。苏军的战斗精神和政治精神素质远远优越于德军，部队进行的党政工作有力地促进了这些品质的培养。共产党员和共青团员在防御战中不仅在口头上，而且以自身为榜样来激励大家，军人们懂得自己对祖国命运所负的责任及对党和国家应尽的职责。崔可夫元帅指出："这是共产党在和平年代里对苏联人民所进行的大量教育工作的成果，也是我军党组织、指挥员和政工人员在艰苦考验的日子所进行的大量教育工作的成果。斯大林格勒的共产党员在战斗中树立了钢铁般坚强无畏的榜样……"④ 且苏联红军非常重视榜样的作用，积极进行榜样的宣传。例如在斯大林格勒

① 石磊：《决定性转折——斯大林格勒战役》，第 252 页。
② 王恩泽：《决战斯大林格勒》，第 218 页。
③ 王恩泽：《决战斯大林格勒》，第 233 页。
④ 〔苏〕格·康·朱可夫：《斯大林格勒保卫战》，第 61 页。

保卫战中一举成名的神枪手瓦西里·扎伊采夫。他凭借弹无虚发的射击技术名扬全军，他的英雄事迹在苏军部队中广为流传，整个军营上下掀起了一股学习扎伊采夫的热潮。[①] 还有被围困的第三炮兵连，他们在连长雅西科的指挥下一天之内打退了德国人无数次的进攻，在所有的弹药耗尽之后，剩下的20多名战士端起了刺刀和手榴弹冲向了德军，最终除了3人成功突围外，其余将士全部阵亡。[②] 这样的事例在斯大林格勒战役期间的苏军中还有很多。

在苏联红军发起反攻的时候，官兵们继续受到各种各样的精神激励，苏联最高苏维埃主席团在此时发布了关于改变前线授勋办法的指令。最高苏维埃主席团还在1942年12月22日发布了关于设置"保卫斯大林格勒"奖章的命令，更使得斯大林格勒前线将士人人欢呼，士气大振。[③] 在德军用密集的机枪扫射完全封锁了苏军的前进通道时，奥西波夫中尉身先士卒，把手榴弹绑在自己的腰上，匍匐着向敌人的火力点爬去，为全排官兵的前进创造了机会。当德国人的机枪再次扫射的时候，机枪手谢尔久科夫猛然起身扑向机枪，硬是用自己身负重伤的身体堵住了机枪眼。[④] 相比德军的悲伤绝望，苏联军方通过一系列措施使得红军将士士气高涨，战争的天平自然就向苏联方面倾斜了。

五　保卢斯将军的个人性格问题

在德第六集团军被围斯大林格勒期间，特别是在曼施坦因元帅实施"冬季风暴"行动过程中，保卢斯若率领第六集团军向外突围的话，第六集团军也许还有一线生机。正是保卢斯上将的优柔寡断一步步把第六集团军及他本人逼入绝境。

保卢斯，德国陆军元帅，第二次世界大战开始后，历任第四集团军参谋长、第六集团军参谋长，1942年之前一直在参谋部任职，1942年1月任苏德战场第六集团军司令。参谋长的出身背景使保卢斯擅长布局谋划，能

---

① 王恩泽：《决战斯大林格勒》，第150—151页。
② 王恩泽：《决战斯大林格勒》，第138—139页。
③ 石磊：《决定性转折——斯大林格勒战役》，第231页。
④ 王恩泽：《决战斯大林格勒》，第228—229页。

够在关键时刻保持沉着冷静，但同时也使他缺乏那种紧要关头作为杰出指挥官所必需的坚定性格和决断能力。

曼施坦因是德军中为数不多的得到上下一致称赞的军官，在德军中也享有崇高的威望，甚至得到了希特勒的格外尊重。在受命组建顿河集团军群，并奉命救援第六集团军之后，曼施坦因曾多次派副手前往斯大林格勒去见保卢斯，希望保卢斯能积极配合援军突围，曼施坦因主张，不必等全体援军到达，第四装甲集团应先采取行动，只要能在苏军的包围圈中切开一条走廊来补充第六集团军的燃料和弹药，恢复第六集团军的机动性，便可里应外合，冲出包围圈。12 月 16 日，曼施坦因的救援部队距离被围的第六集团军仅剩 48 公里。① 在 18 日再次劝说保卢斯突围未果之后，曼施坦因亲自给保卢斯打了无线电话，宣布解除第六集团军司令对于突围和冒险放弃斯大林格勒的一切责任，如果事后元首追究，那么顿河集团军区的司令曼施坦因本人负完全责任。② 但是保卢斯还在犹豫不决。19 日，曼施坦因又亲自向最高统帅部呼吁允许德军第六集团军突围，并再次电告保卢斯，突围和放弃斯大林格勒的一切，均与第六集团军无关，一切责任由顿河集团军群司令部负责。③ 但是保卢斯仍然踌躇不前。最终使得曼施坦因也回天乏力。

保卢斯是由希特勒一手提拔的，遵照元首指示坚守斯大林格勒也可以理解。但是在苏军发起反攻，准备全歼第六集团军的时候，保卢斯目睹德军的惨状，又开始后悔当初的选择："当初空军为什么会担保空运没有问题呢？要是他们早说不行的话，当时还有突围的可能，可现在什么都晚了。"④ 在意识到抵抗已经变得毫无意义后，保卢斯又开始向希特勒请求投降。为了安抚保卢斯，坚定他为国尽忠的信念，1 月 30 日，希特勒给保卢斯发去电报，授予他元帅节杖。⑤ 保卢斯给希特勒的回电中也表示："第 6 军团忠实于自己的誓言并认识到自己所负的极为重大的使命，为了元首和祖国，已坚守自己的岗位，打到最后一兵一卒一枪一弹。"⑥ 但事实上，在最后关

① 蔡琳杉：《斯大林格勒战役》，第 184 页。
② 蔡琳杉：《斯大林格勒战役》，第 187 页。
③ 蔡琳杉：《斯大林格勒战役》，第 188 页。
④ 王恩泽：《决战斯大林格勒》，第 233 页。
⑤ 石磊：《决定性转折——斯大林格勒战役》，第 250 页。
⑥ 石磊：《决定性转折——斯大林格勒战役》，第 252 页。

头，保卢斯并没有进行任何的抵抗和血战，当苏军出现在地下室门口的时候，这位第三帝国的新任元帅，竟然率众投降了。

德第六集团军统帅保卢斯上将的懦弱性格致使他在关键问题上优柔寡断，最终直接导致了第六集团军悲剧的发生。

六 结语

在举世瞩目的斯大林格勒战役中，德军战败，保卢斯元帅投降，曾经不可一世的德国法西斯分子开始一步步走向灭亡，第二次世界大战欧洲战场发生重大转折。对于这场战役中德军战败的原因，历来众说纷纭。

本文主要从希特勒及德国最高统帅部在战略决策上的失误、德国军队战术单一、后勤供应困难、士气低落以及保卢斯将军的个人性格问题等方面进行了一些简单的分析。希特勒及德国最高统帅部在战略决策上的失误主要可以归纳为三点：首先，希特勒及德国最高统帅部违反了闪电战的基本原则，分兵突进；其次，法西斯德国情报部门以及希特勒本人对苏联认识不足，大大低估了苏联的战争潜力，盲目乐观自信；最后，由于盲目自信乐观，希特勒及德国最高统帅部战争准备不足，导致保卢斯的第六集团军孤军深入，缺乏后援和防御准备，补给困难，最终酿成悲剧。相比苏联红军的游击战术以及积极发动群众，纳粹德国闪电战的优势在斯大林格勒战役中并没有得以有效发挥；由于孤军深入，第六集团军的补给遭遇很大困难，最终导致第六集团军战斗力下降，人员锐减；由于战争准备不足，斯大林格勒又久攻不下，补给困难，严重影响了德军的士气，加之相比苏联来说，德军并没有采取有效措施提振士气，最终导致悲伤绝望的氛围弥漫全军，严重影响了军队的战斗力；且由于保卢斯上将的个人性格问题，优柔寡断，最终使得第六集团军错失突围的最佳时机，只能被迫投降。

受到材料及笔者分析能力的限制，本文可能存在一些不足之处，期待未来有学者能够做进一步的深入研究。

（作者为中国社会科学院欧洲研究所国际政治专业 2018 级硕士研究生）

缘何纽伦堡

——国际军事法庭审判纳粹首要战犯的时空决计

徐璟玮

80 年前的德国南部重镇纽伦堡，齐柏林广场上到处飘扬着"卐"字旗，最后一次在此进行的纳粹党代会将纳粹的狂热氛围推上了高潮，战争一触即发。纽伦堡，这个拥有"中世纪寰宇大都市"之名的历史名城，不幸沦为名噪一时的纳粹党代会之都。① 二战期间，纽伦堡遭受了 11 次报复性的轰炸，而后还进行了激烈的巷战。盟军最终攻占之前，希特勒的秘书马丁·鲍尔曼（Martin Baumann）命令党卫军的"狼人"部队②进行自杀式的进攻，以解救那些战犯；甚至在纽伦堡的很多地方被炸成废墟之后，部分纳粹狂热分子还在寻找机会去割掉美军落单士兵的脑袋。德军投降后，91% 的城市建筑被摧毁，整座城市变成一个没有电力、没有公共用水和交通、没有邮电系统和政府的地域，被美国人称为"欧洲大陆的一座死城"。③ 不过，司法大厦竟然幸存了。这处位于纽伦堡城以西约 1 公里的三层石头建筑原本是巴伐利亚省政府的法院，也就是后来刑事审判庭的所在地——正义宫（Justizpa-last），又被称为"600 号"。在离审判预定时间不到两个月时，人们在正义宫所能看到的是一片狼藉：很多子弹的弹孔、杂乱摆放的箱子和汽油桶、酒

---

① 侯贺良、橄榄：《触摸纽伦堡》，《走向世界》2008 年第 23 期。
② 海因里希·希姆莱（Heinrich Himmler）领导的一支部队，意图在战后继续进行游击战争。
③ 何勤华等：《纽伦堡审判——对德国法西斯的法律清算》，商务印书馆，2015，第 11 页。

满一地的文件纸张。设计师们经过讨论，决定拆除一堵墙壁，还要为 8 名法官制作一个长条的审判桌。另外，需要一个大房间供检察官及翻译人员使用，还要有一个可供 500 人旁听的大玻璃房间。

1945 年 11 月 20 日上午 10 时不到，三组辩护律师相继走出电梯，步入 600 号房间——纽伦堡审判现场，一个精心准备的国际法庭。审判席上，四位来自不同战胜国的法官端坐在那里。苏联法官身穿褐色戎装，美国、英国和法国法官都是身穿黑色长袍。法庭内，厚重的灰色丝绒窗帘垂下来，遮住了纽伦堡深秋的天际，一排排木头长凳被漆成了深褐色。这个法庭展现在全世界面前的气氛，正如杰克逊法官所描述的，是"忧郁的庄严"。[①]坐在被告席上是 20 多名臭名昭著的纳粹战犯。同时，大约有 250 名记者来到了现场，他们飞快地做着笔录，旁听席上也挤满了各种身份的民众。由于柏林陷落后，人们认为马丁·博尔曼死于苏联的反坦克武器，而罗伯特·莱伊（Robert Ley）于 1945 年 10 月 25 日在单人牢房中用湿毛巾上吊自杀，古斯塔夫·克虏伯因病不予起诉，因此他们没有到庭受审，同盟国认定的 24 名待审战犯中只有 21 人坐上了被告席。纽伦堡审判从 1945 年 11 月 20 日上午开始，到 1946 年 10 月 1 日下午结束，历经 315 天。在整个审判过程中，开庭共计 218 次，各方提供证词 2630 份，240 名证人出庭作证，有 30 万份宣誓证书。最终，德国纳粹的首要战犯几乎都被清理殆尽。而这场世纪审判时间与地点的确立经历了不少曲折。

一　审判的由来

长达 12 年的纳粹主义和 6 年的狂热战争，让整个欧洲大陆满目疮痍。在这场浩劫中，有超过 5500 万人丧生。1945 年，战争终于结束了，但是纳粹集中营和死亡工厂的阴影依然笼罩着劫后余生的民众。新上台的美国总统哈里·S. 杜鲁门（Harry S. Truman）主张强硬地惩罚战犯，宣称："吾等负有严峻之责任，给予德国民众以沉痛之教训。在他们重返爱好和平的文明国家之前，对其方针必须有所改变。"[②] 1945 年 1 月，纳粹分子对美军犯下

---

① 何勤华等：《纽伦堡审判——对德国法西斯的法律清算》，第 124 页。

② Bradley F. Smith, *Reaching Judgment at Nuremberg*（Publishers New York, 1977），p. 47.

了极其惨烈的暴行——党卫军的一支分遣队在比利时马尔梅迪（Malmédy）屠杀了 90 名已解除武装的美国战俘。在美军挺进欧洲之后，又亲历了德国纳粹的暴行，促进了美国对战后欧洲及对德政策的大讨论；而在讨论之中，各部门间发生了激烈的冲突，引发了后来的纽伦堡审判。①

　　第二次世界大战临近结束时，如何处理罪孽深重的纳粹分子在同盟国内部引起了激烈争论。苏联人认为，所有穿过纳粹制服的德国人都应该枪毙，至少应该让他们到西伯利亚服苦役。至于党卫军，也许活埋是个更好的方式。从 1942 年起，苏联的一个特别委员会就着手调查苏联境内的德国战犯，而 1943 年在哈尔科夫②审判和处决了三名德国军官。甚至连法治传统悠久的英国也建议对第三帝国的主要战犯不经审判就处死。英国政府认为，这些人在策划发动第二次世界大战时，就给自己签发了有罪判决书并送达了死刑执行令。同盟国三巨头之一的英国首相丘吉尔（Winston Leonard Spencer Churchill）倾向于立刻处决这些被俘的纳粹头子，无须进行烦琐的法律流程。事实上，英国内阁早在 1942 年 6 月就讨论过处置战犯的问题，丘吉尔与外交大臣安东尼·艾登（Robert Anthony Eden）在 1943 年 8 月参加魁北克会议时也和其他领导人做过沟通。特尔福德·泰勒（Telford Tayler）回忆道："英国一开始就主张对这些战犯执行死刑，因为他们的罪恶太深重了，已经超出了任何司法程序的范畴。"③ 美国政府中的某些人也持有类似看法，他们建议美国总统罗斯福（Franklin Delano Roosevelt）走个审讯过场后，直接将战犯拉出去枪毙。

　　1943 年秋至 1944 年 1 月，在美国和英国的推动下，"联合国家战争犯罪委员会"（the United Nations War Crimes Commission，UNWCC）成立。1944 年 3 月，捷克斯洛伐克的博胡斯拉夫·埃尔舍（Bohuslav Ečer）博士首次向法律委员会提出要对侵略行为进行刑事定罪。④ 埃尔舍与科扎维（A. J. Kochavi）

---

① 　Ann Tusa and John Tusa, *The Nuremberg Trail* (Macmilian, 1983)，p. 50.

② 　乌克兰州名和市名（Харьков）。在乌克兰东北部，与俄罗斯接壤。面积 3.14 万平方公里，为乌克兰面积最大的城市。

③ 　S. Sayapin, *The Crime of Aggression in International Criminal Law* (T. M. C. Asser Press, 2014)，p. 40.

④ 　S. Sayapin, *The Crime of Aggression in International Criminal Law* (T. M. C. Asser Press, 2014)，p. 39.

的观点是："二战中轴心国的目标是奴役其他国家与民族，毁坏他们的文明，并在肉体上湮灭他们种族、政权、宗教方面的重要部分"，"发动和进行战争就是轴心国最重要的罪恶"。① 时任美国联邦最高法院大法官罗伯特·杰克逊（Robert Houghwout Jackson）一再坚持必须举行一次公开、公平、公正的审判，他尖锐地指出："如果你们认为战胜者在未经审判的情况下可以任意处死一个人的话，那么，法庭和审判就没有存在的必要，人们将对法律丧失信仰和尊重，因为法庭建立的目的原本就是让人服罪。""我们永远不要忘记——我们今天那些审判被告的记录，就是明天历史据此来审判我们的记录。递给这些被告的毒酒，也会沾上我们的嘴唇。"② 他还说道："如果不对违法者施以惩罚，如果禁止其他国家援助受害者，那么所谓的国际法必定就只是画地为牢，不能从根本上维持人们渴望的和平。"③

　　1945 年 4 月 12 日，罗斯福在总统第四任期只履职了 73 天后便去世了。次日，怀着对总统的崇敬和遗愿，杰克逊在美国国际法年会上发表了演说，反对立即处决纳粹首要战犯，主张严格按照正常法律程序来进行审判。他说："如果在未证实有罪的情况下，你不愿意释放某个人，基本原则就要求你不可动用司法程序来对此人进行审判；如果你一定要处死某个人，审判则变得毫无用处。不过，世界不会对这个为了判罪而组织的法庭产生任何敬意。"④ 杜鲁门请杰克逊全权负责战争罪行的起诉工作。杰克逊在任命正式下达后不久便全力以赴投入该工作中。他首先确定了参与起诉工作的人员，包括伯奈斯上校、威廉·约瑟夫·多诺万（William Joseph Donovan）、罗伯特·斯托里（Robert G. Storey）及西德尼·奥德曼（Sidney Alderman）。他们只听命于杰克逊，总体上只对总统负责。他们开始筹划组建美国审判团，并着手收集犯罪证据。杰克逊认为，无法有效实行"审判欧洲战犯"计划的根源在于同盟国的软弱和无能，必须施加更大压力才能促成此事。正是由于他的努力与坚持，这场世纪审判才最终得以进行。

---

① Arieh J. Kochavi, *Prelude to Nuremberg* (University of North Carolina Press, 1998), p. 97.

② Jackson, Robert H., *Trial of German War Criminals: Opening Address by Robert H. Jackson* (Literacy Licensing, LLC, 2003).

③ Ann Tusa and John Tusa, *The Nuremberg Trail* (Macmillan, 1983), pp. 68 – 69.

④ Henry T. King, "The Legacy of Nuremberg," *Case Western Reserve Journal of International Law* (2002), p. 335.

二　审判时间的确立

对纳粹德国进行审判的问题，在很多方面都存在争议，这也是造成审判时间悬而未决的关键因素。直到德国军队投降几天之后，战胜国一方依然在就如何进行公正审判的法律程序而喋喋不休，因为英、美、法系和大陆法系在某些规则方面大相径庭：英美遵循的普通法系允许被告宣誓作证，并由法定代理人做最后陈述；而法苏遵循的大陆法系中，被告不允许在法庭上作证，只能在审判结束时为自己做最后的辩护陈述。这自然就造成了在证人召唤程序上的差别。而证人和证词出现方式和时间的重要性不言而喻。1945 年 5 月 30 日，只有英国内阁同意了美国的草案。而苏联人对美国的提议一直感到很困惑，他们对战犯的定义有着自己的理解。例如，之前英、美、法三国在对待盖世太保（Gestapo）及党卫军组织采用的措施是"谴责和令其解散"，苏联觉得不够深刻，量刑过轻了。再如，对于德军中"参谋"的定义。斯大林认为，应该涵盖从事一般参谋工作的军官及所有受过参谋训练者，这批人应该全部予以监禁；而美方则认为应该把"参谋"作为一个组织群体来进行审理，所有的个体只能看作该组织的成员，不应逐个审判。事实上，按照谢里夫·巴西欧尼（M. Cherif Bassiouni）和本杰明·费伦茨（Benjamin Ferencz）的观点，1945 年时，对于"侵略"这一概念其实仍然是模糊的。谋划、准备、启动或者实施这三个阶段的行为所造成的"侵略战争"仅仅是三种对抗和平类型的罪行之一。换而言之，一场侵略战争既不等同于违背国际条约的战争，也不等于参与共谋和策划造成的两个国家间战争。①

1945 年 6 月 26 日至 8 月 8 日，英、美、法、苏四大占领国与 19 个其他国家召开了关于军事法庭程序的国际会议，前后共进行了 14 次正式会议和多次非正式会谈，制订了《关于追究和惩办欧洲轴心国主要战犯的协定》和《国际军事法庭宪章》。会议开始前的一周，1945 年 6 月 20 日，在罗伯特·杰克逊的带领下，队伍庞大、配置齐全的美国代表团来到伦敦，准备大干一场。杰克逊预计经过一周的商讨即可达成协议，但是事实上，这只

---

① S. Sayapin, *The Crime of Aggression in International Criminal Law*（Asser Press, 2014）, p. 41.

是个开始。英国人对于美国的审判想法深感困惑："美国人究竟在筹划一场审判还是多场审判？美国人如何起诉共谋罪及犯罪组织？审判的重点究竟是战争罪还是侵略战争罪？"英国人的初衷是列出主要的几名受审人员，以"共谋统治欧洲"计划为基础，从而有效地推动审判的进行。踌躇满志的美国人则是期待将审判的基本程序快刀斩乱麻地确立下来。各国代表在会议中达成的一致意见包括：采用军事法庭的形式而非民事法庭；可以不设陪审团，可以不遵循正常的证据规则。相互间的分歧主要在于：控方的起诉书形式，法官的角色及其在控诉程序中的作用。在第二次伦敦大会的会议上，令人意想不到的一幕出现了，苏联代表尼基琴科（I. T. Nikitchenko）表示："这里谈论的都是首要战犯，政府首脑们早在《莫斯科宣言》和《雅尔塔宣言》中将其判为有罪并被宣告定罪，因此本法庭上的职责只是对其实施的罪行量定刑罚。"[①] 美国代表认为，这些话是为直接处置战犯的思路寻找一些法律依据，而非真正发自内心地想要进行合法的审判。随着时间的推移，美国的法官及代表们越来越失去耐心。他们突然要求大幅增加被告人数，并准备另起炉灶；他们还提出让各国分别自行进行审判，甚至想将苏联踢出审判联盟，并自行审判美国关押的战犯。

决定性的结果还是出现在 1945 年 7 月 16 日开始的波茨坦会议上。英国大选导致的执政党更替，斯大林的最终让步，都成了保住同盟国团结的力量。8 月 2 日，苏联代表尼基琴科最终宣布苏联接受美国修订的草案，控告纳粹实施了"共同策划和共谋"。英、美、法、苏四国首脑最终于 8 月 8 日签订了《伦敦协定》与《国际军事法庭宪章》，决定成立一个由四国组成的国际法庭来审判战犯。《伦敦协定》是同盟国间的协议，《国际军事法庭宪章》是其组成部分，也为"军事法庭的组成、权限和运行"提供了依据。[②]《国际军事法庭宪章》既参考了英美的大陆法系内容，也考虑了法国的民法和苏联的刑事诉讼法等各方面，最终达到了各方相对比较满意的平衡点。

为了确定庭长一职的人选，四国的法官在柏林进行了会谈，其间又出现了新的问题。英美两国倾向于选出固定庭长，因为轮流担任会造成连续

① Ann Tusa and John Tusa, *The Nuremberg Trail* (Macmillan, 1983), p. 78.
② Brian R. Gallini, "Nuremberg Lives on: How Justice Jackson's International Experience Continues to Shape Domestic Criminal Procedure," *Loyola University Chicago Law Journal* (2014), p. 47.

性的缺乏；英美两国认为，法国人战时作用太小，苏联人的公正性又值得商榷。英国希望自己人担任庭长，也就是杰弗里·劳伦斯大法官（Sir Geoffrey Lawrence）。而因为在前期的准备之中美国在很多方面都占据主导地位，曾经担任过美国战时司法部长的弗朗西斯·比德尔（Francis Biddle）也产生了想法。最后还是杰克逊劝说自己的美国同僚做出了让步，而后又设法赢得了法国的支持，由英国的劳伦斯当选国际军事法庭庭长。1945年8月，苏联的尼基琴科将军又表示，苏联军方可以提供大量法官和律师，使本已基本确定人选雏形的公检法团队又出现了一定变数。所幸在各方的相互妥协之下，该问题最终被解决了。

而对于法官和候补法官的座席问题，美国助理法官约翰·帕克（John Parker）提出了异议。他认为四名正式法官的座椅像王座一样，而助理法官的座椅只是普通扶手椅，这是一种潜意识的主次区分，会让助理法官无所适从。在他的推动下，法官群体又进行了细化分工，让助理法官的职能范围逐渐明朗起来：他们可以在法庭上参与提问，也可在法官会议上投票；在正式法官们做出裁决和判决之前，他们的意见应得到充分考虑。而正式法官与助理法官也使用相同的座椅。

对于着装问题的讨论也是造成时间推延的一个因素。参与审判人员有很多在军方担任职务，但这又是一场国际性的审判，每位审判成员究竟是该按照军衔来着装还是按照法官习惯着装？吵闹一直持续到9月，检察官们决定保持民用着装习惯，而请法官们身穿各自的民族服装；苏联的尼基琴科将军直到10月还在表示法官要穿军装。他认为，如果穿着法袍站在席上，就如中世纪审判而不够严肃；而其他国家的几位法官又坚持想穿法袍，以此彰显法庭的威严。这场审判开始前最后的争论还是没有达成共识，各国法官们决定按照各自的意愿来选择着装。

终于，审判人员的初步划定、审判长人选的协调确定、主候补法官们的细化分工结束、审判着装问题最终淡化，种种非原则性的分歧逐渐明朗，纽伦堡审判的时间终于被敲定——1945年11月20日。

三　审判地点的确立

审判委员会的形成也经历了曲折的过程。当时，英、美、法、苏四国各派出一位法官和一个检察长主持特别法庭，这个团队中美国人占据了大多数。美国有 200 多人，包括 25 位速记员、30 位法律专家及 6 位司法鉴定专家；英国代表团只有 34 人，就连增派几位翻译都没得到内阁通过；法国只是象征性地派了几个人参加；苏联则委派尼基琴科将军带队参加谈判工作。美国是其中最为主动的一方，其代表是杰克逊。杰克逊主动出击，提请国务院命令英国、法国及苏联的大使，敦促盟国政府接受美国的计划，并任命和杰克逊相对应的检察官。杰克逊本人还主动请缨，于 1945 年 5 月 28 日作为特使亲赴伦敦斡旋。次日，英国便任命时任总检察长法伊夫爵士为谈判代表首席，领导"英国战争执行委员会"（The British War Executive Council，BWEC），并兼任首席检察官。紧接着一天之后，英国内阁也批准了美国的方案。在 6 月 25 日盟国会晤后不久，最终的协议也得以敲定。但是，当三国真正任命首席检察官并进行确认时，问题还是出现了。英国的保守党在大选之中落选，导致法伊夫失去了公职；工党组建的新政府任命英国法学家哈特利·肖克罗斯爵士（Sir Hartley Shawcross）为英国的总检察长，他自然也成了英国首席检察官。不过，肖克罗斯忙于新政府的具体事务，还是邀请法伊夫作为副手，让他实际承担了审判工作。法伊夫为人直率，神情严厉，他准备充分，注重细节，在纳粹战犯含糊其词、避重就轻时与之针锋相对。罗伯茨（G. D. Roberts）高级律师和四位年轻法律工作者成为法伊夫爵士的得力助手，他们精力充沛，在 284 天的审判过程中起到很重要的辅助作用。法国作为整个战争中受到伤害最大的国家，总体已经没有很大意愿去积极参与整个进程，只是想在可能的情况下获得一些补偿，因此在整个进程中起到的作用远远不如英美。刚开始时，伦敦谈判的代表是多内蒂尼·德·瓦布雷，后来又派遣罗贝尔·法尔科到伦敦进行谈判。经过多次会议，终于在 6 月中旬达成决议，同意将美国旧金山会议提交的草案作为伦敦会谈的基础。苏联则在最后阶段才和盟国达成一致。当时，杰克逊已经考虑要使用极端的方式迫使苏联就范，或者干脆将苏联排除在外。直到苏联代表展现出让步的态度，杰克逊才长舒了口气："苏联人终于吞下我们的'钓钩、钓线与钓锥'了。"① 其实，当时的苏联人和美国人完全不在一个节

---

① Brian R. Gallini, "Nuremberg Lives on: How Justice Jackson's International Experience Continues to Shape Domestic Criminal Procedure," *Loyola University Chicago Law Journal* (2014), p. 47.

奏上，苏联人之所以迟迟不肯签字，主要原因在于：第一，苏联最高领导层仍未做出明确批示；第二，苏联认为先前美国制定的计划内容混乱复杂；第三，语言间的差异导致描述性的差异，进而造成一些理解上的不同；第四，各国间利益侧重点大相径庭，仍需要一段时间来考虑与协调。直到8月2日，尼基琴科将军才最终传达了苏联的最高指示，同意与盟国共同按照美国的建议开始审判的环节。他与罗曼·鲁登科中将也成了审判委员会的苏方代表。1945年10月18日，国际军事法庭审判纳粹战犯的活动首先出现在柏林，不过这场审判场面并不太好看，很多名义上需要被审判的纳粹战犯都未出席，那些战犯大多数在西占区，或是流窜，或是被捕，这也是这次审判饱受质疑的重要原因之一。一个月后，苏联人做出了让步，国际军事法庭自1945年11月20日起被移至德国纽伦堡。当然，审判地点的确立也是一波三折。一开始，整场审判前期的商议、重大问题的讨论大都在伦敦进行。由于法国在整场战争中整体弱势，苏联非常强势并且与其他三国存在意识形态上的差异，美国又并非直接受害国，所以英国一度成为审判地点的热门。但是这场惊世大审判最终还是出现在纽伦堡这个地方。纽伦堡作为1933年至1938年的纳粹党代会集会地以及纳粹德国的"精神之都"，曾被视作德国法西斯主义的发源地之一。同时，它还是臭名昭著的"纽伦堡法案"的诞生地。审判地点确立后，同盟国的报刊上这样写道：如果要让这些"荒诞不经、滑稽可笑的小丑和骗子"在众目睽睽之下现形，没有什么地方比纽伦堡更加合适。

将审判地点定于纽伦堡的重要原因之一就是拟定地点的完整度，这与德国几个大城市遭受盟军轰炸后的具体情况有着直接关系。第二次世界大战中，英国和美国对德国进行大规模的战略轰炸，目标最初选定为军事设施、工矿企业、大中城市、交通及能源设施；投弹量分配主要为：军事设施30.5%，工矿企业13.5%，大中城市24%，交通及能源设施32%。盟军对德国政治中心柏林和纳粹"精神之都"纽伦堡的轰炸程度不同，也对后来审判地点的确立直接产生了影响。有意思的是，几大战胜国在确定审判地点放在德国本土之后，又一次出现了分歧。将纽伦堡作为最终的审判之地，在当时出乎很多人的意料。

作为前期工作的主导者之一，英国人推荐的审判地点是德国巴伐利亚州的首府慕尼黑。因为这是纳粹运动的发源地，希特勒曾在这里建立最初的法西斯武装冲锋队和党卫军，成立纳粹党，还在 1923 年爆发了有名的"啤酒馆政变"。这里设有希特勒的兵工厂、造船厂、空军基地等军事设施，这一切正是盟军重要的打击目标。1945 年 4 月，慕尼黑遭到盟军的轰炸。事实上，在第二次世界大战中，慕尼黑实际遭到空袭高达 60 多次，到 1944 年整个战争结束前，市中心只剩下了约 3% 的建筑。

美国则更倾向于在纽伦堡进行审判。1945 年夏，通过美国工程师的维修，纽伦堡大饭店成了唯一能供水供电的建筑物；用于审判代表团日常起居的 270 个客房终于有了着落，甚至还有一个夜总会和健身房供休闲之用。为了让工作人员在紧张的工作之余有所放松，其间还组织了一些德国民间文艺晚会。由于与柏林、慕尼黑经历轰炸的程度和时间跨度不同，纽伦堡虽然经历了报复性的轰炸，城市中的一座监狱在硬件设施上还是基本完好无损，就好像预见到后来它的用途与结局一般。这座监狱中有着一排排整齐的单人牢房，这也许是德国纳粹早就准备着留给自己的"最后财富"。美国军方也向杰克逊法官推荐了纽伦堡，因为其司法大厦设施完好，符合未来审判的场地需要；另外，和司法大厦相邻的监狱设施齐全，可同时容纳 1200 名囚犯，大厦之内也有着足够的办公区域，能够满足后勤的需要。纽伦堡的正义宫就是应许之地。

冷战的开始对审判的进程和地点的确立有着很大的影响。战后苏联和美国两个超级大国之间迸发出了冷战的苗头，对于战后进行审判地点之争也是这种对立情绪的一个缩影。当时，苏美双方的领导和军队高级将领经过商议，决定由苏军主导攻占柏林的任务，这也是之后柏林处于苏占区的重要原因之一；当时的英美军队则进军德国南部地区，并负责处理德国南部军队的事务，包括接受投降和打击顽抗分子，这也是之后的英、美、法三国占领区的雏形。起初，苏联人提议要将审判之地放在德国首都柏林，因为是"政治中心"；当时还有一个重要因素是，柏林正位于苏军占领区域之中。不难想象，英、美、法等国一定是主张由在其可以管控的德国领土上对纳粹战犯们进行审判，对于苏联的意见，英、美、法三国提出了异议：在柏林设立审判庭是不可行的，在人员组织管理及具体地点设定方面都会困难重重。所以最后，在战胜国各方的争论与妥协之下，刚开始将审判法庭设在柏林，不久以后审判的地点则移至德国纽伦堡。

斯大林的妥协也有三点原因。第一，苏联人觉得，纽伦堡作为昔日的纳粹党代表大会之都，在这个纳粹党曾经风光一时的地区对那些纳粹阶下囚进行审判，有着别样的意义：一方面是挖苦、讽刺这些曾经不可一世的纳粹高官，另一方面是对苏联获得苏德战争胜利的炫耀。第二，英美等国手中掌握了大部分的纳粹战犯，原因在于二战刚结束并接到邓尼茨的投降通知后，大批原本在东线作战的德国将领并未率部向苏军投降，而是扇状向西溃逃。由于意识形态的差异，德军宁可向美、英、法军投降，也不愿意向苏联人低头；另外他们也十分担心苏联人对自己会进行报复。首次在柏林的审判时，苏联人设立的法庭根本无法执行正常的法律程序，因为绝大多数的纳粹战犯都还在英美等国的掌控之中。第三，纽伦堡是美军位于德国南部的第三集团军司令部。盟国一方也有这样的考虑，就是用曾经打败德军的美军将领来威慑纳粹战犯，比如说在 1945 年一度担任巴伐利亚军事行政长官的巴顿将军（George Smith Patton, Jr.）。同时，由于美军的第三集团军接受了大批的德军投降，美军派大批部队进驻纽伦堡这个曾经的纳粹军事训练场，以提防纳粹余孽闹事，不少战犯就在第三集团军的战俘营之中看管。

四　结论

国际军事法庭审判的坐标定格在纽伦堡。在纽伦堡审判中被判实施绞刑并且实际执行的 11 人中有一个特殊人物，他在行刑 6 年之后又被判处无罪，这个人就是阿尔弗雷德·约德尔（Alfred Jodl）。纽伦堡审判中对他的判决在美国军界引起了广泛争议，很多法律界人士都提出了自己的不解之处。1953 年 2 月 28 日，慕尼黑主审法院（München Hauptspruchkammer）重新审理了约德尔于纽伦堡的 4 项主要罪行，结果被认为是无罪的；当时法庭判决的法国庭长亨利·德·瓦布尔（Henri Donnedieu de Vabres）也宣称1945 年对约德尔所做的判决是错误的，并将自 1946 年收押的财产归还给约德尔的遗孀。这项奇怪的举动不仅和事件本身的内容有关，更多的是美国法律界人士执着的努力。他们的执着还引发了 1946—1949 年的后续审判。[①]

---

① 　Torben Fischer, Matthias N. Lorenz, Lexikon der "Vergangenheitsbewältigung," in *Deutschland* (Bielefeld，2007), p. 23.

由于后续审判也是在纽伦堡的正义宫进行，所以也被称为纽伦堡后续审判。广义上，后续审判也可以归入纽伦堡审判的范畴。

当然，纽伦堡审判并非战胜国审判的结束，而仅仅是一个开始。各战胜国在纽伦堡审判之后，均以各自的方式陆续对于自己管辖区域内的战犯进行判罪量刑。其间进行的各类审判中总共有超过5000人被控有罪，800余人被判死刑，不过最终只有469名战犯被实际执行。在纽伦堡审判的处决执行后不足一个月，联合国大会一致通过了"95（Ⅰ）号决议"，确认了"纽伦堡法庭宪章认可的国际法庭原则以及国际法庭做出的宣判"。可是事实上，这些原则和宣判只是原则而已，没有任何国家或者任何个人对此持续地贯彻履行。之后对二战战犯的审判在很大程度上也成了对纽伦堡审判的延续，不过这些审判是由个别国家而不是国际机构主持的，比如以色列对阿道夫·艾希曼①的起诉、德国慕尼黑地方法院对约翰·代姆扬尤克②的起诉，以及法国对尼古拉斯·巴比③的起诉等。

纽伦堡审判有着非常重要的历史意义，首先是将纳粹德国的罪行写入历史，让那些妄图狡辩的人低下头颅，明确了法理与公义之间的界限。同时，纽伦堡审判是一座伟大的里程碑，这在很多方面都有体现。美国大屠杀纪念博物馆就将纽伦堡审判誉为"国际司法的分水岭"。尽管当时审判的参与者来自不同的国家，对于该事件认识的深刻程度也不一，但是为了一个共同的目标，大家共同努力，克服了法律背景方面的差异，以联合审判庭的形式，坚定地完成了审判全过程，较为圆满地完成了最初的审判目标。

当然，纽伦堡审判也存在一些争议。在国际法律惯例中，"法无明文不

---

① 阿道夫·艾希曼（Adolf Eichmann, 1906–1962），纳粹德国高官，也是在犹太人大屠杀中执行"最终方案"的主要负责者，被称为"死刑执行者"。艾希曼出生于德国的索林根，由于小时候肤色较深，常常被讥笑为犹太人。之后加入纳粹党，并于1934年负责达豪集中营而受到海德里希的赏识。1937年曾经前往海法与开罗，研究将犹太人移往巴勒斯坦的可能性，后来还以经济理由向纳粹方面提出反对将犹太人移往巴勒斯坦的计划。

② 约翰·代姆扬尤克（John Demjanjuk, 1921–2012），1943年在波兰臭名昭著的纳粹死亡集中营特里布林卡担任警卫，参与谋杀了至少2.9万名犹太人。2009年11月30日上午，德国慕尼黑地方法院开庭审理89岁的纳粹嫌犯代姆扬尤克。这是当今世界审理的最后纳粹大案之一。德国慕尼黑检察院指控的主要罪行是，当运送犹太人的火车抵达后，他就和其他看守一起把这些人赶到毒气室杀害。

③ 尼古拉斯·巴比（Nikolaus Barbie, 1913–1991），1913年出生于德国波恩戈德斯贝格。1935年9月，22岁的巴比加入了德国党卫队保安处，为纳粹收集情报。因其在二战中的暴行被称为"里昂屠夫"。

为罪"这一基本原则在纽伦堡审判过程中并未完全直接履行，这也是后来纽伦堡审判一直被诟病的重要原因；纽伦堡审判给 20 多名纳粹领导人各种量刑之后还是受到一些争议，而且很多当时的量刑在实际执行过程中没有严格贯彻；审判期间披露的《苏德互不侵犯条约》内容也使审判过程变得非常微妙。由于整个审判过程过于漫长，某些最终的决策出现了各方妥协的影子。不过，总体而言，这场世纪大审判为后世提供了很好的警示作用，还为以国际法来处理国际事务做出良好示范。客观上，纽伦堡审判这一历史事件推动了联合国组织的发展。当今世界，国际政局纷繁复杂，霸权主义和多边思想的碰撞，民族和宗教信仰的差异，经济发展不平衡导致的贸易摩擦，民粹主义的抬头……欧洲地区的局势也让人忧心忡忡：英国脱欧公投的反复，法国"黄衫军"的示威和暴动，"德国母亲"默克尔逐渐退出历史舞台而极右翼的选择党又来势汹汹。欧洲的命运将会何去何从，引人深思。

（作者为上海理工大学助理研究员，华东师范大学历史学系
2015 级博士研究生）

冰英"鳕鱼战争"的爆发与海洋资源保护

张秦瑜

"鳕鱼战争"是冰岛与英国从 1958 年到 1976 年争夺冰岛水域捕鱼权范围的斗争。关于"鳕鱼战争"的研究在国际关系史学界和国际关系理论学界已有一些成果,[①] 不过,其更多地集中于传统的政治、经济、外交等领域,就事论事地呈现冰英两国渔业斗争的部分史实,对"鳕鱼战争"胜败的原因加以探讨,并没有对冰英斗争的焦点即过度捕捞问题进行深入分析。拖网渔船对渔业资源的恶性捕捞所引发的过度捕捞问题是冰岛不断延伸渔业限制线的根本原因,如未能对过度捕捞问题进行深入剖析,显然不能呈现冰岛作为一个近独立的小国敢于多次向昔日海洋霸主英国发起挑战的真正原因。因此,本文对将着重考察冰英"鳕鱼战争"的缘起与过度捕捞问题之间的内在联系,进而分析海洋资源保护因素在冰英"鳕鱼战争"中的地位与作用。

一 冰岛经济建立与过度捕捞

1944 年 6 月,冰岛正式对外宣布脱离丹麦统治,建立民族国家。第一

---

① 代表性成果有 Johannesson, G. T., "How 'Cod War' Came: The Origins of the Anglo-Icelandic Fisheries Dispute, 1958 – 61," *Historical Research*, Vol. 198, No. 77 (2004): 543 – 574; Sverrir Steinsson, "The Cod Wars: A Re-analysis," *European Security*, Vol. 25, No. 2 (2016): 256 – 275; 游览:《棘手的盟友——艾森豪威尔政府对冰岛政策研究 (1953—1960)》,《近现代国际关系史研究》2013 年第 1 期。

届冰岛联合政府把捕鱼业和水产加工业确定为本国经济发展的支柱产业，而冻鱼出口占冰岛外汇收入的90%以上。由于冰岛海域是高纬度天然渔场，盛产肉质肥美的底层鱼类，大西洋鳕鱼（Atlantic cod）更是深受欧洲尤其是英国消费者的偏爱，甚至冰岛出品的大西洋鳕鱼被挑剔的英国人列为厨房内不可或缺的食材。除食用价值外，鳕鱼更具有宝贵的药用价值。早在18世纪80年代，英国医学界就把鳕鱼肝油作为治疗风湿病痛和缓解其他病痛的良药。到了19世纪，鳕鱼肝油已被证明对治疗肺结核和改善营养不良有明显效果。二战期间，由于物资稀缺，英国食物部只能为老、弱、病、妇提供定时定量的免费鳕鱼肝油以改善他们的营养不良状况。① 所以，长期以来冰岛的鳕鱼主要销往英国市场。

冰岛深海鱼类具有极高的经济价值，也引来众多外国远洋渔船来此捕捞作业。冰岛水域内的底层鱼类捕获量已有明显的下降趋势，过度捕捞问题逐渐凸显。国际海洋勘测协会的一个顾问团体就曾建议冰岛政府关闭近岸的法克萨湾（Faxa-Bay）鱼苗生长基地15年，禁止所有拖网渔船进入捕鱼。② 过度捕捞对于冰岛经济而言是生死攸关的问题，冰岛人经常将过度捕捞的危害与1944年冰岛独立相提并论。③ 冰岛政府决定用拓宽渔业限制线的方式来保护本国附近水域内濒临枯竭的渔业资源。

二　冰岛延伸渔业限制线与过度捕捞

1945年9月，美国总统杜鲁门（Harry S. Truman）发表了一项关于保护底层土壤和海床大陆架资源的宣言，其宗旨是美国有权保护本国大陆架范围内的自然资源不受他国侵占和破坏。④ 此宣言一出便引发英国的担忧，英

① Mark Kurlansky, *Cod*, *A Biography of the Fish that Changed the World* (New York: Walker Publishing Company, 1997), p. 154.
② Johannesson, G. T., *Troubled Waters: Cod War*, *Fishing Disputes*, *and Britain's Fight for the Freedom of the High Seas*, *1948 – 1964* (Reykjavik: North Atlantic Fisheries History Association, 2007), p. 42.
③ *Ibid.*, p. 69.
④ Harry S. Truman, A Proclamation, September 28, 1945, http://www.presidency.ucsb.edu/ws/?pid=12332，最后访问日期：2018年6月10日。

国政府非常担心其他国家会效仿美国，进而损害本国的海洋利益。① 受《杜鲁门宣言》（Truman Proclamation）的鼓舞，冰岛议会（Althing）于 1948 年 8 月通过保护冰岛大陆架内渔业资源的决议，称冰岛拥有本国大陆架上一切海洋资源的保护权和独占权，某些保护区域可达海洋深处 50 英里远。该决议旋即招来英国拖网渔船协会的声讨，他们要求英国政府给予冰岛最强烈的回应，要么出动皇家海军，要么禁止从冰岛进口任何鱼类产品。

英国船主的想法未免太过天真。英国政府既不会出动皇家海军，也不会支持禁运冰岛鱼类产品。对冰岛鱼类产品实施禁运必然会引发英国水产市场供需关系的改变，进而使鱼类价格发生大幅度变化，这显然违背以改善国民福利为宗旨的政府意愿。而且冰岛对"1901 年英国—丹麦协议"中规定冰岛只有拥 3 英里水域管辖权有所忌惮，并没有提出具体的水域扩大范围。因此，英国政府没有必要做出过激反应。

随着第一次柏林危机的发生，冷战走向白热化，美国也介入冰岛与英国的水域管辖权斗争中。美国空军在国家安全委员会 NSC2/1 号文件中着重强调冰岛是战时美国重要的战略支撑基地，② 所以，美国不惜代价地促成冰岛于 1949 年 8 月加入北大西洋公约组织（North Atlantic Treaty of Organization, NATO），成为美国的战略盟友，而冰岛政府深谙其道。10 月，冰岛公开宣布"1901 年英国—丹麦协议"将在两年后到期，到期后原有 3 英里专属渔业区将不再适用。为得到国际社会认可，冰岛政府将此项问题形成提案送交联合国，联合国受理并责成国际法律委员会讨论冰岛的领海宽度问题。

1950 年 8 月，由于法克萨湾等地的渔业捕捞量出现问题，冰岛政府迫不及待地宣布在北部地区率先实施 4 英里禁渔区，本国和外国的拖网渔船都不被允许进入。尽管冰岛此举已触及英国远洋渔业的利益，英国拖网渔船主们的抗议也声势浩大，但英国政府并没有危机感，因为他们相信冰岛扩展渔业禁区的行为与挪威类似，都属单方面行动，得不到国际海洋法庭的支持，所以他们满怀信心地等待来自国际海洋法庭的判决。此前，挪威曾

---

① Thór, J. T., "The Extension of Iceland's Fishing Limits in 1952 and the British Reaction," *Scandinavian Journal of History*, Vol. 17, No. 1 (1992): 25 – 43.

② "Base Rights in Greenland, Iceland and Azores," November 10, 1947, Digital National Security Archive hereafter DNSA, PD00005.

颁布皇家敕令将原有的 3 英里渔业限制区扩展为 4 英里，遭到英国政府的强烈抵制，两国关于领海管辖权的纠纷被移送至国际海洋法庭。因此，即便"1901 年英国—丹麦协议"即将到期，英国政府也告知冰岛政府等待海洋国际法院关于英国—挪威案的判决结果后再做行动。

1951 年 12 月，海牙国际海洋法庭做出了英国—挪威案的最后判决。国际海洋法庭完全支持挪威的 4 英里渔业限制区要求，并且认可挪威使用基线划分法测定的领海宽度。英国对此判决完全不予承认。不过，冰岛政府认为 4 英里渔业限制区已得到国际海洋法的认可，冰岛完全可以效仿挪威。

1952 年 3 月，冰岛政府宣布，将从 5 月 15 日起正式在全岛使用基线划分法确定 4 英里渔业限制区。5 月英国政府正式向冰岛政府发出抗议，不过 10 天后即被冰岛政府否决。当 4 英里渔业限制区在冰岛全面生效后，英国政府又发出第二次抗议，冰岛政府未给予答复。7 月，第一艘越界捕捞的英国拖网渔船被冰岛海岸警卫队逮捕。英国政府对冰岛强硬的措施缺乏足够的思想准备，政府各部门陷入激烈的争论与博弈之中。10 月，英国拖网渔船主们率先采取报复行动，他们要求赫尔（Hull）和格林斯比（Grimsby）港禁止响应冰岛渔船靠岸时请求提供必要措施的呼叫，以此阻止冰岛渔船捕捞的鱼类产品进入英国市场。英国渔业部曾试图劝说船主们无论冰岛是否改变其立场都应该解除对冰岛渔船的禁运，但并没有获得成功。[1] 而冰岛渔业专家与英国拖网渔船协会举行的非官方谈判也于 11 月中旬宣告破裂，原因是英国拖网渔船主并不认可冰岛渔业专家提供的关于冰岛水域内鲽鱼（plaice）、比目鱼（halibut）和黑线鳕鱼（haddock）已经出现严重过度捕捞危机的证据。[2] 此后，弗利特伍德（Fleetwood）和阿伯丁（Aberdeen）港也加入对冰岛渔船的禁运行列中。英国政府经讨论认为，在国际海洋法庭对冰英渔业区纠纷案做出裁决之前，不宜有过分举动。[3] 不过，由于英国在与挪威的纠纷案中被判定失败，英国外交部认为向国际海洋法庭提交反对 4 英里水域管辖权必然会遭受失败，因此只向海牙国际法庭转送了可疑的法克

---

①　Icelandic Fisheries Dispute, October 23, 1952, Cabinet Papers（hereafter as CAB）, 129 – 56, C.（52）357, pp. 28 – 29.

②　"Trawler Ban to Stay," *The Times*（London）, November 19, 1952, p. 3.

③　Territorial Waters, December 18. CAB, 128 – 25 – 56, 1952, C. C.（52）, pp. 157 – 158.

萨湾划界区域。[1]

英国民间对冰岛鱼类产品的禁运，使冰岛经济受到严重打击。在禁运实施前的 9 个月里，冰岛 80% 的冻鱼出口份额都去向英国市场。英国的禁运实施后，冰岛大致损失了近三分之一的渔业出口市场。尽管如此，冰岛还是通过美国在北约成员国内部打通了新市场，意大利、葡萄牙等国先后与冰岛签订了渔业贸易协定。此外，冰岛与苏联和东欧社会主义国家也建立了渔业贸易联系。美国本想通过扩大进口冰岛鱼类产品的方式阻挠冰岛与社会主义国家建立经济联系，但苏联及东欧市场巨大的诱惑力让美国的计划落空。冰岛向苏联提供冻鱼类产品，苏联则以石油燃料、水泥、钢铁等产品交换。而苏联提供的正是冰岛现代化建设中急需的物资。[2]

英国对冰岛的渔业禁运是一把双刃剑，它对英国的渔业市场也产生了巨大的影响，格林斯比港在 1954 年出现了严重的鱼类产品短缺。当地的一名下院代表就认为格林斯比港鱼类产品短缺完全是与冰岛的渔业纠纷造成的，进而批评拖网船主们只图一时之需，禁运完全是有勇无谋的决定。[3] 即便如此，英国拖网船主们也并不打算解除对冰岛鱼类的禁运。随着越来越多的英国拖网渔船被冰岛海岸警卫队逮捕，拖网渔船主们对政府施加的压力也越来越大。1954 年初，约有 400 名拖网渔船主上书请愿，要求英国政府出动皇家海军提供保护。但是，英国政府直到 1955 年底才正式讨论是否派遣海军保护在冰岛水域作业的英国拖网渔船。这期间，英国政府依然主动联系冰岛政府尝试调解纠纷，包括两国首脑的私人信函往来和由英国商人道森（Dawson）设计的"道森方案"（Dawson Scheme）都试图重启两国渔业贸易，但均以失败告终。

直至欧洲经济合作组织（Organization for European Economic Cooperation, OEEC，以下简称"欧洲经合组织"）出现，冰英渔业纠纷才发生了实质性的转变。欧洲经合组织建议在下届联合国大会正式审议国际法律委员会提出的领海问题报告前，冰岛不要单方面施行 4 英里渔业限制区，作为回报，

---

① Iceland Fisheries Dispute, January 13, 1953, CAB, 129 - 58 - 16, C. (53) 16, pp. 73 - 74.

② Donald E. Nuechterlein, *Iceland：Reluctant Ally*（New York：Greenwood Press, 1975）, p. 145.

③ "Fish Shortage at Grimsby," *The Times*（London）, November 1, 1954, p. 4.

英国应解除对冰岛的鱼类产品禁运。[①] 欧洲经合组织的建议得到双方的认可，1956 年 12 月，两国在巴黎正式签署解除禁运的协议。尽管英国对冰岛渔业禁运成功解除，但这并不意味着英国承认冰岛 4 英里专属渔业区具有合法性。英国政府此举目的在于扫清联合国海洋法大会召开的一切阻碍，希望在这次会议上彻底解决与冰岛的渔业纠纷。为此，早在 1957 年 2 月联合国大会确定召开第一届联合国海洋大会日期时，英国政府就积极组织海洋法专家对英国利益最大化做最为细致的分析和研究。

1958 年 2 月，第一届联合国海洋大会在日内瓦召开，共有 86 个国家派代表参加。[②] 会上加拿大提出 3 英里领海权和 9 海里渔业限制区方案得到美国和冰岛的支持，但遭英国拒绝。英国政府认为 9 英里渔业限制区严重损害本国远洋渔业的利益，英国最多认可渔业限制区的宽度不超过 6 英里。随后，美国出台修正案企图弥合各国分歧，但也无济于事，大会经两个多月的各方争吵后草草闭幕。[③]

冰岛与英国的渔业纠纷愈演愈烈。5 月在挪威奥斯陆召开的北约部长会议上，冰英两国都表示不会退让哪怕 1 英里水域。冰岛的强硬态度终于让英国失去耐心，英国内阁宣布出动皇家海军保护在冰岛水域作业的本国拖网渔船。英国政府此举目的在于震慑冰岛，迫使其妥协、退让。所以，英国对皇家海军有明确的规定，除非冰岛率先发起武力挑衅，否则皇家海军不可以使用任何武力。[④] 冰岛对英国的举动的确有所触动，曾在北约内部表示只要各国同意 12 英里渔业限制区，外国渔船将可以获得在冰岛水域 3 年的 6—12 海里捕鱼权。然而，英国并不为之所动。于是冰岛在 6 月底正式宣布 12 英里渔业限制区新规则将在 9 月 1 日正式施行。北约秘书长对冰岛海岸警卫队与英国皇家海军可能的海上冲突表示极度担忧。在 8 月的伦敦部长级会议上，各方依然试图调停冰英两国间的渔业纠纷。但是，英国不承认冰

---

① Territorial Waters: Iceland Fisheries Dispute, March 8, 1956, CAB, 128 - 30 - 20, C. M. (56), p. 9.

② Final Act, "United Nations Conference on the Law of the Sea Source," *The American Journal of International Law*, Vol. 52 (1958): 830 - 864.

③ William W. Bishop, "The 1958 Geneva Convention on Fishing and Conservation of the Living Resources of the High Seas," *Columbia Law Review*, Vol. 62 (1962), No. 7: 1206 - 1229.

④ Territorial Waters: Icelandic Fishery Limits, May 22, 1958, CAB 129 - 93 - 17, C. (58) 117, pp. 1 - 5.

岛水域存在过度捕捞问题，拒绝认可冰岛划定的 12 海里渔业限制区。[①] 因此，当冰岛 12 英里渔业限制区新规于 9 月 1 日施行时，冰英两国的"鳕鱼战争"随之爆发了。

三　渔业技术革新与过度捕捞

早在 18 世纪，英国生物学家赫胥黎（Huxley）就提出海洋的渔业资源不会枯竭的假说。他给出的理由是一旦出现过度捕捞的问题，生态系统就会进行自我调节与平衡。赫胥黎是进化论的坚定捍卫者，素有"达尔文的斗牛犬"（Darwin's Bulldog）之称。赫胥黎关于不会发生过度捕捞问题"解释"的影响力是巨大的，英国、加拿大等几个远洋捕捞大国对此都深信不疑。但是，长期在北海捕鱼作业的英国渔民发现，那里的鳕鱼出现了明显的耗竭迹象。终于，在 1902 年，也就是赫胥黎去世后的第七年，英国政府被迫承认过度捕捞现象是存在的。与此同时，英国渔船也将作业区域由北海纽芬兰渔场转移至更高纬度的冰岛渔场。[②] 初到冰岛水域的英国渔民被这里大量的鱼群所震惊，同样令他们惊讶的是冰岛渔民的捕鱼技术依然停留在汉萨同盟时代。[③]

英国渔民的到来颠覆了冰岛渔民的想象。英国拖网渔船所到之处往往将潜藏水底的鱼类一网打尽，渔网所过之处只留下苍茫的海沙和静默的珊瑚。为此，冰岛渔民也曾讨论是否引进英国的拖网渔船，虽然最后决定从英国购买几条拖网渔船，但大多数冰岛渔民还是执着于使用传统方式进行捕鱼作业。

随着技术的进步，渔船的捕鱼设备飞速更新。拖网渔船的动力系统半自动马达不仅占地面积大而且耗油量十分明显，这不仅影响渔船每次出海捕鱼的数量，也影响到渔船的航行半径。由于冷冻技术的发展和全自动马达的产生，这些问题得到明显改善。渔船的单位出海次数和捕鱼效率有了明显提升，同时也降低了渔船的出海捕鱼成本。而冷冻设备则可以充分保

---

① "Iceland's 12 – Mile Limit Rejected," *The Times* (London), 21 July 1958, p. 7.

② M. Kurlansky, *Cod: A Biography of the Fish that Changed the World* (New York: Walker Publishing Company, 1997), p. 144.

③ *Ibid.*, p. 145.

证入网后的鱼类依然具有较高的新鲜度，确保其上岸后依然具有极高的市场价值。然而，鱼类捕捞量的增加会引起鱼类价格的大幅下跌，渔民为保证高收入又不得不进行破坏式作业以加大收获量。这直接导致海洋鱼类库存数量的持续下降。事实上，冰岛附近水域的鱼产量急速下降就与英国的拖网渔船不断进行破坏性捕捞作业有关。

以两次世界大战为例，经过第一次世界大战近四年的休养生息，冰岛渔民发现冰岛水域内的捕鱼量在 1917 年和 1918 年两年间得到了显著提升。然而，一旦战事结束，英国拖网渔船重新返回冰岛近海水域作业，捕捞量再次发生回落。[①] 同样问题也出现在二战期间，英国的拖网渔船再次被英国海军征用。到二战结束时，北大西洋鳕鱼经过六年的繁衍生息，其产量重回巅峰。冰岛大陆架内、北海、巴伦支海、英吉利海峡和爱尔兰海域都能发现数量极为可观的鳕鱼群。[②] 而当英国的拖网渔船重新返回这些地区以后，捕获量又陷入了麻烦。与一战有所不同的是，二战所带来的技术革命是飞跃式的。英国的拖网渔船不仅速度比以前更快，捕获量也急剧攀升。这是因为定位系统、捕捉和交流技术在战时得到了充分的发展和广泛的应用，几乎所有的英国拖网渔船都配备了这些设备。甚至英国的渔业主们雇用退役的海军水手帮其进行捕鱼作业。这些水手能够熟练地操控声呐和定位系统，进而准确判定鱼群的位置，实现对目标鱼类的精确捕捉。[③] 据相关的统计数据估算，从 1950 年到 1958 年英国渔民的捕鱼重量平均为冰岛渔民的 2.7 倍左右，而英国渔民的捕鱼数量为冰岛渔民的 30 多倍。[④]

拖网渔船对鳕鱼繁衍的破坏是灾难性的。尽管为了保护渔业资源不被过度捕捞所穷尽，渔业协会通过裁剪渔网的大小来控制捕捞量，以便尚未成熟的鱼类能够顺利逃脱。可是，据有经验的渔民反映，拖网划过鱼群时渔网的尺寸经常会失去其应有的作用，因为较大的鱼会阻挡小鱼的逃生去路被一同捕捞上岸。而且，人类对于鱼类的需求太过贪婪，这导致捕捞上

①　*Ibid.*，p. 154.

②　*Ibid.*，p. 158.

③　P. Holm，"World War Ⅱ and the 'Great Acceleration' of North Atlantic Fisheries," *Global Environment*，Vol. 10（2012）：66 – 91.

④　Food and Agriculture Organization of the United Nations，http://www.fao.org/fishery/en，最后访问日期：2018 年 6 月 28 日。

岸的鱼类中约有70%的鱼非目标鱼类，它们随着目标鱼类一同上岸，在被渔民重新扔回到海里时往往命悬一线、濒临死亡。岸堤边大量腐烂的鱼尸也会对沿岸的水体造成污染。[①] 这导致鳕鱼食饵种类骤减，进而引发鳕鱼食物链循环系统规模不断缩小，这一现象也被称为"食物链变化"（Regime Shifts）。[②] "食物链变化"不仅使鳕鱼朝着不利于种群延续的方向进化，也会造成海洋生物多样性退化。

与冰岛水域捕鱼数量下降相比，生态系统变化似乎更能成为冰岛向英国发起挑战的理由。生态系统变化的背后涉及海洋资源是否可持续利用问题。海洋环境理论研究表明，如果鳕鱼或者某种鱼类的库存持续超出最大化可持续范围，那么这种鱼类会失去恢复能力，最终导致物种灭绝。显然，这对冰岛这类经济相对单一型国家是毁灭性打击。因而，冰岛很早就致力于发展生物科学，20世纪20年代前后，冰岛的科学家们就已经意识到鳕鱼的繁殖能力是极其有限的，[③] 如不加以捕捞限制，保护鳕鱼的繁殖周期，冰岛的鳕鱼资源必然会走向枯竭。所以，冰岛必须采用强硬态度将英国的拖网渔船赶出冰岛水域，因为这既关系到冰岛渔业和冰岛人的现在，也关系到冰岛渔业和冰岛人的未来。

四　结语

鳕鱼战争的爆发让鳕鱼这种普通的深海鱼类扬名于世。虽然冰岛历经与英国的三次海上斗争，把自己的专属渔业经济区扩大到200英里，但是，困扰冰岛的过度捕捞问题依然没有得到根本解决，冰岛水域的鳕鱼数量在短暂地得到保护之后又急剧回落，冰岛再次陷入渔业危机。此后，冰岛政府出台了捕捞配额制度来限制渔民对海洋底层鱼类的捕捞，但是，出于市场对深海鱼类的大量需求，渔民往往在捕鱼作业中超出捕捞配额量，在上

① G. Taras, *Bottom Feeder: How to Eat Ethically in a World of Vanishing Seafood* (New York: Bloomsbury, 2008), p. 27.

② Regime Shifts Database, http://www.regimeshifts.org/what-is-a-regime-shift，最后访问日期：2018年7月14日。

③ M. Kurlansky, *Cod: A Biography of the Fish that Changed the World* (New York: Walker Publishing Company, 1997), p. 155.

岸前对所获鱼类进行二次筛选，留下体型大、鲜活度高且具有较高商业价值的鱼类，以满足冰岛渔业协会的检查，而将体型小、鲜活度低的鱼类在上岸前重新扔回大海。很明显，重回大海的鱼类存活率是非常低的。

因此，无论是设置渔业禁区还是设定捕捞配额限制捕捞量，根本目的都是通过确立制度约束过度捕捞对海洋资源的破坏。而"鳕鱼战争"的爆发也表明单纯的制度约束并不能从根本上解决这一问题，它还需要海洋危机意识的配合。换言之，外在的制度压力与内在的海洋保护意识共同作用，形成一种良性的互动关系，或许才是解决过度捕捞对海洋资源破坏的良方。

（作者为中国人民大学历史学院世界史专业 2017 级博士研究生）

欧洲大陆的秩序与和平

均势机制与体系扩展：欧洲均势体系（1815—1914）的演变与思考

靳晓哲

从 1815 年维也纳会议到 1914 年第一次世界大战，欧洲国家之间维持了百年的和平与稳定。所谓的"百年和平"并非指没有发生战争，而是指欧洲在总体上保持了和平或稳定。据统计，在这期间，除克里米亚战争外，英国、法国、普鲁士（德国）、奥地利（奥匈帝国）、俄国等国家间只有约 18 个月曾开战，即便 19 世纪最激烈的一场战争——普法战争，持续时间亦不足一年；而此前的两个世纪，每百年有六七十年都是战争时间。由此，19世纪"和平"成为大国间的主流规范，而战争则变成了"例外"；即使大国之间到了不得不开战的地步，战争的规模与时间也得到了有效控制。欧洲的"百年和平"被视为经典多极均势体系的结果，其中"欧洲协调"、大国结盟等都发挥了重要作用。既有研究成果对于 1815—1914 年欧洲多极均势体系，多从"大国协调"或"多极均势"等角度予以关注，认为"欧洲协调"规范或大国均势的出现是"百年和平"的关键。这类研究多视多极均势为一个研究主题，但在多极均势内部其主导逻辑却并非完全一致。基于此，本文以均势机制与体系扩展为视角，探究欧洲多极均势体系的演变进程及其内在逻辑。

一　均势、均势机制与多极体系

力量均衡是许多学科领域的基本概念之一，国际关系的理论家亦将均衡视为重要概念之一，以此解释民族国家间的权力关系。在传统国际政治的研究中，国家被认为是国际关系史中最主要、最基本的行为体，国家之间权力的均衡即为"均势"。从字面意义上看，"均势"（balance of power）即力量均衡。有关均势的思想可谓源远流长，早在修昔底德《伯罗奔尼撒战争史》中，就记载了古希腊城邦之间的结盟政治与战争行为，将伯罗奔尼撒战争的发生归因为"雅典权势的增长引起斯巴达的恐惧"。根据乔治·莫德尔斯基（George Modelski）的说法，古典均势的源头可追溯至 15 世纪文艺复兴时期的意大利，弗朗西斯科·巴巴罗第一次提出了均势的概念。① 至 17 世纪，均势明确出现在休谟、康德、卢梭、培根、斯宾诺莎、霍布斯、托马斯·曼等政治和社会理论家的著作中，也反映在威廉三世、腓特烈大帝、查理二世等政治家的外交实践之中。② 正因如此，詹姆斯·多尔蒂认为"国际政治中最古老、最持久、最有争议的理论之一就是均势理论"，③ 肯尼斯·沃尔兹亦认为"如果说有什么关于国际政治的独特理论的话，那么非均势理论莫属"。④

随着国际关系不断变迁，均势的含义亦不断丰富，但关于均势的定义，学术界并未形成一致。如厄恩斯特·哈斯就认为均势的含义过于含混，并列举了至少 8 种互相排斥的概念：（1）均势来源于国家之间权力的平等分配；（2）均势来源于国家之间权力的不平等分配；（3）均势来源于一个国家（制衡者）所起到的支配性作用；（4）均势是一种能提供相对的稳定与和平的体系；（5）均势是一种以不稳定和战争为特征的体系；（6）均势不过是强权政治的另一种说法；（7）均势是历史的普遍规律；（8）均势是决策者的方针。⑤ 汉斯·摩根索在《国家间政治——权力斗争与和平》一书中指出，均势有四种不同的含义：（1）为达到某种事态的一种政策；（2）世

---

① 许嘉：《美国国际关系理论研究》，时事出版社，2008，第 445 页。

② 王晓波、陈斌：《论如何理解均势含义》，《辽东学院学报》（社会科学版）2011 年第 3 期。

③ 〔美〕詹姆斯·多尔蒂、小罗伯特·普法尔茨格拉夫：《争论中的国际关系理论》，阎学通、陈寒溪等译，世界知识出版社，2003，第 44—45 页。

④ 〔美〕肯尼斯·华尔兹：《国际政治理论》，信强译，上海人民出版社，2008，第 124 页。

⑤ Ernst B. Haas, "The Balance of Power: Prescription, Concept, or Propaganda?" *World Politics*, Vol. 5, No. 4, 1953, pp. 442 – 477.

界存在的一种状态；（3）权力的近似平均分布；（4）任何形式的权力分配。① 由此来看，正如马丁·怀特所言，"均势含糊不清又含义丰富，足以说明国际政治中所有的复杂因素和矛盾"。②

　　尽管均势的内涵复杂多变，但在国际关系领域，有关均势的基本指向学术界形成了某种共识。有些学者认为，在国际关系的理论文献中，均势有两种最为基本的含义：一是指国际政治的状态和结果，二是指国家的政策和行为。③ 有些学者则认为，均势的含义有三个基本层次或三个概念支点，即在国际体系层次，均势作为国际秩序的一种基本形态；在国家层次，均势作为外交政策及国际战略的一条长期指导原则；在国际体系与国家的中间层次，均势作为一项基本的国际机制。④ 有鉴于此，本文从国家、国际体系及二者之间的互动对均势的三种基本内涵进行界定。从国家的视角看，均势可视为一国的外交政策或外交战略，如英国曾奉行的"大陆均势"政策等；从国际体系的视角看，均势可视为国际政治的一种状态或结果，亦可看作国际秩序形成的一种基本存在，比如两极均势、多极均势等均是从国际体系的角度而言；从国家与国际体系互动的规范视角看，均势可以被视为一种机制，指国际关系领域中或明确或模糊的一种国家互动逻辑。

　　一般来看，国际机制（International Regimes）被普遍界定为"一套明确的或不明确的原则、规范、规则和决策程序，并在一个特定的国际关系问题领域中，行为者的预期将以它们为中心汇聚到一起"。⑤ 从国家与国际体系互动的视角看，当某种规范、原则或规则成为不止一个国家界定自身利益或行为的依据时，这些规范、原则或规则将显著影响该国的角色定位以及战略决策，由此这些或明确或模糊的国家互动将汇聚相关国家的预期，从而使国际体系保持基本的稳定或使国家之间的力量分布得以均衡。以此为基础，均势亦具备国际机制的特征。在多极体系中，均势的维持有三种基本机制，即大国协调、大国自主、大国结盟。每一种均势机制的内在逻

---

①　〔美〕汉斯·摩根索：《国家间政治——权力斗争与和平》，徐昕等译，北京大学出版社，2006，第221、279页。

②　〔英〕马丁·怀特：《权力政治》，宋爱群译，世界知识出版社，2004，第117页。

③　刘丰：《均势生成机制的类型与变迁》，《欧洲研究》2009年第4期。

④　胡九龙：《论"均势"的基本含义》，《太平洋学报》2005年第6期。

⑤　Stephen D. Krasner, "Structural Causes and Regimes as Intevening Variable," in Stephen D. Kras-ner ed., *International Regime* (Ithaca & London: Cornell University Press, 1983), p. 185.

辑不同，其基本形式、外在表现及最终结果亦有不同。

在 1815—1914 年的多极均势体系中，大国协调、大国自主、大国结盟等均贯穿始终，但不同阶段的主导性均势机制并不相同。从维也纳会议到克里米亚战争，主导性的均势机制是大国协调，基本形式为"大国外交"或"大国会议"，核心逻辑是"合作"，外在表现为一种"非战状态"。从克里米亚战争到 1894 年法俄协约，主导性的均势机制是大国自主，基本形式是"国家的能动性"，核心逻辑是"竞争"，外在表现为"有限战争"。从 1894 年法俄协约到 1914 年第一次世界大战爆发，主导性的均势机制为大国结盟，基本形式是"国家集团"，核心逻辑是"对抗"，外在表现为"多重冲突"（见表 1）。与此同时，维也纳会议下的欧洲国际体系不断向外扩展，加上大国的意识形态分歧、自我克制减弱、协调失灵等原因，欧洲多极均势中的大国协调走向失败，大国自主逐渐减弱，大国结盟导致并毁于战争。

表 1　欧洲多极均势体系中的均势机制

年份	均势机制	基本形式	核心逻辑	外在表现
1815—1853	大国协调	大国外交	合作	非战争
1854—1894	大国自主	国家能动性	竞争	有限战争
1895—1914	大国结盟	国家集团	对抗	多重冲突

注：表中的年份划分只是一种表述方便，而并非严格的时间界定。大国协调、大国自主、大国结盟贯穿于欧洲多极均势体系的三个阶段，只是某一时期的主导均势机制不同而已。

具体来看，欧洲多极均势体系中均势的维持在不同阶段的内在逻辑有所不同，而且其最终走向失败、消失或瓦解的原因均包含体系扩展与大国矛盾两个方面。在大国协调机制下，欧洲五大国在前期尚能实现维也纳会议中的一致性，但随着"东方问题"的出现，1830 年以后五大国之间的分歧越来越大，既有的体系协调规则难以解决体系扩展带来的新问题，大国协调最终走向失败。在大国自主机制下，新大国的成长与变化主导着欧洲体系的稳定，大国自主地维持着欧洲的大体稳定，但体系的扩展与海外殖民的兴起带来的新问题以及大国自我克制的不断减弱，使大国自主表现出的能动性逐渐减弱。在大国结盟机制下，国家能动性已经不能满足大国安全的需要，国家集团成为欧洲大国的另一种安全选择。伴随着全球殖民瓜分狂潮的到来，原有的欧洲国际体系扩展为全球国际体系，随之而来的是大国协调失灵、自我克制减弱、体系性矛盾加剧，最终旧有的多极体系安排难以缓和大国之间的结构性矛盾，欧洲地区的多极均势与世界体系范围内的"非"均势之间的内在矛盾越来越突出，国家集团之间逐渐由竞争走向冲突，第一次世界大战由此爆发，大国结盟亦宣告瓦解，欧洲多极均势体系消亡。

二　"大国协调"机制下的欧洲均势体系（1815—1853）：合作与非战状态

作为一种重要的国际多边安全机制，大国协调源于 1814 年 9 月由英国、俄国、奥地利、普鲁士和法国五大国主导的维也纳会议所开启的欧洲协调。① "欧洲协调" 的思想基础是滥觞于 17—18 世纪的 "欧洲联邦"（European Federation）理念，其提出者包括德意志著名数学家和哲学家戈特弗里德·威廉·莱布尼茨（Gottfried Wilhelm Leibniz）②、曾任英国首相的威廉·格伦维尔勋爵（Lord William Grenville）③ 等。"欧洲协调" 所表现出的大国多边外交也并非始于维也纳会议，早在威斯特伐利亚体系时期甚至更早就已经出现，但多边外交成为一种协调机制还是要从维也纳会议的召开和维也纳体系时期开始。

1. 大国协调的内涵

一般来看，大国协调指的是由国际体系中的大国共同管理国际冲突或危机的一种多边外交机制。它主要通过会议外交、协商、共识等共同决策，并且体系内的大国共同遵守多边协商、会议外交、一致性、合法性、自我克制等规则与规范。在多边外交中，只要体系内的大国不明确反对、退出或漠不关心就意味着同意，即在大国协调机制中，大国之间通常依靠"共识性同意"来进行决策，这种共识可以是明确的，亦可以是默认的。大国协调的形式通常体现为大国外交，常见的是大会或会议等，早期的大国协调并没有正式的国际组织支撑，现在的大国协调则往往依赖较为正式的国

① 郑先武：《大国协调与国际安全治理》，《世界经济与政治》2010 年第 5 期。

② Leroy Loemker, *Leibniz：Philosophical Papers and Letters*, Reidel, 1969, p. 58, fn 9.

③ John M. Sherwig, "Lord Grenville's Plan for a Concert of Europe, 1797 – 99," *The Journal of Modern History*, Vol. 34, No. 3, 1962, pp. 284 – 293.

际组织或国际会议。

从本质上看，大国协调即体系内所有大国按照一定的规则与规范行事，这些规则与规范往往包括大国外交、一致性、合法性、自我克制等。大国外交指的是，体系内的大国将外交视为普遍的互动方式，尤其是遇到危机或冲突时，大国之间并不急于以武力或军事手段进行应对，而是寻求以外交途径解决。一致性通常指在共识、协商等决策程序的指导之下，大国在面临危险与冲突时应当努力避免采取单边行动，转而寻求大国之间的共识与一致。合法性指使政府权威在国际政治中的行为和对其国民统治合法化的、公认的标准和秩序，① 换句话说，合法性指代大国在国际与国内存在的基础、标准或依据。自我克制指各大国奉行温和的对外政策，在出现重大的利益纷争时将和平手段视为上策。总体来看，大国协调中大国遵循的这些规则与规范通常是大国之间商谈、争辩以及讨价还价之后的结果，通常具有外交、合法性、一致性、自我克制等内容，而且被认为对体系内的所有大国都具有约束力。

2. 欧洲均势体系（1815—1853）中的大国协调

大国协调在1815—1853年的欧洲多极体系中最显著的体现为"欧洲协调"机制的出现，其基本形式为大国外交。从形式上看，"欧洲协调"的运作分为两个阶段：从1814年到1822年，"欧洲协调"是以大会（Congress）形式运作的，其主要特点是由各国的国家元首（君主）或政府首脑（首相）与会，讨论的主题是综合性的，其结果是共同签订一个权威性的协议；而1822年之后的"欧洲协调"形式主要为会议（Conference），会议级别为大使级，讨论的问题多是具体的，不一定每次会议都能达成权威性的条约。② 1822年维罗纳会议之后，"欧洲协调"机制实际上已经瓦解，虽然各国仍旧断断续续开会以协调立场，但实际上很难达成一致，欧洲的协调已经变成不协调，"欧洲协调"名存实亡。③

维罗纳会议之后，欧洲大国间虽然没再召开大会，但大使级的协调会议召开了许多次。其间，发生了对欧洲秩序冲击很大的1848年革命，有些

---

① Paul W. Schroeder, *The Transformation of European Politics*, *1763 - 1848*（Oxford: Oxford University Press, 1994）, p. 803.
② 贾烈英：《欧洲协调机制的内化过程》，《国际关系学院学报》2011年第4期。
③ 王绳祖主编《国际关系史》第2卷，世界知识出版社，1995，第33页。

欧洲大国政府的地位岌岌可危。可是其他大国并没有利用别国虚弱之机捞取利益。对此，杰维斯认为：在这一阶段，大国领袖的行为方式与通常的权力政治截然不同，他们没有追求使个人的权力最大化，他们没有总是利用他人暂时的虚弱，他们的让步比需要的更多；当他国反抗时，他们不准备诉诸战争或很快以使用武力相威胁。总之，他们在制定政策时，考虑到他国的利益，缓和了自己的要求和行为。[①] 可见，尽管"欧洲协调"在事实上已经不复存在，但大国依旧愿意打着"欧洲协调"的旗号讨价还价，而不是一味使用武力，这可能是"欧洲协调"在形式上的继续和遗产，或者也能够视为广义上的"欧洲协调"。

在大国外交的基本形式上，这一时段"欧洲协调"的核心逻辑是合作。一方面，欧洲五大国普遍接受了"协调"规范，另一方面五大国在外交实践中遵循了一致性、合法性、自我克制等规则与规范。比如，理查德·朗豪恩就指出，"欧洲协调"诸多引人瞩目的成功的根基是，五大国共同接受并实施"有节制的利益目标中的克制外交"。[②] "欧洲协调"起到了交流、力图建立共识的作用，虽然没有明确的投票表决机制，但暗含了少数服从多数、沉默即不反对之意，这也为后来的国际联盟和今日的联合国所继承。譬如在1820年干涉那不勒斯起义之前，奥地利首相梅特涅为取得各国的批准辛苦工作了两个月，英国对此并无任何表态，即表示同意或不反对通过武力干涉的决定，尽管它的内心是反对的。[③] 在"欧洲协调"的框架之内，五大国都明确表示，在大国国际会议上，无论是讨论彼此有关的共同利益问题还是涉及他国内政的问题，它们都应该"树立一个正义、和谐与节制的榜样"。[④] 霍尔斯蒂也认为，在"欧洲协调"中五大国通过共同的自我克制"事实上创造了一个制约和调解它们自己野心的体系"。[⑤] 由此来看，这一时期五大

①　Robert Jervis, "Security Regimes," in Stephen D. Krasner ed., *International Regime* (Ithaca & London: Cornell University Press, 1983), pp. 178 – 179.

②　Richard Langhorne, *The Collapse of the Concert of Europe: International Politics, 1890 – 1914* (New York: St. Martin's Press, 1981), pp. 4 – 5.

③　〔美〕詹姆斯·N. 罗西瑙主编《没有政府的治理》，张胜军、刘小林等译，江西人民出版社，2001，第43页。

④　王绳祖主编《国际关系史》第2卷，第24页。

⑤　〔加〕K. J. 霍尔斯蒂：《和平与战争：1648—1989年的武装冲突与国际秩序》，王浦劬等译，北京大学出版社，2005，第122页。

国不仅普遍接受了"协调"规范，而且在外交实践中践行了一致性、自我克制等内容。更为重要的是，合作成为协调规范的核心逻辑，五大国不仅在遇到涉及自身重大利益问题时寻求合作而非武力手段，而且在镇压革命等问题上采取合作的态度，共同维护欧洲秩序。

在合作逻辑的影响下，这一阶段欧洲五大国之间维持了整体的和平与稳定，催生了非战争状态的直接结果。当然，这种非战争状态的结果并非指欧洲未发生任何战争或冲突，而是指五大国之间没有发生冲突或战争。然而，到克里米亚战争的爆发，欧洲多极均势体系的大国协调不仅"名存实亡"，名义上也不复存在，多极均势体系进入"大国自主"阶段。尽管大国之间没有爆发战争，但风起云涌的欧洲民族民主革命还是给大国关系带来了冲击。

其一，19 世纪欧洲民族民主革命客观上弱化了欧洲大国之间的协调，其主要原因是 19 世纪的欧洲大陆并不存在单一霸权：英国主导着除欧洲之外的世界贸易，俄国成为 1815 年之后欧洲大陆最大的军事强国，奥地利在维也纳体系之后的前三十年主导着欧洲外交。欧洲民族民主运动的兴起借助了维也纳体系确立的五强格局，因为各大国之间的矛盾与利益纠葛为民族民主运动的发展提供了斗争的空间。与此同时，欧洲各地民族民主运动之间的交相呼应也牵扯了大国的力量，使各国难以形成镇压革命的合力。如 1830 年的波兰起义遭到了俄国的镇压，但这次起义牵制了俄国的兵力，使俄国无力干涉法国和比利时革命。据此，恩格斯对波兰革命做出了评价："这个起义把俄国牵制了整整一年；波兰就这样再次以自我牺牲拯救了欧洲的革命。"①

其二，欧洲民族民主运动还带来了单位性质的变化，这种变化对体系内大国的互动产生了巨大影响。从历史上的帝国形式到近代产生的民族国家形式，这一政治单位的重大转变，与维也纳体系所立足的基本设想——维持保守秩序与领土现状——根本上不相符合。因为维也纳体系的目标是恢复和维持保守统治，而欧洲民族民主运动带来的则是摧毁封建王权和帝国的国家形式，破坏既有的领土现状。在华尔兹看来，这种变化并不代表

---

① 恩格斯：《俄国沙皇政府的对外政策》，《马克思恩格斯全集》第 22 卷，人民出版社，1957，第 40 页。

体系结构的变化，因为在他的理论体系中，国家就是一个黑箱，国家间的唯一区别在于各自完成任务的能力不同。但从本质意义上看，在无政府状态下，单位性质和大国数量都是能引起体系变革的重要结构变量。如霍尔斯蒂就认为：帝国向民族国家的转变（反之亦然）有可能解释国际体系中战争概率的许多变化。[①] 这种单位性质的变化，对于单位利益的界定有着直接且决定性的影响。因为封建君主国对利益的界定往往源于宫廷得失、威望、尊严等，这些都属于王朝利益的范畴；主权民族国家则从更加贴合实际的国家利益出发，从而改变了大国之间互动的性质。

3. "大国协调"走向失败

这一时期的"大国协调"最终走向失败，其原因主要包含两个方面：其一，大国协调随着利益冲突、意识形态分歧等变得越来越不协调，各大国之间的分歧越来越多，一致性越来越少；其二，随着欧洲国际体系向外扩展，维也纳会议基础上的规定越来越难以适应体系扩展带来的新问题，旧机制难以承载新问题的解决，最终大国之间走向冲突。

风起云涌的欧洲民族民主运动加剧了大国之间的矛盾与利益冲突，其中最显著的例子就是 1848 年普鲁士革命中俄国的态度，直接导致了俄普矛盾的加剧。1848 年 12 月，普鲁士国王腓特烈·威廉四世镇压了普鲁士革命，并建立了由他领导的德意志联盟，以替代奥地利领导下的德意志邦联。由于奥地利坚决反对普鲁士的德意志联盟，并要求恢复革命前的德意志邦联，双方互不相让，战争一触即发。俄国沙皇尼古拉一世从维持一个分裂的德意志的基本立场出发，为了限制普鲁士的强大，决定支持奥地利，并出面干预了奥、普危机。最终，在俄国的干预下，奥、普两国于 1850 年 11 月 29 日签订了《阿罗木茨协定》，普鲁士被迫放弃德意志联盟，奥地利领导的德意志邦联得以恢复。[②] 从此，普鲁士与俄国之间的矛盾激化，为克里米亚战争中普鲁士的中立奠定了基调。

此外，伴随国际体系的扩展，旧有机制对新问题解决的乏力也加剧了

---

① K. J. Holsti, *The States System and War* (Department of Political Science, the Maharaja Sayajirao University of Baroda) (Baroda, India: The Ford Foundational Lecture in International Relations Studies, 1989).

② 方连庆、王炳元、刘金质主编《国际关系史（近代卷）》上册，北京大学出版社，2006，第 125 页。

欧洲大国之间的矛盾与冲突，以致最终不得不诉诸战争。维也纳会议并未将圣彼得堡和君士坦丁堡的关系作为议事日程之一，从而忽视了对整个18世纪都处于冲突、战争的俄土关系的关注与调整。直到19世纪20年代希腊危机的出现，欧洲列强才将焦点聚集到了东南欧。之后，围绕奥斯曼土耳其帝国的"遗产"，欧洲列强争相登台，纷纷在近东的外交舞台上亮相，使"东方问题"成为贯穿19世纪欧洲国际关系的重要议题之一。希腊独立战争中有欧洲大国博弈的身影，克里米亚战争是欧洲大国在更大范围内的博弈。欧洲大国对近东地区的扩张，不仅带来了国际体系的扩展，还对欧洲多极均势体系形成了挑战。在某种意义上，也许正是欧洲大国在处理错综复杂的"东方问题"上的失败，为随后99年埋下了不满、危机和战争的祸根，也成为1914年欧洲经典均势体系崩溃的重要原因。①

三　"大国自主"机制下的欧洲均势体系（1854—1894）：竞争与有限战争

"国家自主性"已经成为社会科学研究中的一个解释力很强的学术概念和国家理论，马克思被认为是这一理论的先驱。② 马克思、恩格斯在考察国家的起源时注意到国家的自主性现象，即在历史与现实中，作为凌驾于市民社会或生产关系领域之上的力量，并非完全表现出工具性，有时甚至会不顾统治阶级的诉求而采取行动。在对法兰西第二帝国进行考察时，马克思进一步描述和分析了国家自主性的现象。"它已完全脱离社会……它不再是一个从属于议会内阁或立法议会的统治工具。国家政权在第二帝国得到了它的最后、最高的表现……"③ 布尔在《无政府社会：世界政治中的秩序研究》一书中亦提到，"在国际社会中，主要是作为国际社会成员的主权国家发挥着使规则具有效力的作用……从这个意义上说，国家本身就是国家社会中的主要制度（principal institutions）"。④ 基于此，在国际体系中，国

---

① 〔美〕詹姆斯·N. 罗西瑙主编《没有政府的治理》，第42页。
② 张勇、杨光斌：《国家自主性理论的发展脉络》，《教学与研究》2010年第5期。
③ 《马克思恩格斯选集》第3卷，第92—93页。
④ 〔英〕赫德利·布尔主编《无政府社会：世界政治中的秩序研究》，张小明译，上海人民出版社，2015，第63页。

家自主体现在作为基本单元的国家能动性上，即国家作为"国家"本身在国际社会之中的行为能力。

1. 大国自主的内涵

国家自主性是国家独立于社会力量（尤其是经济力量）行动的能力，[①]它意味着社会力量的某一项安排并不能唯一性地决定特定的国家行动。[②] 20世纪80年代以来，国家自主性逐渐得到社会科学领域的关注。其中，新马克思主义者尼科斯·普朗查斯（Nicos Poulantzas）和拉夫尔·密利本德（Ralph Miliband）系统地论证和发展了国家自主性理论，认为国家自主性是一种普遍而非特殊的现象。此后，深受马克斯·韦伯国家观影响的"回归国家学派"进一步对国家自主性进行了研究，认为作为一个组织系统，国家本身就具有自主性。[③] 与新马克思主义者有所不同，迈克尔·曼（Michael Mann）从社会—空间视角出发，以权力性作为国家自主性的考察，认为国家自主性主要来自国家权力的领土归属与中央控制的空间特性。他进而区分了两种国家权力：专制权力和基础性权力。[④] 专制权力指的是"国家精英所享有的、不必与市民社会团体进行日常的制度化磋商的行动范围"，基础性权力是指"国家能够穿透市民社会并依靠后勤支持在其统治的疆域内实施其政治决策的能力"，后者在历史上的国家那里比较微弱，但在所有工业化国家都得到了充分的发展。[⑤]

根据国家自主性理论，"大国自主"往往指代其中较为狭义的部分，即以国家能动性为基础，强调大国在现有国际体系之中增强自我实力或谋求在竞争中占据主动的自我行为。迈克尔·曼在分析国家功能的多重性时指出，国家活动有四种最持久的类型：维持国内秩序、军事防卫和侵略、维护交通通信的基础设施以及经济再分配。这四类活动是国家自主性的重要体现，而论及大国的自主性则主要体现为国内与国外两种：一方面，大国谋求内部自强，以在国际竞争中占据优势；另一方面，在外部选择上通常

① 刘剑：《国家自主性理论研究述评》，《国外社会科学》2010年第6期。
② 〔美〕卡波拉索、莱文：《政治经济学理论》，刘骥等译，江苏人民出版社，2009，第231页。
③ 张勇、杨光斌：《国家自主性理论的发展脉络》，《教学与研究》2010年第5期。
④ 刘昶：《迈克尔·曼论国家自主性权力》，《上海行政学院学报》2016年第1期。
⑤ Michael Mann, "The Autonomous Power of the State: Its Origins, Mechanism, and Result," *European Journal of Sociology*, Vol. 25, No. 2, 1984, pp. 185 –213.

更为灵活，不受意识形态、传统友谊等的束缚，更多辅以利益考量。大国寻求的内部自强主要是增强自身的基础性权力，通过加强对社会的渗透性而增强在国际社会的竞争能力；与之相对，其在国际社会上则通常表现得更为"能动"与"自主"，不受其他方面的制约。

2. 欧洲均势体系（1854—1894）中的大国自主

克里米亚战争后，"大国协调"已名实俱亡，此后"大国自主"逐渐主导了欧洲大国的多极均势。这一阶段欧洲多极均势体系中"大国自主"的基本形式是国家能动性。具体来看，其一，欧洲大国在克里米亚战争后更加关注自身的成长，以在大国竞争中占据优势；其二，传统欧洲大国不断向海外扩张殖民领地，且在竞争中更多以利益为衡量标准，而不拘泥于传统的友谊、意识形态等的束缚。

19世纪60—70年代，第二次工业革命兴起，人类开始进入电气时代。随着资本主义的进一步发展，欧洲大国越来越重视自身的成长，诸多国家不断进行改良，以实现富国强兵，在国际竞争中占据优势。比如，受到克里米亚战争的刺激，俄国进行了农奴制改革，开始谋求摆脱落后的生产方式，富国强兵。这一改革被称为"法国大革命之后最伟大的社会运动"，[①]内容涉及财政、教育、司法、军队等诸多领域，从此俄国的面貌焕然一新，国家实力得到了极大提升。几乎与此同时，加富尔领导了意大利的复兴，俾斯麦主导了德意志的崛起，奥地利则与匈牙利合并为奥匈帝国。这一时期，欧洲大国在谋求增强自身实力的进程中，其国家能动性得到了充分的释放。

这一时期欧洲多极体系进入了"大国自主"机制的主导之下，其内在的核心逻辑是竞争。为了在多极体系中占据有利位置，欧洲大国不仅从内部入手谋求自强，而且在其他地区的冲突愈演愈烈。然而，这一时期大国竞争不再关注传统友谊、意识形态等因素，而是更多以自我利益为中心进行考量。比如，在德国统一进程中，俄、法等国从自身利益出发，赋予了俾斯麦统一德国的有利契机。俄国在1863年1月的波兰危机中得到了来自俾斯麦的"声援"，从而为此后普丹、普法战争中俄国的中立奠定了基础。法俄一贯具有传统友谊，但同样在1863年1月的波兰危机中荡然无存，其

---

① 曹维安：《评亚历山大二世的俄国大改革》，《兰州大学学报》（社会科学版）2000年第5期。

原因是干预波兰危机并不能使当时的法国获益。利用这一时期欧洲"大国自主"的利益至上观，意大利、德意志都获得了独立，原本的五强格局转变为英、法、俄、德、意、奥匈六强均势，但欧洲多极均势体系的实质并未发生改变。当然，这一时期欧洲大国的激烈竞争还体现在海外殖民地的争夺方面，如英俄对伊朗、阿富汗等地区的争夺，英德对土耳其和中东的铁路运输权的争夺等。

"大国自主"机制主导下的欧洲多极均势体系的直接结果是有限战争。有限战争不仅是大国自主主导的欧洲多极均势体系的直接结果，也是大国自主机制的重要外在表现。一方面，大国的能动性内含自我克制或防止冲突无限升级的规范。如意大利、德意志在统一进程中尽管都使用了王朝战争的手段，但其战争规模与时间都得到了严格的控制，如此不仅能有效实现国家的统一，而且能防止欧洲其他大国的干涉，从而减少国际阻力，这些都是大国自主性的集中体现。另一方面，伴随新兴国家的出现，传统国家与新兴国家之间的竞争愈演愈烈，尤其是在海外殖民上的冲突难以调和，在此进程中欧洲大国充分发挥了国家的能动性，适时而动。比如德国在中近东的扩张引起了英俄的警觉，尽管英俄在殖民地问题上亦存在矛盾，但面对德国的出现，英俄决不允许新的大国势力介入，主动调和了在相关问题上的立场等。

此后，随着资本主义的进一步发展，欧洲国际体系不断向周边和海外扩展，大国之间的竞争与冲突也不再局限于欧洲。这一时期，各大国开始逐渐抛弃梅特涅时代的道德约束与承诺外交，取而代之的是以实力为基础的战争和国家利益决定下的讨价还价。1871年的德国统一对欧洲多极均势体系产生了重要影响。一方面，德国的统一是对欧洲国际体系中权力结构的一次重构，因为它改变了欧洲大国之间的力量对比，打破了此前的五强格局。在俾斯麦看来，普鲁士除了加强在德意志邦国中的地位外，并无其他外交利益可求，而其他大国都有更多且更为复杂的利益考量与选择：英国需要维护庞大的殖民帝国，还要努力维持欧洲大陆的均势；俄国需要同时考量东欧、亚洲、奥斯曼帝国三方面的利益；法国有缔造新帝国的野心，在意大利、墨西哥等地都有牵扯；奥地利则不仅需要关注意大利、巴尔干，还要与普鲁士争夺德意志的领导权。由此来看，除奥地利外，普鲁士与其他大国并无过多的利益纠缠，这为俾斯麦打败奥地利、统一德国奠定了基础。

另一方面，德国的统一还对欧洲均势形成了巨大冲击，改变了欧洲稳定的多极均势结构，塑造了一种脆弱的均势态势。华尔兹认为，系统的结构随着系统单元能力分配的变化而变化。[①] 其一，德国的统一不仅直接改变了欧洲大国的实力对比，而且带来了欧洲大国外交上错综复杂的变革。德国的统一严重削弱了奥地利，同时对法国进行了严酷的惩罚，这引发了法国无法平复的仇恨情绪，从而彻底堵死了德法外交的弹性。其二，德国统一意味着中欧大国的崛起，这不仅改变了维也纳体系确立的稳定均势结构的前提，而且塑造了俄、德、英、法为主的脆弱均势。此后，欧洲进入了脆弱均势的时代，大国之间随时可能爆发战争。此后，伴随着欧洲大国不安全性的增加以及自我克制的减弱，欧洲大国之间的矛盾与摩擦越来越多，大国关系逐渐由竞争转变为对抗。

3. 大国自主的减弱

1871 年德国统一之后，欧洲多极均势体系中的"大国自主"逐渐减弱，主要出于两个方面的原因：其一，德国的统一带来了自身安全的悖论，此后俾斯麦的大陆同盟政策使得法国、俄国等的自主选择性减弱，而且大陆同盟的出现加剧了欧洲大国之间的竞争，最终形成了对立的大国同盟集团；其二，随着欧洲国际体系的不断扩展，中东、远东等不断被囊括进来，为了获取更多的利益，新兴大国与传统大国之间的矛盾愈演愈烈，由此体系扩展带来了大国矛盾冲突性、对抗性的增强，从而削弱了大国的自主性。

德国统一后，俾斯麦开始着手构建大陆同盟体系，这个体系本质上就是脆弱均势体系的代表。尽管俾斯麦的目标是维护德国的安全，但其可选择空间很小，联奥、拉俄、亲英、反法几乎是俾斯麦的唯一选择。与此同时，俾斯麦发现，统一后的德国实际上陷入了一种安全困境之中：寻求国家统一是为了尽最大可能获得安全与利益，但统一后的德国却深陷于一种不安全感之中，左右的法、俄随时可能对德国进行夹击，德国的大国外交空间变得十分有限，反而越发不安全。1890 年德国拒绝与俄国续订《再保险条约》，标志着俾斯麦同盟体系的瓦解。因为俾斯麦的继任者们忽视了一个与德国联系的俄国（无论联系多么松散）和一个与法国密切结盟的俄国

---

① 〔美〕肯尼斯·华尔兹：《国际政治理论》，第 154 页。

之间的巨大差别。① 此后，德奥意三国同盟的延续、英德关系的接近客观上都促进了法俄的接近。1891 年 8 月，俄国驻法国大使与法国外交部长达成一项政治协定，俄法取得政治谅解；1892 年 8 月，俄法签订《法俄军事协定》，并于 1893 年和 1894 年经两国政府批准后正式生效，法俄同盟正式形成。自此，大国自主中的国家能动性越来越弱，因为给予大国的可选择空间越来越小。

此外，欧洲国际体系的进一步扩展对于大国自主能力的削弱亦至关重要。这一时期，欧洲大国的殖民活动已经扩展到中亚、远东等地区，体系的扩展必然带来新的竞争与冲突，从而加剧了欧洲大国之间的矛盾，而且新兴国家因涉足殖民活动较晚，难以获得更多的殖民参与权，这也客观上加剧了大国之间的竞争性。最为关键的是，新兴大国不满既有的国际体系安排，谋求对国际体系的改变，这就带来了大国自主下的"不自主"。一方面，新兴大国谋求自我实力的增强，必将不满足于既有的国际体系，在殖民活动中分一杯羹几乎是新兴国家的必然选择；另一方面，传统殖民大国在把握第二次工业革命契机方面本就有所欠缺，为了维持大国的实力与地位，必将视海外殖民为重要方面，不愿与新兴大国进行协调与合作。由此，双方的竞争性不断增强，矛盾与冲突不断增加，最终转化为国家集团之间的对抗。

四　"大国结盟"机制下的欧洲均势体系（1895—1914）：对抗与多重冲突

结盟（又称"联盟"，alliance or alignment），是国家应对威胁、获取安全、增强实力、维护利益最为常用的方式之一。从均势生成的角度来看，内部制衡与外部制衡是均势出现的最常见的方式，其中外部制衡指的就是国家通过结盟的方式，共同制衡潜在或实际的霸权国。② 有关结盟的定义、起源、类型、结构、功能等，各理论流派从不同的研究范式出发，对其进

---

① 〔美〕诺曼·里奇：《大国外交：从拿破仑战争到第一次世界大战》，吴征宇、范菊华译，中国人民大学出版社，2015，第 211 页。
② 刘丰：《均势生成机制的类型与变迁》，《欧洲研究》2009 年第 4 期。

行了不同的诠释与解读。现实主义从权力视角出发，提出"权力平衡论"，认为"结盟是增强权力的重要手段"，是实现权力均衡的一种工具。在此基础上，又先后发展出"威胁平衡论"和"利益平衡论"等理论。由于结盟理论更多与权力政治、威胁与威慑、冲突与战争等问题相连，因此现实主义范式在结盟理论中一直占据着主导地位。然而，这并不意味着其他理论流派在结盟理论上毫无建树。制度主义从制度化、制度惯性等角度出发，认为联盟的制度化会产生一大批官僚知识精英，他们会通过游说、沟通等方式消除危机，确保联盟得以维持。① 建构主义从观念出发，认为决定集体认同的因素中，意识形态、经济发展水平、价值规范等发挥着重要的作用。总之，结盟是一国寻求安全的重要方式，也是一种特殊的安全合作模式，它既涉及冲突又涉及合作，既可能遏制战争又可能加速战争。

1. 大国结盟的内涵

从定义上看，结盟一般指代国家与国家之间结成同盟。《史记·楚世家》载："寡人愿与君王会武关，面相约，结盟而去，寡人之愿也。"可以看出，中国古代即有结盟之说。在西方学界，结盟理论一直是国际安全领域探讨的重要命题之一。有关结盟/同盟的含义，有广义和狭义之分。狭义的结盟一般指向安全合作，以签订共同防御条约等为基本方式，来应对潜在或现实的共同威胁，通常指代军事方面的关系；而广义的结盟不仅包含军事、安全合作，还包括经济、文化等方面的合作，比如东南亚国家联盟等有时也被视为结盟的一种。本文以狭义的结盟为基础，侧重于将结盟描述为军事安全合作的一种，即两个或两个以上国家在军事盟约的基础上，针对特定敌人或潜在威胁而形成的较为稳定的军事安全合作。② 与广义的结盟有所不同，狭义的结盟更侧重外部性，即针对外部威胁。

大国结盟，通常指代国际体系中的大国未来实现或更加巩固自身的安全，而采取与其他国家签订军事条约等的方式，以保障自身安全的行为。大国结盟是国际体系中均势得以维持的重要方式之一，这种方式包含对抗性、对外性、集体性等诸多内容。大国结盟一般具有外向性，即或以应对潜在出现的威胁为目标，或以假想国为潜在的对象，当结盟国之间具有共

---

① 孙德刚：《国际安全之联盟理论探析》，《欧洲研究》2004 年第 4 期。
② 孙德刚：《国际安全合作中联盟概念的理论辨析》，《国际论坛》2010 年第 5 期。

同的利益或者共同的威胁时，往往会结成同盟。大国同盟还具有对抗性，军事安全条约或共同防御条约的签订往往带有假想敌色彩，尽管双方均可能宣称不针对第三方，但结盟带有可预期承诺的性质，即一旦出现危机情况，结盟国家需要履行军事安全条约中的义务，因而结盟往往带有潜在的对抗性。大国同盟还带有集体性色彩，即国家与国家之间的结盟往往意味着形成了国家集团，尽管这一国家集团需要条约等的约束。无论如何，大国结盟是大国实现利益、应对威胁的重要方式，尤其是面临多重冲突或威胁时，结盟是快速增强自身权力与竞争能力的重要形式之一。

2. 欧洲均势体系（1895—1914）中的大国结盟

大国结盟的主要形式是国家集团的形成。1894 年伴随法俄协约的出现，欧洲开始正式出现两大对立的军事集团，而此前德国实施的一系列结盟策略则是大国结盟最终主导欧洲均势体系的基础与前提。在完成统一大业后，德国迫切需要寻找可靠的盟友来保证自己的安全。环顾欧洲大国，在对历史和现实进行分析的基础上，俾斯麦认为英、俄、奥是有可能与德国结盟的大国。因为英法之间一直有隙，英国不会助法反德；德俄有传统的王朝友谊，再加上 1871 年伦敦会议上德国助俄取消了 1856 年《巴黎和约》对俄国的限制，两国关系进一步密切；德奥关系尽管因 1866 年战争而中断，但德国并未过度削弱奥匈帝国，两国仍有合作空间。但是，英国很快被俾斯麦排除出了备选名单，因为此时英国的格拉斯顿内阁对欧洲大陆事务抱有孤立主义倾向，根本不可能和德国结盟。于是，俾斯麦将结盟的对象锁定在了俄国、奥匈帝国之间。

1872 年 9 月，德、奥、俄三国君主在柏林聚会，这次象征欧洲王朝团结的盛会，实际上仅仅是一次两两单独会谈，但俄奥还是达成了谅解，第二年便订立了《兴勃隆协定》。1873 年 10 月，德国正式加入《兴勃隆协定》，第一次三皇同盟达成。1875 年 4 月和 7 月，欧洲先后发生两次政治危机：一次是德法危机，一次是近东危机。这两次危机不仅让俾斯麦对德国的处境有了更加清晰的认识，而且帮助俾斯麦认清了俄奥关系难以调和的本质。尽管此后德、俄、奥之间再次达成了《三皇同盟》，但历史纠纷、现实利益、地缘安全等问题使三国之间一直存在很深的分歧与猜疑。在多方思考与权衡下，俾斯麦越来越倾向于奥匈帝国。于是，1882 年 5 月德国拉拢意大利，针对俄国，建立了德、奥、意三国同盟。从此，德俄关系逐渐疏远，俄国开始转向法国。

此后，德奥意三国同盟的延续、英德关系的接近客观上都促进了法俄的接近。1888—1889 年，俄国三次从法国获得 24 亿法郎的贷款，经济上的联系为法俄接近奠定了基础。同时，德国宣布柏林货币市场向俄国关闭，这一举措使德俄关系进一步疏远。为了不使自己在欧洲陷于孤立，选择与法国结盟成为俄国重要的战略考量。再加上法国一直致力于改变普法战争以来的外交孤立，积极寻找对付德国的盟友，因此俄法一拍即合。1894 年法俄同盟的出现，使欧洲大陆出现了两个对立的军事集团，即以德奥为首的同盟国集团和以法俄为首的协约国集团。自此，欧洲多极均势体系正式进入大国结盟机制的主导之下。

大国结盟机制内在的核心逻辑是对抗，随着两大对立军事集团的形成，以国家集团为主要形式的欧洲多极均势体系的可协调空间越来越小。从此，"欧洲大陆上大的军事强国分为了两个相互威胁的两大军事阵营：一方是俄国和法国，另一方是德国和奥地利。较小的国家不得不集结在这一或那一阵营周围"。① 然而，此时欧洲多极均势体系仍在维系，因为英国仍然是游离于欧洲大陆对立的两大军事集团之外的大国。19 世纪 90 年代以后，英国同法俄之间的竞争愈加激烈，但英国始终认为，从欧洲势力均衡以及承担保卫德奥边界抵御俄国，比防卫英吉利海峡抵御法国的任务更为艰巨，因此坚决拒绝参加三国同盟。②

此后，德国并未放弃拉拢英国的政策，希望利用英俄在远东、中亚等的深刻矛盾，拉开英国与法俄之间的距离，甚至迫使英国加入三国同盟。在远东，1898 年俄国占领旅顺后，英国殖民大臣张伯伦提出了建立英德同盟的建议，这给英德关系的改变带来了契机。然而，一开始德国对此持怀疑态度，认为英国试图把德国拖入在中国反对俄国的斗争之中，而德国的利益在于使英俄在中国争斗，如此德国在欧洲的地位就会更加巩固。经过多方考虑，德国同意与英国结盟，但英德就结成地区同盟还是全面同盟存在分歧。英国内阁并不愿意与德国结成全面同盟，而至多只愿结成地区性同盟，且仅限于远东地区。显然，远东同盟对德国几乎没有意义，且这种

① 《马克思恩格斯全集》第 22 卷，第 49 页。
② 王绳祖主编《国际关系史》第 3 卷，第 331 页。

地区性同盟关系难以满足德国在欧洲牵制俄国的需求，因此英德同盟始终未能达成。20 世纪初，英国逐渐转向法俄，分别于 1904 年和 1907 年签署《英法协约》、《英俄协约》。自此，欧洲多极均势体系中的大国均已结盟，形成了对立的两大军事集团的欧洲两极均势体系，双方的矛盾与冲突日益增加。

大国结盟带来的不仅是欧洲两极均势体系弹性的减小，还有错综复杂的多重矛盾与冲突。为了在对抗中占据优势，两大军事集团均开始了疯狂的扩军备战。据统计，1874—1896 年欧洲各大国的军费开支平均增长 50% 以上，其中德国 79% 、法国 43% 、俄国 75% 、英国 47% 、奥匈 21% 。[①] 进入 20 世纪以后，各国的军费开始更是持续上升，到一战爆发前，欧洲各国的常备军数目分别为德国 75.5 万、法国 76.7 万、俄国 144 万、英国 25.23 万。而且，为了避免不被同盟所抛弃，各国不断增加对盟友的承诺，从而陷入了同盟理论的"对手困境"（the Adversary Dilemma）。"对手困境"概念由格伦·斯奈德（Glenn Snyder）提出，主要是指为了减少被抛弃的风险，一方可能会增强同盟承诺。但这不仅会增加被牵连的风险，而且会增加自身与对手之间的安全困境；尤其当对手存在战略性敏感，那么强硬的同盟就会刺激不安全，从而使双方感到更加不安全，带来安全困境的螺旋上升。[②] 三国同盟和三国协约之间的同盟体系，本质上就是一种"对手困境"，双方都不断增加对盟友的承诺，从而带来了对手战略敏感性的提升，直至双方不能承受其"重"。

此外，大国结盟还带来了另一重影响，即同盟牵连。欧洲大国中的任何一个一旦对现状不满，牵连的将是整个同盟体系，这就大大增加了彼此的不安全感。这种长期的不安全感使欧洲始终处于一种高度紧张的危机之中，面对危机，一旦双方都不选择退让，战争必将爆发。在一战爆发前，有两次危机已经使双方接近了战争边缘，一次是波斯尼亚危机，一次是第二次摩洛哥危机。当然，巴尔干也是欧洲大国矛盾与冲突的聚焦点之一。

① 〔英〕J. P. T. 伯里编《新编剑桥世界近代史》第 11 卷，中国社会科学院世界历史研究所译，中国社会科学出版社，1999，第 336 页。

② Jitsuo Tsuchiyama, "The End of Alliances: Dilemmas in The U. S. - Japan Relations," Peter Gourevitch, Takashi Inoguchi, and Courtney Purrington eds. , *United States-Japan Relations and International Institutions after The Cold War*, San Diego, Graduate School of International Relations and Pacific Studies (University of California, 1995), pp. 5 - 6.

巴尔干问题错综复杂，牵涉宗教、民族、地缘等多重利益，是大国矛盾、冲突最为集中的区域之一。巴尔干位于三大洲的交汇处，区域内大国矛盾交织重叠、异常复杂，包括俄德奥矛盾、英德矛盾、奥意矛盾等。作为一个二元帝国，奥匈帝国为了不使自己的帝国被斯拉夫人瓦解，同塞尔维亚及其背后的俄国势不两立，德国则从中作梗，支持奥匈帝国在巴尔干的扩张。英德也都视巴尔干地区为重要的战略区域，不肯轻易让对手取得优势。奥匈帝国和意大利尽管是盟国，但双方在巴尔干地区亦存在矛盾。总之，在大国结盟机制的主导下，欧洲均势体系的弹性越来越小，大国之间的矛盾与冲突越来越多，两大对立的军事集团最终走向战争。

3. 大国结盟的崩溃

随着一战的结束，大国结盟机制主导下的欧洲两极均势体系最终走向瓦解，大国结盟也走向崩溃。究其原因，一方面国家集团的出现使欧洲大国在处理危机时的可协调性降低，而且结盟促使欧洲大国面临害怕被抛弃和担心被牵连的矛盾，从而大国的自我克制逐渐减弱；另一方面，伴随殖民高潮的到来，传统大国与新兴大国之间的结构性矛盾凸显，欧洲范围内的大国均势与全球范围内的大国非均势之间的矛盾越来越突出，最终双方矛盾发展到难以调和，不得不以战争的方式解决。

在两大军事集团正式形成之后，欧洲大国之间的可协调性逐渐降低，自我克制逐渐减弱。一旦危机出现，若双方中有一方退却，则危机解决，但若双方都不退却，则大战一触即发。比如在波斯尼亚危机中，面对德奥同盟的战争威胁，俄国最终选择了妥协，英法也没有表现出坚决的态度，从而双方避免了战争。在第二次摩洛哥危机中，面对德国的挑衅，英法展现出强硬的态度，但德国因感到尚未做好战争准备，选择了退却。这两次危机中欧洲各大国的可选择性都较小，而且伴有受牵连和被抛弃的担心，只是一方的退却带来了危机的缓解。最终，面对萨拉热窝事件，对立双方都不选择退让，一战爆发。

当然，传统大国与新兴大国之间难以调和的结构性矛盾亦是大国结盟最终被一战摧毁的重要原因。在19世纪末20世纪初的欧洲政治舞台上，英德关系的变化是一个焦点。随着欧洲大国力量对比的变化，英德实力对比、攻守态势逐渐发生了转换。为了更好地应对这种权势转换，英德两国分别调整了自己的对外政策，德国加紧实施扩张性的"世界政策"，英国则放弃了一直以来坚守的"光荣孤立"政策。显然，面对德国的挑战，英国的选择并不多。按照罗伯特·吉尔平的逻辑，面对全球霸权与其有限资源间不平衡的加剧，英国面临着困难的选择：或是增加资源，或是减少所承担的义务，或是两者都做。① 面对德国建造海军舰队、加紧进行军备竞赛的直接挑战，英国的选择是在全世界收缩其权力和承担的义务，以便集中全部力量应对德国的挑战。最终，体系扩展带来的结构性矛盾不得不以战争的方式解决，第一次世界大战由此爆发。

五　理论思考与现实启示

通过对欧洲多极均势体系（1815—1914）演变的回顾与分析，笔者发现尽管维也纳会议确立的欧洲多极均势一直延续到了一战爆发，但其主导的内在逻辑却并不单一。1815—1853 年，欧洲大国主要受"大国协调"机制的影响，协商、一致、自我克制等使各大国通过大国外交等方式处理危机与矛盾；1854—1894 年，欧洲大国主要受"大国自主"机制的主导，大国的自我成长、利益的凸显、意识形态因素的减弱等都通过国家的能动性发挥得淋漓尽致；1895—1914 年，欧洲大国主要受"大国结盟"机制的主导，国家集团的形成以及国际体系弹性的降低等使大国矛盾解决的途径变得日益狭窄，被牵连与被抛弃的担心使大国集团进入了"对手困境"，最终只能通过战争的方式解决矛盾与冲突。尽管本文是对 1815—1914 年间欧洲多极均势体系的考察为主，但"大国协调"、"大国自主"、"大国结盟"等理论与现实对当前国际关系均有一定的启示意义。

1. 理论思考

依据不同的参照，国际体系可以划分为不同类型。比如，按照体系内极数量的多少，可以分为单极体系、两极体系、多极体系；按照大国力量的分配，可以分为霸权体系和均势体系；按照体系内单元的排列，可以分为无政府体系和等级制体系；等等。第二次世界大战后，美苏冷战的同时，西欧国家开始走向联合，从欧洲煤钢联营到欧洲共同体再到欧盟，一个超

---

① 〔美〕罗伯特·吉尔平：《世界政治中的战争与变革》，宋新宁、杜建平译，上海人民出版社，2007，第197—199 页。

国家的共同体雏形日益呈现。当前，国际关系的研究中仍以国家为中心，但非国家行为体、超国家行为体等亦在国际关系研究中占据着重要地位。由此，从单元性质与排列的视角看，国际体系亦可划分为共同体体系与无政府体系。与无政府体系和等级制体系的划分类似，共同体体系与无政府体系的划分亦包含单元的排列，但同时也包含单元性质的内在变化，即由国家变为国家集团或国际组织甚至是超国家行为体等。

　　与此相对，依照不同的标准，均势亦可以有不同类型的划分与描述。比如，按照大国数量，可以分为简单均势和复杂均势，前者主要是指两个大国之间的均势，后者则涉及三个或三个以上大国的均势；按照范围，可以分为整体均势和局部均势，前者指的是在整个国际体系中不存在一个占主导地位的国家，后者指的是一个地区的均势或者体系中某个部分的均势；按照人们的认知，可以分为主观均势和客观均势，即人们普遍认知中相信两个当事方之间大体力量均衡与实际上两个当事方力量的分布是否均衡并不是一回事；从均势生成的角度，可以分为偶发均势和人为均势，偶发均势不是有关当事方有意促成的结果，人为均势则指至少在一定程度上是一方或双方政策的产物；等等。① 从理论谱系来看，均势是现实主义研究的主题之一，但伴随着新现实主义、新自由制度主义的出现以及新新综合的发展，二者之间的界限越来越模糊。然而，不可否认的是，新现实主义与新自由制度主义的出发点是不同的，前者是权力，后者则是制度。据此，以权力和制度为依据，均势亦可分为权力均势和制度均势两种，前者为当事国更多以权力逻辑行事，后者为当事国更多以制度逻辑行事。

　　具体来说，从体系与均势分类的理论谱系来看（见图1），"大国协调"机制偏向于制度均势和共同体体系，"大国自主"位于无政府体系与共同体体系、制度均势与权力均势的中间位置，"大国结盟"则偏向于权力均势和无政府体系。然而，需要指出的是，图中对"大国协调"、"大国自主"、"大国结盟"的位置界定并非完全绝对的，只是一种倾向或偏向的反映，以更好地揭示三种机制在均势理论中的相对位置与偏向。然而，均势的首要作用并

---

　　① 〔英〕赫德利·布尔：《无政府社会——世界政治秩序研究》，张小明译，上海人民出版社，2015，第89—93页。

非和平，而是维持国际体系本身。① 换句话说，均势带来的并不一定是和平，更多的是国际体系的稳定。

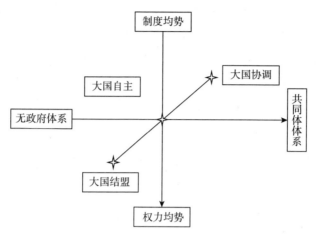

图1　多极均势体系中"大国协调"、"大国自主"、"大国结盟"的位置

"大国协调"的主要形式是大国外交，核心逻辑是合作，即以一种相对温和或规范性的力量约束大国在国际体系中的行为，从而实现多极均势体系的稳定。在这种机制的主导之下，国家之间往往倾向于以协调、协商、合作等行为行事，即使国与国之间出现争端、冲突，武力手段也并非解决问题的第一选择。在这种机制之下，国家之间的友好、合作等成为主流，对抗、冲突则并非主导。以此为基础，体系内大国之间以外交等形式维持力量的平衡，从而实现了多极均势体系的稳定。与此相对，"大国结盟"的主要形式是国际集团，其核心逻辑为对抗，但不可否认，"大国结盟"在某种程度上亦维持了多极均势的稳定，只是这种稳定较为脆弱。由此，"大国结盟"机制下的均势体系往往较为脆弱，其根源是大国的可选择性随着对立军事集团的出现而变小。在这种情况下，体系内的所有大国为了不使自身被孤立，必然选择加入某一方，以致加剧了体系的对抗性。从这个视角看，在多极体系下，大国结盟尽管可以带来维持国际体系稳定的客观效果，但这种稳定是比较脆弱的。与前两者不同，"大国自主"机制是一种可塑性较强的均势机制，在多极均势体系的谱系中处于原点位置。"大国自主"强

---

① 〔英〕赫德利·布尔：《无政府社会——世界政治秩序研究》，第94页。

调的是国家能动性的自我发挥，其往往发生在国际社会的大变革或社会、经济等的剧变期，因为这一时期国家的可塑性强。"大国自主"机制的典型特点有两个：其一，多极体系中的"大国自主"往往依托的是国家能动性的充分施展，表现为大国抛弃意识形态等内涵，转而以更为国家性的利益为主要权衡标准；其二，"大国自主"机制下的多极均势体系之所以能保持稳定，是因为体系内的大国尽管会不惜一切地发展自我，但仍保有一定的自我克制，因为一旦体系内发生大的冲突或战争，可能使大国自身的发展受阻。因此，"大国自主"机制下的多极均势体系尽管"无序"，但并非一种失控状态。

2. 现实启示

本文对欧洲多极均势体系（1815—1914）中的"大国协调"、"大国自主"、"大国结盟"进行了回顾与分析，可以看出"大国协调"的失败、"大国自主"的消失、"大国结盟"的崩溃等都有体系扩展和大国自身等两个方面的原因。其中，当今已是全球化的时代，全球性国际体系早已实现，不再存在体系扩展带来的新问题，由此大国自身、大国之间互动的因素显得尤为关键与重要。"大国是客观存在着的，不可能因为人们的主观意愿而消失：整个世界政治体系到底处于和平、安全状态，还是战争、不安全状态，这主要是由这些大国内部的统治集团所决定的。只要大国继续处于这么一种地位，那么大国之间的和谐关系总是比大国之间的纷争更有助于世界秩序的维持。"① 赫德利·布尔论述了大国在国际上的实力、能力和地位，充分显示了大国对于国际体系走势的影响。无论是大国协调、大国自主还是大国结盟都是维持体系稳定的重要方式，但大国自主与大国结盟内在的竞争性、对抗性并不利于大国之间的互动，或者说在化解国际危机、减缓国际冲突等方面显得更为无力。基于此，以合作为核心逻辑的大国协调是更为适合调解大国关系的可能之道。

当今世界正在发生深刻的变革，经济力量、政治力量、均势力量等的多极化趋势越来越明显，尽管世界很多地方仍不太平，但大国之间的合作、协调日益增多，冲突管控机制越来越健全，核力量的多极化也增加了大国之间的相互牵制。当前，以联合国为核心的国际制度等对于国际体系的稳定与发

---

① 〔英〕赫德利·布尔：《无政府社会——世界政治秩序研究》，第253页。

展有着重要影响，再加上欧盟、东盟等的出现和发展等，这些都体现出了国际体系中的共同体逻辑。而且，国际体系中大国之间的合作日益增多，G8、G20、金砖国家组织等大国机制的出现，亦是制度均势的外在表现。随着大国之间相互依赖的加强，实现国际体系的持久稳定与和平需要大国之间的相互协调与沟通。当前，尽管从整体实力分布上看，美国处于绝对的领先地位，但不得不承认欧盟的不断发展、中俄印等新兴大国的不断崛起，使冷战后的世界更多处于一种"准"多极的均势体系之中，这里的均势不只指代军事、政治力量，还包括经济、社会、国际组织等的发展。联合国、G20 等机制的不断完善，不仅为大国之间相互沟通、合作提供了平台，而且合作、协调、协商等也日益成为国与国之间的主要规范。但是，1815—1854 年的欧洲"大国协调"逐渐走向了"大国结盟"，最终引发了第一次世界大战。由此，在多极体系下，更好地处理大国之间的协调关系，使其朝着制度均势、共同体体系的方向发展，无疑对当前国际关系的理解具有深远意义。

其一，在当今国际体系之下，大国仍然具有实际和潜在的作用。相对于 1815—1914 年的多极体系，当前的国际关系无疑更为公正、平等，小国在国际社会中的发言权也更大。然而，这与大国在当前国际体系中所具有的实际和潜在作用并不矛盾。一方面，大国仍然是国际体系的主导性力量，决定和引领着世界的发展方向；另一方面，尽管在联合国、欧盟等组织中小国与大国具有同等地位，但这并不意味着大国影响力的削弱，其潜在的角色扮演与态度对世界发展仍有举足轻重的影响。换句话说，大国并不只是简单地通过赤裸裸的权力或军事实力，把秩序强加于弱小的国家，而是大国自身的角色和管理作用被体系中的小国认为具有合法性。从这个意义看，国际体系的稳定与国家关系的协调与否与对大国的关注密切相连。

其二，更好地实现大国关系的管理，是实现国际体系良性发展的基础。大国管理不仅包括大国的自我管理，即自我约束，还包括对大国关系的管理，即承认其他国家发展的权利，承认相互依赖，而不只是完全以自我利益为中心。霍布斯主义、康德主义、格劳秀斯主义分别代表了现代国际体系的三种状态：国家之间的战争与斗争、超越国家边界的跨国联合与冲突、国家之间的合作与有规范的交往。当前，国家之间的合作与基于规范的交往已经部分实现，但延续这种良好的发展趋势是实现国际体系良性发展的基础。大国的自我克制或自我约束是国际体系良性发展的前提，如果体系内大国缺少自我约束，则不仅体系内小国的生存会受到威胁，而且极有可能造成国际秩序的混乱与冲突。此外，在大国自我约束的前提下，实现体系内大国关系的协调还需对大国关系进行有效管理。这种管理更多的是一种对大国的外部约束，即体系内行为体对某大国的偏离行为进行遏制或纠正。

其三，实现当前国际体系下的多元文化协调是未来国际体系平稳运转与良性发展的关键。在18—19世纪的欧洲国际体系中，共同的文化是维持均势和秩序、促进大国合作的重要因素，这种共同文化不仅指那种有助于增进相互沟通的共同思想、传统和理念，也指那种有助于缓和双方利益冲突的共同价值观念。[①] 从这个意义看，当前国际体系并不具备1815—1914年的共同文化基础，在一个多文化的体系中，实现大国之间的协调面临更多的挑战，首当其冲的是不同的价值观念。尽管意识形态已经不是大国之间处理关系的决定要素，但内在价值与传统理念的差异仍是阻碍大国之间合作的因素。未来，如何实现不同大国之间的协调与合作，共同内化有利于合作而非冲突的自我克制、合法性、一致性等规范，是影响国际体系发展方向的重要课题。

（作者为南京大学历史学院、国际关系研究院 2017 级博士研究生）

---

① 〔英〕赫德利·布尔：《无政府社会——世界政治秩序研究》，第99—100页。

战争的精神源流

——阿伦特《极权主义的起源》中关于个体与意识形态的历史反思

何世韬

一 反犹意识形态与犹太个体

二战后，历史学界的主流，对于 20 世纪前期在欧洲普遍出现的排犹运动、纳粹的犹太人集中营和作为种族灭绝手段的"最后解决方案"等现象，多认为犹太人是纳粹临时"随意挑选"的对象团体，是纳粹使其作为在对内宣传上迷惑大众、煽动种族主义情绪，达到自己目的的"替罪羔羊"。[①]然而阿伦特认为事实并非如此。对于反犹主义，应当在整个欧洲的经济、政治和社会文化的背景下加以理解。欧洲在 17—20 世纪发生的变化，以及犹太人本身的特殊情况，使反犹意识形态在欧洲主要国家成为可能。犹太人个体才会在反犹意识形态的迫害下，毫无招架之力。

反犹意识形态，尤其是作为导致"最后解决方案"的现代反犹意识形态的形成，并未经过一个非常漫长的历史过程。犹太人作为一个拥有共同

---

① 战后德国爆发的"历史学家之争"和"戈尔德哈根辩论"对此有详细论述，主要分为左右两派。具体参见范丁梁《复杂语境中的德国"历史学家之争"》，《史学理论研究》2013 年第 1 期。

血统和信仰的群体，在以色列建立之前，并没有自己的民族国家，而是作为少数人，散居在各个国家。因此虽然其定居历史悠久，但是在所在国都并未获得真正的民族认同。随着欧洲民族国家的兴起和资本主义的对外扩张，犹太人经济地位的变化，间接导致了其政治地位的变化，从而在社会文化的情境之下，民众对其看法也产生了变化。

17—18 世纪，犹太人以从事传统金融行业为主要谋生方式。因为犹太人在欧洲散居的特性，其金融的国际化程度较高，稳定性也较强，一些家族得以被所在国家重视，在其商业部门中有了一席之地。① 犹太人定居的历史较长，大多在所在国取得了政治上的公民地位，但随着欧洲国家民族意识的渐渐觉醒，民族同一性成为公民政治地位的首要条件。犹太人也认为其与各民族的差别不在于信仰，而在于"内在天性"。② 因此犹太人被孤立。

在资本主义全球扩张的过程中，数量稀少的犹太人无力直接参与，非犹太商人逐渐取代了犹太商人在政治上的地位。此时的犹太人，仍然固守暴利、高门槛而低雇佣人数的传统金融行业。由于其未加入新兴的工商业，没能和国家经济发展融为一体、相互促进，犹太人未能形成一个独立的拥有政治权力的阶级，而是作为独立的个体存在。在此过程中，不仅各国政府未采取措施使犹太人直接同化于所在国家，而且犹太人自身也无和所在国家的主体民族进行同化的迫切要求。③

出于上述原因，犹太人没有大规模的阶层流动能力，而且犹太人的内部分化极为严重。只有极为优秀的个体犹太人，才能被主流社会接纳。而其犹太气质，则必为社会所强调，使其作为"受保护者"，与无法被接纳的犹太人分隔开。犹太身份和社会身份极度撕裂，于是身为犹太人就变成一种"罪过"。④ 同时，对历史的刻意书写也污染了社会意识。反犹历史学家

---

① 关于犹太人的社会地位问题，19 世纪鲍威尔、马克思等人已有过论述，当代相关学术论述可见由山东大学主办的《犹太研究》刊物以及徐新《犹太文化史》（北京大学出版社，2006）、英国学者塞西尔·罗斯《简明犹太民族史》（黄福武、王丽丽译，山东大学出版社，2005）等著作。

② 国内相关论述参见罗晓静《中世纪西欧与犹太人的经济纠葛》，《佳木斯大学社会科学学报》2004 年第 3 期；石竞琳：《欧洲基督教世界反犹主义的历史原因》，《历史教学问题》2010 年第 3 期。

③ 相关论述可见于〔德〕格茨·阿利《希特勒的民族帝国》，刘青文译，译林出版社，2011；〔德〕克劳斯·费舍尔：《德国反犹史》，钱坤译，江苏人民出版社，2007；等等。

④ 〔美〕汉娜·阿伦特：《极权主义的起源》，林骧华译，三联书店，2008，第 128—132 页。

甚至是犹太历史学家，在历史书写中大量呈现犹太人和异教徒的暴力行为，① 这让犹太人认为自己的隔离状况完全是因为异教徒的仇视和缺乏启蒙，是完全被动的。这些关于犹太人的历史著作认为，犹太人在失去自己的领土后，孤立无援必须依靠非犹太当局的保护，受难往往是必然的。而在犹太传统中，受难被理解为殉道，犹太人自愿和基督世界隔离。

于是作为少数人口的犹太人，坐拥大量财富，却失去了至关重要的政治权力。而传统的金融业体系，又限制了犹太人与其他民众的联系，使民众认为犹太人是利用金钱操纵政府的幕后黑手。1894 年出现的德雷福斯事件②，可被视为社会上述认识的反映。

因此，在社会生活中，犹太人群体与犹太人个体之间，犹太人与其他公民之间，出现了巨大的分裂。犹太人的财富与政治权力、社会影响力处于完全不平衡的状况，其拥有公民权，却失去了作为共同体一员的人权，犹太人在民族国家的政治共同体当中，处于"失语"状态。这样，受到大量民众支持的反犹意识形态，和被分化瓦解、主动逃避同化、认为犹太身份是一种罪的犹太个体的张力就形成了。

二 帝国主义意识形态与弱势民族个体

帝国主义起源于殖民主义。在 19 世纪后 30 年，欧洲主要国家的民族国家制度和其经济、工业的发展需要不匹配，之前把权力交给国家、仅追逐经济的资产阶级，开始追逐政治权力，以满足自己的经济利益。因此帝国主义就诞生了，其最大的特点是"为扩张而扩张"的权力政治。帝国主义不是入侵某个民族并进行征服，也不同于罗马帝国"万民法"的统治模式，帝国主义时代的强权政治，特点是无限追求强权、无特定的民族和领土目标，因此是不可预测的全球性利益。③

① 相关论述参见 Jacob Katz, *Exclusiveness and Tolerance: Jewish Gentile Relations in Medieval and Modern Times* (Springfield: Behrman House, 1962)。
② 德雷福斯事件作为之前被历史学界低估的政治事件，相关论述和史料梳理参见〔美〕迈克尔·伯恩斯《法国与德雷福斯事件》，郑约宜译，江苏教育出版社，2006。该书作者为德雷福斯事件的研究专家，已出版了数本有关德雷福斯事件的著作。
③ 张红《论罗得斯的扩张帝国主义》（《学海》2015 年第 2 期）对帝国主义扩张心态有详细阐释。

　　帝国主义的"为扩张而扩张"，使对殖民地的统治并不是为了本地区的"统治"，而是为了扩张。作为海洋帝国主义的英国，控制埃及是为了打开通向印度的新航道，而控制南非是为了控制好望角这一贸易中转站，它们都只是扩张的基石。这使得当地的社会氛围形成了一种超然态度，摧毁了共同的利益争夺（剥削与被剥削、压迫与被压迫的人们，都本应争夺一些共同利益），这就是旧殖民主义和帝国主义的不同。于是殖民地形成了一种混杂的统治形式，既不是占领，也不是撤离殖民地，法律具有稳定性的特点，它本应寄托于非临时的、具有一致性的社群，采取"人人平等，一切服从法律"的原则，因此民主和法制不可能用于一个民族统治另一个民族。①

　　正因为如此，种族主义超出了国界，殖民地出现了南非欧洲暴民的种族观念泛滥现象，以及埃及、印度的官僚政治不相信法律，只相信自己的统治力和法令的现象。帝国主义国家为了资本的高额回报，放弃了资本主义正常发展导致的解放奴隶和平均主义。

　　种族主义在帝国主义的语境下出现，体现为刻意在人类之间进行的区分。其一贯否定各民族平等和团结的原则，并宣称种族超越国界。帝国主义国家使用官僚政治的形式，将权力集中在少部分的官僚手中，对弱势民族进行统治，摧毁了人类平等的理念，实质是仅在本民族内提倡平等。

　　与此同时，大陆帝国主义也在欧洲内陆蔓延。中、东欧诸国没有海外扩张的机会，因此希求在大陆扩张。大陆帝国主义不允许殖民地与宗主国的方法和制度有所不同，但其和海外帝国主义一样蔑视"民族国家"这种狭隘性。它假定"个人的灵魂是一般民族特性的体现"，联合同一民俗起源的民族，吸收了种族思想的传统，因此比海外帝国主义在理论上发展得更快，但也更缺乏对经济的兴趣。因此掀起了"泛"运动（pan-movements），利用民族自决权的意识形态，为大陆帝国主义服务。泛日耳曼主义在奥地利以学生运动开始，而俄国知识分子则大多有泛斯拉夫主义的倾向。②

　　海外帝国主义为一切阶级的渣滓提供流放场所，即海外殖民地。而大陆帝国主义除了意识形态和运动外，很少能为这些人提供发展的机会，于

_____

① Ankie Hoogvelt "The History of Capitalist Expansion" [*Globalisation and the Postcolonial World* (London：Palgrave Press，1997)] 对资本主义扩张进程中对亚洲、非洲的殖民方式有较为详细的梳理。

② 〔美〕汉娜·阿伦特：《极权主义的起源》，第315—328页。

是大陆帝国主义以超越法律的意识形态和运动方式，成功地组织起了党派外的民众。

在民族与国家的关系上，帝国主义意识形态认为，国家最高职能是保护境内一切民族的一切居民，且有至高无上的法律机构。但是只有民族国家的"民族的成员"才能成为公民。这意味着国家从法律的执行者变为民族的工具。民族概念征服了国家概念，很大程度上是因为君主专制的垮台，以及占当地民族人口大多数的中下层阶级权力的提升。而中下阶层最大的身份认同在于其民族性。因此，民族平等的信念被抛弃，人权的概念没有从政治身份中剥离。人权的保护者，从宗教和社会等力量，变成了民族政府。这对在民族国家之中和之外的弱势民族个体来说，无异于在人权上受到了损害。

在帝国主义意识形态产生和发展的过程中，弱势民族的人权从具有共同利益的集体保护，过渡到受国家保护。而在民族国家的框架下，弱势民族作为个体的社会和法律地位难以得到保障，"民族平等"的信念被破坏，弱势民族的个体人权得不到有效保障。

三　极权主义意识形态与无阶级的群众个体

暴政、法西斯主义、威权与真正的极权主义意识形态的区别在于，暴政和法西斯主义并未超越传统的国家概念，而极权主义则拥有世界野心，只有通过席卷世界的运动，才能使极权统治持续下去。即使是创立"极权主义"这个词的墨索里尼，也没有尝试过建立一个完全的极权主义政权，即完全满足于个人专制，而不是建立和纳粹德国相同的"意识形态国家"。暴政会使人民生活艰难，它仅禁止个体在公共领域的发声。但是极权主义政权则以大量人口的损失作为政权的保障，在私人领域，也完成了对个体的禁言。法西斯主义国家的政治犯人数很少，判刑也轻，而极权主义国家则恰恰相反。极权主义国家必须拥有大量人口，才能满足极权运动发展产生的人口代价。威权限制个体的自由，而极权主义摧毁个体的自由，甚至消灭人的一般天性，以满足对纯粹意识形态虚构的世界毫不动摇的信念。[1]

---

① 〔美〕汉娜·阿伦特：《极权主义的起源》，上述区别分别在序言第18页及正文第329、
511页。

极权主义的出现，除了吸收反犹主义与帝国主义的因素外，也伴随着无阶级的群众（the mass）的壮大。民主和自由，是以公民在法律面前平等为基础，但只有当公民从属于一个利益团体或阶级，并为之互相保护时，民主和自由才能发挥功能，产生意义。然而，随着 19 世纪欧洲的阶级结构被打破，人们的共同利益被削弱，失去了共同目标。陌生人之间的社会关系变得寡淡，社会关系中互相保护的社会责任也变得无足轻重。于是他们在政治上变得中立，因此被极权主义运动看中、吸收，使其不断开展运动，形成瓦解政府的态势。实质上，极权主义运动除了夺权外，根本没有确切的政治目的。因此极权主义运动积极地瓦解议会政治和政党体制。在这期间，"多数压倒少数"的民主制度，反而成为极权主义运动瓦解"民主"和"自由"信念的工具。

在极权主义的宣传中，世界被分为两部分，极权主义的一方和其他世界。非此即彼的概念，使得细微差别和多元化概念失去了价值，形成一个虚构的世界。由于个体之间的孤立状况，无阶级的群众个体并不分享彼此的感受和经验，因此无法形成真正的"交流"，即相互验证的机制，极容易被极权主义的宣传工作所迷惑，被群体的"一致性"所鼓动，从而模仿极权主义的虚构世界所设定的规则。

在极权主义的组织中，"洋葱结构"起到了关键作用。极权主义运动的"同情者"，作为在群众与极权主义党派成员之间的夹层，发挥了将党派成员与现实世界隔开的重要作用。"同情者"被极权主义党派成员当作其认识现实世界的标准，认为自己正在进行的运动与正常的现实同步。而看起来比较正常的"同情者"，又充当了外部世界从极权主义内部获取信息的重要途径，因此蛊惑了外部世界。依此类推，在极权主义内部，人们被分隔为一层层的"洋葱"，既起到了防止内核成员接触现实的作用，又起到了让外部成员为虚构世界蛊惑的作用。① 秘密社团的建立，更加促进了人们对于极权主义的崇拜。所有成员必须证明自己不是受排斥团体的一员，才能加入秘密社团。因此秘密社团的身份本身是一种荣耀，其内部有严格的规范和

---

① 〔美〕汉娜·阿伦特：《极权主义的起源》，第 471—485 页。

集体主义的温暖，使得社团成员团结一致。① 极权政府使用警察、军警作为权力统治的唯一工具，并通过不断更换其领导人和设置相互竞争的机构来进行监督。没有人在这个体系中是绝对安全的。② 这种恐怖手段，使得极权政权的地位更加稳固，更容易塑造虚拟世界。

极权主义的权力渴望在于获取组织力，而并不在于物质财富和名望的荣耀。无阶级群众个体，因为其被原子化孤立的性质，渴望融入一个共同团体，因此易为极权主义运动所吸收。但是极权主义运动为了获取组织力，极力排斥其独有的个人特质。于是，极权主义对其他族群展开攻击，实行种族灭绝，同时在运行原则上蔑视法律，以运动的法则支配国家发展。这不仅摧毁了其他族群的肉体，实际上也摧毁了本国公民的公民权，使其失去了原有的法律保护。

极权主义的意识形态，在 19 世纪的阶级结构被打破，在人们缺乏共同利益、难以形成纽带关系的"孤立"状态下，以共同团体为诱饵，吸引了无阶级的群众加入极权主义运动。利用其政治的中立性，大肆破坏具有意见讨论和利益代表特征的国家议会政体和政党制度。极权主义宣传所构建的虚拟世界、"洋葱"式的组织模式大大削弱了极权主义参与者对现实世界的感知力，而秘密社团和警察制度，则使参与者沉浸在狂热和恐怖两种情绪中。极权主义意识形态下的无阶级群众个体，因此失去了自我的特质，在参与极权主义运动的同时，失去了自身的人权。

四　个体与意识形态的反思："恶的平庸性"与公共领域的构建

极权主义利用、吸收了反犹主义和帝国主义的要素，在经济、政治和

---

① 笔者所找到的相关材料中，有一本法语著作。Werner Gerson, *LE NAZISME SOCIÉTÉ SECR-ÈTE* (Paris: Productions de Paris, 1969)。结论部分和本文所述基本一致。

② 纳粹德国的情况可见于 Yaacov Lozowick, *Hitler's Bureaucrats: The Nazi Security Police and the Banality of Evil* (New York City: Continuum, 2005) 和 George C. Browder, *Foundations of the Nazi Police State: The Formation of Sipo and SD* (Lexington: University Press of Kentucky, 1990)。斯大林时期苏联的情况可见于 Derek Watson, *Molotov and Soviet Government: Sovnarkom, 1930 - 41* (New York City: St. Martin's Press, 1996) 和 Stephen G. Wheatcroft, "Victims of Stalinism and the Soviet Secret Police: The Comparability and Reliability of the Archival Data-Not the Last Word," *Europe-Asia Studies*, 51 (1999): 315 - 345.

社会文化的影响下，私人领域逐渐被公共领域吞噬，人与人之间的关系改变了，一些种族变得天生就高于另一些种族，相同种族起源的人，变得天生就有关联，但是关联思想的背后，却隐藏着暴力和毁灭的种子。意识形态形成之后，在人变成孤立的个体的状况下，开始践踏人权。

二战和集中营的毁灭性后果，促使阿伦特展开了对于极权主义的思考。以这种思考为起点，阿伦特形成了自己的一套关于意识形态与个体的理论。

从个体层面而言，阿伦特认为人被意识形态奴役和利用的缘由，在于"恶的平庸性"。

由于社会的个体化，要想重新建立联系、摆脱孤独，就必须遵循一定的规则，遵循一定的评价体系。参与反犹主义活动、帝国主义下的种族主义活动、极权主义运动甚至是屠杀活动的人，完全符合当时的社会环境或组织给予的规范，而且越努力参与，就越能获得奖赏。反而是唤醒人性的东西，成为一种罪恶，因为这是违背规范，可能会受到惩罚。"恶的平庸性"就在这里，即使是正常的人，也会无意识地做出符合规范、履行自己责任的事情，而不去考虑规范是否有违人性。① 在当时他也不认为自己是出于邪恶的动机，但其行动，在现代和人权的角度下，确实是邪恶的。由于规范要求行动来证明，普通人只需要用符合规范的行动，就可以证明自己正常的，而不需要思考，于是可以不去思考。同样，反犹主义浪潮中的犹太人个体、帝国主义浪潮中的弱势民族个体、极权主义浪潮中的无阶级群众个体，会认为自己如果按照规则行事，就可存活，因此极少抗议或拒绝合作。形成之中的意识形态，不会提前公布行动的目的，而没有抵抗的个体，则使得意识形态的信徒继续做"符合规范"的事，将个体折磨致死。缺乏思想并不等于愚蠢，却比愚蠢邪恶百倍，"在政治上，服从和支持是一回事"，保持沉默，就意味着赞同。②

---

① Hannah Arendt, *Eichmann in Jerusalem*, *A Report on The Banality of Evil* (New York City: The Viking Press, 1965), p. 135.

② 对于极权主义精神的分析，尤其是针对纳粹德国时期，目前欧美学界有许多成果。Eric A. Zillmer et al., *The Quest for the Nazi Personality: A Psychological Investigation of Nazi War Criminals* (London: Routledge, 2015); Florence R. Miale ed, *The Nuremberg Mind: The Psychology of the Nazi leaders* (New York City: Quadrangle, 1975); Nick Joyce, "In Search of the Nazi Personality," *Monitor on Psychology*, 40 (2009). 上述研究引用了二战后多位美国心理学家对纳粹官员的心理鉴定，其结果为官员们心智完全正常，没有精神紊乱的症状。

　　某一单一种族构成的团体，自身的团结对防范极权主义作用并不显著。德国人对犹太人的屠杀，更多意义在于其对每个犹太个体所犯的罪行，而非对整个犹太种族。没有人能保证，犹太民族在某一天，也会对身处在周围的非犹太个体进行屠杀。德国人杀死犹太人，和犹太人杀死德国人，其实没有正邪之分，"杀"本身无疑是一种邪恶。

　　阿伦特认为，邪恶的根源在于平庸。无论我们从历史中学到多少，都无法预见将要发生的事，因此也无法阻止将要发生的事。没有人有足够的确定性认为自己是绝对正确的，能完全符合当下的社会条件。即使是专家的知识性，也无能为力。没有人知道过去对未来的影响到底有多大，是随着时间慢慢消逝，还是成为历史的潜流，却影响深远。

　　阿伦特认为"恶的平庸性"是人性的一部分，但同样，人类拥有新生的能力，每一个生命的诞生，都带来独立判断的可能性，因此即使人类自由身处黑暗之中，也总有可能性的光亮涌现。

　　意识形态是人们各种观念的总和，源于社会存在。从意识形态的领域而言，哈贝马斯对阿伦特政治意识形态的构建，即阿伦特理论中的公共领域，进行了继承和批判。哈贝马斯认为，韦伯和阿伦特都认为权力形成于行动之中，但是对作为基础的行动体系模型，有不同见解。韦伯的权力观是目的论的，[1] 而阿伦特认为权力生成于交往行动。

　　阿伦特认为人的行动存在于私人和公共政治的领域之中，还存在于这两者交叉的社会领域。社会领域是人进行工作、学习等社会性活动的场所。在社会领域中，不平等是显而易见的，但是不能扩散到私人和公共政治领域。[2] 现代社会中，社会与政治难以分离，之前处于私人领域的家务事和家庭的经济活动，现在出现在公共领域。这是之前公共领域完全不讨论的。经济和政治，作为一种互补关系，嵌入了资本主义的发展历程，阿伦特认为这是一种破坏性的混乱。现代社会的民主形式，以社会的一致性而不是以每个人独立的见解为根源和基础。随着经济的发展，个体话语和行动的政治性，被公共的代议权力湮没。

---

① Jürgen Habermas, "Hannah Arendt's Communications Concept of Power," *Social Research*, 44 (1977)：3.

② 〔美〕汉娜·阿伦特：《人的境况》，王寅丽译，上海人民出版社，2009，第32—44页。

结合哈贝马斯对阿伦特的批判①，笔者认为问题的突破口在力量（force）与权力（power）的区别。其表现为力量是人们在共同体之中，经过"意见"的交换，达成一致后所采取的行动。它提示我们掌握权力者的虚弱之处。有权者必须从人们"意见"交换之后的行动中获取权力，但是他们可以通过意识形态控制交往，产生出利于自己的行动。意识形态歪曲和取代了知识，作为一种变形的思维，强烈地扭曲了现实本来呈现的意义。

哈贝马斯认为阿伦特的"私人领域的经济和公共领域的政治难以在现代条件下分离"是正确的，但是其之后的"因此必须分开公共和私人生活"的观点过于武断，不应仅从表层的政治理念来理解，这样只会把这种无法分离的现象看作完全负面的。② 阿伦特欣赏一种去除了经济和社会议题的政治，一种激进的纯政治体系。但是哈贝马斯的答案并不是去除私人领域、片面强调公共领域中公民参政的重要性，而是在现代人的生活方式基础上，私人利益可以纳入讨论范围，让公民形成囊括私人领域的法律共同体，并用法律实现对政府的约束。

那么如何使每个人的独立思考性突破各种的围困和分化？笔者认为是法制系统下的成熟、独立的交往机制及之后产生的价值的多元化，即尊重每个人合乎法律的价值。阿伦特所提倡的自我独立思考是非常困难的，因为在人生活的社会环境之中，每个人的社会意识构成了社会的总体意识，社会的总体意识又反馈在每个人身上，所以很难有真正的独立思考。即使有，当需要用"行动"来配合时，个体仍然必须配合大多数，虽独立思考确实不需要"高超的智商"，但是"只需根据自己的判断行事"对于一个社会人来说仍是十分困难的。

在这个困境之中，哈贝马斯成功地解构了阿伦特。阿伦特认为"知识"和"意见"的鸿沟太大，无法通过交往，即人们在共同体之内的讨论进行弥合。那么以"意见"为基础的权力，必须找到自己的合法性。阿伦特将合法性的生成放置在社会契约上，而不是自己的行动理论，即人们通过交往后进行的行动，生成了权力，这就和自己对于权力合法性的解释自相矛

---

① Jürgen Habermas, "Hannah Arendt's Communications Concept of Power," *Social Research*, 44 (1977): 18.

② Jürgen Habermas, "Hannah Arendt's Communications Concept of Power," *Social Research*, 44 (1977): 14.

盾。哈贝马斯认为，如果阿伦特要使得自己的理论不自相矛盾，就必须放弃"知识"和"意见"的不可逾越性，将它们尽可能地靠近，也就是哈贝马斯本人的交往行动能达成权力。如果一定要强调两者的不可逾越性，就无法使用自己的行动理论。如果要使用行动理论，将其和"意见"的交往结合起来，去保卫权力形成的纯洁性和政治自由，就必须使"意见"向"知识"推进，无论付出多大的努力，因此公民教育十分重要。哈贝马斯认为阿伦特不能拘泥于数千年前的古希腊政治理论，对于留存在当今的传统政治理念，要仔细甄别它们是否全部符合当今的发展基础。①

作为共同体的公民的责任，是保护同一个共同体内部公民的人权。人们只有保证彼此的平等权利，才能作为一个团体的成员而获得平等。当人们没有共同的需要和目标的时候，就会被孤立，并深深地体会到这一点。这种孤立的状态和孤独的感受都削弱了他们的政治权力，促使他们加入其他可以团结他们的团体。人们用这种方式，自杀性地逃避孤独。

宪法给予了公民选举的权利，同时也需要给予他们更多的公共空间来进行表达和交换意见。公民权利生成于日常的交往行为之中，不仅要获取作为公民的政治权利，还要行使公民的义务，积极参与到行动中去，实现自己的公民身份。在这个角度上，笔者认为只有通过法制下的多元价值和成熟、独立的交往机制，双方相互促进和补充，才能真正保卫政治的自由，将"恶的平庸性"转化为善的积极性，防止极权主义的再度入侵。

五　结语

阿伦特通过剖析反犹主义、帝国主义和极权主义，认为这三种意识形态是引导各自历史的动因，反犹主义来自社会总体的心理状况，帝国主义来自社会总体的结构状况，极权主义利用了这两者的要素，搭建了自己的意识形态和统治方式，却能够凭借独立于这些事实的意识形态，开拓新的历史，创造新的事实。在这个过程中，个体被意识形态孤立和利用，最终付出了代价。通过上述研究，可以得到如下几点结论。

---

① Jürgen Habermas, "Hannah Arendt's Communications Concept of Power," *Social Research*, 44 (1977): 16.

第一，反犹主义意识形态来自犹太人尴尬的地位。由于自身的民族、宗教和职业特殊性，在17—18世纪，犹太人拥有财富和些许特权。但是随着民族国家的建立和资本主义的扩张，加上自身没有形成一个稳定的阶层，犹太人失去了真正的政治权力及与其他阶层之间的社会联系。在这种情况下，民众和犹太人之间产生了巨大的裂痕，犹太人成为被社会排斥的个体。

第二，帝国主义意识形态来自资产阶级的"为扩张而扩张"，由此产生了种族主义和官僚政治，摧毁了民族平等的理念。与此同时出现的大陆帝国主义，掀起了"泛"运动，以意识形态的方式，成功地组织起民众。帝国主义时代民族国家体制的缺陷，使弱势民族作为个体，得不到大多数公民的认同，国家法律成为民族的工具，弱势民族个体的社会和法律地位难以得到保障，失去了人权。

第三，极权主义意识形态来自无阶层群众的壮大。19世纪的阶级结构被打破，人民之间的共同利益被削弱，社会关系逐渐寡淡，政治上变得中立，于是极易被极权主义吸收，促使他们开展运动，最终建立极权主义政权。极权主义的宣传、组织和秘密警察使无阶级群众个体失去了自我特质，在参与极权主义运动的同时，也失去了自身的人权。

第四，在个体层面，平庸性被阿伦特认为是邪恶的根源，个体为了摆脱被孤立的局面，需要遵循社会或组织的规则和体系，符合规范受到奖赏，违背规范则受到惩罚，被迫害的人也会配合规则，希望得到赦免。人只需要用行动而不是思想就能证明自己是"正常的"。个体的服从助长了极权主义的气焰，使个体的人被消灭。阿伦特认为只有每个个体进行独立判断，才能避免"恶的平庸性"。

第五，在意识形态层面，政治意识形态的构建，来自公共领域，其权力来自交往行动，阿伦特认为二战前公共领域和社会领域侵入私人领域，导致了极权主义。哈贝马斯赞同其分析，但认为其分离私人和社会领域的建议已不适应现代社会的发展，新的法律体系应当考虑道德和伦理，尽可能地使"意见"向"知识"靠近，使得公民在一个互相保护的法律共同体中行使权利并履行义务。

（作者为华东师范大学历史学系2017级硕士研究生）

"柏林犹太人大屠杀纪念碑之争"与德国的二战反思[*]

王丹妮

大屠杀是德国集体记忆的重要部分，在学者阿莱达·阿斯曼看来，我们正处于一个代际交替的时期，"许多关于大屠杀的鲜活记忆会随着大屠杀见证者的逝去而消失，我们的孩子将会在一个与大屠杀见证者再也没有直接接触的时代生活"。[1] 这里涉及的便是所谓的"交际记忆"（das kommunikative Gedächtnis）[2]，它多依赖接触式的口口相传的方式传承，在很大程度上受时间和具体环境的制约，这种记忆一般局限于约三代人之间即 80 年左右的传承。[3] 而另一种突破时间和环境制约的记忆形式则是"文化记忆"（das kulturelle Gedächtnis），它可以通过文字、建筑、艺术和习俗等形式固定下来而得以传承上千年。[4] 因此，随着时代见证者群体的消亡，将其所承载的"交际记忆"转换为"文化记忆"就更加迫切，纪念碑作为记忆媒介的重要性也因此凸显。阿斯曼这样总结纪念碑对于文化记忆建构的重要意义：

* 本文为国家社科基金重点项目"德国联邦议会与'记忆文化'建构研究（1990—2015）"（项目号：16ASS003）的阶段性研究成果。

[1] Aleida Assmann, Ute Frevert, *Geschichtsvergessenheit-Geschichtsvergessenheit. Vom Umgang mit deutschen Vergangenheiten nach 1945* (Stuttgart: Deutsche Verlags-Anstalt, 1999), S. 503.

[2] 亦译作"交流记忆"。

[3] Jan Assmann, *Das kulturelle Gedächtnis. Schrift, Erinnerung und politische Identität in frühen Hochkulturen* (München: Beck, 1992), S. 48 – 59.

[4] *Ibid.*

　　在这个代际交替、记忆的传承岌岌可危的转折点，记忆媒介在保存记忆和敦促纪念方面的重要性越来越突出。纪念碑具有独特的文化功能，它可以强调历史上的某一事件并将其内化至义务性的集体记忆之中……无论在内在外，纪念碑都是文化和政治认同的标志，并被用作国际外交范畴内纪念仪式的平台。①

　　位于柏林市中心的"欧洲被害犹太人纪念碑"因为其特殊的位置、独特的设计以及作为全国性纪念碑所具有的特殊象征意义，无论在德国的纪念碑博物馆传统中，还是在德国的记忆文化建构中，都占据着十分重要的地位。围绕其长达17年的争论也为窥见这一时期德国各界的历史反思思潮提供了宝贵的视角。

　　本文试图梳理在柏林建立"欧洲被害犹太人纪念碑"的前因后果及"柏林犹太人大屠杀纪念碑之争"的双方论点，借助记忆文化建构理论，简述这次论战对于德国二战反思文化的意义。

一　"欧洲被害犹太人纪念碑"建立历史背景

　　20世纪80年代，德国各地出现反思本地纳粹历史的民间组织，各种纪念碑也陆续在历史发生地竖立。联邦德国政府也计划在当时的首都波恩建立一个全国性质的纪念碑，以纪念在战争中丧生的民众。政府为这个纪念碑划出4万平方米的可用场地，但波恩市最终以场地不足为由拒绝了这一计划。联邦政府于是调整方案，计划建立一个"象征国家意志、德意志民族自我认同和可用于外交目的的"纪念碑。②

　　记者勒雅·罗什（Lea Rosh）最早提出在前盖世太保办公区——柏林市阿布雷契王子大街（Prinz-Albrecht-Straße）建立一个纪念欧洲被屠杀犹太人

———————————

①　Aleida Assmann, „Kommentar zum Leitvortrag Eberhard Jäckels, bei der ersten Sitzung des Kolloquiums am 10. 1. 1997 ", in: Ute Heimrod, Günter Schlusche, Horst Seferens (Hrsg.), *Der Denkmalstreit-das Denkmal? Die Debatte um das »Denkmal für die ermordeten Juden Europas«. Eine Dokumentation* (Berlin: Philo Verlag, 1999,) S. 615.

②　Miriam Haardt, *Zwischen Schandmal und nationaler Sinnstiftung: Die Debatte um das Holocaust-Mahnmal in Berlin* (Bremen: Universität Bremen, 2001), S. 14.

的纪念碑。她在 1988 年写道："在德国这个制造了历史上最骇人听闻的种族大屠杀的国度，至今还没有一个纪念被德国人谋杀的超过五百万受难者的纪念碑。"① 她要求在前纳粹核心机构旧址上建立一个"巨大的、难以被忽视的纪念碑"。②

1989 年 1 月 30 日，柏林民间组织"柏林视角"（Perspektive Berlin）③ 递交联名信，也要求在前盖世太保地带建立一个"显眼的被害犹太人纪念碑"。④ 他们在信中指出："纳粹夺权和对欧洲犹太人的屠杀已经过去了半个世纪。但是在德国的土地上，在罪犯的国度，至今还没有一个纪念这场史无前例的种族屠杀的纪念碑，也没有一个纪念受难者的警示碑。这是一种耻辱。"⑤

对此，1992 年 4 月 24 日，内政部、文化部和"欧洲被害犹太人纪念碑促进会"（下文简称"促进会"）协商后，决定将纪念碑建于柏林市中心的前总理府地带。1992 年 5 月，长达数月的"德国辛提人和罗姆人中央委员会"、"促进会"和"德国犹太人中央委员会"之间的公开论战进一步加剧。1994—1995 年和 1997—1998 年，由联邦、柏林市以及"促进会"组成的招标方前后举办了两次纪念碑设计方案招标。1996 年 5 月 9 日，联邦议院全体大会第一次正式对纪念碑这一主题进行了辩论。1997 年 1—4 月，联邦议院举办了三次座谈会探讨纪念碑的相关问题。1997 年 11 月，在由调解委员会和招标方组成的两级会议中，调解委员会最终推荐瓦恩米勒（Weinmiller）和艾森曼/塞拉（Eisenman/Serra）⑥ 的设计方案，招标方在接受这一建

① Lea Rosh, „Kriegsdenkmäler-ja, Holocaust-Denkmal-nein? ", *Vorwärts* Nr. 45 vom 05. 11. 1988, in: Ute Heimrod, Günter Schlusche, Horst Seferens (Hrsg.), *Der Denkmalstreit – das Denkmal? Die Debatte um das》Denkmal für die ermordeten Juden Europas《. Eine Dokumentation* (Berlin: Philo Verlag, 1999), S. 51.

② *Ibid.*

③ 一年后扩展成为全国性的机构"欧洲被害犹太人纪念碑促进会"（Förderkreis zur Errichtung eines Denkmals für die ermordeten Juden Europas）。

④ Ute Heimrod, Günter Schlusche, Horst Seferens (Hrsg.), *Der Denkmalstreit – das Denkmal? Die Debatte um das》Denkmal für die ermordeten Juden Europas《. Eine Dokumentation* (Berlin: Philo Verlag, 1999), S. 27. 以下缩写为 Ute Heimrod 1999.

⑤ Perspektive Berlin, „Erster Aufruf der Bürgerinitiative ‚Perspektive Berlin' an den Berliner Senat, die Regierungen der Bundesländer, die Bundesregierung", Anzeige in *FR* vom 30. 1. 1989, in: Ute Heimrod 1999, S. 54.

⑥ 此时还是"艾森曼一号方案"。

议后还将里伯斯金（Libeskind）和格尔茨（Gerz）的作品加入了最终的
"可行性评选"。社会各界再次爆发了关于修建纪念碑的必要性和四个入选
方案的合理性的争论。1999 年 6 月 25 日，联邦议院决定采纳"艾森曼二号
方案"，外加一个"资讯处"（Ort der Information）。2003 年 4 月 1 日，纪念
馆终于动工兴建，并于 2004 年 12 月 15 日完工。2005 年 5 月 10 日，经过
17 年的争论之后，柏林举行了"欧洲犹太人大屠杀纪念馆"落成开放仪式。
大屠杀纪念馆成为柏林的重要地标，每年参观人数约为 50 万人次。①

二　"大屠杀纪念碑"之争的各方论点

史学界普遍将 1988 年要求建立大屠杀纪念碑提议的提出至 2005 年纪念
碑落成期间关于纪念碑的争论统称为"大屠杀纪念碑之争"。这次争论主要
集中于三个问题：是否有必要建立这个纪念碑？这个纪念碑是用来纪念谁
的？纪念碑应该具有什么外观？

1. 关于是否建立纪念碑的争论

阿斯曼说过："受难者和施害者在对作案经过的记性好坏上具有明显的
不对称性，尤其后者对自己罪行的健忘长期以来让我难以忍受。"② 要求建
立大屠杀纪念碑的各种倡议中均强调：在制造了大屠杀悲剧的德国没有一
个纪念被屠杀的六百万犹太人的纪念碑是一种耻辱。历史学家埃贝哈德·
耶克尔（Eberhard Jäckel）也指出："只要还有纪念其他更不重要的事件的
纪念碑存在，为被害犹太人建立一个纪念碑就不应该被质疑。"③

支持建立纪念碑者普遍认为建立一个大屠杀纪念碑是理所应当的，不
需要太多解释。与之相对，反对建立纪念碑的理由则各种各样。

首先，建立一个核心的纪念碑被认为会降低其他已经存在的纪念碑的
意义及其工作人员的工作价值。作家与时事评论员托马斯·施密特（Thom-

---

① 数据来源于"欧洲被害犹太人纪念碑"官方网站，https://www. stiftung-denkmal. de/denk-
maeler/denkmal-fuer-die-ermordeten-juden-europas/besucherzahlen. html。

② Aleida Assmann, „Kommentar zum Leitvortrag Eberhard Jäckels, bei der ersten Sitzung des Kollo-
quiums am 10. 1. 1997", in: Ute Heimrod 1999, S. 615.

③ Eberhard Jäckel, „Leitvortrag auf der ersten Sitzung des dreistufigen Kolloquiums vom 10. 1. 1997",
in: Ute Heimrod 1999, S. 609 - 612.

as E. Schmidt）指出："一个具有国家象征性质的纪念碑的存在会压低其他纪念场所的地位。"[1] 最初，要求建立犹太人大屠杀纪念碑的一个论点便是：德国至今没有一个纪念纳粹受害者的场所。这样的说法不仅否定了包括集中营纪念馆在内的众多当时已有纪念场所的存在意义，也使这些场所的工作人员感到自己多年的付出受到了贬低和忽视。[2] 而且，众多纪念场所因为资金困难而面临闭馆，犹太人大屠杀纪念碑却有超过 1500 万马克的资金支持。[3] 其位于柏林正中心的市值达 2 亿马克的地皮也由政府免费提供。[4]

其次，很多政治家提出，比起竖立一个象征性的纪念碑，不如将这笔资金花在具有实用价值的项目上。联盟党政治家威廉·塞巴斯蒂安（Wilhelm-Josef Sebastian）建议可以用建立纪念碑的资金成立一个德以青年工作室，柏林"恐怖地带"基金会主任和柏林犹太社团主任安德烈亚斯·纳恰玛（Andreas Nachama）则建议建立一个犹太教、基督教、穆斯林教三教共存的高校，匈牙利作家季月阁·康德拉（György Konrád）建议修建一个带有儿童游乐场的公园，自民党议员希尔德布莱希特·布劳恩（Hildebrecht Braun）则在联邦议会大会上申请建立一个国际化的犹太大学。

纪念碑反对者还提出一个问题：在历史发生原地是否还需要具有象征意义的博物馆？很多人认为德国作为迫害者的国度，对受害者的纪念方式应该与其他国家不同。比如德国既然是大屠杀的发生地，就不用像美国、以色列等需要建造一个仅具有象征意义的大屠杀博物馆，力图通过各种多媒体影像重现大屠杀历史。联邦国防军大学教授米歇尔·沃尔夫佐恩（Michael Wolffsohn）称：

> 在作案者的国度有的是纳粹罪行的犯案现场，因此德国不需要一个中心纪念碑。以色列和美国需要纪念碑和纪念馆，因为在他们的国

---

[1] Thomas E. Schmidt, „Auf der schiefen Ebene", *Frankfurter Rundschau* vom 13. 07. 1995, in: Ute Heimrod 1999, S. 467.

[2] Miriam Haardt, *Zwischen Schandmal und nationaler Sinnstiftung: die Debatte um das Holocaust-Mahnmal in Berlin* (Bremen: Universität Bremen, 2001), S. 41.

[3] *Ibid.*

[4] Henryk M Broder, „Gedenkstätten Deutschmeister des Trauerns", *Spiegel* vom 17. 04. 1995, in: Ute Heimrod 1999, S. 431. 亦可见 http://www. spiegel. de/spiegel/print/d – 9180810. html, 最后访问日期：2018 年 8 月 14 日。

家并没有可以用来纪念六百万被害犹太人的真实历史发生地。德国对受害者的纪念应该在迫害者作案原地举行，在那里人们可以最真切地感受到纳粹恐怖统治的暴行。[1]

还有学者提出，建立一个象征性的纪念碑是对真实历史发生地历史价值的贬低，甚至危害历史真相的保留。政治学家于尔根·迪特贝尔纳（Jürgen Erwin Dittberner）写道："只要还没有为备受争论的柏林大屠杀纪念碑花掉一马克，只要在这个作案者的国度，纳粹受害者受难的历史发生地还没有荒废，真正的历史就还有机会被保留。"[2]

反对者提出的另一个问题便是：建立这个纪念碑到底是德国人自己的意愿，还是迫于他国压力？很多人认为德国建立纪念碑很大程度上是受其他国家舆论和外交压力的"强迫"。记者兼时事评论员史蒂芬·雷奈克（Stefan Reinecke）写道："赫尔穆特·科尔（Helmut Kohl）不久前宣告，德国需要建立这个警示碑，因为美国东海岸是这样期望的。在所有要求建立警示碑的论点中，这个是我听过的最愚蠢的……建立警示碑的原因只能是纯粹地来自德国的原因。"[3] 由此，纪念碑的建立事宜从更深层面触及了德国的国家主权这个敏感话题。《明镜》编辑鲁道夫·奥格斯坦（Rudolf Augstein）称这个位于柏林市中心的"庞然怪物"是"对慢慢重新获得的国家主权的否定"："人们可以预感到，这个耻辱柱是对首都和在柏林刚刚形成的新德国的反对。但即便已经心力交瘁，人们还是不敢在美国的舆论压力和强势的司法压力下反对在柏林市中心建造这样一个庞然怪物。"[4]

最后，很多学者担心纪念碑的建立会使很多人认为纪念历史的任务已经完成，从而加快对纳粹罪行的遗忘，最终导致纪念的终结。《明镜》1995

---

[1] Ws. „Weniger Geld für KZ-Gedenkstätten-Direktor: Schließung möglich, Kritik am Berliner Holocaust-Denkmal", *FAZ* vom 28.06.1995, in: Michael Jeismann（Hrsg.）, *Mahnmal Mitte. Eine Kontroverse*（Köln: DuMont Verlag, 1999）, S. 103.

[2] Dittberner, Jürgen, „Schauer einer fernen Zeit", *Tagesspiegel* vom 03.01.1995, in: Ute Heimrod 1999, S. 234.

[3] Reinecke, Stefan, „Der einzig mögliche Weg", *Tageszeitung* vom 26.08.1998, in: Ute Heimrod, 1999, S. 1122.

[4] Augstein, Rudolf, „Wir sind alle verletzbar", *Spiegel* vom 30.11.1998, in: Ute Heimrod 1999, S. 1174.

年的一篇评论写道:"建立纪念碑一直以来被视为一种历史化的开端,而且这一过程不可逆。不久之后德国人就可以发问,我们为什么还需要纪念,我们现在不是都有纪念碑了吗?"[1] 托马斯·施密特也指出,纪念碑"为难以描述的情感提供了一个具体的图像或形状,而恰恰通过这种具象,记忆开始慢慢平息并消失"。[2] 建筑师所罗门·科恩(Salomon Korn)虽然不反对纪念碑的建立,却认为一个全国性质的纪念碑的落成可能给人带来一种从历史罪行中解脱出来的错觉:"纪念碑具有象征功能……象征性质的纪念碑至少可以接替一部分集体已经无法实施的记忆工作……当记忆被具化在纪念碑之中,它就对每个人都可见了。个体的记忆被解放了,人们便可以心安理得地去遗忘他们不想记住的历史了。"[3] 美国社会学教授米哈尔·博德曼(Michal Bodemann)甚至将纪念碑视为德国用来"抹去自己历史污点的工具"。[4]

2. 关于纪念碑纪念主体的争论

围绕大屠杀纪念碑的另一个重要争论便是:这个纪念碑到底应该纪念哪个群体?是仅仅纪念六百万被害犹太人,还是同时纪念五十万受迫害的辛提人和罗姆人及其他受害者群体?

以"欧洲被害犹太人纪念碑促进会"为中心的一方认为这个纪念碑只应该用来纪念遭受迫害的犹太人,并强调:"如果纪念的群体太过笼统,任何纪念碑都会丧失意义。"[5] 历史学家埃贝哈德·耶克尔(Eberhard Jäckel)也警告道,将其他受害群体放在大屠杀这一概念下会减轻大屠杀罪行的"独一无二性",这样最终会使纳粹种族屠杀的罪恶性一般化。[6] 他们建议,

① Miriam Haardt, *Zwischen Schandmal und nationaler Sinnstiftung: die Debatte um das Holocaust-Mahnmal in Berlin* (Bremen: Universität Bremen, 2001), S. 45.

② Thomas E Schmidt, „Auf der schiefen Ebene", *Frankfurter Rundschau* vom 13. 07. 1995, in: Ute Heimrod 1999, S. 467.

③ Salomon Korn, „Die Tafel sind zerbrochen", *FAZ* vom 09. 02. 1996, in: Michael S. Cullen (Hrsg.), *Das Holocaust. Mahnmal. Dokumentation einer Debatte* (Zürich/München: Pendo Verlag 1999), S. 60.

④ Michal Bodemann, „Neues vom Reichsopferfeld", *Tageszeitung* vom 19. 02. 1998, in: Ute Heimrod 1999, S. 1026f.

⑤ Anon. (aku/usche), „Ein Denkmal-aber für wen?", *Tageszeitung* vom 13. 03. 1992, in: Ute Heimrod 1999, S. 89.

⑥ Eberhard Jäckel, „Das Kernstück", *Tagesspiegel* vom 08. 03. 1991, in: Ute Heimrod 1999, S. 73.

50 万被害辛提人和罗姆人应该有属于他们自己的纪念碑。^①"促进会"在三年中募集了 15 万马克和 1 万名社会各界人士的签名，从政治家维利·勃兰特（Willy Brandt）到企业家埃查德·罗伊特（Edzard Reuter），再到作家克里斯塔·沃尔夫（Christa Wolf）等。^②"促进会"主席勒雅·罗什（Lea Rosh）强调："我们三年多来的努力，是为了在柏林建立一个纪念欧洲被害犹太人的纪念碑。"^③记者兼作家沃尔夫冈·萨巴特（Wolfgang Sabath）也认为："每个受害者群体都有自己的历史，将他们混在一起将会带来严重的后果。也许巴登符腾堡州的霍恩阿斯佩格（Hohenasperg）更合适作为被害辛提人和罗姆人纪念碑的所在地，毕竟他们是从那里被驱逐的。"^④

而以"德国辛提人与罗姆人中央委员会"（Zentralrat Deutscher Sinti und Roma）为代表的另一方则抗议道，50 万被害辛提人和罗姆人在受害性质上与犹太人并无差别，他们也是由种族原因而遭受屠杀的。将部分受害群体排除在全国性纪念碑的纪念主体之外是在将受害群体按照其被迫害严重程度等级化。历史学家莱因哈特·科瑟莱科（Reinhart Koselleck）警告道："如果最终的决定不是建立一个纪念恐怖统治下所有受难者的纪念碑的话，那么接下来的必然就是受害者群体的等级化。"^⑤且他认为这种等级化背后隐藏着更大的危机："这些群体会被按照死难者规模排列顺序，按照种族信仰分门别类，而这恰恰就是当时党卫队处理那些集中营犯人的方式。"^⑥"我们当下竟然沿用党卫队将犯人分类的方法，这得是多么讽刺的事情。"^⑦"万湖会议纪念馆"前主任格哈德·舍恩博纳（Gerhard Schoenberner）也提醒人们在纪念受难者上不能有分类意识："那些在曾被纳粹占领的苏联领土上

---

① Avidan, Igal, „Inzwischen wird bereits mit ‚Viertel-Juden‘ und ‚Achtel-Zigeunern‘ argumentiert“, *Tageszeitung* vom 31. 07. 1991, in: Ute Heimrod 1999, S. 80.

② Anon. (aku/usche), „Ein Denkmal-aber für wen?“, *Tageszeitung* vom 13. 03. 1992, in: Ute Heimrod 1999, S. 89.

③ Wolfgang Sabath, „Siegt in Berlin die deutsche Hausfrau?“, *Freitag* vom 20. 03. 1992, in: Ute Heimrod 1999, S. 89.

④ *Ibid.*

⑤ Reinhart Koselleck, „Vier Minuten für die Ewigkeit“, *FAZ* vom 09. 01. 1997, in: Michael Jeismann (Hrsg.), *Mahnmal Mitte. Eine Kontroverse* (Köln: DuMont Verlag, 1999), S. 175 f.

⑥ *Ibid.*

⑦ Reinhart Koselleck, „Die falsche Ungeduld: Wer darf vergessen werden? – Das Holocaust-Mahnmal hierarchisiert die Opfer“, *Zeit* vom 19. 03. 1998, in: Michael S. Cullen (Hrsg.), *Das Holocaust. Mahnmal. Dokumentation einer Debatte* (Zürich/München: Pendo Verlag 1999), S. 226.

的万人坑和奥斯威辛深沟里躺着的被害者的尸骨早已融为一体。仅仅是将他们分开纪念的想法都是对死者的不尊重。"①

为每个受迫害群体建立单独的纪念碑的建议在许多批评者看来也无法避免受害群体被等级化的趋势。历史学家克里斯蒂安·麦埃尔（Christian Meier）写道："假如在1月27日，国家领导人要在这一天纪念纳粹种族灭绝政策的受难者，那么他们难道需要同时在所有受难者纪念场所敬献花圈，并在每个纪念场所平均分配好时间？"时事评论员亨利克·M. 布罗德（Henryk M. Broder）甚至警示道，对被害犹太人群体的特殊纪念是在遵循功利化原则和对其他群体实行种族歧视。他还在文章中使用了带有纳粹色彩的词汇来刺激公众的反思："在所有受害者中，只有犹太人这个群体被列入这项由国家资助建立的纪念碑纪念主体中，这意味着什么？是纳粹种族灭绝'特殊待遇'（Sonderbehandlung）政策的延续？"②

而且，为每个受害者群体均建立一个纪念碑意味着在首都可能会产生一连串的纪念碑群，这也引发了很多人对柏林的城市风貌和公众的国家认同的担忧。如《明镜》评论道："如果一切（计划）都实现了的话，勃兰登堡门（从两德统一之后就无可置疑地成为德国的国家象征）就会被各种警示碑围得水泄不通。"③

3. 关于纪念碑外观的争论

关于纪念碑的外观设计，联邦、柏林市和"欧洲被害犹太人纪念碑促进会"总共进行过两次招标。两次招标作品的展览和招标方的决定都曾引发社会各界的广泛讨论。虽然最终艾森曼的方案被官方采纳，但政界、艺术界、历史学界等对纪念碑设计方案的评论却从未真正统一。各界对设计方案的批判集中在设计方案有"恢宏建筑"倾向、力图"复制历史"和过于抽象三点。

对两次投标的纪念碑建设方案最常见的批评便是，很多设计方案太过宏大，让人想起希特勒最宠爱的建筑师阿尔伯特·施佩尔（Albert Speer）的"恢宏建筑"风格。亨利克·M. 布罗德甚至指出许多施佩尔的建筑成果与大

① Gerhard Schoenberner, „Die Würde der Toten wahren", *FAZ* vom 22. 09. 1995, in: Ute Heimrod 1999, S. 484f.

② Henrzk M. Broder, „Dabeisein ist alles", *Spiegel* vom 07. 04. 1994, in: Ute Heimrod 1999, S. 704.

③ Anon. , „Eins an jeder Ecke", *Spiegel* vom 26. 06. 1995, in: Ute Heimrod 1999, S. 437.

屠杀纪念馆的建筑方案相比都显得是"微模艺术"（minimal art）。^①《法兰克福汇报》编辑弗兰克·施尔玛赫（Frank Schirrmacher）觉得他甚至从建筑师克里斯汀·雅克布－马科斯（Christine Jackob-Marks）设计组的方案中看到了希特勒的影子："这些提交的方案中流露出来的大型化倾向与希特勒和他本性的联系会超出很多艺术家的想象。"^② 很多参赛艺术家解释道，有些设计方案会显得有些工程浩大，这一定程度上与政府划定的建筑用地面积与规模有关。弗兰克·施尔玛赫则讽刺道："只有糟糕的艺术和政治才会用宏伟的方案来对付宏伟的任务。"^③ 其次，很多人指出，纳粹罪行之大并不能通过纪念碑规模之大来反映。《每日镜报》主编马尔特·雷明（Malte Lehming）写道："如果真的尝试通过纪念碑的规模来表现纳粹的罪行之大的话，那么这个墓碑应该可以覆盖整个德国。"^④ 所罗门·科恩则警告过于宏大的纪念碑会让参观者望而却步，在理解上感到力不从心，从而在潜意识里抵触纪念碑试图传达的讯息。^⑤ 他认为纪念碑理想的艺术形式"既不是气势恢宏也不是戏剧夸张，而是谦逊和坦诚"。^⑥ 历史学家于尔根·珂卡（Jürgen Kocka）则认为，"一个大屠杀纪念碑不仅应该表达出惊讶与悲伤，它还应该表达羞耻"。^⑦

还有学者担忧过于庞大的纪念碑建筑可能刺激国内反犹势力。《明镜》编辑鲁道夫·奥格斯坦认为这个"庞然怪物"可能会在德国的土地上"灌溉出反犹主义的思潮"；^⑧ 匈牙利作家季月阁·康德拉也警示道："纪念碑越

① Henryk M. Broder, „Gedenkstätten. Deutschmeister des Trauerns", *Spiegel* vom 17. 04. 1995, in: Ute Heimrod 1999, S. 431.

② Frank Schirrmacher, „Streit um ein Mahnmal", *FAZ* vom 08. 07. 1995, in: Ute Heimrod 1999, S. 458.

③ *Ibid.*

④ Malte Lehming, „Grabplatte über Deutschland", *Tagesspiel* vom 09. 07. 1995, in: Ute Heimrod 1999, S. 459. "墓碑"指的是雅克布－马科斯的设计方案。因为建筑主体为一个斜置的平板，且上面刻上受害者姓名，所以经常被简称为"墓碑"设计。

⑤ Salomon Korn/György Konrád, „Es kann keinen Ablaßhandel mit den Opfern geben. Stellungnahme bei der Anhörung des deutschen Bundestages am 03. 03. 1999", in: Ute Heimrod 1999, S. 1259.

⑥ *Ibid.*

⑦ Jürgen Kocka, „Trauer ohne Scham" (Interview), in: Ute Heimrod 1999, S. 1018.

⑧ Rudolf Augstein, „Wir sind alle verletzbar", *Spiegel* vom 30. 11. 1998, in: Ute Heimrod 1999, S. 1174.

大，越容易刺激出带有反犹主义性质的讥讽和评论。"①

第二个批判便是，很多设计方案都在或多或少地尝试复制大屠杀的历史场景或者大屠杀给人带来的恐惧。填满尸骨的房间、骨头堆、铁轨、坡道、深渊等都是建筑方案中最常见的意象。《柏林城市杂志》编辑布里塔·格尔特（Britta Geithe）称这些"德国1945年后最重要的建筑方案竞赛"的成果可怕且令人反感："从一个没日没夜火光冲天的巨大炉子，到铜制的高达数米的瘦骨嶙峋的躯干和尸体堆成的山堆，再到一个红光灼灼的麦田寓意的血液场……与这些令人作呕的设计相比，获得一等奖的两个作品倒还显得相对谦虚质朴。"② 这些方案中还有容积正好可以达到第三帝国时期被害犹太人流出的血液总升数的六角塔，有永不停止燃烧的焚烧炉，有巨大的大卫星。还有一个方案计划将这块建筑用地变成一个大巴总站，游客可以从这里乘坐游览车驶向集中营。《世界周报》记者汉斯皮特·本迪（Hanspeter Bundi）对此评价道："真是不能更俗套了。"③

针对这些模仿，所罗门·科恩指出："再现地狱场景的艺术模拟是试图还原历史真相的失败尝试……灭绝营造成的文明真空所带来的深不见底的暗黑是远远不可能被描述出哪怕万分之一的。"④ 詹姆斯·杨（James Young）也指出，虽然艾森曼希望自己的设计方案不含有任何设计师强加给参观者的理解导向，而是尽量给参观者更多的解读自由，但那些冰冷的石块还是让人很容易联想到沉默的墓碑。⑤

最后，批评者认为设计方案的另一个极端就是太过抽象，让人完全无法解读，或者会让人联想到任何一个主题。所罗门·科恩认为，受招标方青睐的雅克布－马科斯的"巨大的、斜置的墓碑设计已然与艺术没有什么关系了。这种偏斜可以象征一个已经从正常运行轨道脱轨的世界上的所有

① György Konrád, „Abschied von der Chimäre-Wider das Holocaust-Denkmal", *FAZ* vom 26. 11. 1997, in: Ute Heimrod 1999, S. 960 – 962.

② Britta Geithe, Zentrale Kranzabwurfstelle, *Tip* vom 31. 05. 1995.

③ Hanspeter Bundi, „Der Bauplatz ist vorhanden, die Idee fehlt weiterhin", *Weltwoche* vom 20. 03. 1997, in: Ute Heimrod 1999, S. 701.

④ Salomon Korn/György Konrád, „Es kann keinen Ablaßhandel mit den Opfern geben. Stellungnahme bei der Anhörung des deutschen Bundestages am 3. 3. 1999", in: Ute Heimrod 1999, S. 1259.

⑤ James E. Young, „Die menschenmögliche Lösung des Unlösbaren", *Tagesspiegel* vom 22. 08. 1998, in: Ute Heimrod 1999, S. 1116.

坏事……"① 马尔特·雷明（Malte Lehming）则认为最终夺得头筹的艾森曼的模型"太过抽象，以至于显得有些随意。它只是传达出绝望、窒息和害怕的感觉。但是没人能知道为什么。它也可以代替其他任何现象，从失业到种族屠杀，因此它其实什么意义都没有"。②《柏林晨报》记者罗尔夫·施耐德（Rolf Schneider）认为艾森曼的方案也可以意味着森林消亡。③

三　"柏林大屠杀纪念碑之争"

——德国二战反思争论的平台与记忆文化建构的晴雨表

"欧洲被害犹太人纪念碑"是二战后德国记忆文化建构的里程碑式成果，是 1988—2005 年德国政治利益权衡、社会思潮冲撞与交融的产物，对德国的民族认同及内政外交也具有重要意义。作为大屠杀反思的标志，它发挥了向内稳定德国内政、维护民主和平，向外推动德国与邻国和解、促进德国外交"正常化"的作用。而围绕"柏林大屠杀纪念碑"的争论不仅为德国国内各种历史反思思潮提供了交流的平台，也是德国记忆文化建构的晴雨表，暗示着德国记忆文化建构的走向与危机。

长达 17 年的"大屠杀纪念碑之争"本身就是纪念德国各界历史反思努力的一座纪念碑，它纪念着 1989—2005 年德国的历史反思思潮和对历史反思本身的再反思。"大屠杀纪念碑之争"在时间上承接了 1985 年 5 月 8 日的"魏茨泽克（Weizsäcker）讲话"、1986—1987 年的"历史学家之争"和 1988 年的"延宁格（Jenninger）演讲丑闻"，经历了 1989 年柏林墙的倒塌、1990 年的两德统一以及 1991 年迁都决议的通过、1996 年德国"大屠杀纪念日"的确定、1996 年的戈德哈根（Goldhagen）论战、1996 年"联邦军在 1941—1944 年的罪行"展览的举办、1998 年的联邦议会大选和政府换届、1998 年 10 月起的"瓦尔泽－布比斯（Walser-Bubis）论战"、2000 年的建立"统一与和平纪念碑"提案、2000 年《赔偿基金法案》的签订和二战期

---

①　Salomon Korn, „Monströse Platte", *FAZ* vom 03. 07. 1995, in: Ute Heimrod 1999, S. 449.

②　Malte Lehming, „Man arrangiert sich eben. Viele jubeln, aber keiner der neuen Entwürfe für das Holocaust-Mahnmal überzeugt", *Tagesspiegel* vom 29. 11. 1997, in: Ute Heimrod 1999, S. 963.

③　Rolf Schneider, „Eine Poetisierung des Sterbens. Mit Peter Eisenmans neuem Holocaut-Mahnmal ließe es sich auskommen", *Berliner Morgenpost* vom 26. 08. 1998, in: Ute Heimrod 1999, S. 1126.

间强制劳工补偿工作的开始、2000 年夏的"芬克尔斯坦（Finkelstein）论战"等德国历史反思领域的重大事件。当然它也经历了新纳粹游行、取缔极右翼政党 NPD（德国国家民主党）尝试的失败和 NSU 恐怖事件等二战遗留问题造成的不良事件。在这样的历史反思思潮下，在国际政治风云变幻的时代背景下，在两德统一这样的民族命运转折点，这次论战为德国人提供了反思此前历史反思工作的契机：关于二战的历史反思是否还需继续？如何选择一个合适的反思形式？如何才能在坚持推进反思工作的同时呵护好刚刚收复的国家主权和脆弱的民族认同？如何防止、识别并应对反犹主义和右翼势力的抬头等二战遗留问题？"大屠杀纪念碑之争"暴露了德国国内历史反思的两种极端思潮。在两德统一之际，一部分人希望坚持二战后不断深入的历史反思，在"政治正确"原则的指导下杜绝历史悲剧重演的任何可能；另一部分人则试图在两德统一之际强调德国民众的民族认同，希望结束对德国民众长达半个世纪的指责，重拾二战后被"政治正确"所克制的"民族自豪感"，推进德国的"正常化"转变。"欧洲被害犹太人纪念碑"便是这两种极端且具代表性的思潮相互妥协的产物。

　　从广泛意义上说，关于大屠杀纪念碑的争论并没有在 2005 年纪念碑落成并对外开放之后就尘埃落定，而是一直持续到今天。关于纪念碑新的争论很大程度上成为表达历史态度的平台，暗示了德国记忆文化建构中的新趋向。2017 年 1 月，德国选择党政治家博约尔·霍克（Björn Höcke）在一次演讲中将柏林大屠杀纪念碑称为"首都心脏位置的耻辱纪念碑"，并要求德国的历史反思文化彻底转变其发展方向。这一言论引发了德国社会各界的批评。霍克发表演说后第二天，以色列讽刺作家和音乐家沙哈克·夏皮拉（Shahak Shapira）在网站上发布了著名的"Yolocaust"项目[1]。夏皮拉选取了一些社交平台上发布的以大屠杀纪念碑为背景的游客照，这些自拍照均在一定程度上亵渎了纪念碑的神圣性，夏皮拉将照片中的主人公通过电脑合成置于集中营场景下。Yolocaust 项目引发了巨大反响，社会各界对此褒贬不一。大部分人对夏皮拉具有社会正义性的举动表示赞赏，但也有一部分人批判夏皮拉此举对大屠杀受难者及其亲属造成再次伤害。同样针对霍克的演讲，2017 年 11 月，德国行为艺术家团体机构"政治美学中心"

---

[1]　Yolocaust 项目网站：http://yolocaust.de。

（Zentrum für Politische Schönheit, ZPS）在霍克住处附近仿造了一个由 24 根柱子组成的迷你版大屠杀纪念碑，并要求他效仿维利·勃兰特（Willy Brandt）的华沙之跪在大屠杀纪念碑前下跪。[①] 这一举动也在社会上引发了激烈讨论。机构负责人菲利普·鲁夫（Philipp Ruch）称，迷你纪念碑碑群向公众开放后，机构成员于一夜之间便收到了上百封威胁邮件。

"大屠杀纪念碑之争"也是德国"争论文化"（Streitkultur）的重要代表。大屠杀纪念碑的设计师艾森曼曾这样解读自己的设计理念：

> 在这个纪念碑中，人们看不到目标和尽头，它没有入口也没有出口。个体的经验在这里并不能确保更深刻的理解，因为想要理解它是不可能的……这个纪念碑不会传达出任何怀旧之情或是任何对过去的纪念，人们可以感受到的只是以自身经历为依托的鲜活的记忆。[②]

在他看来，大屠杀纪念碑的意义便在于激发每个人对大屠杀的独立思考，不断尝试着去亲身了解和理解，并牢记：历史反思永远没有终点。

德国的记忆文化建构与国家的内政外交密切相关。2015 年以来难民危机的冲击、德国右翼势力的抬头和美国大选冲击等，都对德国的记忆文化建构产生了重要影响。潜在的记忆文化危机也为大屠杀研究及德国记忆文化建构研究赋予了更强的时代意义。德国选择党成员再次就大屠杀纪念碑说事，要求停止纳粹历史反思，在暴露了德国历史反思危机的同时，也凸显了像大屠杀纪念碑这样的记忆场所对敦促人民牢记历史的宝贵价值。而像"大屠杀纪念碑之争"这样影响深远的争论不仅使纪念碑本身的艺术和历史纪念价值在更大程度上得到推广和深化，也避免了纪念碑变成"纪念的终结"（Schlussstein/Schlussstrich），而是成为敦促德国二战历史反思的永远的警示碑。

（作者为北京大学历史学系德国史专业 2019 级博士研究生）

---

① irb, „Sicherheitsbedenken-Künstler schließen Holocaust-Mahnmal neben Höckes Wohnhaus", *Spiegel* vom 25. 11. 2017, http://www. spiegel. de/kultur/gesellschaft/bjoern-hoecke-kuenstler-schliessen-holocaust-mahnmal-neben-wohnhaus-a – 1180281. html, 访问日期：2018 年 8 月 16 日。

② Peter Eisenman, „Informationsblatt zum überarbeiteten Entwurf 1998 ", in: Ute Heimrod 1999, S. 1114.

"和平不只是没有战争"

——西德与美国和平主义者的意见交流（1979—1987）

范继敏

一 引言

1979 年 12 月 12 日，北约布鲁塞尔外交与国防部长特别会议通过了双重决议：追求战区核力量①现代化，同时提议与苏联进行军备控制谈判。具体而言，为满足北约的威慑与防务需求，平衡、限制苏联"战区核力量"优势②，一方面，"通过在欧洲部署美国陆基系统，将北约的远程战区核力量（LRTNF）现代化，包括将会取代现役美国潘兴 I-A 的 108 架潘兴 II 导弹发射器，以及 464 颗陆基巡航导弹（GLCM）"，提高北约战区核力量的灵活反应能力，也为跟苏联进行战区核力量谈判奠定基础；另一方面，向苏联提议尽快开启远程战区核力量谈判，以使"双方在较低层级的核武器层

① 战区核力量（Theater Nuclear Forces，TNF），根据《牛津词典》（*Oxford English Dictionary*）"theater"词条复合名词第三项（C3）的解释，在作为形容词修饰核武器时，theater 指核武器专门用于欧洲战场，区别于洲际核武器或战略核武器。因此，战区核力量主要涉及中程弹道导弹、部分短程弹道导弹和部分巡航导弹，包括苏联和北约部署的用于欧洲战场的核武器。

② 主要指苏联从 1977 年开始部署的 SS-20 导弹。SS-20 导弹，一种中程弹道导弹（IRBM），射程可达 3000 英里（约 4828 公里），参见《大英百科全书》（*Encyclopedia Britannica*）"Ballistic missiles"词条。

面达成一种更稳定的全面核平衡"，美国和苏联的某些长距离战区核系统都在谈判之列。① 对于参会的各位部长而言，这一决议可谓一箭双雕，然而，在西欧民众看来，这意味着欧洲境内将会部署更多的核武器，大大增加了在欧洲打一场有限核战争的可能性。西欧各国民众掀起了一场遍及社会各阶层的和平运动，在处于冷战前沿地带的西德，和平运动的声势最为浩大。

实现和平的关键在于妥善解决核武器问题，而核武器问题涉及北约整体利益，一国民众之和平呼声，难以改变北约整体军事规划布局。西欧各国的和平运动相互合作，并得到了来自大西洋彼岸的美国和平运动的积极声援。在西德，数以万计的民众参与了集会、游行示威、签名等和平抗议活动，彼特拉·凯利（Petra Kelly）、盖尔特·巴斯蒂安（Gert Bastian）、约瑟夫·韦伯（Josef Weber）、卢卡斯·贝克曼（Lukas Beckmann）等和平主义者在德国境内发表演讲、组织活动、动员民众，也积极跟美国同仁合作、交流，相互参与或共同组织活动，通过会谈、信件往来、互通出版物等方式交流意见。直至 1987 年 12 月 8 日美苏两国缔结《苏联和美国消除两国中程和中短程导弹条约》，和平运动在大西洋两岸卷起的风浪才渐趋平静。这场跨国的、跨大西洋的和平运动是研究 20 世纪 80 年代的欧洲史、德国史不可忽视的重要史实。

鉴于西德和平运动波及人数之众、影响之深远、所涉问题之敏感尖锐，史学界已经有大量的相关研究著作，就笔者目前所掌握的资料而言，这些前人研究可以划分到四个领域：冷战史、德国政治史、社会运动史和跨国史。

其一是在冷战史框架之下研究和平运动。西德和平运动爆发前夕，冷战缓和局势已难以为继，美国与西欧盟友都担心苏联趁东西方缓和之机，扩大在欧洲乃至世界其他地方的影响力，美国对苏政策开始强硬起来，而西欧盟友由于地理上与苏东阵营同属一片大陆、经济上对苏东各国的出口比重不断增加，仍希望进一步改善与苏东各国的关系，以保障欧洲大陆的和平，推动本国国内经济与对外贸易的发展。因此，跨大西洋同盟内部的

---

① Special Meeting of Foreign and Defense Ministers（The "Double-Track" Decision on Theatre Nuclear Forces），12 Dec. 1979, *NATO e-Library-Official texts*（*Chronological*），https://www. nato. int/cps/en/natohq/official_texts_27040. htm? selectedLocale = en2，最后访问日期：2019 年 4 月 16 日。

利益分歧日益凸显。① 在此背景下，双重决议在欧美各国、东西阵营产生了不同的政治与社会影响。② 跨大西洋同盟内部分歧与合作同步加深，影响冷战局势的因素更加复杂多元。

其二是从德国政治史角度探讨西德和平运动。西德和平运动的导火索——北约双重决议，在议会内部也点燃了一场和平争论。双重决议的两方面内容孰重孰轻，联盟党、自由民主党、社会民主党及其内部派别各执一词。③ 社会民主党所受影响最为深刻，1983 年联邦大选的失败、针对双重决议的争论，促使社会民主党从领导层到普通成员都深入反思了冷战的二元对立逻辑，发展出一种跨越铁幕的国际安全思维。④ 社会民主党在组织基础、安全政策、冷战战略方面受到震动并发生转变，即是当时西德社会政治现实的一个缩影。

其三是借助社会学方法研究和平运动。和平运动具备了运动目标、组织机构、社会动员等社会运动的标志性要素，有研究用社会学的分析方法，以这些要素为纲，详细剖析作为一场社会运动的和平运动，纵向梳理其前史、历史背景、社会影响，横向对比西德与美国和平运动的异同点与跨大西洋联系，进而揭示西德和平运动的阶段性与结构性特征。⑤ 20 世纪 80 年代的西德和平运动，并非一个孤立事件，而是二战后西德和平运动循环过程——显性的抗议与潜伏的抗议交替——的一环。

其四是关于和平运动的跨国史研究。欧美各国的和平组织、和平主义者开展了紧密的跨国交流与合作，和平运动作为一个具有显著历史影响的

① Ludlow, N. Piers, "The Unnoticed Apogee of Atlanticism? US-Western European Relations during the Early Reagan Era," in Patel, Kiran Klaus and Weisbrode, Kenneth (eds.), *European Intergration and the Atlantic Community in the 1980s* (Cambridge University Press, Cambridge, UK, 2012), pp. 17 – 38.

② Gassert, Phillip (Hrsg.), *Zweiter Kalter Krieg und Friedensbewegung. Der NATO-Doppelbeschluss in deutsch-deutscher und internationaler Perspektive* (München: 2011).

③ Hansen, Jan, "Parteien", Becker-Schaum, Christoph., Gassert, Philipp., Klimke, Martin., Mausbach, Wilfried. und Zepp, Marianne. (Hrsg.), *"Entrüstet Euch!" – Nuklearkrise, NATO-Doppelbeschluss und Friedensbewegung* (Paderborn, 2012), S. 103 – 117.

④ Hansen, Jan, *Abschied vom Kalten Krieg? Die Sozialdemokraten und der Nachrüstungsstreit (1977 – 1987)* (Berlin: De Gruzter Oldenbourg, 2016).

⑤ Wasmuth, Ulrike C., *Friedensbewegungen der 80er Jahre. zur Analyse ihrer strukturellen und aktuellen Entstehungsbedingungen in der Bundesrepublik Deutschland und den Vereinigten Staaten von Amerika nach 1945, ein Vergleich* (Gießen: Focus-Verlag, 1987).

跨国史实，自然被纳入了跨国史的研究范围。但是，鉴于各地和平组织主体分散、多样历史材料收集整合困难，加之跨国史研究方法方兴未艾，关于和平运动的跨国史研究的成果只限于一些研究性论文，探讨在跨国史研究范式下深入研究和平运动的各种可能性。具体就西德与美国和平运动的跨大西洋联系而言，主要有三个关注点：首先是西德与美国和平运动的组织联系，即西德和平组织与和平主义者如何借鉴美国的和平运动模式并使之本土化，以及女性在西德和美国和平运动中所扮演的特殊角色；① 其次是西德左右翼政治力量的反美主义，即西德的反美主义如何从反美立场转变为将美国的民主与资本主义危机对照到德国现实，最终从反美主义过渡到与美国"同病相怜"；② 最后是跨大西洋的精英联系，即德国政治、文化和媒体精英与美国方面在正式场合的交流，③ 尤其是科学家围绕核武器与核安全问题而进行的对话与活动。④ 这些论文虽篇幅有限，却揭示出和平运动跨大西洋联系的多层次、多面向和流动性，为在和平运动的活动合作、意见交流、组织与人员往来等具体方面的跨大西洋联系开展基础性的材料梳理与实证研究，指引了方向。

以上关于西德和平运动的历史学研究，涵盖了和平运动的思想与实践、政治与社会、国内与跨国，可谓触及了和平运动的方方面面。但美中不足的是，同游行、集会等和平实践活动相比，和平运动的思想与意见层面并未得到细致而深入的分析；相较于议会与政党内部关于核安全与冷战战略的争论，和平主义者的意见表达与交流并未受到学者的关注；仅就和平主义者的意见而言，前人分析大多局限于冷战框架或美德关系，很少将这些

---

① Nehring, Holger, "A Transatlantic Security Crisis? Transnational Relations between the West German and the U. S. Peace Movements, 1977 – 1985," in Kiran Klaus Patel et. al., *European Intergration and the Atlantic Community in the 1980s* (Cambridge University Press, 2013), pp. 177 – 200.

② Gassert, Philipp, "With America against America: Anti-Americanism in Germany," in Junker et al., *The United States and Germany in the Era of the Cold War*, 2, pp. 502 – 509.

③ Lutz, Felix Philipp, "Transatlantic Networks: Elites in German-American Relations," in Junker et al., *The United States and Germany in the Era of the Cold War*, 2, pp. 445 – 451.

④ Kraft, Alison., Nehring, Holger., and Sachse, Carola., "The Pugwash Conferences and the Global Cold War: Scientists, Transnational Networks, and the Complexity of Nuclear Histories," *Journal of Cold War Studies* 20: 1 (2018): 4 – 30.

意见置于和平主义者个体经历①、和平运动之进展和冷战末期时代变迁等纵向维度中加以考察。

从和平运动期间的新闻报道、公开演讲、呼吁宣言、个人信件中不难发现，西德和平运动自始至终都置身于一个跨国的、跨大西洋的联系网络之中。由此可见，研究西德与美国和平主义者跨大西洋的意见交流，对于全面了解思想与意见层面的和平运动而言，十分重要。跟群众在和平运动期间一度被调动起来的反核热情不同，和平主义者通过演讲、宣言、出版物、书信、会谈中所表达出的思想与意见，在时间长度上，超过了西德和平运动所涵盖的历史时期；在问题广度上，也没有局限于核安全的单一问题，而是其个体经历、对核安全问题与冷战的理解方式、对其他时代问题的敏感度等与时代长期互动的历史产物。研究西德与美国和平主义者之间跨大西洋的意见交流，有助于全面、细致地了解和平运动的历史面貌和20世纪80年代资本主义阵营内部的社会现实。因此，有必要对西德与美国和平主义者之间跨大西洋的意见交流，开展纵向维度的历史实证研究。

本文以和平运动之进展为基本时间线，围绕彼特拉·凯利、盖尔特·巴斯蒂安、约瑟夫·韦伯、卢卡斯·贝克曼等西德和平主义者同美国同仁的书信往来、出版物互通、对话会谈等跨大西洋交流，梳理德国柏林绿党档案馆②藏的活动日程、跨国书信、组织材料、印刷品等原始材料，对西德和平主义者的跨大西洋意见交流开展实证研究，分阶段分析其现实政治批判、和平愿景、时代问题意识等交流的具体内容。

本文是对和平运动进行跨国史研究的一次尝试。跨国史研究的对象是非国家行为体，是对全球化时期的传统民族国家史学叙事予以"纠偏"的研究范式，关注历史的横向联系，但又不同于以世界各国各地区全球化进程为研究对象的全球史范式。跨国，弱化了民族国家之界限的干扰，将曾处于边缘的跨国因素纳入研究视野，以还原更为全面进而更为真实的历史。

---

① 和平主义者的个体经历，尤其是在和平运动之前的个体经历，影响了其和平观念的形成与内容。例如，彼特拉·凯利在和平运动期间所表达的有关和平、社会公平等方面的思想，早在她欧洲共同体工作时期就已成形，参见 Richter, Saskia, *Die Aktivistin. Das Leben der Petra Kelly*（München：Dt. Verl. – Anst.，2010），S. 79。

② Archiv Grünes Gedächtnis, Berlin，直译为"柏林绿色记忆档案馆"，隶属于海因里希·伯尔基金会（Heinrich Böll Stiftung）。

跨国史,因其研究对象的多样化而有了更加丰富多样的史料来源,不再依赖政府档案的单一史料,把非政府组织、跨国公司、利益集团、国际机构等非政府行为体的资料,甚至多种形式的文字影像资料都纳入了史料范围。国内史学界对跨国史研究范式已有探索。[①] 在德国,跨国史研究方兴未艾,在移民史、纳粹史、欧洲一体化史方面,都有重要的研究成果。[②] 德国的跨国史研究重视客观描述历史过程,条分缕析各方关系,如实呈现各个主体之间的交流、矛盾、分歧,以认定史实为研究目标。

二　西德和平运动:阶段、组织与过程

虽然有些西德和平组织存续至今,但是,80 年代西德的那场和平运动,其直接引爆点是北约双重决议,核心问题为战区核力量或中程导弹问题,因此,本文所研究的西德和平运动,以 1979 年 12 月 12 日北约通过双重决议为始,至 1987 年 12 月 8 日美苏两国通过缔结《苏联和美国消除两国中程和中短程导弹条约》解决了中程导弹问题为止。西德和平运动具有明显的阶段性特征。1983 年 11 月 22 日,联邦议会通过双重决议,同意北约在西德境内部署潘兴Ⅱ弹道导弹和陆基巡航导弹,这一事件构成了西德和平运

---

① 王立新:《在国家之外发现历史:美国史研究的国际化与跨国史的兴起》,《历史研究》2014 年第 1 期。

② 德国的跨国史研究,主要四个方向。一是德国移民史。不只关注某一时段从德国向美国的单向移民,更关注在一个历史时期内,德国移民从美国返回德国、在美德之间流动的历史,归乡移民如何参与德国城市、商业和社会发展。二是纳粹史。不再将纳粹德国时期在横向和纵向历史上符号化、过分特殊化。横向上,探索第三帝国社会政策与美国新经济政策之间的联系;纵向上,研究犹太人大屠杀和殖民时期的种族清洗事件之间的联系。三是欧洲一体化史。不受欧盟既定版图约束、跨越欧洲内部民族国家边界、摆脱欧洲中心论视角,而从历史的角度,在跨国的视野下,探讨历史上"欧罗巴"(Europa)这个概念的形成,及与之相应不断变化的地理范畴、文化含义、欧洲身份认同等。有关上述三个方向的德国跨国史研究的介绍,参见 Patel, Kiran Klaus, *Nach der Nationalfixiertheit. Perspektiven einer transnationalen Geschichte*, Antrittsvorlesung (Humboldt-Universität zu Berlin, 12. Januar 2004)。四是更广阔的跨国史研究领域中的德国分支。比如,帝国主义史领域,研究德国前殖民时期关于殖民的想象与讨论、德国商人或家族的跨国贸易等;跨国的社会运动史领域,比如,德国在国际共产主义运动、和平运动等社会运动中的跨国交往;还有工业史、宗教史等领域。有关第四个方向的德国跨国史研究,参见 Budde, Gunilla (Hrsg.), *Transnationale Geschichte: Themen, Tendenzen und Theorien* (Göttingen: 2006)。

动的转折点。^① 废除北约双重决议的直接目标失败了，西德全境的和平运动失去了向心力。^② 但是，中程导弹问题更加严峻，和平组织并未就此言弃，而是拉长了和平斗争的战线，拓宽了和平问题的广度。

西德和平运动波及社会所有阶层，这不仅是由于核武器与核战争可能危及每一个人的生命安全，和平组织在社会动员、活动组织方面，亦功不可没。西德的和平组织分为四个层次。最基层的是遍布西德全境的 4000 多个基层和平倡议组织（Friedensinitiativen）；其上是和平运动行动会议（Aktionskonferenzen der Friedensbewegung），包括位于南部、西部、北部的行动会议（Aktionskonferenz），以及大城市和联邦州级别的地区行动会议（Regionale Aktionskonferenzen）；经和平运动行动会议选举，又产生了由来自 30 多个和平运动组织与群体的代表组成的协调委员会（Koordinationsausschuß）；协调委员会进而选举产生了最高级别的全国性和平运动领导机构——协调委员会的领导与工作委员会（Geschäftsführung bzw. Arbeitsausschuß des Koordinationsausschuß）。^③ 这些组织并非独立存在，在人员与活动组织方面，与政党、职业群体等多有交叉重叠之处。这些和平组织存续时间长，有阶段性的明确目标，有系统性的组织架构，在西德和平运动的进程中发挥了主体性作用。

1. 社会公众广泛参与和平运动（1979 年 12 月至 1983 年 11 月）

1979 年北约通过双重决议，主要是为了解决美苏中程导弹储备不平衡的问题。苏联从 20 世纪 70 年代中期开始，以一周一枚的速度部署 SS - 20 弹道导弹，其足以摧毁西欧、亚洲和中亚。而北约认为自己没有相应级别的武器，便以双重决议为解决方案，计划于 1983 年在西欧部署导弹，同时

---

① 关于和平运动的历史分期尚未有定论，1979 年、1983 年这两个时间节点基本已成共识，但是，对于和平运动的起止点、内部更为细致的阶段性时间节点，则争论不一。参见 Becker-Schaum, Christoph, Die institutionelle Organisation der Friedensbewegung, in Becker-Schaum, Christoph., Gassert, Philipp., Klimke, Martin., Mausbach, Wilfried. und Zepp, Marianne. (Hrsg.), "Entrüstet Euch!" - Nuklearkrise, NATO-Doppelbeschluss und Friedensbewegung (Paderborn, 2012), S. 151 - 168.

② Gotto, Bernhard, "Enttäuschung als Politikressource. Zur Kohäsion der westdeutschen Friedensbewegung in den 1980er Jahren," Vierteljahrshefte Für Zeitgeschichte 62, no. 1, Aus Rückschlägen lernen? (2014): 1 - 34.

③ Becker-Schaum, Christoph, Die institutionelle Organisation der Friedensbewegung, S. 151 - 168.

提议与苏联进行中程导弹（INF）谈判。① 但是，这一决议在苏联方面，乃至西欧民众看来，很没有诚意。一方面，中程导弹或者战区核力量的现代化，是北约谋划已久的军事规划，并非源自苏联 SS－20 弹道导弹的刺激与威胁；另一方面，北约虽然提出愿意跟苏联就中程导弹问题进行谈判，但并未明确说明：在谈判达成何种程度的结果时，北约会取消导弹部署计划或者裁撤已部署导弹。② 北约双重决议出台之后，并未得到苏联方面的积极响应，反而在西欧各国再度掀起了一场浩浩荡荡的和平运动。北约计划在西欧部署中程弹道导弹与巡航导弹，西德首当其冲，其中 108 颗潘兴 II 弹道导弹要全数部署于西德境内。因此，西德民众对核战争的恐惧、对导弹部署决议的愤慨最为强烈。

在和平组织的组织策划下，几乎所有阶层、各种政治倾向的西德民众都参与到和平运动中。1980 年 11 月 15—16 日，和平主义者在克雷费尔德（Krefeld）举行会谈，向联邦政府呼吁撤回北约双重决议，向全体公民呼吁通过公众舆论压力迫使形成一项替代性的安全政策。③ 这份《克雷费尔德呼吁》（Krefelder Appell），得到了来自绿党、自由民主党、社会民主党、共产主义组织等党派部分成员的支持，自 1980 年 11 月起到 1981 年 9 月，就已得到约 300 万个签名，至 1982 年，签名数量又上升到了 500 万个，④ 可见和平运动社会动员力量之强大。1981 年，美国及其盟友又提出"零点方案"（Nulloption），即如果苏联消除自己的武器，北约就取消自己的部署。但这一提议仍未得到苏联方面的响应，在日内瓦的中程导弹谈判未取得任何实质性进展。⑤ 1981 年 9 月 13 日，美国国务卿亚历山大·黑格（Alexander

① 中程导弹（Intermediate-Range Nuclear Forces）谈判，区别于美苏之间以战略核武器为核心的限制战略武器谈判（SALT）和削减战略武器谈判（START）。

② Hansen, Jan, *Abschied vom Kalten Krieg? Die Sozialdemokraten und der Nachrüstungsstreit (1977－1987)*, S3.

③ Krefelder Initiative：Der Atomtod bedroht uns alle-Keine Atomraketen in Europa. Archiv Grünes Gedächtnis, Petra Kelly Archiv, Nr. 1018.

④ Walter, Franz："Krefelder Appell" – Jubiläum. Mit Wunderkerzen gegen Raketen, in *Der Spiegel*, Heft 46, 15. 11. 2010.

⑤ Reagan, Ronald：Arms Control and Military Balance, in *World Affairs Journal*, Spring 1983, Vol. II Nr. 2, Los Angeles Affairs Council：43－50. Archiv Grünes Gedächtnis, Petra Kelly Archiv, Nr. 1033.

Haig）访问西德，扬言"有比和平更重要的事情"。① 1981 年 10 月 10 日，30 万人集聚于波恩王宫花园，抗议美国与北约的强硬态度，要求西德拒绝北约双重决议。这场由协调委员会组织统筹、二十多个和平组织策划、历时四个月之久的集会示威，动员了基督教、生态－和平主义、共产主义等各个派别，得到了上百个和平倡议组织的支持，可以说是汇聚了西德境内所有谱系的和平力量。② 1982 年，西德大选正热之时，社会民主党内部就双重决议展开激烈争论，绿党也为入选联邦议会做准备，积极参与和平运动。1982 年 4 月，恰逢社会民主党慕尼黑党代会之际，慕尼黑又爆发了一场呼吁和平的"复活节游行"（Ostermarsch）③。彼特拉·凯利，以一名曾经的社会民主党成员的名义在示威游行活动中发表演讲，谴责精英政治的军事政策，呼吁民众自下而上发出和平呼声，以解除武装、维护和平。④ 1982 年 6 月，北约于波恩召开峰会，援引苏联入侵阿富汗与波兰危机之例，强调了苏联及华约对西欧安全所构成的威胁，并重申一面发挥技术优势、凭借常规武器和核武器保障欧洲安全，一面与苏联就常规武器、战略核武器、中程导弹问题开展谈判的提议。⑤ 6 月 10 日，西德再度爆发参与人数达 40 万之众的示威游行。⑥ 1983 年 10 月 22 日，在联邦议会就导弹部署做出决定之前，数十万群众齐聚波恩，参加"1983 年秋季行动周"（Aktionswoche Herbst' 83），⑦ 以阻止在西德部署潘兴Ⅱ弹道导弹与巡航导弹。然而，事与愿

---

① 德文为 "Es gibt wichtiges als den Frieden." Archiv "APO und soziale Bewegungen", Nr. 1150 N + L 1979 – 1985。

② Becker-Schaum, Christoph, Die institutionelle Organisation der Friedensbewegung, S. 151 – 168.

③ 复活节游行（Ostermarsch），和平运动的活动形式之一，源于英国核载军运动组织（Campaign for Nuclear Disarmament）所举行的游行活动。

④ Kelly, Petra: Wir entrüsteten uns! Von unten! Archiv Grünes Gedächtnis, Petra Kelly Archiv, Nr. 3479.

⑤ Declaration of the Heads of State and Government at the Meeting of the North Atlantic Council in Bonn, Germany, *NATO e-Library-Official texts（Chronological）*, https://www. nato. int/cps/en/ natohq/official_texts_65415. htm? selectedLocale = en，最后访问日期：2019 年 4 月 16 日。

⑥ Becker-Schaum, Christoph, Die institutionelle Organisation der Friedensbewegung, S. 151 – 168.

⑦ Becker-Schaum, Christoph., Gassert, Philipp., Klimke, Martin., Mausbach, Wilfried. und Zepp, Marianne., "Einleitung. Die Nuklearkrise der 1980er Jahre. NATO-Doppelbeschuluss und Friedensbewegung," in Becker-Schaum, Christoph., Gassert, Philipp., Klimke, Martin., Mausbach, Wilfried. und Zepp, Marianne. (Hrsg.), *"Entrüstet Euch!" – Nuklearkrise, NATO-Doppelbeschluss und Friedensbewegung*, S. 7 – 37.

违，11 月 22 日，联邦议会通过了北约双重决议，和平运动的直接目标未能实现。

2. 和平组织从长规划和平目标（1983 年 11 月至 1987 年 12 月）

联邦议会通过北约双重决议后，西德和平运动虽未达成直接目标，西德民众参与度显著降低，但和平组织与和平主义者并未就此偃旗息鼓。就和平组织而言，协调委员会不再发挥中心领导作用，和平运动进入一个去中心化的阶段，和平行动的规模有所缩减，但各地的基层和平组织却更加活跃。① 和平运动前期，为了对联邦政府和议会施压，和平行动多爆发于当时的首都波恩和诸如慕尼黑、汉堡等大城市。当导弹部署决议成了板上钉钉的决定之后，游行示威、人链等和平行动则分散发生在部署导弹和军事演习的军事基地等小地方。和平运动于 1983 年 11 月所遭受的挫败，令许多和平主义者备感失落。他们不仅意识到和平运动的形式与裁撤核武器的目标之间的疏离，也感受到对于改变整个社会的无能为力与乌托邦式社会理想的苍白无力，还认识到要使裁撤核武器的和平诉求进一步形成民主共识是多么困难。② 尽管反对部署潘兴 II 弹道导弹和巡航导弹的言论与行动犹在，和平主义者与和平组织不再也没必要将目光局限于导弹部署决议之上，而将关注点扩展到对于涉及和平议题的民主制度、北约与美国的军事战略、军费开支与第三世界的贫困饥饿等问题上。或者说，这些问题自和平运动之初就是和平讨论内容的一部分，只是在迫切性的导弹部署决议已成覆水难收之势之后，才受到和平主义者的密切关注与深入探讨。

1983 年 11 月 22 日，联邦议会罔顾数百万之众的抗议，通过了部署美国中程导弹的决议，也终结了议会内部旷日持久的和平争论。对此，西德的和平主义者与民众发问道："议会民主制的基础在于治理者与被治理者之间的相互忠诚。如果政府允许在联邦德国的土地上部署美国的大规模杀伤性武器，那么，何处才是被治理者之忠诚义务的边界呢？"带着这一质问，1984 年 4 月 3 日，和平主义者与支持和平的知识分子，在柏林召开了一场辩论会，探讨安全政策与国民忠诚之间的关系，以及被治理者的责任及其

① Becker-Schaum, Christoph, Die institutionelle Organisation der Friedensbewegung, S. 151 – 168.
② Gotto, Bernhard, "Enttäuschung als Politikressource. Zur Kohäsion der westdeutschen Friedensbewegung in den 1980er Jahren," (2014): 1 – 34.

政治忠诚义务的边界。后一阶段的和平运动并非全都呈现为批判性的辩论会形式，带有明确目标的和平行动仍在进行。为了反对北约在富尔达峡谷的军事演习，和平组织策划了一次"富尔达峡谷军事演习阻碍与人网"行动，反对北约在联邦德国土地上备战，不接受北约和华约以大规模杀伤性武器威胁西欧和东欧人民的生命安全，对于因军事用途侵占土地、因军事演习而破坏环境、"和平"地破坏自然的行为，表示抗议。① 1985 年 9 月，正值日本广岛遭受原子弹轰炸 40 周年之际，曾发出《克雷费尔德呼吁》的克雷费尔德倡议组织再次呼吁，反对美国的战略防御倡议（SDI），认为这名义上是为保障和平，实际上仍会像在西欧部署中程导弹一样，反而是在危害和平，令国际局势不稳，并将战略防御倡议讽刺为"战略失稳倡议"（Strategische Destabilisierungs-Initiative）。② 1985 年 11 月，里根和戈尔巴乔夫在日内瓦就中程导弹问题继续谈判。西德的和平组织与和平主义者参与了在日内瓦举行的和平示威活动。在呼吁文本中，和平主义者谴责了美苏两国对于第三世界国家的干涉与压迫，讽刺美苏所谓的和平事实上就是在数百万人挨饿的同时，把数以百万的钱财花费在坦克、炸弹和导弹上。呼吁明确指出，美苏之间的谈判博弈关乎每一个人的生命，"一旦一方失败，我们所有人会失去——我们的生命"。这一示威活动旨在让世人意识到，且不管日内瓦削减军备的谈判成败与否，在第三世界国家正发生着战争，而其战场上的武器大多来自工业国家。因此，许多来自第三世界国家的人也参与了这次示威活动。③ 1986 年，尽管西德的和平行动与会谈仍泛着星星之火，这一年却被视为一个充满希望的"和平之年"。这一年是联合国的国际和平年，美苏两国首脑在会晤时呼吁要切实减少核武器储备。苏联单方面暂停了八个月的核试验，而美国两院也支持了一项全面的核试验禁令。④ 1987 年 12 月 8 日，美苏两国终于就中程导弹问题达成双零点方案，在日内瓦缔结了《苏联和美国消除两国中程和中短程导弹条约》（INF Treaty），双

① Archiv Grünes Gedächtnis, Verbände und Vereine aus den Neuen Sozialen Bewegungen 0 E. 06 – Journalisten warnen vor dem Atomkrieg, Nr. 12.

② Archiv Grünes Gedächtnis, Verbände und Vereine aus den Neuen Sozialen Bewegungen 0 E. 06 – Journalisten warnen vor dem Atomkrieg, Nr. 14.

③ Aufruf zur Demonstration "Reagan-Gorbatschow" am 16. November in Genf, Archiv Grünes Gedächtnis, Petra Kelly Archiv, Nr. 1057.

④ 1986: Year of Peace-Year of Hope, Archiv Grünes Gedächtnis, Petra Kelly Archiv, Nr. 1068.

方都消除所有射程在 1000—5500 千米的中程弹道导弹与地基巡航导弹，以及射程在 500—1000 千米的短程弹道导弹。① 中程导弹问题得到了实质性的解决，西德的和平运动似乎失去了风向标，协调委员会的中心办公室将于1988 年 1 月 1 日正式解散。1987 年 9 月，和平主义者集聚一堂，探讨"和平运动何去何从"的问题。与会者称，和平运动面临的主要问题是，它因为对立面的缺位而失去了公众关注；而和平运动迄今为止的成就恰恰就是，使得某些领域的军事政策无法在没有公众关注的情况下得以施行。但是，这并不是说和平运动应该就此退出历史舞台。与会者也指出，和平运动不必在将来的活动中再执拗于核武器问题，而事实上，已经达成的核武器控制谈判成果并未损及世界上的军事集团整体。甚至有和平主义者指出，西德的和平运动未来应当有三个新重点：要求联邦德国完全无核化；削减常规武器的军费预算；将节省下的资金用于第三世界、社会福利和环境保护。② 反对在西德部署中程导弹的和平运动失去了直接目标，但是，维护和平的终极任务依然任重而道远，即便和平运动卷起的风浪渐趋平息，西德的和平主义者与和平组织仍在为和平而继续努力。

三　西德与美国和平主义者之间的意见交流

西德和平运动不仅希望能对联邦政府和联邦议会施压，也想把和平呼声传达给北约，甚至传到大西洋对岸。西德和平运动与美国有着密切的联系，一方面，鉴于美德的军事同盟关系，联邦政府的军事决议离不开美国的影响与支持，况且即将部署于西德的导弹即是生产于美国；另一方面，美国的和平运动在大西洋彼岸跟西德的和平运动遥相呼应，西德民众相信，和平是"好的美国人"与西德民众的共同目标。1981 年 10 月 4 日，《纽约时报》刊登了一封来自柏林的呼吁，号召美国民众以及在美国的德国人关注德国的和平运动与德国民众的和平诉求，并向周围的美国民众广而告之，

---

① 参见《大英百科全书》（*Encyclopedia Britannica*）"Intermediate-Range Nuclear Forces Treaty. UNITED STATES-UNION OF SOVIET SOCIALIST REPUBLICS［1987］"词条。

② Die Friedensbewegung sucht nach der Null-Lösung neue Aufgaben. Archiv Grünes Gedächtnis, Petra Kelly Archiv, Nr. 2810.

以期得到爱好和平的美国民众的支持与呼应。① 在和平这一共同目标的驱动下，西德的和平主义者跟美国同仁通过会谈、通信往来、互通印刷品等方式相互介绍各自开展的和平行动的情况，分享各自关于和平问题的观点。在北约双重决议为和平运动的众矢之的时，西德的和平主义者在跨大西洋交流中尖锐地批判了北约的威慑思维，向美国同仁介绍西德境内为反对导弹部署决议而进行的和平行动，以争取美国各界的支持，得到了来自美国同仁的言行回应。而在1983年11月之后，西德的和平主义者与美国同仁共同组织了跨大西洋的和平研讨会，互相寄送长篇大论的文章或结集成册的印刷品，认真探讨了与和平相关的军事政策与民主制度的关系、第三世界的贫困与饥饿等诸多议题，展现出和平问题的多面向。

1. 现实批判与和平抗议的实践经验（1979—1983）

西德与美国和平主义者进行现实批判的靶子就是美苏军备竞赛。但是，双重侧重点有所不同。西德的和平主义者坚持非暴力的形式，以言论谴责军备竞赛，以示威抗议导弹部署，希望捍卫德国的民主价值，保障德国的和平与安全。而美国同仁则更强调美国对于改变局势的重要性，既严厉批判美国的政策，又寄和平希望于美国的巨大影响力。

1983年7月，彼特拉·凯利、盖尔特·巴斯蒂安等人一行前往纽约和华盛顿，参加白宫前要求削减军备的示威活动，会见了美国的官员、媒体和和平群体。7月10日，凯利接受美国《遇见媒体》（Meet the Press）节目的采访，就美苏军备竞赛、西德和平运动等问题向美国观众发表了自己的看法。在采访中，凯利强调了和平运动的非暴力形式，肯定了马丁·路德·金、多萝西·黛等美国社会活动家所延续的非暴力传统，而对于现实政治中的美苏军备竞赛则予以谴责，认为民主国家应当对此而反省自身。凯利在被美国记者质问是否有亲苏嫌疑且更怜悯在尼加拉瓜的共产主义极权政府时，予以坚决否认，她坚称自己反对所有形式的极权主义，并认为苏联不会忘记损失惨重的二战历史，苏联也是欧洲的一部分。她进一步说，美国人在解放德国之时，希望德国成为一个民主的、非暴力的国家，而和平运动所

① Appell aus Berlin. An das Volk der Vereinigten Staaten von Amerika, in *New York Times*, 04. 10. 1984.

做的，就是让德国成为美国人所希望的德国。① 美国退役海军少校乔治·G.
阿伯内希（George G. Abernathy）在同年 7 月 11 日给凯利的信中尖锐批评了
美苏军备竞赛，指出美苏两国奉行的是敌对的外交政策，并详细地分析了
美苏关系与军事局势。他撰文说，美苏双方都意识到毁灭性军事潜能的危
险，便一起协商限制军备扩张，但是，双方都认为自己遭受了不公平的待
遇，在武器质量或者数量上没有达到均衡状态，最终，达成了一种在报复
能力上的"强硬均势"（tough parity）。他进一步写道，双方互相指责对方
以修复平衡为伪装来谋求"先发制人的核打击能力"（first strike capability），
却不顾先发制人的核打击能力，指的是既要在速度上，也要在范围上都使
得对方无还手之力。他指出，苏联放弃了率先使用核武器攻击，但北约却
没有投桃报李，美国国务卿曾承认北约有"在特定情况下可以惩罚性地使
用核武器"的条款，即便第二天又矢口否认，种种迹象仍能表明，就算苏
联不会率先使用核武器进攻，美国会如何回敬，仍不可知；假定苏联先发
动进攻再进行核打击，如若华约以常规武器入侵北约领土，美国作为北约
成员国，为了抵抗和控制华约的入侵，就有可能以惩罚性方式使用战区核
武器。最后，他总结道，这表明美国使用有限的核武器是可信的事情，美
苏双方领导人相互的不信任被制度化了，不确定引发了恐惧，恐惧引发了
敌意，敌意引发了不谨慎。因此，阿伯内希呼吁道，为了恢复谨慎，应该
勇敢、沉着、有目的地行动，而美国，经历了两次世界大战、朝鲜战争、
越南战争，又建立了稳定的经济和遍布全球的军事建制，是世界上最强大
的国家，其领导地位要求美国行动，且美国能承担得起行动。他提出了一
个十分大胆的建议，即美国应该退出北约，认为北约不仅导致了华约的成
立，也使得欧洲大陆进入一种虚拟动员的状态，令欧洲受美国主导，使欧
洲的政治经济受制于防务需求。② 虽然和平主义者的意见对于现实政治的影
响难以量化，有些提议也显得比较不切实际，但是，通过媒体、印刷品、
书信等媒介，西德与美国的和平主义者让对方听到了自己的声音，了解彼
此如何理解、分析当下所面临的军备竞赛问题。西德和平主义者批判美国
的政策，强调欧洲与德国安全之重要；而美国和平主义者虽然与西德同仁

① Archiv Grünes Gedächtnis, Petra Kelly Archiv, Nr. 1024.
② Archiv Grünes Gedächtnis, Petra Kelly Archiv, Nr. 1973.

的批判立场一致，但显然更突出美国政府与社会的重要作用。

随着越来越多的年轻人反对政府的外交与军事政策，加入了和平主义者的行列，生于 20 世纪 40 年代之后的接班一代也走进了学术研究视野与公共讨论语境。1982 年 12 月，兰德公司（RAND Corporation）负责欧洲安全研究的艾伦·普莱特（Alan Platt），邀请彼特拉·凯利参加一次由兰德公司于 1983 年 2 月 14—17 日举办的国际会议，主题为"大西洋同盟的接班一代：未来会怎样？"他在邀请信中介绍说，该会议旨在讨论将现在掌权的一代人与接班一代区别开来的一些关键认知，欧美之间与欧洲内部的代际差别加剧了大西洋同盟国家在诸如缓和、控武、贸易政策等重要问题上的摩擦。为了让接班一代展示出他们的典型观点，受邀参会者年龄均在 40 周岁以下，包括来自 16 个北约成员国的高官与学者。这场会议具有鲜明的跨大西洋交流的特色，每个专题会议都安排了 1 位美国人和 1 位欧洲人来总结他们就同一议题各自撰写的文章。普莱特邀请凯利代表欧洲的接班一代就"美国将来应该在同盟中扮演什么角色"撰写一篇文章。[①] 欧美的接班一代，不断争取在缓和、控武、贸易等重大问题上的话语权，而接班一代中的和平主义者，可以说是其所属世代的典型代表。

西德与美国的和平主义者的意见交流，除了批判现实以外，也相互介绍付诸实践的和平行动，互相声援，共享重要信息，切磋交流实践经验。

1980 年，西德克雷费尔德倡议组织发出《克雷费尔德呼吁》，要求联邦政府撤回同意在中欧部署潘兴 Ⅱ 导弹和巡航导弹的决议，希望西德不会成为新一轮核军备的铺路者，呼吁全体公民以公众舆论压力迫使新安全政策出台，即不能让中欧充当美国的核武器平台。在 1983 年印制的《克雷费尔德呼吁》宣传册中，和平主义者指出，日内瓦谈判未有实质性进展，美国的"零点方案"无助于谈判，因为它实际上是要求在不改变西欧现状的情况下削弱苏联的潜力；而只有欧洲人自己坐到了谈判席上，日内瓦谈判对欧洲而言才有意义。[②] 西德的和平主义者积极争取美国同仁对《克雷费尔德呼吁》的支持。克雷费尔德倡议组织的约瑟夫·韦伯在 1982 年 5 月 6 日写给

---

① Archiv Grünes Gedächtnis，Petra Kelly Archiv，Nr. 1972.

② Krefelder Initiative：Der Atomtod bedroht uns alle—Keine Atomraketen in Europa，Archiv Grünes Gedächtnis，Petra Kelly Archiv，Nr. 1018.

凯利的信中强调，如果没有美国核冻结运动（Freeze Campaign）组织的签名，整个事情的意义就打了一半折扣，还要争取美国的理智核政策（SANE Nuclear Policy）组织以及教士和俗人协会（Clergy and Laity）的签名。西德和平组织计划，于 1982 年 6 月 3 日在德国《时代》（Die Zeit）报上刊登由克雷费尔德倡议组织、美国的核冻结运动、理智核政策组织和教士与俗人协会联合签名的《克雷费尔德呼吁》节选，并几乎同时在《华盛顿邮报》和《纽约时报》报道《克雷费尔德呼吁》，届时会补充 30 多名德方名人的签名。① 《克雷费尔德呼吁》的和平诉求与现实批判，某种程度上可以视作西德与美国和平主义者的共识。

1982 年，美国的和平主义者针对在华盛顿喜来登酒店举办的武器展览会（arms bazaar），组织了一次见证会（witness）。和平主义者在酒店门口分发宣传材料，向公众解释武器展览会如何导致了军备竞赛升级，并组织了宣讲会和夜间静坐抗议活动。这一次活动得到了来自英国、瑞士、芬兰和西德的和平主义者的声援。来自华盛顿路德纪念大教堂和平牧师（Luther Place Memorial Church Peace Ministry）的彼得·博克赛（Peter Boucsein）在 1982 年 11 月写信给西德和平运动协调委员会发起人之一卢卡斯·贝克曼，在信中感谢了欧洲同仁对此活动的支持，简要介绍了美国和平运动的情况，并特别指出，动员草根民众的工作似已卓有成效，争取到了支持和平运动的多数选民。他还随信附了一篇《华盛顿邮报》刊文节选，内容跟美国桑迪亚国家实验室为核管理委员会（NRC）而做的一项研究有关。这项研究综合考虑了气象、人口、经济数据等因素，建立了一个新的电脑数据模型，预测了美国境内 80 多处正在运行或在建的核电站发生事故的概率，以及可能发生的最严重的伤亡情况。② 由此可见，共享有关核武器、核安全的专业信息，分享各自对于和平行动的分析与认识，也是西德与美国和平主义者意见交流的重要内容。

1983 年 7 月 14 日，美国铸剑为犁（Swords to Plowshare）组织的 4 名女性和 3 名男性走进武器制造商 AVCO③ 在马萨诸塞州威明顿市的分部，通过

---

① Archiv Grünes Gedächtnis, Petra Kelly Archiv, Nr. 1018.
② Archiv Grünes Gedächtnis, Petra Kelly Archiv, Nr. 1973.
③ Aviation Corporation，航空制造公司。

在武器和文件上倒血液、贴画等非暴力行为，象征性地"解除"潘兴 Ⅱ 弹道导弹、巡航导弹与和平卫士 – 洲际弹道导弹等先发制人的武器。事件发生后，这 7 位和平主义者被拘禁了一周，随后保释出狱。在法庭最终判决之前，处于保释期的阿格尼丝·G. 鲍尔莱茵（Agnes G. Bauerlein）在 8 月就跟凯利通信，鲍尔莱茵在信中介绍说，在庭审之前，他们以 AVCO 大规模生产了违反现有国际法的武器为由，驳回了 AVCO 的起诉，还得到了国际法专家和武器专家的支持。她随信附赠了关于上述行动的新闻报道，希望它能够激励西德的和平主义者，期待与西德同仁携手，最终摆脱可恶的武器。[①] 显然，美国的这次和平行动针对的就是导弹部署决议，某种程度上是对西德和平运动的声援。除了切实行动以外，美国的和平主义者通过书信、寄送新闻报道等方式给予西德同仁以情感鼓励。

　　不过，跨大西洋的交流并非一直一帆风顺、一团和气。1981 年 9 月，美国核信息与资源服务（NIRS）组织的贝特西·泰勒（Betsy Taylor）给凯利写信，告知他将于 10 月底参加一次由美国捐赠人群体召开的会议，但他自己并不清楚应该给哪些欧洲组织捐款，也不确定向欧洲捐款是否必要，因此，他希望欧洲的活动家能够给他提供一些信息，这也是他写此信的目的，想让凯利推荐一些欧洲组织作为捐赠对象。不过，他在信中专门提出，希望这封信能够保密，因为他想作为欧洲活动家的代言人无偏私地给美国捐赠人提推荐意见。但是，翌年 2 月，他由于听说凯利曾声称绿党得到了美国捐赠人的捐款，又给凯利写了一封信，以澄清此事。他说，在此前跟凯利的对话中，他只是在询问凯利如何看待美国捐赠人给欧洲捐款之事，但是，凯利可能过度解读了，他本人并没有说会向凯利提供捐款，也从没说过绿党要钱就会给。不过，他还是解释了下原因：美国捐赠人共同体把捐款活动大体上限定在美国有效的裁撤武器运动的范围内，对于给欧洲运动捐款兴趣索然，因为在美国捐赠人共同体看来，对外捐款，与其说是有用，还不如说会引起纷乱，另一方面，他们觉得欧洲方面的努力长期而言不过是徒劳，而有必要在美国确立一个起主要作用的运动。[②] 鉴于西德和平运动之规模、频率和形式，这种非生产性的社会活动有大量的资金需求，我们

---

①　Archiv Grünes Gedächtnis, Petra Kelly Archiv, Nr. 1973.

②　Archiv Grünes Gedächtnis, Petra Kelly Archiv, Nr. 1972.

暂时无法得知有关跨大西洋两岸和平运动之间的资金援助的确切信息，但是，从上述通信中可以看出，大西洋两岸的和平主义者有很强的合作与互助意向，虽然受限于现实资源条件，其合作与互助并未尽如其愿。而且，值得注意的是，美国捐赠人共同体并不看好欧洲的和平运动，他们之所以认为欧洲运动长期而言不过是徒劳，背后隐含的判断是美国政府与美国社会才是决定安全局势走向、解决核武器问题的主角。

2. 问题意识与不断充实的和平内涵（1983—1987）

在和平运动前期的跨大西洋交流中，和平主义者在聚焦导弹部署决议、批评美苏军备竞赛之时，也直接或间接地表达了他们企盼世界和平、消除贫困、国际公正、绿色环保的美好愿望，呈现了在这种美好愿望镜像之下的批判性世界观。和平主义者的世界观于和平运动之前已经成形，在和平运动前期也有所表露，但前期的意见表达仍然以核武器和北约双重决议为主，而到了和平运动后期，对民主制的反思、工业化问题、第三世界问题等内容，逐渐成为讨论与意见表达的主题。

1984 年 4 月，美国退役海军少校乔治·G. 阿伯内希再次致信彼特拉·凯利，指出凯利在和平运动中遭遇了两难处境，此境地为人类自古已有，即在大多数选民没有能力客观地思考、谨慎地行动、遵守既有法律法规、心甘情愿地履行公民义务与责任之时，如何建立一种"草根的"或者"公众参与的"民主制度，以确立并维持人民之幸福所必需的社会规则？在信中，阿伯内希还向凯利介绍了他参加的一次由北加利福尼亚世界事务委员会召开的圆桌讨论的情况。这次圆桌讨论的主题是爱因斯坦和弗洛伊德在信件中所提出的"为什么有战争？以及民族国家？"在阿伯内希看来，讨论所达成的共识是：国家主权已经成了一个负效用的传说，国家与国际官员的能力与意志，仅能够维持一种恐怖的平衡，要补救危机，最终则需要从其他来源获得补救措施。在信的结尾，阿伯内希再次批评了美国在北约中的主导倾向。1984 年 10 月，阿伯内希在给凯利的一封回信中附赠了他写的一篇文章《"北约"还是"不要"：这是一个问题》（NATO or Not To：That is a Question），在文中再次提出美国应该退出北约的建议。但是，他并没有重复上一年所陈述的理由，即美国主导北约、欧洲政治经济因而受制于防务需求，而将重点放在美国退出北约会对欧洲产生的积极影响。阿伯内希建议说，美国应该承诺在一年后退出北约，在这一年的时间里，逐渐减少美国的主导，让欧洲人在他们经济现实的限制之内确认其防务需求，免除核武器，进而使已日渐式微的欧洲区域防务组织、欧洲经济和欧洲议会得以复兴。他认为，美国退出北约的单边行动，并不是招致苏联先发制人的核打击，反而通过将北约的动产重新部署至美国本土基地，减轻了国防部对美国的外交政策性承诺予以支持的负担，为精简军队与武器，升级人员的质量与能力，改善物资专业化、标准化、设计、发展与采购，提供了机会。最终，美国与西欧的赤字得以缓解，政治与经济气候会得到改善。① 阿伯内希的建议虽是一厢情愿，但这些预测中的积极结果，恰恰折射出大西洋同盟各国所面临的军事、经济与政治问题。在 1983 年之后，和平运动之诉求，从单纯的安全问题发展到了民主制度、大西洋安全同盟困境、欧美国家财政赤字等深层次问题。

　　1984 年 10 月 24—26 日，加州大学伯克利分校举办了一场以"核军备竞赛与东西方关系中的危机"为主题的研讨会，参会者既有战略武器限制谈判谈判员保罗·华克（Paul Warnke）、西德和平主义者彼特拉·凯利与盖尔特·巴斯蒂安、伯克利教授欧内斯特·哈斯（Ernest Haas）等支持限制核武器发展者，也有北约秘书长卡灵顿勋爵（Lord Carrington）等支持北约使用核武器之人。卡灵顿勋爵认为，核武器讨论只聚焦了核战争的恐怖，却轻视了常规战争之恐怖，尽管苏联承诺了不首先使用核武器，但是，苏联在常规武器方面却具有决定性的优势，因此，北约只有冒险使用核武器才能遏制住苏联的威胁。但是，支持限制核武器发展的一派众人却不同意其观点。保罗·华克提出，应当暂停建立新的核武器系统，至于星球大战计划，苏联会认为这可以超越，且会去寻求超越。巴斯蒂安将军和凯利则进一步要求，沿着公民不服从的路线从根本上重新定义权力与国家防御。凯利在题为《无暴力的国际关系》的演讲中详细地阐释了她的非暴力主张。围绕着非暴力的概念，她批判了军事政策的物理暴力和饥饿、贫穷、种族主义等非物质暴力。她指出，"和平不只是没有战争"，只要每个民族国家为了物质财富与政治权力而争夺，战争就是不可避免的，进而希望通过重组权力，以非暴力的方式来创造一个无暴力、无剥削、包围弱者不受强者欺凌的社会。她谴责美国煽动和推行军备竞赛，美国事实上一直走在发展

---

① 　Archiv Grünes Gedächtnis, Petra Kelly Archiv, Nr. 1973.

大规模杀伤性武器的前沿，将苏联甩在了身后，却又刺激苏联追赶上来。凯利提出，欧洲和平运动的目标是使欧洲非军事化，不再有大规模杀伤性武器，并削减常规武器系统，中立于军事集团；而为实现这一目标，就要捍卫、发展东欧和西欧的所有公民参与运动和讨论的权利。只有通过独立的草根和平运动，摆脱大国阵营的限制，才能确保在随后几年里停止军备竞赛、削减军备。此外，她还指出，核武器不仅带来了核战争风险，也使人们变得精神麻木，对于地球上的不公无动于衷。在凯利看来，向第三世界的国家输入民用核设施，就是在扩张核武器；美苏都将第三世界的国家当作冷战与真实战争的战场，却没有致力于解决当地的问题，各自都没有打扫干净自己的后院，西方工业国家通过阴险的经济敲诈、与第三世界的非人道政权的公开合作，渗透由来已久的殖民主义。① 非暴力，从和平行动的实践形式上升为一种分析现实问题的核心概念，成了和平主义者之和平观的内核。1984 年 10 月，美国铸剑为犁组织的鲍尔莱茵再次写信给凯利，告诉凯利，自己要去海牙参加一场由基督和平会（Pax Christi International）资助的会议，讨论武器贸易的问题。在会上，她会把丹尼尔·贝利根（Daniel Berrigan）所写的一篇文章念给参会者听。在这篇文章中，贝利根探讨了如何在没有具体目标的情况下呼吁裁减军备，并强调了非暴力的重要性。② 西德与美国和平主义者的意见交流，已经不限于军备竞赛问题，而由安全问题扩及到第三世界受剥削、草根民主等方面，不只批评军备竞赛本身，还谴责军备竞赛所根植的不够民主的国内政治制度与不平等的国际政治经济秩序。

1986 年，美国空袭利比亚，这一事件亦成为西德与美国和平主义者共同关注且强烈谴责的对象。美国全国生存动员（National Mobilization for Survival）组织的多里·维尔斯纳克（Dorie Wilsnack）写信邀请凯利撰文公开谴责美国入侵利比亚的行径。在信中，他专门为凯利列出了一些文章要点，以作参考。这些要点主要在谴责里根以军事服务政治的政策，认为美国通过在英国的军事基地和地中海第六舰队向利比亚发动袭击，反而让此前美国声称自己有权利干涉他国内政、置全球于美国利益范围之内的说法站不

① Archiv Grünes Gedächtnis, Petra Kelly Archiv, Nr. 1033.
② Archiv Grünes Gedächtnis, Petra Kelly Archiv, Nr. 1973.

住脚，因为军事基地和舰队早在利比亚被认定为中东地区之威胁以前就已经存在。① 西德与美国和平主义者的关注点由欧洲扩展至第三世界，从质疑、谴责美苏军备竞赛，发展到批判美国把全球当作其利益范围、干涉第三世界国家内政、军事入侵第三世界国家的霸权主义政策。在西德与美国和平主义者的意见交流中，和平问题的外延不断扩展。1987 年，国际和平研究协会（IPRA）非暴力研究组会议召集人西奥多·赫尔曼（Theodore Herman）邀请凯利为将于 1988 年初出版的《和平提议简报》撰写一篇关于非暴力与和平的文章，希望凯利代表德国绿党回答以下三个问题：对所有生命及生命系统进行整体护理的前景；解释民主政治参与或人民志愿服务组织等非暴力手段本身即是目标的一部分；展望实现绿色乌托邦的未来。② 随着中程导弹问题的解决，和平运动的对立面逐渐模糊起来，和平问题的讨论也慢慢与生命健康、民主政治、绿色环保等时代议题融为一体，迫切程度逐渐降低，和平的内涵不断充实，和平主义者以和平问题为钥匙，打开了多面向的时代问题之门。

四　结语

谴责军备竞赛、反对核军备扩张的和平诉求，贯穿了和平运动之始终，这也是西德与美国和平主义者意见交流的重要内容。但是，正如彼特拉·凯利所说，和平不只是没有战争。和平之内涵十分丰富，和平问题根植于国内民主制度与国际政治经济秩序的土壤之中。和平，指向的是人之生命安全得到保障，不仅意味着消除显性的战争暴行，也抵制所有可能导致战争与暴力的军事政策、武器装备、权力斗争和民族压迫，甚至要求解决贫困、饥饿和环境破坏等危及人类生存的问题。在和平运动前期，导弹部署问题迫在眉睫之时，西德与美国的和平主义者集中火力批判美苏军备竞赛、北约与美国的军事政策，希望通过广泛的社会动员来向政府施压，以撤回北约双重决议，扭转安全困局，既有共识也有分歧，既通力合作亦小有摩擦。而在和平运动后期，西德与美国的和平主义者虽仍旧深感和平问题之

① Archiv Grünes Gedächtnis, Petra Kelly Archiv, Nr. 2281.
② Archiv Grünes Gedächtnis, Petra Kelly Archiv, Nr. 2280.

重要棘手，却不得不从长规划和平目标，从和平与非暴力言及民主制度、国际政治经济秩序等深层次问题，逐步揭示出和平概念的丰富内涵，扩展和平问题的广度。尽管其思想不乏理想化色彩，却用和平之针，串连起 80 年代之多条时代问题之线，具有极敏锐的问题意识。随着和平问题迫切性色彩的逐渐褪去，围绕和平而展开的意见交流也逐渐融入关于时代问题的讨论之中。

一位自称在 1984 年担任过国会议员的美国保险经纪人罗杰·科菲（Roger Coffey）给德国的和平主义者邮寄了一本以《进步运动》为题的自编小册子，收编文章分别探讨了 20 世纪 80 年代美国所面临的关键问题与社会变迁，涵盖了核战争、星球大战、美国的中美洲政策、环境保护、允许堕胎、废除死刑、美国国民健康制度、选举制度等问题。在开篇文章中，科菲称美国在 80 年代又发生了一次进步运动，这是一场平民主义的（populist）运动，启发了数百万美国人去追求一个和平的世界和一个公正的社会。① 无论在美国还是在西德，和平运动所追求的都是一个军事无核化、草根民主、世界和平、国际公正的未来。西德和平主义者与美国同仁之间的意见交流，可以说是 20 世纪 80 年代西方阵营内部自我剖析、谋求社会进步的具体体现。

（作者为北京大学历史学系德国史专业 2018 级博士研究生）

---

① *Archiv Grünes Gedächtnis*, *Petra Kelly Archiv*, Nr. 1974.

欧洲各国的历史与文化

塞缪尔·约翰逊的文学阅读观

——"地方语文化"兴起背景下的讨论

张子悦

书籍史/阅读史是从事 18 世纪历史与文化研究的学者们所关注的重点领域。① 可以看到，阅读为我们打开了认识 18 世纪社会的一扇新的窗户。通过对阅读这一行为的分析，我们可以对 18 世纪社会的各个方面有所体察。正如伊恩·杰克逊（Ian Jackson）在他的一篇论文当中所说的那样："当我们思考 18 世纪社会变迁的时候，阅读这一行为很容易进入人们的脑海。从中产阶级对《观察者》的执念到激进分子对《人权宣言》的喜爱，从妇女阅读小说到工人阅读报纸，阅读这一行为似乎成了社会发展的中心。这些发展包括礼貌社会（polite society）的形成、休闲活动的商业化、政治激进

① 张仲民：《从书籍史到阅读史——关于晚清书籍史/阅读史研究的若干思考》，《史林》2007年第 5 期。书籍史研究的范围包括书籍的书写、出版、流通以及阅读等方面。法国年鉴学派对此贡献颇大。除此之外，夏蒂埃也对此贡献颇丰。在法国年鉴派学者研究的基础之上，美国新文化史学者达恩顿（Robert Darnton）的《什么是书籍史?》（"What is Book History?"）一文设计了一个新的研究范式，从而将书籍史的研究提升到了一个新的高度。此外，德国学者多从接受史的角度来研究阅读史，英国学者则偏重于研究印刷文化。参见〔法〕费夫贺、马尔坦《印刷书的诞生》，李鸿志译，广西师范大学出版社，2006；〔法〕夏蒂埃、罗什：《书籍史》，〔法〕勒高夫、诺拉编《史学研究的新问题、新方法、新对象》，社会科学文献出版社，1988，第 311-333 页；David Finkelstein and Alistair McCleery, eds., *The Book History Reader* (London and New York: Routledge, 2002); Robert Darnton, "What is the History of the Books?" *Daedalus*, 111, No. 3, Representations and Realities (Summer, 1982): 65-83。

主义的发展以及女性身份的变迁。"① 本次讨论自然无法囊括这一论断中的所有部分，但笔者仍旧希望能够从阅读的角度出发，对一个具体事例进行一定的分析，进而简要描述阅读与社会某些方面的互动机制。

作为英国文学上的重要人物，塞缪尔·约翰逊（Samuel Johnson，1709 - 1784）自然成为书籍史/阅读史学者的重点研究对象。② 无论在学者还是在普通民众心目中，约翰逊的形象都具有强大的影响力。在"维多利亚时代的人"乃至于"当代流行文化的想象中"，约翰逊都是"英国文化的代表"。③ 由于其对于英国文化发展的突出贡献，对于约翰逊文学阅读观的研究也具备相当的研究意义。本文将对约翰逊的文学阅读观的内容进行讨论，并引入其生活时期的历史背景，以深入探讨其文学阅读观的成因。

就材料而言，本文将选取詹姆斯·鲍斯韦尔（James Boswell）所著《约翰逊传》（*Life of Johnson*）作为讨论的基础。此外，约翰逊本人的书信、日记等原始材料也是本文的重要论据。通过对比鲍斯韦尔笔下约翰逊形象与原始材料当中的约翰逊形象，我们可以得出结论：鲍斯韦尔笔下的"约翰逊"其实带有作者想象的成分，在某种意义上可以说是他本人对"文化符号"形象理解的产物。而就实际情况而言，约翰逊可能并非如鲍斯韦尔所说，全心全意的推崇古典文化；相反，他对于以地方语言书写的地方文学的态度甚至更为积极。

一　塞缪尔·约翰逊与《约翰逊传》

无论从何种角度来看，塞缪尔·约翰逊的文学成就都是毋庸置疑的。他不但是《英语大辞典》（*A Dictionary of The English Language* ［1755］）的编

---

① Ian Jackson, "Approaches to the History of Readers and Reading in Eighteenth-Century Britain," *The Historical Journal*, 47, No. 4（Dec. 2004）: 1041.

② Alvin B. Kernan, *Samuel Johnson and the Impact of Print*（Princeton, NJ: Princeton University Press, 1989）; Lawrence Lipking, "Inventing the Common Reader: Samuel Johnson and the Canon," in Joan H. Pittock and Andrew Wear, eds. , *Interpretation and Cultural History*（London: Macmillan, 1991）, pp. 153 - 75; Richard C. Cole, "Samuel Johnson and the Eighteenth-Century Irish Book Trade," *The Papers of the Bibliographical Society of America*, 75, No. 3（Third Quarter, 1981）: 235 - 255.

③ Nicholas Hudson, *Samuel Johnson and the Making of Modern England*（Cambridge, Mass. : Cambridge University Press, 2003）, p. 2.

纂者，还写作了大量的诗篇，并且为不同的杂志撰稿。在 18 世纪的《绅士杂志》（*Gentleman's Magazine*）当中，我们常常能够看到约翰逊的作品（有些可能没有署名）。除此之外，他也编纂过莎士比亚的剧作集，"让读者在不需要很多知识的情况下自己去判断好坏……这样他们可能会更为开心"。① 无论在当时还是在后世，约翰逊的著作都赢得了众多人士的赞赏。以《诗人传》（*Lives of the English Poets*）为例，在记录当年出版的图书时，1782 年的《年鉴》（*Annual Register*）指出，"无论是"将书中约翰逊的评论"当作文学、哲学还是道德评论"，人们都能够找到赞扬它的地方，"再没有哪个国家、哪个时代能够诞生如此完美的评论了"。② 与此类似，拿单·德雷克（Nathan Drake）也于 1798 年表示："我认为，他（约翰逊）的《诗人传》是近期最为高贵、诙谐而可靠的文学评论。"③ 后世的评论家也对这一著作多有称赞之词。研究鲍斯韦尔著作的学者保罗·坦克哈德（Paul Tankhard）也曾称《诗人传》为"一个伟大的人所撰写的、关于英国文学特定阶段的概要性综述。就其文学价值本身而言，它也是英国文学中一流的佳作"。④

　　与约翰逊本人的著作类似，鲍斯韦尔所著《约翰逊传》也获得了极高的评价，同样堪称英国文学界的经典之作。在这本书当中，鲍斯韦尔详细记载了塞缪尔·约翰逊这一伟大英国文学家的生平与对话。这些记述在一定程度上依赖于其亲身经历。1762 年底，鲍斯韦尔来到伦敦。⑤ 也正是在那里，他结识了一些新的朋友，其中就有塞缪尔·约翰逊。此后，鲍斯韦尔与约翰逊之间的交往一直没有中断。1773 年底，他邀请约翰逊到赫布里底群岛（Hebrides）旅行；1775 年，他加入了约翰逊的文学俱乐部（literary

---

① Samuel Johnson, "Proposals for Printing, by Subscription, the Dramatick Works of William Shakespeare," in James T. Boultlon, ed., *Samuel Johnson: The Critical Heritage* (London and New York: Routledge, 1971), p. 156.

② *The Annual Register, or, A View of the History, Politics, and Literature, for the Year 1782* (London: Printed for J. Dodsley, 1783), p. 203.

③ Nathan Drake, M. D., *Literary Hours or Sketches Critical and Narrative* (Sudbury: Printed by J. Burkitt, 1798), p. 147, Eighteenth Century Collections Online, Gale, Peking University, 23 Nov. 2017.

④ Christopher Ricks, ed., *Selected Criticism of Matthew Arnold* (New York: Signet, 1972), p. 362.

⑤ Paul Tankard, Introduction to *Facts and Inventions: Selections from the Journalism of James Boswell*, ed. Paul Tankard (New Haven & London: Yale University Press, 2014), p. xxv.

club）；1777 年，他在德比郡同约翰逊一同待了两周时间。而在《约翰逊传》的成稿中，我们也确实能够看到对约翰逊生平的详细描述。"再没有哪一个人的生平会像约翰逊的生平那样，被描述得那么细致了。"①

然而，我们可以看到，鲍斯韦尔所写作的这部传记并非完全是其亲身经历。除了记述自己的亲身经历以外，他也大量阅读约翰逊的手稿，并且从约翰逊本人及其密友口中收集有关约翰逊的故事。可以看到，鲍斯韦尔对这一工作抱有极大的热情。在 1785 年写给托马斯·珀西（Thomas Percy）的信中，鲍斯韦尔这样写道："我现在正在勤奋地收集有关他的资料。我很早就有为他作传的想法……而他也对我的目的十分清楚，并向我讲述了他自早年直到声名鹊起之后的生活故事。"② 至于鲍斯韦尔和约翰逊密友的交往，我们则可以从他写给威廉·亚当斯（William Adams）的信中找到一些痕迹。可以看到，鲍斯韦尔就曾为了创作《约翰逊传》而向其索要资料，哪怕是最零碎、看起来毫无意义的信件也不放过："您已经告知了我一些能够写到《约翰逊传》当中的逸事。除去这些好意，我是否能够请求您将他写给您的信件寄给我？无论这些信件有多短，它们都能为我的收藏添砖加瓦。您曾告诉过我，那只是推荐一些人到访您的学校而已。但即便如此，它们也具有很大的价值。所以请务必将它们寄给我。"③ 可能正是因为其书中所包含的丰富材料，不少评论家认为，鲍斯韦尔记录的真实性是值得信赖的。直到 19 世纪，托马斯·卡莱尔（Thomas Carlyle）仍评价，这部传记"就像是从镜子中所反映出来的一样真实"。④

就材料的丰富性而言，鲍斯韦尔所写的这部传记的确是所有约翰逊传记中的翘楚。但是从真实性而言，卡莱尔的论断可能有所偏颇。为了表现约翰逊的光辉形象，鲍斯韦尔确实有可能对他手中的材料进行了剪裁和加工，以使其更符合他的写作目的。诚然，所有的传记文学都无法完全免于

---

① John Wilson Choker, Preface to *Boswell's Life of Johnson*, ed. John Wilson Choker（New York: George Dearborn, 1833），1: xi.

② James Boswell to the Right Reverend Thomas Percy, March 20, 1785, in *Letters of James Boswell*, ed. Chauncey Brewster Tinker, Vol. 2, 1778 – 1795（Oxford: Clarendon Press, 1924），p. 326.

③ James Boswell to the Reverend Dr. William Adams, December 22, 1785, in *Letters of James Boswell*, ed. Tinker, Vol. 2, p. 331.

④ Thomas Carlyle, *Critical and Miscellaneous Essays: Collected and Republished*, 2nd ed., Vol. 4（London: James Fraser, 1840），p. 39.

作者自身偏见的影响，做到绝对意义上的客观。然而，鲍斯韦尔很可能并不是以"展现一个真实的塞缪尔·约翰逊"为根本目的。从某种程度上说，他之所以选择写这一传记，是为了将约翰逊塑造为文学史上的一个完美形象。在《约翰逊传》中，他从来不吝啬对于约翰逊的溢美之词，也丝毫不掩饰自己对于约翰逊的崇敬之情。在传记中，他极力称赞约翰逊的美德，即便是在描述其早年经历时也不例外。他认为，正是约翰逊的"美德"使他能够受到"利奇菲尔德（Lichfield）最有名望家族的欢迎"，而这位文学家的"礼貌态度"也在"利奇菲尔德以外的地方"表现出来，使得他得到了"阿什本地方望族的欢迎"。① 在这种强烈情绪的裹挟之下，鲍斯韦尔很有可能放弃对约翰逊不利的材料，转而将书写的重点放在那些他所认定的对约翰逊有利的材料之上。接下来，我们就将对这一文献进行梳理，以约翰逊的文学阅读观为例，验证鲍斯韦尔笔下的约翰逊形象在多大程度上是传记作者本人的想象。

二　鲍斯韦尔笔下约翰逊的文学阅读观

阅读无疑是约翰逊生活的重要组成部分。② 在《约翰逊传》中，约翰逊与古典文学之间的联系似乎随处可见。③ 鲍斯韦尔特别引用了约翰逊为一所语言学校所推荐的经典书籍："如果要学习拉丁语，你们首先要对最经典的作家有所了解，而不是先去阅读年代靠后的作家的作品。最为经典的作家有：特伦斯（Terence）、塔利（Tully）、恺撒（Caesar）、撒路斯特（Sallust）、奈波斯（Nepos）、维利乌斯·彼得克特（Velleius Paterculus）、维吉尔（Virgil）、贺拉斯（Horace）、斐德罗（Phaedrus）。"除此之外，他还引用了大量约翰逊的作品以及信件。他曾原文照录了约翰逊早年对维吉尔及

---

① James Boswell, *Boswell's Life of Johnson* (London: Oxford University Press, 1931), 1: 28.

② 参见 Robert DeMaria Jr., *Samuel Johnson and the Life of Reading* (Baltimore: The Johns Hopkins University Press, 1997)。

③ 在《赫布里底岛游记》(*Boswell's Journal of a Tour to the Hebrides with Samuel Johnson*) 中，约翰逊就表现出其在古典文学方面的兴趣。在评价年轻人是否应当进入修道院的时候，约翰逊就引用了赫西俄德的诗句来进行说明。James Boswell, *Boswell's Journal of a Tour to the Hebrides with Samuel Johnson*, ed. Frederick A. Pottle and Charles H. Bennett (New York: The Viking Press, 1936), p. 41.

贺拉斯诗作的翻译。"无论在学校作业还是在即兴创作中，约翰逊都表现出了其在诗歌创作方面的天赋。"鲍斯韦尔似乎要给读者们造成一种印象，即约翰逊本人不但古典文学造诣颇高，而且颇为重视这一类型的文学。在鲍斯韦尔的笔下，约翰逊似乎并不喜欢其他作家，"他告诉我，他早年曾读过一些诗，但是从未读到结尾过。他也曾读过莎士比亚（Shakespeare）的著作，但因为年岁太小，《哈姆雷特》当中鬼魂的独白甚至令他在独处时感到恐惧"。相反，古典文学带给他的体验却是愉悦的，"早在喜欢上荷马（Homer）所写的史诗之前，他就已经对荷马的书信和讽刺诗非常感兴趣。他告诉我，自己在牛津认真读过希腊文。他所读的不是希腊历史学家们的著作，而是荷马以及欧里庇得斯（Euripides），有时也读一些讽刺短诗。他最感兴趣的学科则是形而上学（metaphysics）"。①

　　尽管鲍斯韦尔并不否认约翰逊对古典文学以外作品的兴趣，但他仍旧将这种兴趣看作古典文学阅读之外的补充。约翰逊曾承认，在回到家乡的两年当中，"他漫无目的地随便阅读，并没有任何的学习计划"。但是，在鲍斯韦尔看来，约翰逊完全没有必要为这些"浪费了的"时光而感到懊恼。鲍斯韦尔指出，约翰逊此时所阅读的并不是些全然没有用处的闲书，"他告诉我，在这两年当中，他所阅读的书籍不是仅仅为了娱乐而写的'游记，全部都是些文学作品'"。他试图证明，这样一种丰富的阅读体验势必会对约翰逊今后的文学生涯有所裨益，"他确实可以学得更认真点。但是，对于他这样天资聪颖的人来说，广泛涉猎或许比集中阅读一个方向的书籍要收获更多……按照自己的兴趣去阅读的人和被动完成学习任务的人是有区别的"。②

　　显然，鲍斯韦尔的这一论证是有漏洞的。事实上，约翰逊对于古典文学的态度并不如其传记作者所描绘的那么积极。在《约翰逊传》以及其他有关约翰逊的大量原始材料当中，人们就能够发现些许蛛丝马迹。首先，就约翰逊对于古典文学及古代作家的认知而言，他并没有将古典文学摆在更高的地位上。他对于时间的处理跨度极广，可以将不同时代的作家划分在同一类。按照他的划分标准，弥尔顿和莎士比亚具有共同的特质——

---

① Boswell, *Life*, 1：68，35，48.

② Boswell, *Life*, 1：40.

"都是古代作家"，即便这两个人所处的年代相隔了近一个世纪。[1] 这样一来，我们似乎可以推断，约翰逊并不只吸取古典文学的营养，他对其他类型文学的阅读也不只是作为其古典文学阅读的基础。

事实上，从约翰逊本人的作品中，我们可以看出，15—16 世纪的人文主义传统对他产生了很大的影响。虽然因为"人文主义传统是一个很宽泛的概念"，我们无法就人文主义对约翰逊的影响做系统性的研究，但仍旧能够从约翰逊参与编纂的图书馆目录和他的书房目录中得知，他确实很可能了解过人文主义时期作家的作品。在约翰逊去世后，拍卖其书籍的记录显示，约翰逊拥有很多"里程碑式的人文主义时期的辞典，其中还有不少是稀有的版本"。[2] 而单从辞典的编纂来说，他了解过人文主义时期的辞典编纂方法，并将其运用到自己的辞典编纂工作中。可以看到，早期的人文主义者们所编纂的辞典同约翰逊所编的《英语大辞典》"在方法上有着某些类似之处"。[3] 即便是坚持强调约翰逊对古典文学喜爱的鲍斯韦尔也无法忽视人文主义作家对约翰逊的影响。在《约翰逊传》的脚注中，他选择了将约翰逊同意大利的人文主义者波利齐亚诺（Poliziano）相提并论："你们难道感受不到，约翰逊与波利齐亚诺之间有一种奇特的联系吗？"[4]

其次，约翰逊并没有将希腊文和拉丁文摆在其他古代语言之前，给予特殊的关注。与时人相比，约翰逊的希腊文水平并不突出。而在学习拉丁文一事上，约翰逊并没有那么天资聪颖。他的拉丁文知识基本是从学校当中得来的，并没有超前学习。[5] 而在其自传当中，他更是大方承认自己在"拉丁文动词的使用上有一定的问题"。[6] 即便是在拉丁文写作中，约翰逊也

---

[1]　参见 Jack Lynch，"Betwixt Two Ages Cast：Milton，Johnson，and the English Renaissance，" *Journal of the History of Ideas*，Vol. 61，No. 3（Jul.，2000）：397 –413。

[2]　参见 Samuel Johnson et al.，eds.，*Catalogus bibliothecae Harleianae*，*in locos communes distributus cum indice auctorum*，Vol. 2（London：Thomas Osbourne，1743）。

[3]　Paul J. Korshin，"Johnson and the Renaissance Library，" *Journal of the History of Ideas*，Vol. 35，No. 2（Apr. –Jun.，1974）：300.

[4]　Boswell，*Life*，1：60.

[5]　据相关学者推断，约翰逊学习拉丁文的年纪大约为 8 岁，是当时英国学生正常学习拉丁文的年纪。

[6]　Samuel Johnson，*Samuel Johnson：Diaries，Prayers，and Annals*，ed. E. L. McAdam et al.（New Haven：Yale University Press）p. 14.

未必能够完全模仿出古典作家的风格。在重回牛津的时候，约翰逊提及，他曾将英国诗人蒲柏的诗句翻译成拉丁文。鲍斯韦尔"告诉他"，他所翻译的诗行是"华丽的六步抑扬格"。但是他"没有告诉他，（这一诗句）并非维吉尔的风格"。[①] 显然，古典语言是阅读古典文献的重要基础之一。既然至少在学术生涯的早期，约翰逊并没有坚实的古典语言基础，那么为了补偿这一点，他更有可能会主动接触一些以地方语言写作的文献作为辅助，而并不是时时刻刻都将古典作家所写的原典捧在手上。

经过对约翰逊作品的考察，我们可以看到，拉丁文不过是约翰逊对古代语言学习的一个环节罢了，并不存在对于拉丁文的突出强调。"有人嘲讽剑桥和牛津大学，因为它们不仅出版了希腊文和拉丁文的诗集，还出版了使用古叙利亚语、阿拉伯语以及其他未知语言所写作的诗集。"约翰逊则认为，无论是什么语言，都有必要用于写作。"我希望能够用尽可能多的语言创作诗篇。我希望用的语言比能够实际运用的语言要多。我要告诉全世界，'在这所学校你可以学到所有的知识'。"[②] 就此观之，约翰逊之所以广泛涉猎古典时期作家的作品，很有可能并非因为他对古典文学的热爱，而是出于他学习各种知识的愿望。更何况，在他看来，"最为重要而必需的任务始终是养成表达的习惯。如果没有这一点的话，再多的知识都几乎没有用。拉丁文的学习如此，英文的学习就更是这样"。[③]

那么，鲍斯韦尔为什么要这样处理约翰逊的阅读观呢？很可能与他对约翰逊的文化定位有关。在约翰逊和鲍斯韦尔的时代，占据英国文化界主导的仍旧是古典文化。这一倾向很好地反映在时人创作的文学作品中。在《约瑟夫·安德鲁斯》（Joseph Andrews）一书里，亨利·菲尔丁（Henry Fielding）就借人物之口表示："如果一个人没有读过荷马或维吉尔的作品，我就会说（或者低声耳语）他是一个无知之人。"[④] 而在当时的上流社会人士看来，一

①　Boswell, *Life*, 1: 180.

②　James Boswell, *Johnsoniana*; *from Boswell's Life of the Great Lexicographer and Moralist* (London: John Sharpe, 1820), 1: 11.

③　Boswell, *Life*, 1: 68.

④　Henry Fielding, *Fielding's Joseph Andrews*, ed. M. C. Batterstin (Oxford: Oxford University Press, 1967), 3: 238.

个人是否懂得古典文化甚至已经成为评判其文化水平高低的重要标准。[①]
1748 年，切斯特菲尔德伯爵斯坦霍普（Stanhope，Earl of Chesterfield）写信
给自己的儿子，特意告诫他："古典知识，也就是希腊文和拉丁文的相关知
识，对所有人来说都是非常必要的。这是因为，所有人都已经同意这样去
思考并且这样称呼它了。在当代所有人的印象当中，如果一个人不懂上述
两种语言，那么他就是文盲。"[②] 可以想见，作为鲍斯韦尔笔下文化界的象
征符号，约翰逊必须以一个古典文学爱好者的形象出现。

　　经过分析，我们可以知道，《约翰逊传》中有关约翰逊文学阅读观的描
述与约翰逊本人所表现出来的文学阅读观并不相同。鲍斯韦尔可能过分强
调了约翰逊对古典文学阅读的重视。事实上，比起古典文学，约翰逊对地
方文学的态度更为积极。可以看到，他对这些地方文学持宽容和支持的态
度，特别是当这些文学作品的内容遭受攻击的时候。约翰逊晚年就曾发生
过这样的一件逸事：当有人嘲笑英国本土爱情文学的时候，约翰逊立即表
示反对，并认为"我们不应当嘲讽已经改变了帝国和世界的这样一种激情，
更何况这种激情还激发了英雄主义并压制了人们的贪欲"。[③] 其推进地方文
学发展的意愿可见一斑。

三　地方文学与地方语文化的兴起

　　虽然上文已简要叙述了约翰逊的文学观念与鲍斯韦尔的描述之间的不
同之处，但在具体分析约翰逊关于地方文学的态度之前，仍有必要对本文
所使用的"地方文学"这一概念进行一定的解释，阐明究竟什么样的文学

---

① Penelope Wilson, "Classical Poetry and the Eighteenth-Century Reader," in Isabel Rivers, ed.,
Books and their Readers in Eighteenth-Century England (Leicester: Leicester University Press,
1982), p. 69.

② Philip Dormer Stanhope, Fourth Earl of Chesterfield, to his Son, May 27, 1748, in *Letters of
Philip Dormer Stanhope, 4th Earl of Chesterfield*, ed. Bonamy Dobree (London: Eyre & Spottis-
woode, 1932), 3: 1155.

③ Hester Lynch Piozzi, *Anecdotes of the late Samuel Johnson, LL. D, during the Last Twenty Years of
his Life*, in *Johnsonian Miscellanies*, Vol. 1 (New York: Barnes and Noble, 1966), p. 290, 转
引自 John Richetti, *The English Novel in History, 1700 - 1780* (London and New York: Rout-
ledge, 1998), p. 19。

才符合"地方文学"的标准，而这一类型的文学又是如何在 18 世纪中后期的英国发展的。

所谓地方文学，指的是以希腊语和拉丁语等古典语言以外的地方语写作的文学。① 诚然，古典语言对于欧洲文学乃至于欧洲本身具有重要的影响。从某种意义上来说，欧洲的诞生正是古典语言的诞生所带来的结果。早在公元前 5 世纪，古希腊人就已经开始以希腊文创作戏剧、演说以及其他类型的文学作品。而在公元前 3 世纪末到公元前 2 世纪，罗马人开始创作古典拉丁文学。② 在相当长的一段时间里，古典文化都是欧洲文学创作的主要内容和参考。一方面，古典作家的作品流传时间长、范围广，构成了欧洲文学的重要组成部分。它们不仅为后世学者广为研究和传抄，而且被翻译成各种地方语言，从而拥有更多的受众。另一方面，古典文学中的典故、经典形象以及写作手法等都影响了后世的文学创作。可以看到，后世很多作家都会从古典文学中取材，将其运用于自己的作品中。以约翰·德莱顿（John Dryden）为例，"他对古希腊罗马经典著作翻译"的高质量是在"任何时代都罕见的"，而他本人的著作"也时常引用（古典作家的）词句"，"表明他十分熟悉古典文学，并十分重视它们"。③

尽管不如古典文学发展的时间长，地方文学在欧洲也有着很长的发展历史。至少从中世纪开始，地方文学就已经以民间故事、史诗以及戏剧等形式出现在欧洲各地。例如，《罗兰之歌》（*La Chanson de Roland*）、《尼伯龙根之歌》（*Das Nibelungenlied*）都是被广泛传颂的、以地方英雄故事为蓝本的地方语史诗作品。④ 随着欧洲国家之间战争、商贸以及人口迁徙频次的增加，地方文学也逐渐在各个国家形成体系。就英国而言，地方文学的发展在 1750 年之后进入了一个新阶段。这一点首先表现在作品主题的变化上。可以看到，在 18 世纪早期，英语作家们还在作品中大量使用古典作家的意象，试图创作与古典时期类似的作品。而到了约翰逊的时代，作家们的创作情况

---

① 之所以不引入民族文学的概念，是想将本文讨论的范围限定在语言的框架内。

② 参见 Walter Cohen, *A History of European Literature: The West and the World from Antiquity to the Present* (Oxford: Oxford University Press, 2017)。

③ Gilbert Highet, *The Classical Tradition: Greek and Roman Influences on Western Literature* (Oxford: Oxford University Press, 2015), p. 295.

④ 《罗兰之歌》是现存最早的以法语写作的文献，《尼伯龙根之歌》则是现存最早的以中古高地德语写作的史诗。

有了很大的改观。爱情逐渐成为这一时期文学主要探讨的主题。阿拉芙·贝恩（Aphra Behn）和德拉里维尔·曼丽（Delarivier Manley）都是爱情文学创作的重要人物，而他们的作品也广受欢迎。到了 18 世纪末，这一类型的文学作品已经在英国境内广为传诵。以罗伯特·彭斯（Robert Burns）的作品为例，从 18 世纪末到 19 世纪初，不但苏格兰人"会给他最高的评价"，英格兰人也对其作品表示赞赏，认为它们相当"精致"。①

地方文学在 18 世纪后半叶英国的兴盛还表现为新的文学形式的不断发展。举例来说，小说就是一种在欧洲其他国家发展起来，并最终扩展到英国的文学形式。贝亚德·塔克曼（Bayard Tuckerman）曾在《英语散文小说史》（*A History of English Prose Fiction*）中表示，17 世纪末到 18 世纪初正是英语小说发展的时期。随着法语文学的不断涌入，英国本土的小说也逐渐发展起来。尽管英国小说在其发展初期不过是外国小说的"模仿"，但很快它就自己成为一个体系。② 到了 18 世纪后期，风俗小说（Novel of Manners）作为一种新的小说门类在英国诞生了。对于当时的人来说，这些小说是"指导女性钓金龟婿、男性提升自己社会地位的"工具书。以弗朗西丝·伯尔内（Frances Burney）所创作的《埃维莉娜》（*Evelina*）为例，该书女主人公必须"遵循种种的规则"，以便在舞会上找到合适的舞伴，进而为找寻夫婿做准备。而在后世的评论家看来，这种文学形式为研究者提供了更多有关 18 世纪社会生活的信息，"尽管"和之前的其他小说门类一样，它"并没有描绘出具体的人物形象"，"但是它的确精确地展现了当时的社会习俗"，呈现出与其他类型的小说不一样的特点。③

造成地方文学在 18 世纪英国蓬勃发展的原因自然很多。需要注意的是，地方语文化的兴起也是同印刷术的发展密不可分的。随着印刷技术的发展，18 世纪的"读者、作者以及出版者们"逐渐开始"被洪水般报刊和书籍所

---

① *The Weekly Entertainer；or Agreeable and Instructive Repository. Containing a Collection of Select Pieces，both in Prose and Verse；Curious Anecdotes，Instructive Tales，and Ingenious Essays on Different Subjects*，Vol. 37（Sherborne［Dorset，England］：Printed by R. Goadby，［1783］–1819），p. 450，*Eighteenth Century Collections Online*，Gale，Peking University，17 Feb. 2019.

② See Beyard Tuckerman，*A History of English Prose Fiction*（New York and London：G. P. Putnam's Sons，1882）.

③ Patricia Meyer Spacks，*Novel Beginnings：Experiments in Eighteenth-Century English Fiction*（New Haven：Yale University Press，2006），pp. 161，162，160.

包围"。① 除去之前占据主导地位的希腊拉丁文献，读者们也能够大量阅读以地方语写作的其他通俗文化著作。正如达恩顿所指出的，"在旧制度濒临尾声时，社会大众阅读的品质有了变化，范围广而数量多"。② 古典文学开始变得并不那么受欢迎。亨利·菲尔丁的朋友威廉·杨（William Young）就曾提到，他和菲尔丁"被一位书商雇用"翻译阿里斯托芬（Aristophanes）的《普卢托斯》（*Plutus*），"我们一完成那场戏剧，就已经卖出了 600 份。在那之后，我们将继续翻译他另外的著作"。然而，由于翻译阿里斯托芬的戏剧并没有给他们带来很多收入，这一计划最终搁浅了。③ 以地方语写作的文学所面临的状况则大为不同。鲍斯韦尔所作的《约翰逊传》在当时就极为畅销，"这一天，有 41 个伦敦书商来购买我的书，共计购买了 400 套；其中一位购买了 20 套书的书商告诉我，仅用了一早上的时间，这些书就全部销售一空。（因此）我又给了他 10 套书"。④

正如学者 J. C. D. 克拉克（J. C. D. Clark）所总结的那样，和当时的很多国家一样，约翰逊时代的英国正面临着"盎格鲁 - 拉丁文化传统"与"地方语文化传统"（vernacular culture）的相互碰撞。⑤ 也就是说，尽管古典文化依旧影响着英国文化的内核，并且构成了很多文学作品的灵感来源甚至是主要内容，但可以看到，在这一时期的英国文学中已经存在地方语乃至于民俗文化的渗透。既然如此，约翰逊的阅读内容势必受到这一潮流的影响，甚至进一步塑造了他的阅读观。下文就将从约翰逊个人的阅读经历以及其创作两个方面来探讨约翰逊的阅读观与地方语文化兴起之间的关系。

---

① Chad Wellmon, *Organizing Enlightenment: Information Overload and the Invention of the Modern Research University* (Baltimore: Johns Hopkins University Press, 2015), p. 15.

② 〔美〕罗伯特·达恩顿：《屠猫记：法国文化史钩沉》，吕健忠译，新星出版社，2006，第 271 页。

③ Frederick Ribble, "New Light on Henry Fielding from the Malmesbury Newspapers," *Modern Philology*, Vol. 103, No. 1 (August 2005): 60.

④ James Boswell to Sir William Forbes, May 13, 1791, in *The Correspondence and Other Papers of James Boswell Relating to the Making of the Life of Johnson*, ed. Marshall Waingrow (Edinburgh: Edinburgh University Press, 2001), p. 313.

⑤ J. C. D. Clark, *Samuel Johnson: Literature, Religion, and English Cultural Politics from the Restoration to Romanticism* (Cambridge, Mass.: Cambridge University Press, 1994), p. 3.

四 约翰逊实际的文学阅读观

要理解约翰逊对地方文学的推崇，我们首先要了解他童年的阅读经历。童话在其早年的阅读经历中扮演了重要的角色，"约翰逊博士最初的启蒙老师是他的母亲及老女佣凯瑟琳。他曾伏在她的大腿上，倾听圣乔治征讨恶龙的故事……这不禁使他认定，这些故事是唯一适合孩童阅读的东西"。[①]终其一生，他都对童话故事有浓厚的兴趣。"鲍斯韦尔非常吃惊地从珀西主教（Bishop Percy）那里得知，约翰逊这位文坛巨匠在成年后还着迷于儿童童话故事，例如《费利达的牧羊人》（*Felixmarte of Hircania*）、《堂贝利阿尼斯》（*Don Bellianis of Greece*）和《英格兰的帕莫瑞诺》（*Il Palmerino d'Inghilterra*）。"[②] 很显然，这些童话都是以其他欧洲国家的地方语言写成的。这或许也造就了约翰逊对民间故事和史诗的研究兴趣。在他之后的学术生涯当中，约翰逊对苏格兰教师麦克菲森（Macpherson）对于苏格兰史诗的整理和翻译提出了质疑，怀疑民众是否真的能够"用苏格兰盖尔语传述将近500行的史诗"。而当他到达苏格兰的时候，就时常询问这些高地居民是否熟悉麦克菲森所翻译的这一史诗。[③]

仅仅从其日记和私人信件中去了解约翰逊对阅读的看法显然是不够的。为了更为全面地认识约翰逊的文学阅读观，有必要对其作品的具体内容进行进一步探讨。在这里，可以再以《诗人传》为例。在约翰逊的笔下，各位有名的诗人都以极大的热情投入到阅读中去。值得注意的是，约翰逊十分强调他们对其本土文学的吸纳。例如，在提及考利（Cowley）的时候，他指出，这位作家在幼年的时候就曾读过"斯宾塞的《仙后》（*Fairy Queen*）"。而在详细叙述其文学成就的时候，约翰逊也表示，"这种写法带有马里诺（Mario）及其追随者的色彩。邓恩（Donne）这位学富五车的作家对这种写法十分推崇。琼森（Jonson）也是这一写法的爱好者。他与邓恩之间的相似

---

① G. B. Hill, *Johnsonian Miscellanies* (New York: Harper and Brothers, 1897), 1: 156.

② DeMaria Jr., *Samuel Johnson and the Life of Reading*, p. 7.

③ Samuel Johnson, *Journey to the Western Islands of Scotland* (New Haven: Yale University Press, 1971), pp. 116 – 118.

之处不仅在于表现感情的手法，更在于语句上的跌宕起伏"。① 更何况，无论是斯宾塞还是马里诺，邓恩还是琼森，他们写作所使用的语言均非拉丁文，而是各自的地方语言。约翰逊认为，单纯模仿古代作家只能导致一场"灾难"。因此，他对康格里夫（Congreve）的作品表示不屑。他认为，这些作品"不过是对贺拉斯的拙劣模仿。他所加上的那些语句几乎没有任何意义"。更何况，"他的语句因语助词过多而显得无力，而他的韵脚有时也不甚和谐"。②

与此同时，约翰逊也并没有对其读者的文化水平提出过高的要求。这一点可能是当时读者群体改变的结果。可以想见，随着识字率的改变，此时阅读书籍的人口组成必然也发生了很大的变化。从 17 世纪末到 18 世纪中叶，英国的人口识字率得到了极大的提升。"在 17 世纪 40 年代的英格兰，成年男性的识字率大约为 30%；而到了 18 世纪中叶，这一数字提升到 60%。"女性的识字率也同样有所提升。在 18 世纪中叶的英国，"有 35%—40% 的成年女性"识字。③ 与此同时，读者的阶层也不再局限于上层阶级。特别是在 18 世纪后期，很多手工业者也开始加入到阅读的行列中。主日学校和私人日间学校（private day school）在工人教育的过程中都起到了重要的作用。主日学校一般教授宗教知识，而私人日间学校则教授"读书、写作和算术"以及"为高年级学生准备的文法、地理及其他课程"。后者的数量在 18 世纪的英格兰和威尔士"急剧增加"，甚至影响到了"之后一个世纪的工人文化"。④ 可以看到，18 世纪末到 19 世纪，工人激进主义运动的一些领导者也具备了一定程度的文化水平。这些人可能大多并不具备较高的文学素养，也更喜欢阅读和自己的生活有密切关系的文学作品。

现有的证据的确无法断定约翰逊的读者究竟属于什么阶层，但可以确

---

① Samuel Johnson, *The Lives of the English Poets: And a Criticism on their Works* (Dublin: Printed for Messrs. Whitestone, Williams, Colles, et al., 1780 – 81), 1: 4, 24, *Eighteenth Century Collections Online*. Gale. Peking University. 23 Nov. 2017.

② Samuel Johnson, *The Lives of the English Poets: And a Criticism on their Works* (Dublin: Printed for Messrs. Whitestone, Williams, Colles, et al., 1780 – 81), 2: 217, *Eighteenth Century Collections Online*. Gale. Peking University. 23 Nov. 2017.

③ James van Horn Melton, *The Rise of Public in Enlightenment Europe* (Cambridge, Mass.: Cambridge University Press, 2001), p. 82.

④ W. B. Stephens, *Education in Britain: 1750 – 1914* (Houndmills: Palgrave Macmillan, 1988), pp. 1 – 2.

定的是，对于没有受到过良好教育的人来说，约翰逊的作品并不难看到。根据罗伊·麦基恩·怀尔斯（Roy McKeen Wiles）的研究，约翰逊的作品不仅能从书店买到，还能从地方报纸上看到。他指出，地方报纸的编辑们将约翰逊所写的《漫步者》（*The Rambler*）中的某些部分截取下来，登在自家报纸的专栏上。"从 1750 年 3 月"开始到"1752 年 3 月"为止出版的 38 家地方报纸当中，一共有 16 家地方报纸刊登了约翰逊的《漫步者》。可以想见，地方报纸的编辑们会把难懂的地方删掉——大多数地方读者们读到的版本里"并没有拉丁文和希腊文的格言"。[①] 虽然编辑们的删减工作表明约翰逊的作品并未脱离古典传统的影响，但这也从一个侧面反映了约翰逊作品当中存在贴近生活和浅显易懂的部分。

更进一步来看，读者们也会影响到约翰逊，使得他根据读者的兴趣和需要调整自己的写作方式和书籍的编纂形式。尽管在写作上取得了很大的成就，约翰逊始终十分看重读者，总是希望能最大限度地满足读者的需求。在面对读者的评论乃至于批评的时候，约翰逊总是持极为谦卑的态度，"我会对（作品中的）错误负责。面对人们的批评，我不会耍花招，也不会以强烈反对试图软化批评者的态度，更不会依靠保护人的力量来压制批评"。[②] 在某些情况下，约翰逊甚至会为了读者的方便而改变自己书籍的编纂方式。为了证明这一点，有必要阅读约翰逊与印刷商之间的来往书信。在 1778 年写给约翰·尼科尔斯（John Nichols）的信中，他会为了方便他人阅读而对书本的编集方式提出要求。"请将我所有出版的书籍编纂成集，以便我赠送给朋友们。"[③] 他甚至会寻求印刷商的意见，以确保读者的阅读兴趣。在另一封写给尼科尔斯的信中，他就曾这样写道：

> 既然沃勒（Waller）曾经模仿过费尔法克斯（Fairfax），那么，你

---

① 其中，有 6 家地方报纸现在已经不存，所以不纳入讨论。在此外的 32 家地方报纸中，仅有 8 家地方报纸确定没有刊登《漫步者》的相关内容。剩余的 24 家报纸中有 16 家确定登载，另外 8 家因材料残缺而无法判定。Roy McKeen Wiles, "The Contemporary Distribution of Johnson's *Rambler*," *Eighteenth Century Studies*, Vol. 2, No. 2 (Dec. 1968): 159, 167.

② Samuel Johnson, "Johnson Surveys His Purpose and Achievement," *Rambler*, No. 208, in Boulton, ed., *Critical Heritage*, p. 65.

③ Samuel Johnson to John Nichols, July 27, 1778, in *The Letters of Samuel Johnson*, ed. Bruce Redford, Vol. 3, 1777–1781 (Oxford: Clarendon Press, 2003), p. 122.

认为，加入几页费尔法克斯的文章是否能够充实我们的版本（our edition）？很少有读者见到过它们，这可能令他们感到高兴。但这不是必需的。[1]

就此，我们已经对约翰逊的阅读偏好有了一些初步的认识。相对于古典文学，约翰逊更偏好地方文学。这一点可以从其对童话和民间故事的兴趣反映出来。同时，他也不赞成照搬古典文学的做法，更希望发挥地方文学的特点，并且充分考虑到读者的阅读兴趣。他的这一偏好又与当时的时代背景有一定的关系。随着识字率的提升，读者层次发生了改变。而这一点也促使约翰逊迎合读者的兴趣，创作出更为他们喜欢的作品。

五　余论

至此，在地方语文化兴起背景下对约翰逊文学阅读观的讨论已经告一段落。可以看到，约翰逊的文学阅读观与地方语文化发展之间有着十分密切的关系。一方面，地方语文化的发展改变了文学作品的受众面貌，激励包括约翰逊在内的文学家顺遂读者的兴趣和要求，创作出更多的地方文学作品。另一方面，地方语文化的发展也影响了约翰逊本人。正是由于地方文学的发展，幼年的约翰逊才得以阅读那么多的民间故事，拉丁文与希腊文并不突出的他才最终成为英国文化界的巨擘。另外，需要注意的是，以上论断并不代表约翰逊已经不再受到古典文化的影响了。尽管我们已经得出，鲍斯韦尔对约翰逊文学阅读观的处理与实际情况有所出入，但是，鲍斯韦尔对于古典文化的重视仍旧表明，古典文化在 18 世纪中后期的英国文化当中依然占据重要的地位。[2]

此外，还可以看到，约翰逊对于地方文学的阅读偏好并不仅限于他个人。

---

[1] Johnson to Nichols, May 2, 1778, in *The Letters of Samuel Johnson*, ed. Redford, Vol. 3, pp. 116 – 117.

[2] 关于约翰逊不同的后世形象以及它们的区别，可参见 Bertrand H. Bronson, "The Double Tradition of Dr. Johnson," in James L. Clifford, ed., *Eighteenth Century Literature: Modern Essays in Criticism* (New York: Oxford University Press, 1959), pp. 285 – 299; F. P. Lock, "Planning a Life of Johnson," in Jonathan Clark and Howard Erskine-Hill, eds., *The Interpretation of Samuel Johnson* (Basingstoke: Palgrave Macmillan, 2012), pp. 11 – 42.

在他之后，越来越多的文学家受到约翰逊的影响，继承并发展其对于地方文学的偏好。简·奥斯汀（Jane Austen）算是受到约翰逊影响最深的作家之一。她的家人在 19 世纪表示，奥斯汀"把约翰逊看作她最喜欢的作家"。她不但学习约翰逊的写作方式，对约翰逊的政治及道德观点也持赞成的态度。① 在《曼斯菲尔德庄园》（*Mansfield Park*）里，埃德蒙·伯特伦（Edmund Bertram）给女主人公范妮（Fanny）推荐了约翰逊的《漫步者》。后者回到自己的家里后，已经有按照约翰逊的判断行事的意思了。② 可以想见，约翰逊对待地方文学的态度，也有很大可能会反映在奥斯汀的作品中。在 1815 年出版的《爱玛》（*Emma*）里，奥斯汀笔下的哈莉雅特（Harriet）就将阅读一些地方文学当作"有学识"的证明。"我知道他（马汀先生，Mr. Martin）读过《韦克菲尔德的牧师》（*Vicar of Wakefield*），从来没有读过《森林罗曼史》（*Romance of the Forest*）或《僧院的孩子们》（*Children of the Abbey*），但我提及它们的时候，他十分乐意去阅读。"③ 而在另一部脍炙人口的小说《傲慢与偏见》（*Pride and Prejudice*）里，奥斯汀更是将"喜好阅读"和"有聪明头脑"的特点赋予了女主人公伊丽莎白·贝内特（Elizabeth Bennett）。她并不以"伟大阅读者"自居，认定自己同达西等人阅读的书本类别"并不一样"，而"小说"很可能就在她的书单上。④ 可以想见，这种对地方文学的态度也可能会通过一代代的作家传承下去，并对后世英国文学的发展产生影响。

（作者为北京大学历史学系英国史专业 2015 级硕士研究生）

---

① 参见 James Austen-Leigh, *Memoirs of Jane Austen*, ed. R. W. Chapman（Oxford：Clarendon Press，1926）。

② Jane Austen, *Mansfield Park*, ed. Claudia L. Johnson（New York：W. W. Norton & Company, 1998），p. 109.

③ Jane Austen, *Emma*, ed. Stephen M. Parrish（New York：W. W. Norton & Company, 1999），p. 17.

④ Jane Austen, *Pride and Prejudice*, ed. Pat Rogers（New York：Cambridge University Press, 2006），p. 41.

工业社会下的工人自助

——英国罗奇代尔先锋社的成立

李 威

一 绪 论

英国是世界上第一个踏入工业社会的国家。自工业革命起，工人阶级便成为英国历史发展中的重要主体，他们见证工业发展成就的同时，也承受着工业化所带来的各种弊病。面对政治与经济地位的日益不公，工人们团结起来以各种方式进行互助或抗争。在此背景下，工人运动此起彼伏，试图争取政治权利，改善经济条件。而在很长一段时间内，工人激进主义的政治运动一直占据主流且夹杂着暴力色彩。直到 19 世纪 40 年代，随着宪章运动的日渐式微，工人运动才转向另一个方向，工会和合作社成为工人斗争的主要有效手段。①

以往大多数的历史叙述，对英国 19 世纪的工会运动着墨较多，对合作社的发展却一笔带过。工会是解决工人与雇主间的劳资纠纷的工具，而合作社则是工人之间自助与互助的重要形式，两者都在经济领域对工人产生了深远影响。相较于工会，合作社更倾向于温和的经济手段，以社区为基础，结成合作的广泛网络，有人甚至称合作社运动是"一场和平的革命"。②

---

① 钱乘旦：《工业革命与英国工人阶级》，南京出版社，1992，第 243 页。
② 参见 Catherine Webb, *Industrial Co-operation: The Story of a Peaceful Revolution* (Manchester: Co-operative Union Limited, 1910), Preface.

一般而言，学界把现代合作社的开端归于英国的罗奇代尔先锋社（Rochdale Pioneers），正如克拉潘所说："十九世纪英国工业区的真正合作运动往往，并且也不失为正确地以罗奇德耳的托德巷合作社在 1844 年 12 月的开幕为起算点。"① 研究罗奇代尔先锋社的成立，不仅能在工人运动的脉络下探讨工人为拯救自身而做出的尝试，增进对工人活动多样性的认知，而且有助于理解罗奇代尔先锋社在英国乃至世界合作社运动中的重要意义。

罗奇代尔先锋社早在成立不久，就引起了社会评论家们的关注。最著名的是乔治·雅克布·霍利约克（George Jacob Holyoake）于 1857 年出版的《人民自助：罗奇代尔合作社的历史》（Self-help by the People：The History of Co-operation in Rochdale），该书不断续写和再版，并传译到世界各国。② 虽然霍利约克在书中详细描绘了罗奇代尔先锋社从成立到发展的方方面面，但其写作带有强烈的文学性和主观色彩。另外，当时参加过合作社的威廉·罗伯逊（William Robertson）和约翰·克肖（John Keshaw）分别撰写了回顾罗奇代尔先锋社起源的书。③ 到了 20 世纪，相关著作大部分是在合作社运动的框架下提及罗奇代尔先锋社的情况，其中既有学者的专门性研究，如科尔（G. D. H. Cole）和韦伯夫妇（Sidney Webb and Beatrice Webb）的研究，④ 也

① 〔英〕约翰·哈罗德·克拉潘：《现代英国经济史》上卷第 2 分册，姚曾廙译，商务印书馆，2014，第 807 页。此处"罗奇德耳"即"罗奇代尔"，译法不同。

② 笔者收集到的版本有第六版：George Jacob Holyoake, *Self-help by the People：The History of Co-operation in Rochdale* (Part I, 1844 - 1857) (London：London Book Store, 1867)；第十版：George Jacob Holyoake, *Self-help by the People：The History of the Rochdale Pioneers* (1844 - 1892) (London：Swan Sonnenschein & Co., 1893).

③ William Robertson, *Handbook of the Twenty-Fourth Annual Co-operative Congress-Rochdale*, 1892 (Manchester：Co-operative Printing Society Limited, 1892)；John Kershaw, *The Origin of the Equitable Pioneers Society of Co-operators Rochdale* (Handwritten Manuscript, 1891, Manchester：Co-operative Union Library). 这两本书笔者未能找到原本，仅在不同的著作中见到相关材料。

④ 相关著作有 G. D. H. Cole, *A Century of Co-operation* (London：George Allen and Unwin Ltd., 1944)；Beatrice Potter, *The Co-operative Movement in Great Britain* (London：George Allen and Unwin Ltd., 1920)；Sidney Webb and Beatrice Webb, *The Consumers' Co-operative Movement* (London：Longmans, 1921)；Sydney R. Elliott, *The English Cooperatives* (New Haven：Yale University Press, 1937)；A. M. Carr-Saunders, *Consumers' Co-operation in Great Britain* (London：George Allen and Unwin Ltd., 1938)；Edward Topham and J. A. Hough, *The Co-operative Movement in Britain* (London：The British Council, 1944).

有服务于合作社运营的指南性图书，① 深入阐述罗奇代尔先锋社成立的研究
成果很少。② 至于国内学术界，相关论著更是凤毛麟角，③ 缺乏对罗奇代尔
先锋社乃至整个英国合作社运动的系统性研究。

　　因此，本文旨在梳理罗奇代尔先锋社成立时的章程和会议记录，以及
其他论著中的相关材料，具体考察罗奇代尔先锋社成立的前因后果，从而
阐明其成立的重要意义。

二　罗奇代尔先锋社成立的思想源流

　　1844 年 8 月 15 日晚上，一群工人聚集在名为"社会协会"的会议室
里，郑重宣布罗奇代尔先锋社正式成立。④ 这仅是成立的第一步。曾有许多
人认为罗奇代尔先锋社的成立主要是缘于 1843 年底法兰绒纺织工人罢工的
失败，但也有学者相信它"不是自发地根据需求建立，而是由那些已形成
思想和制度网络的思想家、活动家和领导者有意识地组织起来的"。⑤ 从其

---

① 相关著作有 Catherine Webb, *Industrial Co-operation: The Story of a Peaceful Revolution* (Man-chester: Co-operative Union Ltd., 1910); Arnold Bonner, *British Co-operation* (Manchester: Co-operative Union Ltd., 1961); F. Hall and W. P. Watkins, *Co-operation* (Manchester: Co-op-erative Union Ltd., 1934)。

② 笔者仅找到一篇介绍罗奇代尔先锋社起源的博士学位论文：Daniel Joseph Doyle, "Rochdale and the Origin of the Rochdale Society of Equitable Pioneers" (Ph. D. Dissertation., University of St. John, 1972); 一本罗奇代尔先锋社的资料集：Carol Davidson, *The Original Rochdale Pio-neers* (Lulu. com, 2016); 一本纪念其成立 150 周年的著作：David J. Thompson, *Weavers of Dreams, Founders of the Modern Co-operative Movement* (California: Center for Cooperatives in U-niversity of California, 1995); 以及几篇相关论文，如 Brett Fairbairn, "The Meaning of Roch-dale: Rochdale Pioneers and the Co-operative Principles," *Occasional Papers* (1994); Paul Lam-bert, "The Rochdale Pioneers as Originators," *Annals of Public & Cooperative Economics* (2010, 39)。

③ 早在 1948 年中国就有学者翻译关于英国合作社的著作，即〔英〕陶番姆、霍乌《英国合作运动》，章元善译，商务印书馆，1948。新近相关研究论文有郭家宏、徐铱景《工人阶级的自助和互助——19 世纪英国消费合作运动探析》，《史学月刊》2012 年第 12 期；吕亚荣、李登旺、王嘉悦：《罗奇代尔公平先锋社的百年发展史：1844—1944》，《华中农业大学学报》2014 年第 1 期。

④ Meeting held in the Social Institute on Thursday, August 14th 1844, "Board Meeting and General Meeting Minute Book from August 11th 1844 to April 27th 1848" (Handwritten Manuscript), p. 4.

⑤ Brett Fairbairn, "The Meaning of Rochdale: Rochdale Pioneers and the Co-operative Principles," p. 4.

章程中所列出的目标与计划看来，它有着丰富的思想源流：

> 本合作社的目标与计划是制定符合经济利益的安排、改善社员的社会与家庭境况，通过向每位社员筹集每股一英镑的方式，实施下列计划与安排：
>
> 建立一个商店以售卖食品和衣服等；
>
> 购买或建造若干房屋，为那些渴望互助以改善家庭和社会状况的社员提供住宿；
>
> 生产一些社会需要的商品，并雇用那些可能没有就业机会，或因工资被不断缩减而受苦的社员进行生产；
>
> 为了合作社社员进一步的利益和安全着想，合作社应购买或租借土地，以使那些失业或薪酬极低的成员可以在此耕作；
>
> 一旦切实可行，合作社应当接着商定生产、分配、教育和管理的权利，换句话说，建立一个自给自足、有着共同利益的聚居家园（home-colony），或帮助其他合作社建立此种聚居地；
>
> 为了促进清醒节制，一经方便，合作社应经营一家戒酒旅馆。①

罗奇代尔先锋社的目标与计划显然继承了欧文式社会主义合作社的理想。罗伯特·欧文（Robert Owen）虽然没有详尽阐述合作社的理论，但他依旧被称作"合作社之父"。② 早年的生活经历使欧文对新出现的工业体系感到失望与不满，他同情那些遭受剥削、生活苦难的工人。他认为正是资本主义及雇主间的残酷竞争，促使他们不得不贱买贵卖，为了利润又进一步压榨工人的劳动，甚至造成失业。③ 对于这些不公正的现象，欧文认为最好的补救办法就是建立合作社村庄（Village of Co-operation）或合作社共同体（Co-operative Community）。④ 在这样一个社区共同体中，"不同商品的生

---

① *Laws and Objects of the Rochdale Society of Equitable Pioneers* (Rochdale: Jesse Hall, 1844), p. 3.

② Catherine Webb, *Industrial Co-operation: The Story of a Peaceful Revolution*, p. 1.

③ Arnold Bonner, *British Co-operation*, pp. 6 – 12.

④ *Ibid.*, p. 13.

产者聚集一起，拥有相同的生产方法，共同努力工作，满足他们的集体需要"，① 从而"通过相互的协作，消除当前竞争的产业体系，以共同利益做出人类社会基础的公益"，创造出一种"我为人人，人人为我"的社会。② 但欧文的思想与实践无法脱离工业社会的话语体系，他将工人比作器械，而教育则是促使这种器械顺畅运行的润滑剂。他对工人阶级的能力缺乏信心，认为工人的困境部分源于他们的无知，只有提升自身素质和消除无知后才能实现自治。③ 因此他一方面希望工人阶级寻求政府和上层阶级的帮助共同建立社区共同体，另一方面又特别强调对工人阶级的教育。可见欧文对工人的关怀仍带有旧制度"家长主义"的色彩。欧文的想法庞杂繁多，加之他在北美创建社区共同体的实践，由于管理不善、移民欠妥、资本不足、地理位置差等原因失败，④ 没有人完全赞同他的观点。但受其启发和鼓舞，许多地方出现了建立合作社共同体的尝试，其基本理念即"平等、社会所有、互相帮助、公正的价格、废除利润动机、教育合作"等广泛传播。⑤

关于筹集资本这个罗奇代尔先锋社计划中最核心的一步，即经营合作社商店的想法，则源于另一位重要的合作社倡导者，威廉·金（William King）教授，他被称为"现代合作社运动之父"。⑥ 他于 1827 年在布莱顿创建了布莱顿合作社（Brighton Society），这个合作社将参与零售贸易所得的利润作为建立社区共同体的累积资本。⑦ 并且威廉·金在 1828 年创办了著名的月刊《合作社者》（*The Co-operator*），系统阐述其合作社理念。这本杂志流传广泛，尤其是在英国北部和中部地区，据称罗奇代尔先锋社的创始人之一詹姆斯·史密斯（James Smithies）就有这份杂志全集的复印本，并仔细研

---

① A. M. Carr-Saunders, *Consumers' Co-operation in Great Britain*, p. 28.

② Catherine Webb, *Industrial Co-operation: The Story of a Peaceful Revolution*, p. 2.

③ Arnold Bonner, *British Co-operation*, pp. 25, 27; A. M. Carr-Saunders, *Consumers' Co-operation in Great Britain*, p. 30.

④ Arnold Bonner, *British Co-operation*, p. 15.

⑤ *Ibid.*, p. 21.

⑥ Daniel Joseph Doyle, "Rochdale and the Origin of the Rochdale Society of Equitable Pioneers," p. 207.

⑦ Arnold Bonner, *British Co-operation*, p. 23.

读过。① 欧文曾认为建立一个成功的社区共同体至少要筹集 20 万英镑，② 这显然不太符合实际。而威廉·金等人则认为在较小数额的资本下就可以。威廉·金认为资本是极为重要的，工人们只有拥有资本才能为自己工作，否则只能寻求他人的雇用，并和其他工人竞争。③ 他认为筹集资本有两种重要方式：一是社员每周缴纳少量的资金（3 便士左右）组成共有资本，这是最初的资本来源；④ 二是经营属于工人自己的商店。为了能有效经营，威廉·金还主张工人们必须掌握交易商品、投资、周转率等知识和价格变化的原因，并养成仔细记账的习惯。⑤ 通过这两种方式，合作社不仅能实现自我雇用，共同享有劳工成果，而且能迅速积累资本购买土地，建造房子、学校，照顾老弱病残，逐渐演变成合作社共同体。⑥ 威廉·金虽然提供了资本筹集具体做法，但他的想法仍然有理想化色彩，将生产与消费的关系简单化，而且带有功利主义和新自由主义的影子。他特别主张合作是自愿行为，"合作并不是穷人联合以对抗富人，也不是工人对抗雇主，而是一种合理的方式，每个人都被指引去为更好的生活条件而行动"。⑦ 这或许也是罗奇代尔先锋社避免政治对抗，没有走向激进，而仅仅采取自助和互助方式的思想原因。

除了合作社思想理论，罗奇代尔先锋社的创建者早期参加各种工人运动时也接触到许多其他思想，如工会、宪章派、欧文社会主义、禁酒派、卫斯理宗等，其中最重要的是宪章运动和社会主义。通过考察数十位罗奇代尔先锋社成立之初社员的生平，可以发现，其中有 13 位有确切记载的宪章派人士，12 位信奉社会主义者，⑧ 所占比例非常大。

罗奇代尔地区自 19 世纪以来就是工人激进运动的中心。当地不仅派代表

① Carol Davidson, *The Original Rochdale Pioneers*, p. 105; Arnold Bonner, *British Co-operation*, p. 23. 笔者也找到了该杂志全集，已合订成本：William King, *The Co-operator* (Brighton: Sickelmore Printers, 1828 – 1830)。

② Catherine Webb, *Industrial Co-operation: The Story of a Peaceful Revolution*, p. 60.

③ Arnold Bonner, *British Co-operation*, p. 24.

④ William King, *The Co-operator*, October, 1, 1828, No. 6: 3.

⑤ Arnold Bonner, *British Co-operation*, p. 26.

⑥ *Ibid.*, p. 24.

⑦ *Ibid.*, p. 26.

⑧ 参见 Carol Davidson, *The Original Rochdale Pioneers* 和 Arnold Bonner, *British Co-operation* 的附录。

参加全国宪章派会议，全国宪章协会也定期派宣传者举行演讲，几乎每周日都有常规性集会和演说，甚至宪章派领袖奥康诺（Feargus O'Connor）也曾到罗奇代尔召开集会。1841 年底，《北极星报》（The Northern Star）称宪章主义在罗奇代尔"发展迅速"。[1] 而罗奇代尔先锋社第一任主席迈尔斯·阿什沃思（Miles Ashworth）及诸多社员都被《北极星报》列为罗奇代尔的宪章派分子。[2] 其中本杰明·拉德曼（Benjamin Rudman）更是参加了罗奇代尔宪章派的总理事会，并动员群众参加全国宪章大会，还在演说中恳请女王解雇现任首相，任用那些支持"人民宪章"的人。[3]

与此同时，欧文社会主义也在罗奇代尔找到沃土。1838 年 4 月，为响应欧文新成立的全国性社会主义组织，罗奇代尔的欧文主义分子成立了其第二十四支部。他们聚集在一栋名为"织工臂膀"（Weavers' Arms）的建筑物中召开会议，每周都有欧文派的宣传家在此举行演讲。[4] 罗奇代尔先锋社第一任秘书詹姆斯·戴利（James Daly）等许多社员是第二十四支部的成员。[5] 更具代表性的社员是威廉·马拉柳（Wiliiam Mallalieu），他是该支部的主席，撰写过多篇文章针砭时弊，后来还代表罗奇代尔工厂工人到曼彻斯特参加公共集会，呼吁"10 小时工作制法"。[6] 此外，社员查尔斯·豪沃斯（Charles Howarth）曾在 1839 年 12 月 9 日写信给欧文，希望他能到罗奇代尔举行演讲，以消除报纸对他们的误解，增进公众对它们原则和目标的了解。[7]

无论是参加宪章派活动，还是积极宣扬社会主义，罗奇代尔先锋社的先驱们很早就开始致力于改善本地工人的生活状况，提高他们的社会地位。先驱们作为工人、工匠，吸收不同的思想学说，尝试使用不同的方法，为了美好未来而努力。成立罗奇代尔先锋社是实现这种理想的又一次尝试，绝非突发奇想，正如一位学者所说："先锋社应该被看作由一群欧文主义

---

[1] Daniel Joseph Doyle, "Rochdale and the Origin of the Rochdale Society of Equitable Pioneers," pp. 74 – 75.

[2] Carol Davidson, The Original Rochdale Pioneers, pp. 15, 34, 40, 42, 96, 100, 112.

[3] Ibid., p. 100.

[4] Ibid., p. 59.

[5] Carol Davidson, The Original Rochdale Pioneers, pp. 29, 59, 72, 91; Daniel Joseph Doyle, "Rochdale and the Origin of the Rochdale Society of Equitable Pioneers," p. 223.

[6] Carol Davidson, The Original Rochdale Pioneers, p. 91.

[7] Daniel Joseph Doyle, "Rochdale and the Origin of the Rochdale Society of Equitable Pioneers," p. 218. 信件原文收录于 Carol Davidson, The Original Rochdale Pioneers, p. 73。

者、织工、前宪章主义者和禁酒运动者合作的产物。"[1]

三　罗奇代尔先锋社的成立过程

罗奇代尔先锋社的成立并非一蹴而就，而是经历了一个漫长的过程。事实上，早在 1830 年，罗奇代尔的 60 名法兰绒织工便组成罗奇代尔友谊合作社（The Rochdale Friendly Co-operative Society）。[2] 与早期合作社相似，罗奇代尔友谊合作社主要基于制造业而不是零售贸易原则，该社雇用了 10 名社员及其家人生产法兰绒。[3] 到了 1833 年，他们在陶德街 15 号经营了一家商店，就在后来的罗奇代尔先锋社商店附近，而这个商店的成员就包括先锋社的创始人查尔斯·豪沃斯和詹姆斯·斯坦德灵（James Standring）。[4] 不幸的是，由于赊账问题，而该社因不符合法律的注册资格无权起诉债务人，最终商店在 1835 年倒闭了。[5] 其经验教训被后来的罗奇代尔先锋社吸收。

到了 19 世纪 40 年代初，情况有了变化。英国北部工业城市遭到经济萧条的打击，罗奇代尔底层群众处境艰难。罗奇代尔地区的主要经济部门是棉纺和毛纺工业，特别生产质量上乘的法兰绒，织工在劳动者中比例极大。一旦市场不景气，大量织工便会陷入窘境。据反谷物法运动领袖约翰·布莱特（John Bright）所说，当时美国的关税政策削减了罗奇代尔与美国之间的法兰绒贸易，而它占据了罗奇代尔法兰绒生产份额的四分之一到三分之一，由于找不到新的市场，这一贸易缺口一直无法得到填补。[6] 面对工资下降、失业、高昂的粮食价格、疾病、贫穷，工人们不得不聚集到一起采取行动，与雇主谈判，组织罢工。

1843 年秋，罗奇代尔再次出现要求提高工资的运动，织工们在工会的

---

[1]　Brett Fairbairn, "The Meaning of Rochdale: Rochdale Pioneers and the Co-operative Principles," p. 4.

[2]　Arnold Bonner, *British Co-operation*, p. 42.

[3]　Daniel Joseph Doyle, "Rochdale and the Origin of the Rochdale Society of Equitable Pioneers," p. 207.

[4]　Brett Fairbairn, "The Meaning of Rochdale: Rochdale Pioneers and the Co-operative Principles," p. 3.

[5]　Daniel Joseph Doyle, "Rochdale and the Origin of the Rochdale Society of Equitable Pioneers," p. 211.

[6]　*Ibid.*, p. 183.

帮助下试图与雇主进行谈判，控诉最近几年工资下降了一半，[①] 若雇主不答应提高工资，就关闭机器或举行罢工。[②] 罗奇代尔先锋社创始人威廉·库珀在 1866 年写给福西特教授的信件中回忆道："当时一些雇主屈从了，并连续好几个星期支付了上涨的薪酬，但这些雇主明白，如果其他雇主没有加薪，那么到最后他们会再一次把工资降到之前的水平。"[③] 这些雇主并不打算达成共同加薪的协议，[④] 于是工人们举行罢工，反抗那些不愿意提薪的工厂，并依靠那些仍在工作的工人每周缴纳 2 先令的办法维持罢工。但到1844 年初罢工彻底失败，"部分因为雇主对加薪的拒绝和抵抗，部分因为罢工的人数超过了仍在工作支撑这一斗争的人数"。[⑤] 其实，当时许多工人运动活动家并不赞同罢工的做法，如合作社见证者霍利约克认为这是"粗野的发疯似的做法；缺乏深谋远虑、思考和情理；是一种愤怒，浪费金钱和情绪"。[⑥] 他指出工会虽然能激起工人的情绪，但一旦要选派工人代表去与雇主谈判、进行罢工，呼声就会瞬间消失，因为工人们知道这不仅使他们被解雇、失去工作，还会被雇主用各种手段打击，甚至是登报抹黑，使他们以后很难再找到工作。[⑦] 因此他认为雇主们总能获胜，并不是因为他们是正确的，而是因为他们的对手太过莽撞，织工们没有明白"没有资本是无法抗衡资本的"。[⑧]

　　既然与雇主谈判和罢工骚乱都无法改善工人的处境，那么还有什么办法能实现目标呢？1843—1844 年，罗奇代尔的各派工人代表召开了多次会议商讨对策，场面极其热烈。据约翰·克肖回忆，在 1843 年夏天一次主题为"获得人民宪章的最佳手段"的会议上，他第一次见到了查尔斯·豪沃斯、詹姆斯·史密斯、詹姆斯·戴利等罗奇代尔先锋社的初创者，而且第

---

① *Ibid.*，p. 56.

② George Jacob Holyoake, *Self-help by the People*：*The History of Co-operation in Rochdale*, p. 3.

③ "Letter from William Cooper to Professor Fawcett, November, 1866," 收录于 Arnold Bonner, *British Co-operatio* 附录部分，p. 508。

④ Daniel Joseph Doyle, "Rochdale and the Origin of the Rochdale Society of Equitable Pioneers," pp. 55 – 56.

⑤ "Letter from William Cooper to Professor Fawcett, November, 1866," 收录于 Arnold Bonner, *British Co-operation* 附录部分，p. 508。

⑥ George Jacob Holyoake, *Self-help by the People*：*The History of Co-operation in Rochdale*, p. 8.

⑦ *Ibid.*，pp. 3 – 6.

⑧ *Ibid.*，p. 7.

一次听到了"先锋社原则"的宣读。① 查尔斯·豪沃斯在史密斯和戴利的支持下，详细阐述了关于永久改善工人阶级政治和社会状况的计划，他还指出了之前罗奇代尔合作社失败的原因，并"表示他们已经为新的原则做好准备，这一新原则将为运动注入新的活力"。② 但是会议上多数人依旧认为普选权是唯一能实现工人愿望的方法，霍沃思的合作社方案并没有得到重视。③ 1844 年，由法兰绒织工委员会组织召开一次重要会议，参加者有欧文主义者、宪章派、禁酒人士以及部分普通织工，大会围绕"什么才是提升人民境况的最好方式"展开讨论。禁酒主义者认为现在应该做的是彻底戒掉所有酒品，将省下的钱全部用作维持家庭开支。但由于这个主张无法解决工厂、工资、雇主等问题，被批评为"似乎保持清醒就能变得富裕"，得不到支持。而宪章派则始终坚持唯一要做的就是实现"人民宪章"，一旦获得普选权，人们就能成为自己的法律制定者，消除任何困境。虽然普选权的鼓动计划得到会议委员的支持，但仍有人指出，即使是宪章派会议也无法消除最紧迫的苦难。社会主义者则倡导合作社和工会，他们的理想是建立社区共同体，财富共有，但对于何时才能将竞争的社会转化为共享利益的社会却无法预测。似乎没有任何一方能完全说服所有人。会议最后却在詹姆斯·戴利、查尔斯·豪沃斯等罗奇代尔先锋社初创者的帮助下商讨出了可接受的结论，即无论是实现宪章还是建成社区共同体，都需要很长的时间，在实现这些目标之前，工人们可以成为自己的店主，建立合作社，改善生活条件。④

1844 年 8 月 11 日，罗奇代尔先锋社的初创者们召开了第一次会议，并在第二次会议上宣告合作社成立。然而罗奇代尔先锋社最大的特征是经营商店，因此后人往往把 1844 年 12 月 21 日店铺的开张视为罗奇代尔先锋社

① Daniel Joseph Doyle, "Rochdale and the Origin of the Rochdale Society of Equitable Pioneers," p. 247.

② David J. Thompson, *Weavers of Dreams*, *Founders of the Modern Co-operative Movement*, pp. 40 - 41.

③ Daniel Joseph Doyle, "Rochdale and the Origin of the Rochdale Society of Equitable Pioneers," p. 248.

④ 这次会议上的讨论参见 George Jacob Holyoake, *Self-help by the People*: *The History of Co-operation in Rochdale*, pp. 9 - 10; "Letter from William Cooper to Professor Fawcett, November, 1866," 收录于 Arnold Bonner, *British Co-operation* 附录部分, p. 508。

的真正成立。毕竟他们都有自己的职业，还要支撑家庭，只能利用闲暇投身于合作社的准备工作。

　　首先，初创者最关心的是获取合法地位。当时英国仅有的结社法律是乔治四世和威廉四世时期出台的《友谊社法》（Friendly Society Law），只有根据该法进行注册，合作社才被承认合法。① 但要直到 19 世纪 50 年代《工业和公积协会法》（Industrial and Provident Societies Act）出台，合作社的基金才被承认为财产，受法律保护，避免了社员私自挪用的危险。② 因此在第二次会议上，合作社理事会决定购买与友谊社相关的法律书籍。③ 要想获得注册资格，必须具备恰当的社名、合理的人员构成及合法的规章制度。罗奇代尔先锋社的全称为"罗奇代尔公平先锋社"（Rochdale Society of Equitable Pioneers），"公平"（equitable）是欧文最喜欢的词之一，指跳过雇主和中间商，以公平的价格和质量提供商品和服务；而"先锋"（pioneers）则很可能受到当时工人运动报纸《先锋》（The Pioneer）的影响。④ 至于人员设置在第一次会议上就已安排好，分别设有主席、秘书、司库、理事、主管、审计员和仲裁人等职务。⑤ 仲裁人并不是合作社的社员，而是应《友谊社法》的要求设置，仲裁人都是信誉良好之人，他们为合作社提供商业建议，并调解纠纷。⑥ 最困难的当属起草章程，初创者们缺乏相关经验，只能由最有思想的豪沃斯和戴利负责，他们仔细研读相关法律书籍，⑦ 并从 1837 年创建的欧文式协会"理智、疾病与丧葬协会"（Rational, Sick and Burial Society）的规章以及 1832 年合作社代表大会制定的"模范准则"中摘取条款。⑧ 最终章程在 10 月 24 日通过，副本交由兰开郡的治安法官保存，罗奇

---

① Brett Fairbairn, "The Meaning of Rochdale: Rochdale Pioneers and the Co-operative Principles," p. 7.

② Catherine Webb, *Industrial Co-operation: The Story of a Peaceful Revolution*, p. 16.

③ Meeting held in the Social Institute on Thursday, August 14th 1844, "Minute Book," p. 4.

④ Brett Fairbairn, "The Meaning of Rochdale: Rochdale Pioneers and the Co-operative Principles," p. 4.

⑤ First General Meeting held on Sunday, August 11th 1844, "Minute Book," p. 3.

⑥ Carol Davidson, *The Original Rochdale Pioneers*, p. 9.

⑦ David J. Thompson, *Weavers of Dreams, Founders of the Modern Co-operative Movement*, p. 43.

⑧ Brett Fairbairn, "The Meaning of Rochdale: Rochdale Pioneers and the Co-operative Principles," p. 7.

代尔先锋社得以注册成功。[①]

其次，筹集资本。初期筹集资金是艰难的，工人们并不富裕，但纵观初创者的生平，他们亦非绝望挨饿的最贫困者，其中不乏薪酬高的技术匠人。[②] 罗奇代尔先锋社把城镇划分为三个区域，任命三人各负责一个区域，每周日早上到社员的住所收取 3 便士的社费，并且确定每个社员能提供的金钱数额，收集完毕后统一把钱交到詹姆斯·史密斯家中。[③] 为了更快地筹集资本，理事会还规定"合作社商店交易的所有股息和利润，在合作社开展积极活动后的最初 12 个月都不返还，而是以增加每个人额外股份的形式返还"。[④] 加上向织工协会贷款的 6 英镑，罗奇代尔先锋社筹得的资金为 30 多英镑。[⑤] 现今大多数官方说法都认定为 28 英镑，而这其实只是根据霍利约克的记载，并不准确。

最后，筹备开办商店。开商店是先锋社最核心的业务，这是一件复杂而烦琐的事情，几乎动用了合作社的全部骨干。先由社员估算出经营一个商店所需的资金，[⑥] 然后寻找合适的地点。[⑦] 社员第一个选择是已被荒废的布料厅（Cloth Hall），然而由于租金太高，只好作罢。[⑧] 经过一番周折，最终找到了陶德街 31 号。这栋楼的业主是医学博士沃尔特·邓拉普（Walter Dunlap），先锋社想租下第一层废置的仓库作为商铺。经过几回合的谈判，邓拉普同意三年为期，每年租金 10 英镑，由合作社自行装修，但要预先支付前三个月的租金。实际上邓拉普对工人们心存疑虑，担心他们太穷而无法兑现合约，幸好豪沃斯挺身而出，以私人名义保证租约，并支付了第一

---

① *Laws and Objects of the Rochdale Society of Equitable Pioneers*，p. 12.

② Arnold Bonner，*British Co-operation*，p. 46.

③ 筹集过程可参见 George Jacob Holyoake，*Self-help by the People: The History of Co-operation in Rochdale*，p. 12；Carol Davidson，*The Original Rochdale Pioneers*，p. 135；September 26th 1844，"Minute Book，"p. 6。

④ August 29th 1844，"Minute Book，"pp. 4 – 5.

⑤ Arnold Bonner，*British Co-operation*，p. 50.

⑥ September 5th Thursday 1844，"Minute Book，"p. 5.

⑦ September 26th Thursday 1844，"Minute Book，"p. 6.

⑧ Daniel Joseph Doyle，"Rochdale and the Origin of the Rochdale Society of Equitable Pioneers，"p. 256；October 17th 1844，"Minute Book，"p. 7；General Meeting October 27th 1844，"Minute Book，"p. 8；October 31st 1844，"Minute Book，"p. 8.

个季度的租金。① 商店开张之前，社员们各尽所能，通力合作，进行店内装潢和物品配置。② 房子被分作两部分，前面用作零售，后面用于库存和召开会议。③ 临近开业，由于本地批发商不愿意和先锋社做买卖，社员们只好推着独轮车到数英里以外的曼彻斯特进行采购。采购的物品主要是日常用品：黄油、糖、两种不同类型的面粉、燕麦和蜡烛，共花费 16 英镑 11 先令 11 便士。④

经过几个月的筹备，罗奇代尔先锋社先驱们终于迎来了 12 月 21 日夜晚。霍利约克在书中把当晚的情形描写得绘声绘色：城镇上的许多商人都好奇地盯着陶德街 31 号，想看看他们对手的样子，还有一群爱恶作剧的工厂男孩在附近监视着，大声嘲笑着。⑤ 詹姆斯·史密斯把店内的百叶窗取下，罗奇代尔先锋社商店正式营业。社员们站在店内，伴着烛光挤在一块，听着街道上的木屐声判断顾客的到来，不久"一些勇敢且忠实的灵魂迈向了大门，他们小小的采购筑造了历史"。⑥

事实上，罗奇代尔先锋社的初创者们，从构想到成立之初都未想过日后会取得成功。其他人更是不相信，甚至声称其第二天就会寿终正寝。⑦ 但从其成立的过程来看，这些工人在经历各种思想学说和曲折实践的洗礼后，一方面没有丢弃理想主义，另一方面又逐渐学会务实，着眼于最为紧要的事。他们每一步行动都很谨慎，每次开会集中解决关键性事务。这种转变奠定了他们事业的成功。

---

① David J. Thompson, *Weavers of Dreams*, *Founders of the Modern Co-operative Movement*, p. 44; Board Meeting November 21st 1844, "Minute Book," p. 10; Special Board Meeting November 25th 1844, "Minute Book," p. 10.

② Board Meeting November 28th 1844, "Minute Book," p. 11; Board Meeting Decemberr 19th 1844, "Minute Book," p. 13.

③ David J. Thompson, *Weavers of Dreams*, *Founders of the Modern Co-operative Movement*, p. 44.

④ Rochdale Pioneers Museum, *Our Story*, p. 11; Carol Davidson, *The Original Rochdale Pioneers*, p. 35; Board Meeting December 12th 1844, "Minute Book," p. 12; Board Meeting December 26th 1844, "Minute Book," p. 13.

⑤ George Jacob Holyoake, *Self-help by the People*: *The History of Co-operation in Rochdale*, pp. 13 - 14.

⑥ David J. Thompson, *Weavers of Dreams*, *Founders of the Modern Co-operative Movement*, p. 38.

⑦ "The London News" (London, England), *Sunday*, November 7, 1858, Vol. 1, Issue 27.

四　罗奇代尔先锋社的运行原则

罗奇代尔先锋社最为后人称赞的是被称作"罗奇代尔原则"的运行机制，这亦是它的精髓，即结合实际。如果说先锋社的章程中目标和计划部分带有明显的欧文主义思想，那么从第二条开始一直到最后，都是实用主义的体现。[1]

根据 1844 年的章程及其具体实践，罗奇代尔先锋社成立之初的运行原则主要有三个方面。

第一，人事管理。罗奇代尔先锋社对社员有着细致的管理规则，主要针对职员和普通社员。合作社由主席、司库、秘书、三名理事和五名主管负责管理，他们都由每年特定季度召开的全员大会选举产生，任何人都有资格当选。[2] 这些职员分工明确：主席负责主持所有会议，处理合作社的重要事务；秘书负责记录会议及保存账目、档案和记录本等；司库负责合作社的财政；理事则负责合作社的具体运行，如投资和采购，主管协助之。如果他们有联合或个人滥用财产的情况，一经证实，主席与主管会给予 14 天的警告，敦促其放弃所有资产。如果拒绝，则诉诸法律。[3] 此外，还任命两名审计员，轮流审查合作社的账目，注意每季度是否收支平衡。[4] 先锋社每周四晚 8 点召开理事会议，处理合作社事务，而全员大会则在每年 1 月、4 月、7 月和 10 月的第一个星期一晚 8 点召开，会上由合作社职员做季度经济报告，内容包含基金的确切数额和合作社所拥有的股票价值。[5]

至于普通社员，没有资格限制，但若想加入合作社，要在理事会上获得两名社员的提名和支持。每位候选人应支付 1 先令作为入社费，一旦转正，其股份可以按每周 3 便士分期支付。社员的股份不能超过 50 股。退出合作社的程序也很简单，只要提前一个月告知职员，待期满就可以自由退

---

① Sidney Pollard, "Nineteenth-Century Co-operation: From Community Building to Shopkeeping," in Asa Briggs and John Saville (eds.), *Essays in Labour History* (London: Macmillan &Co. Ltd., 1960), p. 94.

② *Laws and Objects of the Rochdale Society of Equitable Pioneers*, p. 4.

③ *Ibid.*, pp. 4 – 6.

④ *Ibid.*, pp. 4, 8.

⑤ *Ibid.*, p. 4.

离。此外，退出合作社的人，若想保留其股份直到更合适的时间来处理，也是被允许的，最多能保持 12 个月，但他们不再享有社员的特权，不会得到股份的利息。社员应团结友爱，共同为合作社谋福利。如果被发现做出了损害合作社利益的行为，会受到主席的警告，若之后恶习不改，则会收到一个月的驱逐警告，被赶出合作社。而社员发生纠纷时，可以向职员寻求调解，如仍不满意，则召开一次特别全员大会，商讨解决办法，也可以提出仲裁，交给仲裁人处理。最后，如果有社员去世，其子嗣、遗嘱执行人或遗产管理人都能继承其股份，并根据合作社的章程签名，如果不愿意签名，那么职员有权将股份变卖。[①]

可见，罗奇代尔先锋社的人事管理具有规范化、民主化、有人情味等特点。规范化是由于其对不同的群体权责分明，不偏袒任何一方，而且各种程序有条理而不复杂，章程的最后还列出具体惩罚的条目，显示出威慑力。民主化则体现在其社员开放、民主管理、投票表决、少数服从多数方面，更需要指出的是，在用词上，它还特意将"他"和"她"都写上，暗示着合作社允许女性加入，女性和男性在合作社原则上是平等的。而人情味是指合作社针对不同情况，都对社员留有余地，在尽可能的情况下为社员着想，只有在无奈时才采取严厉手段。这都保证了合作社的正常运作。

第二，商店管理。合作社商店维系合作社的生命，其收益直接关涉合作社的每一个人。商店由主席负责开门营业，起初只营业两天晚上，[②] 从 1845 年 3 月开始，除周二外每晚都营业，足见其发展。[③] 商店主要由一名收银员和一名销售员从事买卖：销售员负责对所卖的商品进行测量、称重与推销；而收银员则负责收款，给每位顾客一张记录消费金额的收据，并在账本中保留一份同样的收据以便核对，在每周的理事会上将商店的一周收入上交给秘书。此外，消费者还会收到一张清单，上面印有商店所销售的物品，他们要在表格中填好所需商品的数量，把它交给销售员，销售员会在每周的理事会上把这些清单上交给秘书，作为与收银员记录核查的凭证。[④] 他们还统一穿上白色的套筒袖子和围裙，目的是给顾客留下整洁干净的

---

① *Laws and Objects of the Rochdale Society of Equitable Pioneers*, pp. 6 – 9.

② *Ibid.*, p. 10.

③ Arnold Bonner, *British Co-operation*, p. 50.

④ *Laws and Objects of the Rochdale Society of Equitable Pioneers*, p. 10.

印象。① 商店一开始只出售几样杂货，后来逐渐增添了肉类、煤、土豆、服饰、布料、鞋履、帽子等，但无论规模多大，都保证商品的质量，诚信经营，这是合作社商店的立足之本。

罗奇代尔先锋社商店管理的一项重要原则是现金交易。所有社员都必须当场付清，不得赊账。② 另一项重要原则是关于社员的收益方式。商店主要面向合作社社员，其盈利会相应回馈于消费的社员。每次季度全员大会上，职员会公布上一季度合作社所赚取的利润，并按照所持股份 3.5% 的利率将利息给予社员，剩余利润则根据每位社员在商店花销的比例进行分红，而购物时的收据便是大家花费金额的凭证。③ 现金交易与消费分红的结合，很好地规避了早期合作社欠账严重、资金枯竭的风险，前者保证合作社的资金来源，保证商品的正常供应，后者则吸引更多的社员加入，吸引更多的消费，两者相辅相成，促进合作社的发展。

第三，重视教育。虽然章程仅在目标和计划中提到了教育，但从其对职员的规范中，可以感受到他们明白只有不断学习经济和管理知识，才能把自己的职责做好，把合作社管理好。1830 年罗奇代尔友谊合作社成立时，就拥有 32 卷图书，鉴于它和先锋社的关系，有理由推断这些图书会拿到先锋社中。而且合作社的倡导者长期以来都鼓励工人接受教育，提升自身素养，霍利约克在 1843 年的一次演讲中指出："你们可以把部分利润投资到阅览室和小型图书馆，在那里社员们能度过一晚上的时光，而不是到公共场所，这既能省钱又能获取信息。"④ 商店开张后，由于只营业两晚，剩余的时间便成为工人们活动的场所，他们习惯在一天忙碌的工作后聚集在一起，在商店的后室，知晓一周的新闻。⑤ 而且随着印花税的废除，最贫穷的工人都能阅读到便宜的书籍和报刊。事实上，许多初创者都接受过一定的教育，家中有少量藏书，他们会互相分享，还会写文章给报社投稿。在 1854 年新修订的章程中，教育事业特别受到重视，规定合作社每年在分红前，

---

① Carol Davidson, *The Original Rochdale Pioneers*, p. 47.

② *Laws and Objects of the Rochdale Society of Equitable Pioneers*, p. 8, 10.

③ *Ibid.*, pp. 9 – 10.

④ Christopher M. Baggs, "The Libraries of the Co-operative Movement: A Forgotten Episode," *Journal of Librarianship and Information Science*, 23 (2), June 1991.

⑤ Abraham Greenwood, *The Educational Department of the Rochdale Equitable Pioneers' Society Limited: Its Origin and Development* (Manchester: Co-operative Printing Society Ltd., 1877), p. 3.

将盈余的 2.5% 扣除并投入到一项"单独且不同的基金……用于提升成员的智慧"。① 这个基金为后来合作社建立图书馆和学校奠定了基础。威廉·库珀在 1866 年感慨道:"合作社绝不是完全为了分红和利润,同样是为了教育和改善社员的境况。如果有一个特征比其他更使人感到满意和喜悦,那就是规定充分传播每一种知识和有用的信息,如我们时代的科学、艺术和文学。我们衷心希望不久的将来会建起与合作社相联系的学校,以教育正在成长的合作社者。"② 合作社社员不仅是消费者,更应该是一个不断汲取知识的合作社员。

罗奇代尔先锋社的运行原则都是基于具体的现实事务,是初创者"在所有可能的合作规则中选择了一种独特的模式,使合作社能够在当时的条件下发展"。③ 这种模式是从他们过去几十年的经验和现有的体制及立法中提炼出来的。④

这些原则对罗奇代尔先锋社的发展,乃至整个世界合作社运动的进程都产生了深刻的影响。首先,它使得先锋社成功盈利。在成立满一年之时,虽然社员只增加到 74 人,销售额为 710 英镑,增加资本 181 英镑,仅获得 22 英镑的利润,⑤ 却证明了合作社的方式切实可行。随后的发展更是稳步前进,还发展出各种产业,如谷物场、制造业厂、土地和建筑公司、教育机构等,⑥ 在英国经济衰退时期也没有遭到太大的打击。当时有人对合作社进行调查,发现大部分失败的合作社都是因为忽视了"罗奇代尔原则",尤其是利益共同和个人平等。⑦ 其次,改变了工人的形象。昔日工人阶级往往给中上层阶级留下冲动暴力、无知愚昧、慵懒颓败等印象。但罗奇代尔先锋

① Brett Fairbairn, "The Meaning of Rochdale: Rochdale Pioneers and the Co-operative Principles," p. 9.

② "Letter from William Cooper to Professor Fawcett, November, 1866," 收录于 Arnold Bonner, *British Co-operation* 附录部分, p. 508。

③ Paul Lambert, "The Rochdale Pioneers as Originators," p. 561.

④ Brett Fairbairn, "The Meaning of Rochdale: Rochdale Pioneers and the Co-operative Principles," p. 7.

⑤ Arnold Bonner, *British Co-operation*, p. 50.

⑥ "The National Reformer," *Saturday*, January 30, 1864, Vol. IV, Issue 194, p. 3.

⑦ J. Donbavand, "The Rochdale Pioneers," *The American Socialist. Devoted to the Enlargement and Perfection of Home* (1876-1879), May 22, 1879, pp. 4, 21; *American Periodicals*, p. 162.

社的成立展现了工人不一样的风貌，他们通力合作、温和友善、鉴前毖后。① 受到现金支付和禁酒的制约，社员逐渐养成节俭的好习惯，并通过不断学习经商知识，显现出他们智慧的一面。最后，罗奇代尔先锋社不仅受到英国各地的模仿，"罗奇代尔式"合作社遍地开花，合作社运动迈入"消费合作社"阶段，而且由于媒体的报道和霍利约克的宣传，世界各地都有人到罗奇代尔参观先锋社，并回国组建类似的合作社。"罗奇代尔原则"也在不同的地点不同的时代被不断地阐释深化，并在 1934 年的国际合作社联盟（International Co-operative Alliance）大会上被正式确立，它一共包括 7 条：成员开放、民主控制、按购买分红、有限资本权益、政治和宗教中立、现金交易、促进教育。② 足见其影响之大。

五　结语

著名英国社会史家哈罗德·珀金（Harold Perkin）在《现代英国社会的起源》中说：19 世纪 40 年代，英国合作社运动分为三股。一是最纯粹的欧文主义者建立的"救赎协会"（Redemption Societies），他们在"劳动的资本家，而不是劳动者和资本家"的口号下，继续追求着乌托邦的理想；另一股则走向"基督教社会主义"（Christian Socialists），虽然影响不大，但其生产合作社的方式促使上层阶级进一步接纳合作社运动，并为《工业和社团积金法》提供了合法框架；第三个方向便是罗奇代尔先锋社，成为未来合作社的主要潮流。③ 就这一层面而言，罗奇代尔先锋社的成立确实有着重要意义。然而，考察罗奇代尔成立的思想来源、成立的过程以及运行原则，我们可以发现它的成立，是"旧"与"新"的分水岭。

一方面，罗奇代尔先锋社继承了早期欧文式合作社的思想，但在成立的过程中面临了许多实际困难，于是以退为进，采取务实策略，着眼于经营商店，筹集资本，改善社员的生活境况，开启罗奇代尔式的合作社时代。另一方面，罗奇代尔先锋社没有丢弃早期工人运动的政治与社会目标，先

① "The Leader"（London, England），*Saturday*, January 2, 1858, Vol. Ⅸ, Issue 406, p. 13.

② Arnold Bonner, *British Co-operation*, p. 48.

③ Harold Perkin, *The Origins of Modern English Society*（London：Routledge, 2002），p. 317.

驱们一直在为争取工人的权益而努力，同时它又明显转向更为渐进、温和的工人运动方式，没有刀光剑影，只有自助与互助。因此，罗奇代尔先锋社的成立连接了旧式合作社与新式合作社、旧式工人运动与新式工人运动，将"理想的蓝图和组织性实践相结合"。① 虽然有学者分析指出，罗奇代尔先锋社标志着英国合作社运动从"社会共同体建设"（community building）变为"店务管理"（shopkeeping），改变了原有的理想，② 但笔者认为，在 1844 年罗奇代尔先锋社成立之时，它是怀揣理想的，只是随着合作社越发壮大，其目标根据实际情况逐渐做出了调整，直到 19 世纪 70 年代，才改变了合作社理念的实质。

（作者为北京大学历史学系英国史专业 2018 级博士研究生）

---

① Brett Fairbairn，"The Meaning of Rochdale：Rochdale Pioneers and the Co-operative Principles，" p. 9.

② Sidney Pollard，"Nineteenth-Century Co-operation：From Community Building to Shopkeeping，" pp. 74 – 112.

德意志第二帝国的官僚和学者

——以阿尔特霍夫与哈纳克为例

栗河冰

19 世纪末 20 世纪初，德国的高等教育和学术研究取得了巨大成就，在世界范围内获得了广泛声誉。这一时期德国的大学和科学发展与一个人的名字紧密相连，他就是阿尔特霍夫。以其名字冠名的"阿尔特霍夫体制"作为一种管理体制和管理方式，一方面因为德国这一时期工业的繁荣、经济的腾飞和科学成就的辉煌而获得了大量赞誉和肯定，另一方面也因为阿尔特霍夫本人的专断作风以及第二帝国的历史和政治背景，遭到很多非议。阿尔特霍夫体制之形成和发挥效果，除了阿尔特霍夫作为主要负责官僚的强烈意志和出色工作之外，这一体制涉及的主体之一学者群体，也以各种方式发挥了不可忽视的作用。其中，神学家阿道夫·哈纳克在阿尔特霍夫时代和阿尔特霍夫体制中的经历，即反映出了德国史上官僚与学者之关系，有助于理解第二帝国时代德国高等教育和科学研究管理政策的形成与影响因素，理解官僚政治与学术群体的关系，以及学者在德意志第二帝国的科学政策史上所扮演的角色和发挥的作用。

一 阿尔特霍夫与哈纳克的生平

弗里德里希·阿尔特霍夫（Friedrich Althoff, 1839 – 1908），自 1882 年

起担任普鲁士宗教、教育及医疗事务部（又称普鲁士文化部）教育司主管大学事务的负责人。直到 1907 年退休前，他一直掌管普鲁士的高等教育和科学研究事务。他在任职期间（1882—1907）对普鲁士乃至整个德国的大学和科学研究体系产生了重要影响。他在大学改革、科研机构的改造和增设甚至自然科学教育的推广诸方面做出了努力，为普鲁士和德国构筑了一个现代的大学体系和科研体系。阿尔特霍夫在普鲁士文化部任职期间形成的带有他个人强烈个性化行事风格的普鲁士科学政策和高等教育政策，以及由这些政策构建起的科研和教育体系，被称作"阿尔特霍夫体制"（Das System Althoff，或译为"阿尔特霍夫体系"）。他本人在德国学术政策史上也被视为与莱布尼茨、洪堡和贝克尔并立的重要人物。

阿尔特霍夫是普鲁士官僚的一个优秀典型。他青年时在柏林大学和波恩大学学习法律，1867 年通过法律候补文职人员考试，成为普鲁士官僚队伍中的一员。这些经历让他兼具良好的学识水平和严格的职业训练，使他后来从事高等教育管理时目光深远、判断准确、知人善任、手段高明。1871 年普法战争结束后，他到位于德国的新领土——阿尔萨斯 - 洛林境内的斯特拉斯堡担任法律顾问和教会及学校事务负责人，参与创建斯特拉斯堡大学，并在随后的十一年中负责这所大学的人事工作。在斯特拉斯堡的工作经历为他后来对德国高等教育的管理和改造提供了经验和实践基础。1882 年，阿尔特霍夫赴德国的权力中心柏林任职，开始执掌普鲁士的高等教育事务，从 1882 年到 1907 年退休，阿尔特霍夫历经五任部长上司更迭①而自身稳固不变，成功地维持了自己对普鲁士乃至德国高等教育的掌控。

德国的大学在 19 世纪经历了巨大变化。1871 年德意志第二帝国成立，德国开始作为一个整体以新兴大国的姿态登上世界舞台。此时正值第二次工业革命时期，新的国家需要提高工业技术，提升经济产值和综合国力。这需要科学家们提供研究成果作为助力。此外，德意志帝国的人口在 1871 年和 1910 年之间从 4100 万增长到了 6500 万，其中在 19 世纪 90 年代出现

---

① 分别为 von Gossler、the Count of Zedlitz-Trfitzschler、Bosse、Studt 和 Holle。See Bernhard vom Brocke，"Friedrich Althoff：A Great Figure in Higher Education Policy in Germany," *Minerva*，Vol. 29，No. 3，September（1991）：279.

了移民高潮，同期大学生的数量从 2 万人涨到了 6.8 万人。[1] 随着学科更加分化和专业化，科学、学术研究以及研究费用大大增加。这一切促成了自洪堡时代以来德国大学的最大变化，客观上促使德国的高等教育和科研体系进行变革。这一切，催生了阿尔特霍夫体制的出现。

概括来讲，阿尔特霍夫的管理举措主要有：鉴于普鲁士和柏林的特殊政治地位和经济优势，以各种优厚待遇和研究条件，把优秀的学者吸引到普鲁士特别是柏林的大学中；在教授任命中打破大学内部传统，选择他认为合适的学者；在大学内部和外部设立新的研究机构如研修班（Seminar）和研究所，并扩大科学研究的财源，将私人资本引入科研项目的资助中；此外，重视国际间的科学交流，主动吸取他国大学和科学机构的经验与信息等。[2]

阿道夫·哈纳克（Adolf Harnack，1851–1930），路德宗神学家和教会史学家，著述丰富，在早期教会和修道制度的研究领域非常有影响力。[3] 哈纳克生长于一个知识精英家庭，他的父亲是神学家狄奥多西·哈纳克（Theodosius Harnack），他的同辈兄弟皆为有成就的学者。[4]

哈纳克的教育经历和任职履历一如 19 世纪德国大学教授们的轨迹：求学时曾在多个大学就读，包括多巴得大学（Dorpat，他父亲任教之校）、莱比锡（Leipzig）大学，并在莱比锡大学获得学位。1874 年，成为一名私人讲师，然后依次担任几所大学的教职并逐步升职：莱比锡大学（1874—1879，1876 年成为编外教授）、基森大学（1879—1886，1879 年成为教会史教席的正教授）。1886 年，哈纳克被任命到马堡大学任教。这期间他与阿尔特霍夫有了接触，曾把自己的著作《教义史》赠送给阿尔特霍夫。哈纳克是自由派的神学家，推崇以历史批判法为主的"科学神学"。这种治学方

① Hohorst, G., Kocka, J. und Ritter, G. A., *Sozial geschichtliches Arbeitsbuch*, Vol. II: Materialien zur Statistik des Kaiserreichs 1870–1914 (München: C. H. Beck, 1975; 1978), S. 22, S. 161.

② 崔家岭：《阿尔特霍夫体系述评——大工业时代的德国大学和科学政策》，《自然辩证法通讯》2012 年第 5 期。

③ 阿道夫·哈纳克于 1914 年被册封为贵族，姓氏前加上了"冯"（von）。

④ 阿道夫有一个双胞胎兄弟，是著名数学家卡尔·古斯塔夫·阿克塞尔·哈纳克（Carl Gustav Axel Harnack，1851–1888），有许多数学定理和公式以他命名，如哈纳克曲线定理和哈纳克不等式。两个弟弟分别是药理学和生理化学教授埃里希·哈纳克（Erich Harnack，1853–1914）、文学史教授奥托·哈纳克（Otto Harnack，1857–1914）。

法不接受传统上教会认定的"圣经无误"信条，强调文本的校勘和考据，结合考古、碑铭方面的研究，希望以客观和理性的方法确定圣经时代的历史事实。这种神学观和方法论带有浓郁的理性主义和科学主义色彩，与传统的神学诠释路径大相径庭。他在《教义史》中对诺斯替主义的解释令教会大为反感。① 这成为教会后来对他不满的一个重要原因。

二　哈纳克的教职任命事件

绝大多数德国大学自诞生起便有一个突出的特征，即它是国家机构。故国家对大学有管理和监督的权力。这种管理权在 19 世纪以前并没有得到太密集的使用。19 世纪初洪堡创建柏林大学并提出学术自由的大学理念之后，教学与研究自由的准则更是被奉为圭臬。作为高等教育部门的负责人，阿尔特霍夫积极地强化了国家对大学的管理权。而任职期间他在人事任命方面的不少做法，在当时招致了不少非议，多次引发高校知识分子的口诛笔伐，指责他侵犯了大学的学术自由，比较有名的有斯潘任命事件、阿隆斯免职事件。哈纳克的柏林大学教职任命事件，虽然引起的波澜和影响不及前述两件，但也相当突出。它是后来关于阿尔特霍夫与大学学术自由一系列争议事件的前例，从中已然显露出阿尔特霍夫的管理理念和管理目标。

1887 年，柏林大学神学系教会史正教授的职位空缺。12 月 10 日，院系按照德国大学长期以来实行的聘任方式向主管部长提交了候选人提名名单，三位候选人分别是马堡大学的阿道夫·哈纳克、埃尔朗根大学的阿尔伯特·豪克（Albert Hauck）和耶拿大学的弗里德里希·尼波德（Friedrich Nippold）。其中，尼波德排第一位，哈纳克排在第三位。② 尼波德年长（1838 年生），比哈纳克进入学术界早很多，资历、人脉和学界声望都超过哈纳克，此外，他还是福音派联盟（Evangelischer Bund）组织的创始人之一，该组织主张保护德国新教徒的利益。排在第二位的豪克（1845 年生）曾受教于兰克，拥有在教会任职和在大学任教的双重履历。然而最后获得任命的是哈纳克。

---

① 　Paul Tillich, *A History of Christian Thought：From Its Judaic and Hellenistic Origins to Existentialism*, edited by Carl E. Braaten（New York：Simon & Schuster, 1967）, p. 516 – 517.

② 　Geheims Staatsarchiv, Preußischer Kulturbesitz, Rep. 92 Althoff A Ⅱ Nr. 79 Bd. I, Bl. 5 – 9.

这一任命引起了教会方面的激烈反对。福音派高等宗教会议（Evangelischer Oberkirchenrat，EOK）① 在 1888 年 2 月底提出了反对任命哈纳克的详细意见。教会不认同哈纳克有关教义史的观点，更认为此举是国家破坏了科学研究的自由。

面对此种状况，哈纳克一度表示拒绝接受任命。阿尔特霍夫则毫不退让。部长格罗斯勒将情况报告给帝国总理兼普鲁士首相俾斯麦。哈纳克的教职任命事件上升到了最高层面，成为政府和教会间的博弈。俾斯麦表示支持政府的意见，理由是政府的行政事务不受教会的监管。1888 年 6 月，威廉二世登基，他亲自向教会过问此事。② 当年 9 月，哈纳克办理手续，前往柏林就职。

很明显，学术分歧并不是教会反对的最主要原因，哈纳克教职任命事件出现的根本原因在于政府和教会（以及大学）对于管理权的争夺。从 17 世纪开始，大学和教会的关系已经不像中世纪那样紧密，到了 19 世纪，大学基本上失去了教会—宗教的特征。并且，伴随着教会与政府的日渐疏离，教会采取种种措施，避免政治权力影响，通过宗教会议及其下属机构，拥有任命神学教授的影响力。③

院系提出有先后次序的三人候选名单，政府依照名单决定人选，这是长久以来的惯例。但根据包尔生的名著《德国大学与大学学习》中的一组数据，④ 政府不按照名单顺序或完全不按名单任命的做法，早已有之。只是在阿尔特霍夫时代，政府与大学之间的张力较之以前更为增强了。在这些数据中，神学院被否决和更换人选的比例是最大的。而在普鲁士大学体系

---

① 普鲁士的新教最高行政机关。

② Kaiser Wilhelm Ⅱ., *Ereignisse und Gestalten aus der Jahren 1878 – 1918* (Leipzig und Berlin：K. F. Koehler，1922)，S. 165.

③ 参见〔德〕弗里德里希·包尔生《德国大学与大学学习》，张弛等译，人民教育出版社，2009，第 138—139 页。包尔生提到，早在 1855 年，普鲁士的高等宗教会议（Oberkirchenrat）就被赋予了为这类任命提出推荐意见的权利。

④ "……在 1817—1900 年，共任命了 311 名神学院教授，其中 209 人为学院推荐，102 人则未得到推荐或不属于推荐人选；任命 432 名法学院教授，其中 346 人为学院推荐，86 人则没有得到推荐或不属于推荐人选；任命 612 名医学院教授，其中 478 人为学院推荐，134 人则没有得到推荐或不属于推荐人选。多年过去后，1882 年以后这个数字有所变化：神学院教授中，82 人为学院推荐人选，非推荐的为 38 人；法学院的教授中，125 人为学院推荐，非推荐的为 15 人；医学院的教授当中，207 人为学院推荐人选，非推荐的为 29 人。"〔德〕弗里德里希·包尔生：《德国大学与大学学习》，第 83 页。

中具有重要地位的柏林大学的教席，更容易引发激烈争议。政府着意清除教会方面对大学的干预。①

因此，这是一个事关自由的问题，但更多的是关乎权力。而阿尔特霍夫不仅意图强化国家对大学的干预和控制，还希望打破教会宗派以大学自主权之名义所施加的干涉，以外部介入的方式打破保守派系和宗派小圈子对教职和学术体系的把持，防止学术裙带关系。在这场斗争中，阿尔特霍夫施展了出色的外交才华，巧妙借助政治高层的力量取得了最终胜利。②

此后，哈纳克开始了他在柏林的职业生涯，与阿尔特霍夫在工作和其他方面的接触交流愈多，并逐渐成为阿尔特霍夫在科学文化事务上拥有重要发言权的顾问。1890 年，哈纳克成为普鲁士科学院院士。身份的提升和管理才能的显露使他参与了阿尔特霍夫管辖下高等教育和科学研究管理事务的许多活动。比如，他参与筹备普鲁士科学院的二百周年事务，为科学界申请更多官员职位；参加 1900 年普鲁士中学改革会议，支持取消高级人文中学对进入高校资格的垄断；为普鲁士女子中学教育系统的改革提出意见。1905 年，在阿尔特霍夫的助力下，哈纳克成为柏林王家图书馆馆长，这个职位有助于他支持阿尔特霍夫等人所推行的图书馆管理事业改革。③

三　国际学术交流与"大科学"政策

1893 年、1904 年，世界博览会分别在美国的芝加哥和圣路易斯举办，阿尔特霍夫及其助手施密特 - 奥特④与帝国内政部合作，积极支持德国派出代表参加。哈纳克、社会学家韦伯（Max Weber）、历史学家兰普莱希特

① 根据 Nipperdey 的统计，从 1882 年到 1900 年，普鲁士大学 10.6% 的新教神学、法学和医学教授是在反对或没有学院推荐意见下任命的；在柏林大学哲学院，反对或没有学院推荐意见任命的教授比例是 11.8% 。See T. Nipperdey, *Deutsche Geschichte 1866 - 1918*：*Erster Band*：*Arbeitswelt und Bürgergeist* (München：1991), S. 573 - 574.

② W. Wendland, "Die Berufung Adolf Harnacks nach Berlin," *Jahrbuch für Brandenburgische Kirchengeschichte*, XXIX (1934)：103 - 121.

③ Stefan Rebenich, *Theodor Mommsen und Adolf Harnack*：*Wissenschaft und Politik im Berlin des ausgehenden 19. Jahrhunderts* (Berlin, New York：de Gruter, 1997), S. 119 - 121.

④ 施密特 - 奥特 (Friedrich Schmidt-Ott, 1860 - 1956)，学法律出身的文化部官员，担任阿尔特霍夫的助手多年，参与科学管理和科学政策制定，1903 年起担任艺术部门负责人，1917 年起任普鲁士文化部长。威廉皇帝学会成立后担任董事会成员、第二副主席等职务。

（Lamprecht）和化学家威廉·奥斯特瓦尔德（Wilhelm Ostwald）等参加了在圣路易斯举行的国际艺术和科学大会。[1] 此时德国科学正处于世界领先地位并获得了世界的公认。阿尔特霍夫的这一积极向外的科学和文化政策，无疑是打算让这种领先地位更持久，更深入人心，扩大德国大学的声誉，以吸引更多的学生到德国来。阿尔特霍夫最初设想的在新世界建立"一所小型的德国大学"没有引起美国人的兴趣，[2] 他根据在圣路易斯参会者的报告拓展出新的思路。其中一项安排便是美国和德国大学教授的互换交流。柏林的教授们对此表示强烈反对，他们把它当作对美国同事学术平等地位的一种认可而加以拒绝。但是阿尔特霍夫说服了皇帝和哈纳克。[3] 这项交流活动开始于 1905 年，第一次交换发生在哈佛大学和柏林大学之间。一年后，威廉二世和西奥多·罗斯福总统安排了第二次交流。每年，威廉皇帝派出一位教授去纽约，西奥多·罗斯福派出一位教授去柏林。皇帝本人还出席了来访教授的就职演讲。[4] 威廉·奥斯特瓦尔德便是第一批参与者之一。[5] 这些跨大西洋的交流是自 19 世纪 80 年代以来一系列国际接触和交流活动更广泛的扩展。国际活动已成为国家级别的重要事项，是对协作研究之需求的回应，不仅促进了科学发展，而且提高了科学和国家的声望。[6] 同美国进行的这种有最高领导人参与的交流活动，是文化外交的一部分，旨在加强

---

[1] See A. W. Coats, "American Scholarship Comes of Age: The Louisiana Purchase Exposition 1904," *Journal of the History of Ideas*, XXII (1961): 404 – 417. 威廉·奥斯特瓦尔德（1853—1932），德国物理化学家，是物理化学学科的创始人之一，1909 年获诺贝尔化学奖。

[2] Bernhard vom Brocke, "Friedrich Althoff: A Great Figure in Higher Education Policy in Germany," (1991): 287.

[3] Adolf Harnack, "Vom Grossbetrieb der Wissenschaft," *Preussische Jahrbücher*, Vol. 119, 28, January (1905): 193 – 201.

[4] BernhardvomBrocke, "Der deutsch-amerikanische Professorenaustausch. PreussischeWissenschaftspolitik, internationale Wissenschaftsbeziehungen and Anfänge einer deutschenAuswärtigen Kulturpolitik vor dem Ersten Weltkrieg," *Zeitschrift für Kulturaustausch*, XXXI (1981): 128 – 182.

[5] Kurt Düwell, "Die deutsch-amerikanischen Wissenschaftsbeziehungenim Spiegel der Kaiser-Wilhelm-und der Max-Planck-Gesellschaft," in B. vom Brocke and R. Vierhaus (Hrsg.) *Forschung im Spannungsfeld von Politik und Gesellschaft. Geschichte und Struktur der Kaiser-Wilhelm – /Max Planck-Gesellschaft* (Stuttgart: DVA, 1990), S. 751.

[6] Martin H. Geyer and Johannes Paulmann, "Introduction," in Martin H. Geyer and Johannes Paulmann, eds., *The Mechanics of Internationalism. Culture, Society, and Politics from the 1840s to the First World War* (London: Oxford University Press, 2001), p. 8.

德国对美国的影响力。① 为了给这项交流活动提供资助，阿尔特霍夫于 1905
年夏说服犹太银行家和工业家科佩尔（Leopold Koppel）成立了一个"科佩
尔德国与外国知识交流促进基金会"，促进与"美国及其他重要的文化国
家，特别是法国"的知识交流。

就在 1905 年，哈纳克发表了一篇名为 Vom Grossbetrieb der Wissenschaft
的文章，该文也被译为《论作为大企业的学术界》。② 他开篇提到了圣路易
斯的大会和阿尔特霍夫提议的德美学者交流计划，接着指出，科学在本质
上和最终都是个人的事务，但更大的科学任务，是个人无法单独完成的。
这是个悖论。然后，他说道：

> 因此，如果今天有人说学术界是大企业（Grossbetrieb der Wissen-
> schaft）——这个词不怎么好听，但我找不到更好的——他是不知道自
> 己在做什么。并且，无论是谁，如果想要对这种管理世界方法的不断
> 扩张加以限制，就会对学术共同体造成损害。我们都很清楚这种企业
> 的危害——工作的机械化、过分强调采集和处理材料而不做灵性上的
> 深究，更不用提工人的麻木不仁（Verblödung）了——但是，我们能够
> 保护自己和我们的同事（Mitarbeiter）免遭所有这些危险。③

作为学者，哈纳克从科学之本质的角度反思科学研究的现状和未来，
十分形象地点明了大企业化、大工厂化的科学研究的潜在危害。哈纳克在
文章中回顾了国际学术和教育交流的状况，指出美国作为竞争对手的发展
潜力，分析和总结交流的益处和必要性。从发表时间和内容来看，该文有为
德美学者交流活动解释和造势之意。哈纳克在这篇文章中提出的 Wissenschaft
als Grossbetrieb 概念得到广泛引用。在一些英文文本中，它被译作"big sci-
ence"（大科学）。④ 而 Wissenschaft als Grossbetrieb 直译的话，便是"大企业

---

① vom Brocke, "Der deutsch-amerikanische Professorenaustausch," S. 128; Düwell, "Die deutsch-
amerikanischen Wissenschaftsbeziehungen," S. 750.

② 〔美〕威廉·克拉克：《象牙塔的变迁——学术卡里斯玛与研究性大学的起源》，徐震宇译，
商务印书馆，2013，第 552 页。

③ Adolf Harnack, "Vom Grossbetrieb der Wissenschaft," S. 193 - 201.

④ Bernhard vom Brocke, "Friedrich Althoff: A Great Figure in Higher Education Policy in Germa-
ny," (1991): 274.

科学"。哈纳克清晰又明智地看到了科研和教育远离传统模式的不可逆转。但对于古典的理念，他还是想要赞同和保留的。

实际上，阿尔特霍夫治下的德国大学体系已经趋向于一个大规模的企业：他为提高管理效率建立了系统化的大学管理制度，包括考试条例、教学计划、教学大纲，以及入学制度、纪律条例等，他有意通过人事任命来调控德国各地不同大学优势学科的分布，建立新型大学如商业学校和应用医学院。[1] 1899—1900 年，普鲁士的工业高校（Technische Hochschule）获得了博士学位授予权。

然而，"大科学"带有强烈的目的性和功利性，这种超越政府和学术传统关系模式的新设计必然与洪堡所树立的大学理念发生冲突。后者是传统关系模式的基础。它一直是德国学术生活的核心灵魂，即使是高度理想化的，未被完全实现过，它也是一个被追求的目标。然而在阿尔特霍夫这里，国家角色强势地步步逼近，工业社会对于应用的需求，使诸多隐性的矛盾在这个时代爆发出来。在学术自治和理念冲突之外，管理者对于大学功能的现实发展抱有未雨绸缪的忧虑，既要保持洪堡的古典大学之定位与追求，还要适应新的时代，在这种张力中间，如何保持平衡，是哈纳克意识到和需要解决的问题。

研修班是阿尔特霍夫在斯特拉斯堡大学时期就大力提倡和推广的教学和研究模式。从 1870 年开始，研修班、研究所及其开支的增长超过了人力费用的增长，结果到 1910 年，大学预算的一半为研究所和研修班的运行经费，还要再加上建筑和设备的经费。1882—1907 年，普鲁士的大学新增了 9 个法学研修班、4 个神学研修班、77 个文理研修班或研究所，以及 86 个医学研究所、实验室或诊所。[2] 大学中研究功能的比重大大增加，但还是不能满足德国对科学的需求。而在大学之中，除了教授外，还有大量有才华的私人讲师，他们为了在传统大学体系中获得收入和晋升，承受着繁重的教学课程。他们十分需要一个可以施展才华和能力的新领域。

---

[1]　Bernhard vom Brocke，"Friedrich Althoff：A Great Figure in Higher Education Policy in Germany，"（1991）：280.

[2]　C. E. McClelland，"Die deutschen Hochchullehrer als Elite 1815 - 1850，" in Schwabe（Hrsg.），*Deutsche Hochschullehrer*，（Note 41）：280 - 281.

四　威廉皇帝学会的筹备与成立

1906 年，哈纳克与物理化学家能斯特（Walther Nernst）、化学家费歇尔（Emil Fischer）等七位柏林大学教授直接上书威廉二世，建议在柏林市郊的达勒姆创建一系列国立基础研究所。1909 年，哈纳克再次上书。他首先简述了洪堡式大学的理念和实践，以及为什么现在需要对其进行补充。根据洪堡的理念，研究者必然与教师捆绑在一起，这种理念可能只适用于教授，但现代国家需要有一群真正的精英学者从教学的负担中解放出来。他呼吁仿照国外私立研究机构，如美国卡内基研究所、瑞典诺贝尔研究所、法国巴斯德研究所的模式，建立独立于大学的研究机构，让科学家从繁重的教学任务中解脱出来，专心从事基础研究，同时加强与工业界的联系。他在意见书中写道："根据这一计划，我们需要以威廉皇帝学会为中心，建立许多个而不是一个研究所。……今天，科学已经发展到这样的程度：单独一个邦已无力再为它提供必需的财务和物力支持了。政府、私人资本家与对科学感兴趣的公民之间的合作应该加强，只有这样，未来科学研究才能得到有效的物质保障。"[①] 而关于这种机构，"非常重要的一点是，不要事先确定将要建立的研究所的目标，而是给予它们最宽泛的范围。研究所应该从领导它们的学者个人及认知的过程获得自己特定的产品线"。[②]

依照哈纳克意见书中关于学会和研究所的观点，在阿尔特霍夫去世三年后，即 1911 年 1 月 11 日，在德国艺术研究院（Akademie der Künste）会议厅里，一个名为"威廉皇帝科学促进学会（登记社团）"（Kaiser-Wilhelm-Gesellschaft zur Förderung der Wissenschaften e. V.，KWG）的学术研究机构宣告成立。哈纳克担任首任主席，评议会（Senat）由政府官员、企业家和科学家三方代表共同组成。学会以推进科学精英的基础理论研究为宗旨，经费主要来自企业界的捐赠。

根据哈纳克意见书中的设想，学会建立了让科学天才来主持研究所的传统，不设定具体目标，为优秀的、有创造性的科学家们提供独立发展的

①　A. Harnack, *Aus Wissenschaft und Leben*, 1 Vols（Gießen: Töpelmann, 1911），S. 60.

②　A. Harnack, *Aus Wissenschaft und Leben*, 1 Vols, S. 55.

空间。这成了学会坚持的基本原则，被称为"哈纳克原则"（Das Harnack-Prinzip）。成立之初，学会下辖三个研究所：化学研究所（奥托·哈恩）、物理化学与电气化学研究所（弗里茨·哈伯）以及生物学研究所（奥托·瓦尔堡）。哈纳克任职到 1930 年。1925 年，"哈纳克奖章"（Harnack-Medaille）设立，这是威廉皇帝学会的最高奖赏。学会所属研究所逐年增加，研究领域随之日益扩大，到 1943 年，研究所数量增至 25 个。第二次世界大战之后，威廉皇帝学会改名为马克斯·普朗克学会，继续推动德国科学发展。

威廉皇帝学会和其他类似研究机构的建立，一直被认为是德国大学和学术领域教学与研究分化的重要步骤。而这种功能的分化实际上也保护了大学中原来的教学与研究相联系的体制，以一种做增量的制度设计，整合旧体制下的资源，适应国家和社会对知识群体的需求。

五 小结

从阿尔特霍夫和哈纳克的交往和相关活动可以看出，阿尔特霍夫在哈纳克的柏林大学教职任命一事上起到了关键作用，为哈纳克此后的职业生涯打开了至关重要的一扇门；哈纳克到柏林任职之后，逐渐承担了柏林大学、柏林科学院、王家图书馆等教育和文化机构的管理职责，参与了德美学者交流计划和威廉皇帝学会成立等重要事件，并发挥了重要作用。

阿尔特霍夫与哈纳克在高等教育和科学政策领域的活动，不止显示了阿尔特霍夫体制的人事任命政策和政策制定过程的细节，也显露出威廉帝国时期官僚与学者作为政府和学术界的执行主体在这种历史风格形成中的微妙关系，是政府和科学互动与协作的典型实例之一。在第二帝国时期，除了哈纳克，还有像施莫勒（Schmoller）、蒙森、克莱因（Klein）① 等这样有组织才能的教授，发起了许多研究计划，并在阿尔特霍夫体制的保护之

---

① 古斯塔夫·冯·施莫勒（Gustav von Schmoller, 1838 - 1917），德国经济学家、新历史学派创始人，代表作有《论法律和国民经济的基本问题》、《国家科学和社会科学方法论》；菲利克斯·克莱因（Felix Christian Klein, 1849 - 1925），德国数学家，在哥廷根大学任职期间推动了该校数学研究的发展，实现了将哥廷根大学重建为世界数学研究重要中心的愿望。

下，克服众多的批评和障碍使其实施。① 米塞斯以生动的口吻形容过阿尔特霍夫和施莫勒的配合："在所有关于社会科学和历史学科的事务上，阿尔特霍夫完全依赖于他的朋友古斯塔夫·冯·施莫勒。施莫勒对于分辨绵羊和山羊有着准确无误的鉴别力。"② 至于哈纳克，他与阿尔特霍夫的交往活动显示出，他不仅是技术顾问和献策者，还是威廉帝国时期科学政策的设计者和制定者，是科学事务的管理者，是阿尔特霍夫事业的合作者和延续者。他代表这样一类学者：在学者身份之外，在与政府和主管官僚打交道的时候，以各种方式在科学政策和管理领域发挥了才智和影响力，在形式上和事实上都具有了管理者的身份。

大学终究是坐落在人间的象牙塔。19 世纪末 20 世纪初，在国家加强对学术界的管理和控制之时，洪堡理念和古典大学传统受到冲击，学者们也无法只限于过去在学术团体内部的自我治理，而是在国家管理的框架之下转化为新型管理者。他们不仅以专业学识提供智力支持，还以组织才能和深远眼光在现实和技术层面解决德国大学转型和科学发展中出现的问题，维持着德国科学进步和发展的进程。

而阿尔特霍夫体制，也并非一个从一开始就确立的严格又确定的体系，诚然，阿尔特霍夫其中起到了最为关键的作用，但这一体制的形成和发挥作用并非都凭阿尔特霍夫的一己之力。这个体制处于一个动态变化的过程，在实际运转中，观念被谨慎地争辩和审视，决策者和管理者也在维持稳定与平衡的同时主动或顺应潮流地探究更为合适的可能性和解决方案。

（作者为北京大学历史学系德国史专业 2015 级博士研究生）

---

① Jurgen G. Backhaus, "The University as an Economic Institution: The Political Economy of the Althoff System," *Journal of Economic Studies*, Vol. 20, Issue 4/5: 25.

② Ludwig von Mises, *The Historical Setting of the Austrian School of Economics* (New York: Arlington House, 1969), p. 10.

虚构的"民族共同体"

——以纳粹德国大众旅游活动中的地区交流为例

宋 昊

一 对于"民族共同体"的疑问

缔造"民族共同体"既是纳粹党政治理念的核心所在，也是该党所宣称的国内施政目标的关键之一。缔造"民族共同体"这一追求或宣称在多大意义上取得了成功，这是一个涉及如何评判纳粹政权的重大问题。而解答这一问题的最好方式，或许便是从具体政策层面入手，探究纳粹党的种种所谓意在缔造"民族共同体"的举措究竟在多大程度上收到了相应效果。在该党所推行的形形色色的缔造"民族共同体"的尝试之中，由纳粹党工人组织"德意志劳工阵线"（Deutsche Arbeitsfront，DAF）下属的"欢乐是力量之源"（Kraft durch Freude，KdF）组织所开展的具有社会福利性质的大众旅游活动占据了重要地位。纳粹当局试图通过让各地的民众共同参与旅游来增进彼此的团结与友谊，进而逐步打造理想的"民族共同体"。既是为了宣传所需，也是为了掌握舆情，纳粹当局希望掌握参与 KdF 旅行的游客的个人感受与反馈意见。起初，KdF 各个地方组织纷纷举办面向游客的摄影比赛和征文比赛，征集他们对于旅行的感想与意见。这些作品通常只能被塞进各种党办报刊上长篇累牍的政治宣传的夹缝里，且入选作品常常有文过饰非、歌功颂德之处。到 1936 年，纳粹党决定以另一种方式来掌握游客的感受与意见，即下令由党卫队保安局（Der Sicherheitsdienst des Reichsführers SS，SD）及盖世太保（Die Geheime Staatspolizei，Gestapo）对 KdF 组织的旅行进行监视。虽然这两个组织的探员们的首要目标是在游客中找出政治反对者，不过为了达到这一目的，他们不仅要询问游客们的切实感受，还会在监控报告中相对真实地记录游客们的意见。由于和游客们一同出行，探员们还可以及时了解游客们在旅途中直接表达的情绪和想法。由此而言，保安局与盖世太保所记录的 KdF 旅行监控报告兼具真实性与实时性，从中可以窥知游客们的实际意见。通过考察这些监控报告中各地民众的互动情况可知，纳粹统治时期的德国依然存在纷繁复杂的地区矛盾、阶级矛盾、官民矛盾，当局所宣传的"民族共同体"在很大程度上只是一个虚构的理念而已。

二　纳粹党对 KdF 大众旅行的秘密监视

1936 年 3 月，KdF 领导人罗伯特·莱伊与党卫队领导人海因里希·希姆莱达成协议后，德意志劳工阵线情报处与 KdF 的"旅游、远足、休假处"（以下简称"旅游处"）负责人博多·拉弗伦茨一同要求党卫队保安局对 KdF 的旅行实行秘密监视。

盖世太保和保安局的特工们要乔装便衣，扮成一般游客或者旅行团团长助理来随团出行。他们的职责主要包括监听游客与他人的对话、阻止非法印刷品的分发，以及调查游客在国外参与反纳粹活动的情况。为了使自己免于被同行的游客发觉，特工们需要扮演好游客的角色，由此，他们既是在工作，也是在娱乐。平时勤勉工作、业绩出色的特工会被领导分派去执行旅行监视任务，这也算是一种奖励，让他们借工作之机顺便休假。特工们的花费全部由单位承担，其中也包含了按天数计算的娱乐津贴。已婚特工们的妻子也被邀请同行，花费同样由特工单位承担。① 由此而言，特工们在旅行中并不能完全成为超然于游客之外的旁观者，他们也是游客的一员。这就使他们不免在自己的报告中对旅行的水准与游客的满意度做出评

---

① RFSS Sicherheits-Dienst Nachrichten-Übermittlung an den SD Führer des SS-Oberabschnitts West, Düsseldorf, 17 November, 1938, Bundesarchiv R58, Nr. 944, 297.

价。因此，从他们撰写的监控报告中，可以了解到 KdF 旅行所提供的餐饮住宿的水平、游客间的关系、游客与组织者的关系，甚至是天气等具体情况。

除去纳粹党对 KdF 旅行所实行的监视，以社会民主党流亡组织（简称 Sopade）为首的各左翼地下党也派出自己的探员跟踪了一些 KdF 的旅行，这主要是为了调查 KdF 所开展的活动对工人造成的影响。尽管纳粹党探员和左翼政党探员在立场上存在分歧，但由于二者都试图向自己的上级如实汇报民众的意见，双方的报告不乏一致之处。

三 KdF 旅行中的矛盾与冲突

监视报告表明，KdF 所宣称的通过旅游来实现社会和谐与民主的目标远未达成。尽管探员们尽可能地描述了旅行中的亲善和谐，也记录了游客们频频表达的对于能够参加这样的旅行的真诚感恩，但他们同样也记录道，参与商业旅行团的游客们所感受到的是如沐春风般的殷勤接待，而参与 KdF 旅行团的游客们却常常目睹地区矛盾、阶级分化、纳粹党享有特权等，这就使后者不免感到失望。在 KdF 所组织的旅行中，游客们感受到的矛盾大体有以下三类：

1. 阶级差异所导致的矛盾

与传统商业旅行社相比，KdF 组织的旅行一大特点在于收入较低的工薪阶层占据相当比例。这就容易在两个方面引发矛盾：首先，KdF 旅行参与人数众多，KdF 为各地旅游业者所提供的补贴又甚为吝啬，这就使参与普通商业旅行的游客以及各地旅游业者对 KdF 旅行团充满怨言；其次，在 KdF 旅行团内部，较为穷困与较为富裕的游客之间也常常因阶级差异而滋生矛盾。

KdF 游客蜂拥进入景区的场面看起来就好像是一种平民百姓对"旅行"这一原本可谓"优雅"的生活方式的入侵。参加商业旅行的游客对此感到不满，各地旅游服务业者更是怨声载道，这都迫使德国旅游协会要求限制 KdF 旅行的目的地，以使现有的私人休闲旅行不会被影响。KdF 的游客每到一处名胜，商业游客原本拥有的对美景的独享感受便被剥夺，因此他们转而去寻找更加幽静、可以独享的环境。旅店的经营者被这些普通游客抛弃，只能无奈地抱怨高收入客源的流失。KdF 的游客填补了客源的流失，却并未让旅店业者得到安慰，因为 KdF 向旅店和餐厅所支付的费用远低于它招待私人游客可获得的收益。① 即便是在那些确实需要客源的地方，旅店业者也宁可拒绝接受那些在他们看来会惹出麻烦或是不讨人喜欢的顾客。例如，在上巴伐利亚的贝尔瑙，旅游业者对参加 KdF 旅行的高速公路建筑工人们十分不满。这些工人绝大多数是被暂时征用的城市无业游民，KdF 把他们派到贝尔瑙来休假。② 他们向来被认为惯于酗酒、滥交、盗窃、邋遢，会污损旅馆的寝具和家具，甚至被认为多有犯罪前科，这使旅店业者对当地纳粹党支部与 KdF 支部甚为不满。

在 KdF 游客与私人游客一同游览之时，KdF 的游客常常因感觉受到差别待遇而不满，他们和当地的旅游业者之间纠纷不断。从梅克伦堡前往博登湖游览的 KdF 游客抱怨道，旅游业者为他们和私人游客所提供的服务存在明显区别。③ 前往乌尔姆附近旅行的 KdF 游客也有类似遭遇，他们抱怨一个餐厅侍者侮辱了一位本团的客人。当这位客人点酒时，那位女侍者暗讽他买不起 60 芬尼一杯的酒。她更故意以格外殷勤的态度招待那些私人游客，而对 KdF 的游客爱答不理。④ 又如，一位社民党流亡组织的情报员渗透进一次前往哈尔茨山的 KdF 旅行，他被告知不能以清水洗澡，因为 KdF 所付的钱太少。在巴伐利亚高地有一个旅馆老板非常明确地表达了自己的不悦，因为他的旅馆来了太多 KdF 的游客，而从他们身上挣不到多少钱。他非常周到地为私人游客提供了服务，却给 KdF 的客人们提供品质较差的咖啡。⑤ 还是在哈尔茨山，在一个小镇发生了一起纠纷，一位旅馆老板给 KdF 的游客提供的餐食只是一道简单的杂烩菜，因为只有这样，其成本才不会超出 KdF 所付的那点费用。受到如此待遇的 KdF 游客们看到其他私人游客的餐食要丰盛得多，便大加抗议。他们上纲上线地提出，所有的"民族同胞"

---

① 《社会民主党德国报告》（*Deutschland-Berichte der Sozialdemokratischen Partei Deutschlands*），1934 年 9 月/10 月，佩特拉·耐特贝克出版社，1980，第 526 页；1936 年 7 月，第 883 页；1938 年 2 月，第 166 页；1939 年 4 月，第 472 页。

② 丹·西沃尔曼：《希特勒的经济：纳粹创造工作的计划（1933—1936）》（Dan P. Silverman, *Hitler's Economy: Nazi Work Creation Programs, 1933 - 1936*），哈佛大学出版社，1998，第 162—174 页。

③ Bericht über die KdF-Urlaubreise des Gaues Mecklenburg vom. 30. Juli. Bis 7. August 1937 an den Bodensee, Bundesarchiv R58, Nr. 609, S. 37.

④ Bericht über die KdF-Urlaubsfahrt Nr. 32 vom 24 bis 30. 7. 39 nach Püssen, Bundesarchiv R58, Nr. 609, S. 179.

⑤ 《社会民主党德国报告》，1938 年 2 月，第 169、173 页。

都应得到同等待遇。由于私人游客拒绝将他们的餐食标准降低到 KdF 游客的水平，旅馆老板别无选择，只好给 KdF 的游客们也提供同样丰盛的餐食。① 虽然 KdF 试图使旅行变得大众化，让工薪阶层也可以"享受"，但事实上的冲突使得工薪阶层的旅客依然可以感受到阶级之别。

除了上述 KdF 旅行团与其他旅客、各地旅游服务业者之间因阶级差异而产生的矛盾外，在 KdF 旅行团内部，不同阶级的旅客也会产生矛盾冲突。尽管在 KdF 的杂志和各企业的内刊上都有许多兴高采烈的游记，好似 KdF 希望将各阶级游客打造为一个团结友爱的整体的追求正在逐步实现，但事实上，游客们在人际交往中更倾向于维持原有的阶级区分。出于其反对派的立场，阶级矛盾在社会民主党流亡组织有关 KdF 旅行的报告中占据了显著地位。社民党探员们重点指出 KdF 未能实现它的承诺，特别是在 KdF 举办的音乐会和游轮旅行中，工人阶级拿到的名额很少。② 倘若确实有工人参加（通常是得到了企业的补助），社民党探员们则会强调工人们所遭遇的差别待遇，比如住宿条件更差，或者他们无力承担一些额外的旅行开销。一位工人抱怨他不得不和 18 位工友一同挤在船首的房间里，里面连一个带锁的柜子都没有，床铺也像是简陋的钢制行军床。另一位探员则指出，在一次前往丹麦的游轮旅行中，大家购物的经济能力不同。有些人能够买些外国商品，比如船上的工作人员便在停泊时买了丹麦黄油，工人们却因为通货膨胀而无力消费。③

纳粹官方情报部门的探员们也为此感到忧虑。他们担心纳粹主义对阶级冲突的解决方案——民族共同体，可能难以抗衡社会分化的巨大惯性。尽管各阶层游客一同组团出游看起来更加平等了，可是各种差异深深渗透在游客们的社会行为之中。低收入游客抱怨自己所得到的服务太差，富裕的游客也怨声不断。对于很多工人而言，能够参加一次 KdF 的旅行，已经是奢侈得过分了。一位探员报告道，一些体力工人参加了一次前往意大利的游轮旅行，当他们登上"威廉·古斯特洛夫"号以后，对于整艘船上富

---

① 贝恩德·施特弗尔编《德国情况报告：新开端社团从第三帝国发来的汇报（1933—1936）》（Bernd Stöver ed., *Bericht über die Lage in Deutschland: Die Meldungen der Gruppe Neu Beginnen aus dem Dritten Reich, 1933–1936*），1934 年 7 月，第 16 号报告，迪茨出版社，1996，第 587 页。
② 《社会民主党德国报告》，1939 年 4 月，第 467—468 页。
③ 《社会民主党德国报告》，1935 年 12 月，第 1461 页。

丽典雅的装饰感到十分不自在，在海上的最初几天都不能安然入睡。这位探员解释称："德国的工人们只是无法想象，他们居然可以入住这样高级的房间。"① 另一位探员则报告，一些已经习惯了最新型游轮的工人对于那些翻新的老游轮也感到不适应，比如"斯图加特"号是游客最容易发生冲突的一艘游轮，它仍然保留了原本的舱等设计，很容易让乘客想起人分三六九等的旧社会：公务员住在最好的舱室，白领职员们住在原先的二等舱，而工人们则住在最差的舱室，甚至没有清水淋浴。②

中产阶级游客们对工人们往往展现出一种纡尊降贵的态度，最好的也只表现出一种冷漠的礼貌，这让原本希望通过旅行来把不同阶层的人们团结到一起的纳粹当局甚为头疼。在游轮旅行中，这种状况尤其明显。多日在海上度过、恶劣的天气、夜间不准私自登岸的宵禁令，以及并不舒适的住宿条件，让乘客们很容易患上所谓的"船舱幽闭症"，火气上升，以致更加容易滋生冲突。瑞士诗人雅各布·沙夫纳参加了一次前往马德拉的游轮旅行，尽管怀有宽容理解的心态，但他还是承认，"圣路易"号的舒适程度比不上商业运营的豪华客轮。③ 另外，更好的条件也未必能减少游客们之间的摩擦。这些游客们的出身一眼就能看出来，并且会在彼此的互动中得到进一步固化。1937 年前往意大利的一次旅行的参加者主要来自东普鲁士和但泽，这些家境富裕的中产阶级游客们表现得十分高傲，以至于那些"穷"游客们只好以酗酒和其他一些方式来发泄对富人们的不满。④ 尽管工人们也穿上了资产阶级的服饰：打上领带、套上休闲西服，可他们不自在的神态、手上的老茧以及截然不同的言谈举止仍然暴露了他们的阶级归属。莱伊为了让工人们在旅途中实现"文明化"，甚至要求 KdF 借给这些游客皮制行李箱和相机，但这些依然无法隐藏他们的阶级。⑤

---

① Reisebericht über die Italienfahrt der Wilhelm Gustloff vom 07. 12 – 19. 12. 1939, Bundesarchiv R58, Nr. 950, S. 454.

② Dienstreisebericht des Reisebegleiters über die KdF-Urlaubsfahrt mit Dampfer "Stuttgart" nach Italien vom 13. 11 – 25. 11. 1938, Bundesarchiv, Nr. 950, S. 355.

③ 雅各布·沙夫纳：《登上甲板的人民：乘坐"欢乐是力量之源"远洋游船的两次航行》（Jakob Schaffner, Volk zu Schiff: Zwei Seefahrten mit der "KdF" – Hochseeflotte），汉萨出版社，1936，第 21 页。

④ VMR-Bericht über die KdF-Italienfahrt vom 19. – 29. 12. 1937 mit Dampfer "Oceana" der Gaue Ostpreußen und Danzig, Bundesarchiv R58, Nr. 950, S. 164.

⑤ "Unsere KdF-Schrank", Schönheit der Arbeit 3, Nr. 1, S. 2.

与社民党探员们的报告不谋而合，党卫军两大情报部门探员的报告，也着重指出了 KdF 旅行中显露出的阶级矛盾。游客们支付的旅行团套餐费用看似已经包括了所有支出，实际上却仍有许多额外的隐性消费。特别是在那些包含陆上观光以及船上娱乐的游轮旅行中更是如此。中产阶级的游客可以用自己颇有余裕的经济能力，在游轮停泊时上岸参加附加游览项目或是购买特产，也可以住进更好的旅馆。一位特工负责 1938 年的一次意大利之旅，他言简意赅地叙述了工人们在旅行中所受到的限制。船在那不勒斯停泊，游客上岸后，小的团体便开始形成了。再次上船后，工人们便开始纷纷躲到门厅等地方去，而其他游客则多聚集在餐厅。船过了威尼斯以后，工人们便不再对希腊海岸、达尔马提亚或者科孚岛的游览感兴趣，而宁可在船上打牌。[1] 这些工人绝大多数只能依靠公司给他们的旅游费，口袋里没几个钱，这自然加剧了他们和其他经济状况较好的乘客的社会分离。公司旅行把工人们视作施舍慈善的对象，给予工人们的待遇也很差，这更使得工人们宁愿与相同阶层的游客待在一起，这会让他感觉自在一点。在一次从科隆出发去摩泽尔的旅行中，由企业掏钱的工人们被安排住在一个和其他游客分开的地方，这引发了他们的极大不满。[2] 一次前往波罗的海沿岸的旅行也有类似情况。那次旅行中，富裕游客受到了百般关照，这引起了那些没钱享受额外服务的游客的不满。保安局探员报告称："经济不太宽裕的游客在布伦斯豪普滕和伍斯特罗的温泉感觉并不自在，他们嚷着这是他们的第一次 KdF 旅行，也是最后一次。"[3] 他的报告说明，除了帝国旅游协会的抵制，KdF 自己的游客对于高消费景区感到不自在，可能也是 KdF 将旅行目的地选择在相对冷清之处的原因之一。

在 KdF 探员们看来，参加旅行的女性尤其容易引发阶级矛盾。中产阶级女子既有能力也喜欢消费，这将 KdF 煞费苦心营造出来的平等图景无情地破坏了。在一次前往石勒苏益格－荷尔施泰因的旅行中，一些女性引起

---

[1] Bericht über die KdF-Reise vom 30. 12. 1937 – 11. 01. 1938 nach Italien, Bundesarchiv R58, Nr. 950, S184.

[2] Auswertungsnotiz aus beim Gestapa vorhandenen FMR-Berichten über KdF-Reisen. Zeit Frühjahr 1937 bis 10. 10. 1937, Bundesarchiv R58, Nr. 943, S. 123.

[3] Bericht über KdF-Fahrt des DAF Gaues Koblenz-Trier nach den Ostseebädern, 13. 08 bis 28. 08, Bundesarchiv R58, Nr. 609, S. 249.

了探员的注意。这些女子高傲地不和其他游客来往，并且故意花高价选择更好的铺位以炫示她们的富裕。① 不仅如此，女子们的衣着也成为她们的武器。船上有时会有晚宴和化装舞会等自我展示的场合，富裕的女子们在这类场所穿金戴银，如鱼得水。一位探员报告："一群女性乘客展示了她们高雅的珠宝和衣着，这对于 KdF 旅行来说并不十分合适。"② 在一次"威廉·古斯特洛夫"号的旅行中，工人们感到十分不自在，这主要是因为在一次晚宴上有一群上流妇女打扮得珠光宝气，让这些工人一开始都不敢走进交谊厅。中产阶级文化对妇女的角色塑造，就是让她们通过消费来展现自己的家庭状态和社会地位，而这和 KdF 希望通过旅游业来弥合阶级差异的追求是冲突的。

2. 地区交流互动中的地区矛盾与教派冲突

除了因阶级差异而产生的种种矛盾外，在从业者与 KdF 游客之间以及游客与游客之间还常常爆发区域冲突和教派冲突。这同样吸引了情报部门探员的关注。在监视报告中，当然存在很多对于来自不同地方的游客之间产生的"兄弟之情"或"同志之谊"的赞扬，③ 但探员们也常常发现相反的例子。地域隔阂不仅阻碍了游客们集体观念的建立，也挑战了德国人民应当彼此精诚友爱的观念，更阻碍了纳粹当局将各种社会团体整合为一个民族共同体的追求。多发生于天主教地区的教派分歧是冲突的一大来源。特工们发现 KdF 前往天主教地区的旅行往往矛盾丛生。譬如他们注意到当地人拒绝使用希特勒式问候，相对于元首画像更偏爱圣母像和十字架。1936—1937年，纳粹政权与天主教权的裂痕扩大，德国社会内部的教派问题更加严重。纳粹党的新异教分子抨击推行宗教统一化的小学、谴责教会所拥有的文化权力，甚至用冤假错案来陷害牧师们，使其背负性侵信众的污名。④ 从人口

---

① Auswertungsnotiz aus beim Gestapa vorhandenen FMR-Berichten über KdF-Reisen. Zeit Frühjahr 1937 bis 10. 10. 1937, Bundesarchiv R58, Nr. 943, S. 121.

② Reisebericht über die "Frühlingsfahrt nach Italien, Tripolis und Madeira" mit Dampfer "Stuttgart" vom 10. 03. 1939 – 31. 03. 1939, Bundesarchiv R58, Nr. 950, S. 649.

③ Bericht über die von der NS-Gemeinschaft "Kraft durch Freude" Gau Sachsen vom 31. Juli bis 15. August 1939 durchgeführte Gaufahrt Nr. 290, Bundesarchiv R58, Nr. 947, S. 20.

④ Auswertungsnotiz aus beim Gestapa vorhandenen FMR-Berichten über KdF-Reisen. Zeit Frühjahr 1937 bis 10. 10. 1937, Bundesarchiv R58, Nr. 943, S. 120; Bericht über die KdF-Reise UF 49 vom 26. 02. 1939 – 12. 03. 1939 des Gaues Berlin nach den Allgäu, Bundesarchiv R58, Nr. 947, S. 6.

大多信仰新教或不信教的城市如柏林、马格德堡、哈勒前往摩泽尔河地区的 KdF 游客对于当地天主教居民对他们的敌视态度感到十分吃惊。比如，当地的天主教居民对于成群结队下了火车来到镇子里的马格德堡人视而不见，尽管当地 KdF 的负责人恳请居民们打上卐字旗欢迎远道而来的同胞，但收效甚微。在许多小镇子里，KdF 旅行团的到来堪称其平静日常生活中的重磅事件，天主教徒们却常常不去参加通常的庆典和活动，直到游客们离开。官方机构对于民族共同体的呼吁难以抵消天主教徒对纳粹宗教政策的愤恨之情。①

KdF 的游客们自己也更愿意在旅途中与熟悉的同乡打交道。由于 KdF 的旅行是以其各级地区负责人层层上报的方式来组织安排的，也就正好助长了这种地区间的隔阂。相互争执、彼此轻侮的情形时而出现，比如莱茵兰人和西里西亚人在一次乘游轮"斯图加特"号前往意大利的旅行途中便发生了冲突。在登船的第一天，双方便出现了龃龉。莱茵兰人毫不顾忌地对西里西亚人的行为举止大加批评，事态发展到双方无法在同一房间内共处。双方都有一小部分人主张亲善和睦，但他们却没办法劝服自己的大多数同乡。② 1939 年初，"斯图加特"号前往意大利的一次旅行中又发生了一起纠纷，酒后的西里西亚人与威斯特法伦人在吸烟室里爆发了冲突。事情的起因是威斯特法伦人轻蔑地称呼西里西亚人为"波兰佬"和"波兰猪"。双方的冲突后来蔓延到西里西亚人的客舱，双方差一点干起仗来，幸好得到了船上负责人和几名水手的介入才得以避免。③

即便是在 KdF 的组织者特别设计好要通过旅行来加强集体认同的某些情况下，区域冲突和彼此误会也难以完全避免。尽管 KdF 希望借吞并奥地利和苏台德地区的契机，将这些地区的民众和德国民众团结到一起，但当帝国本土民众和新吞并地区民众共处时，总是会滋生愤恨情绪。苏台德的

① Auswertungsnotiz aus beim Gestapa vorhandenen FMR-Berichten über KdF-Reisen. Zeit Frühjahr 1937 bis 10. 10. 1937, Bundesarchiv R58, Nr. 943, S. 120.

② Dienstreisebericht des Reisebegleiters über die KdF-Urlaubsfahrt mit Dampfer "Stuttgart" nach Italien vom 13 – 25 November 1938, Bundesarchiv R58, Nr. 950, S. 356; Bericht über die Rund um Italienfahrt vom 01. 12. 1938 – 12. 12. 1938 der KdF mit dem Schiff "Oceana", Bundesarchiv R58, Nr. 950, S. 438.

③ KdF Frühlingsfahrt nach Italien, Tripolis und Madeira auf dem Dampfer "Stuttgart" vom 11. 03 bis 30. 03. 1939, Bundesarchiv R58, Nr. 950, S. 588.

德意志人表达了他们对前来观光的萨克森人的不满，这些萨克森人的收入相对较高，他们来到苏台德大肆抢购廉价的商品，豪饮价格低廉的啤酒，大把大把地吃着当地人平时消费不起的高级糖果。反之，前往萨克森旅行的苏台德人又对帝国本土特别是火车站里的高昂物价叫苦不迭。① 虽然奥地利乡村从 KdF 所组织的旅行中获益良多，但他们还是对噪音的增加、交通的拥挤以及德国人抢购廉价商品的习性等表达了不满。②

3. 民众对纳粹党员特权的不满

纳粹党成员的骄奢淫逸早已众所周知。他们一夜之间登堂入室的政治暴发户习性，使得他们格外擅长以权谋私，这更加剧了民众的愤恨之情。在 KdF 最负盛名的项目——游轮旅行之中，纳粹党员更是表现得与典型的政治暴发户毫无二致，身体力行本党所大力谴责的"骄奢淫逸"之风。社会民主党流亡组织的探员特别强调了这些党员干部们大耍威风、滥用职权、生活糜烂、酗酒成性的丑态。社会民主党流亡组织的报告着重指出，纳粹党的领导总是在最好的游轮旅行线路上占据最好的船舱，前往马德拉的游轮旅行，更是被民众称为"领导专线"。这些领导们在观光甲板上高视阔步，旁若无人地摆弄他们昂贵的旅行设备，如莱卡相机等。他们的妻子倘若随行的话，往往也穿戴得珠光宝气。单身或未携妻子出行的官员们则欢饮达旦，伺机享受船上的另一种乐趣：勾搭同船的单身女子。一位参加 KdF"圣路易"号游轮旅行的工人游客打趣说，那些没有带妻子上船的官员可以"得到一个天高悍妇远的良机，让自己从繁重的公务中得到解脱与抚慰。他们每个人都可以带着一点甜蜜的邂逅回家，这应该感谢元首，是他用这种方式安抚了忠实追随者们的欲望"。③

KdF 游轮旅行的一位常客，是 KdF 的最高领导人罗伯特·莱伊。那些非常令人不齿的纳粹党官员的所作所为，和他比起来已然是小巫见大巫。这位领导在口头上冠冕堂皇地告诫游客们要摒弃享乐主义，但他的所作所

① Bericht über KdF-Fahrt Nr. 207 des Gaues Sudentenland vom Aussig nach Cuxhaven in der Zeit vom 30. 06 bis 10. 07. 1939, Bundesarchiv R58, Nr. 947, S. 127.

② 伊万·布凯：《希特勒的奥地利：纳粹时期的民意（1938—1945）》（Evan Bukey, *Hitler's Austria: Popular Sentiment in the Nazi Era 1938 – 1945*），北卡罗来纳大学出版社，2000，第124—125 页。

③ 《社会民主党德国报告》，1936 年 7 月，第 882 页。

为却全然相反。威廉·拜勒斯是《时代·生活》杂志的记者，当时 KdF 邀请他参加一次游轮旅行，希望他可以向美国民众们传达纳粹社会政策的优越之处。两人的第一次会面是在一个充满了香烟、烈酒、汗水和香肠等各种气味的包厢里。拜勒斯见到的莱伊满身酒气、衣衫不整，刚被碎酒瓶子划伤了手。莱伊把玻璃碴子和酒瓶一股脑扫到地上，给他的客人腾出座位，想给记者先生倒酒，却醉醺醺地全倒在了拜勒斯的腿上。"让船长下来见见我们的美国贵、贵宾！"他向乘务员大喊，试图掩盖自己刚才的失态。拜勒斯后来感觉船长正在极力克制着自己的苦恼，这位船长必须指派水手无时无刻环伺于莱伊左右，以防止这个醉汉一头栽到海里去。不论是普通的醉酒，还是喝到断片儿，莱伊总是让自己的身边有一群各行各业的专家和代表，还有一批金发碧眼的日耳曼美女。这些美女们在各部门和工厂里工作，KdF 各地的负责人强迫她们前来参加旅行，为首长提供"陪伴"。为了让此事听起来不那么荒唐下流，莱伊告诉拜勒斯，尽管工人们应当具有正确的世界观和国家社会主义信念，"我们认为，来点儿情爱并不能算是不健康的"。[①] 这都使这位记者对 KdF 的印象大打折扣。

尽管 KdF 探员在报告里所用的措辞要比社民党探员缓和许多，但他们也对纳粹党成员的肆意妄为提出了批评。纳粹党员往往可以享受更加远途、更加昂贵的旅行。正如许多特工所指出的，有一些游轮旅行的乘客有六七成是纳粹党员，而他们还可以享受行李托运的大幅优惠。[②] 一位探员负责一次前往挪威峡湾的游轮旅行，他抱怨道，德意志劳工阵线的官员和一对工业家夫妇抢占了观光甲板上的一等舱，而资历更老、关系却不够硬的人们则被安排到相对较差的舱室去。[③] 1938 年下半年，希特勒的个人医生卡尔·布兰特在一次前往意大利、希腊和南斯拉夫的游轮旅行中的所作所为，为纳粹党的特权提供了一个鲜明的例证。布兰特夫妇和雅克布·韦尔林（大众汽车部门的负责人）夫妇从上船的第一天起便和其他游客分开。就餐时，他

---

① 威廉·拜勒斯：《正步走的皇帝们》（William D. Bayles, *Caesars in Goosestep*），哈珀兄弟出版社，1940，第 176—179 页。

② Dienstreisebericht Nr. 5/39 des SS-Unterscharführers Hänsch: Überwachung der KdF-Fahrt nach Italien, 02.01 – 14.01.1939, Bundesarchiv R58, Nr. 950, S. 513.

③ Norwegenfahrt der NS-Gemeinschaft "Kraft durch Freude", Gau Mgd./Anh. Mit dem KdF-Dampfer "Der Deutsche", Bundesarchiv R58, Nr. 948, S. 127 – 129.

们坚持要坐在最好的位置，要求侍者为他们优先提供服务，并得到了船长和整体乘务人员一心一意的照料。"人们也看到，船长和乘务员们总是只围着这群人打转"，一位探员写道，"所以这位船长难辞其咎，他完全没有顾及其他游客"。布兰特的特权到了陆地上也在延续，他征用了私家汽车作为自己的座驾。探员批评道："这种在同一艘 KdF 游轮上的优先待遇绝不会有助于振奋游客们的情绪。"① 即使 KdF 真的希望让工人阶层也可以享受"旅行"，但在该组织的实践中，独裁政权追随者所享有的特权却在日益膨胀。

四　虚构的"民族共同体"

诚然，作为纳粹政权笼络民心、宣传自身优越性的工具，KdF 的旅行业务提供了某种福利，也因此在总体上得到了民众的欢迎。1938 年夏，一位美国驻德使馆的工作人员参加了前往赫尔戈兰的周末旅行，他认为，面对 KdF 所提供的较为艰苦的住宿条件，理解和满意的声音，至少和不满的声音一样多。他认为，虽然路途漫长、住宿条件艰苦、上岛游玩时间有限，也有许多人表示了不满情绪，但表示满意与理解的游客也并不少，总体而言这次旅程依然是令人愉快的。② 即便是纳粹政权的批评者，有时也难以抗拒 KdF 活动的诱惑。作家与记者伯恩德·恩格莱曼出生于一个自由主义氛围浓厚的家庭，他回忆，纳粹政权所提供的所谓社会福利确实让长辈的自由派政治立场逐渐有所动摇。他的叔叔和婶婶"好不容易"弄到了两张"古斯特洛夫"号的船票，希望在那样一艘"美丽的游轮"上庆祝银婚纪念日。当夫妇俩得知由于战争迫近旅行推迟的消息时，都感到非常失望。③

然而，KdF 受到欢迎在很大程度上是因为它的福利性质，民众对 KdF 所提供福利的热衷并不意味着他们充分认同纳粹党的政治社会理念。至于纳粹党所宣称的要通过该组织来"给予工人们充足的休假"，进而"让人民

① Bericht über die KdF-Fahrt Italien, Griechenland, Jugoslawien vom 19.11 bis 29.11.1938, Bundesarchiv R58, Nr. 950, S. 314.

② 参见时任美国驻德大使休·威尔逊 1938 年 8 月 11 日发给总统罗斯福的报告，http://fdrlibrary. marist. edu/psf/box32/folo301. html。

③ 伯恩德·恩格莱曼：《在希特勒的德国：第三帝国的日常生活》(Bernd Englemann, *In Hitler's Germany: Everyday Life in the Third Reich*)，克里希娜·威尔逊译，帕特农书业，1986，第159 页。

拥有强壮的精神力量",甚至要"缔造民族共同体",则并未成为现实。由上文可知,在 KdF 所组织的旅行中,游客们时常会感受到阶级矛盾、地区隔阂、当权者享有特权等问题。有鉴于此,对于实际参与了旅行的德国民众而言,除了切实享受到的优惠假期福利,他们很有可能并未建立起对纳粹"民族共同体"这一政治社会理念的认同。

（作者为北京大学历史学系德国史专业 2015 级博士研究生）

东西德统一后柏林的记忆文化

——以滕伯尔霍夫机场、德意志-俄罗斯博物馆
和洪堡论坛为例

方心怡

一 导言

文化记忆理论自 20 世纪 80 年代由德国学者扬·阿斯曼和阿莱达·阿斯曼夫妇提出后，几十年来受到了学术界广泛的关注。它开创性地将记忆的概念从心理学、生物学引入了人文社会科学的范畴，并结合历史上的实例来阐述历史记忆如何对现在的人们产生影响。

独一无二的历史背景使柏林这座城市比世界上其他地方更需要思考如何看待历史。第二次世界大战的创伤和东西德分裂的过往割开了柏林人对民族国家的认同与对于历史的认识之间的纽带，这个纽带就是记忆。文化记忆理论的意义在于将历史事实与人们在历史中形成的文化认同联系起来。通过对于柏林的记忆文化的探寻，我们能够更深层地探究柏林乃至德意志民族的民族性和身份认同等根本问题。

国内学术界关于文化记忆理论的研究总体仍十分缺乏。仅有的十几篇相关论文，虽然以文化记忆理论为主题，但是绝大多数是对前人观点的整

理、复述与评价。这些概括性的文章中虽不乏言简意赅的精品,① 但往往局限于对"身份认同"概念的分析,未能将理论结合具体实例分析其沿革与影响。部分文章即使有具体分析对象,往往是对文学文本进行考察(其中大多为德语系学生的毕业论文)。文化记忆理论就是从考古发现和历史事件中总结而来的。如果来源于历史实例的理论,最后却没有在历史实例上得到充分应用,很可能导致学术界对这一理论的定位出现偏差。

另外,国内学术界关于滕伯尔霍夫机场、德意志 - 俄罗斯博物馆和洪堡论坛这三座柏林代表性场馆的研究几乎为零。目前还没有在中文学术期刊平台中搜索到有关于滕伯尔霍夫机场和德意志 - 俄罗斯博物馆的中文研究成果,仅有的几篇关于洪堡论坛或柏林城市宫的文章,都是简要的会议发言或建筑评论,并未对其历史沿革进行分析。然而,这三座场馆都可称得上是柏林历史的见证者,对于三者的历史意义的分析与展现具有重要意义。

令人欣慰的是,国内学术界对于文化记忆理论的重视逐年加深。2002年出版了第一部关于文化记忆理论的中译专著,即由上海人民出版社出版的莫里斯·哈布瓦赫(Maurice Halbwachs)《论集体记忆》②。在这之后近十年间没有其他相关中文专著或译著问世。2012 年,北京大学出版社出版的中国学者冯亚琳与德国学者阿斯特莉特·埃尔(Astrid Erll)主编的《文化记忆理论读本》③,填补了中文学术界中文化记忆理论研究的大片空白。国内真正开始系统性地引入文化记忆理论,则是从 2013 年南京大学出版社所发布的"学衡历史与记忆译丛"开始,其中编译了三本文化记忆理论经典著作。紧接着,北京大学出版社发布的"历史的观念译丛"中也全本翻译了文化记忆理论的两本奠基之作——扬·阿斯曼的《文化记忆》及阿莱达·阿斯曼的《回忆空间》。这些系列丛书的出版体现了史学界对于文化记忆理论的重视,也使我们更加期待国内能出现更多更好的相关学术成果。

本文旨在通过对文化记忆理论的实际操作的分析,探寻柏林的记忆文化,并试图深入探究柏林乃至德意志民族的民族性和身份认同等根本问题。

---

① 如闵心蕙《断裂与延续——读"文化记忆"理论》,《中国图书评论》2015 年第 10 期。
② 〔法〕莫里斯·哈布瓦赫:《论集体记忆》,毕然、郭金华译,上海人民出版社,2002。
③ 冯亚琳、〔德〕阿斯特莉特·埃尔主编《文化记忆理论读本》,北京大学出版社,2012。

二 文化记忆理论的形成及其意义

（一）起源

一般认为，阿斯曼夫妇的文化记忆理论有两个源头，分别是法国社会学家莫里斯·哈布瓦赫的《论集体记忆》一书和德国艺术史学家阿拜·瓦尔堡（Aby Warburg）的"社会记忆"概念。哈布瓦赫和瓦尔堡创造性地将"记忆"这个概念从弗洛伊德时期起专注于个体的心理学、生物学的领域，引入以社会整体为研究主体的社会学和文化学等人文学科。

其中，哈布瓦赫一直强调个体记忆与集体记忆之间的辩证关系。他认为，人们通常正是在社会中，他们才能进行回忆、识别和对记忆加以定位。[①] 他以家庭记忆举例，说明个体记忆的形成只有在集体记忆之下才能进行。另一方面，集体记忆则是通过众多个体记忆的汇集而实现，并且又重新在个体记忆之中体现。这样一来，即"存在着一个所谓的集体记忆和记忆的社会框架……个体思想将自身置于这些框架内，并汇入到能够进行回忆的记忆中去"。[②] 这种记忆的储存内容、被组织整理的过程以及被保留的时间长短，都不是个体自身能力和调节机制所能控制和解释的，而是一个与外部相关的问题。[③]

哈布瓦赫还特别指出，集体记忆本身并不是个体记忆的简单相加，或是某种被动地等待各种记忆来填充的空洞形式。相反，集体记忆是每个时代、每个社会的主导思想的折射与呈现，即一个社会中处于支配性地位的意识形态和文化规范。借用福柯的话来说，这实际上是由于"权力话语"在集体记忆的塑造过程中发挥主导性作用。[④] 这里已经明确区分了记忆与历史。他还强调作为记忆载体的当下活着的生命体，必然受到时间与恐惧的束缚，并且需要适应当时的社会主导思想，从而会在潜意识中随之调整自

① 〔法〕莫里斯·哈布瓦赫：《论集体记忆》，第68—69页。
② 〔法〕莫里斯·哈布瓦赫：《论集体记忆》，第69页。
③ 〔德〕扬·阿斯曼：《文化记忆：早期高级文化中的文字、回忆和政治身份》，金寿福、黄晓晨译，北京大学出版社，2015，第10页。
④ 张欣：《文化记忆理论研究》，博士学位论文，中国海洋大学，2015，第17页。

己的记忆。哈布瓦赫理论中记忆的社会性和当下性，成为阿斯曼夫妇文化记忆理论的直接来源。

瓦尔堡的图像学分析方法，则为记忆与文化这两个概念提供了理论上的紧密联系。他发现古希腊、古罗马时期艺术品中的形象在 20 世纪的邮票中再现，认为这是一种文化的"记忆痕迹"，是可以存储记忆的能量。随后扬·阿斯曼也在《文化记忆》一书中用这种方法分析古埃及神庙上的图像与符号所传递的文化意义。瓦尔堡以"集体图像记忆"概念为出发点提出了"社会记忆"概念，但主要限于艺术史的范围，且以案例分析为主，没有提出系统的理论。

除了这两位开拓者以外，法国历史学家皮埃尔·诺拉（Pierre Nora）在他的七卷本著作《记忆之场》（法语 lieux de mémoire，即"site of memory"）中重新审视了记忆与历史的关系。他认为，无论是一座博物馆、一本教科书还是一本日记，只要是具有物质的、象征的及功能的三层含义，就属于"记忆场"的范畴，它意味着当下对历史的再现与重构。[①] 这里更加明确地指出了记忆形成的来源与历史本身的区别，从而为后来的文化记忆理论提供了具体的研究对象。

（二）文化记忆理论概述

在前人研究的基础上，扬·阿斯曼着重考察了语言、社会交往与文字对于集体记忆的影响，同时深入探讨了回忆、认同与传统这三者之间的关系。他首先对"集体记忆"进行再划分，分成"交往记忆"（Communicative Memory）和"文化记忆"（Cultural Memory）。这两者再加上"模仿性记忆"、和"对物体的记忆"，构成了记忆外部维度的四个部分。其中，"文化记忆"就是对意义的传承，它摆脱了日常并超越了个体间交流的记忆。具体说来，它就是特定的社会机构借助文字、图画、纪念碑、博物馆、节日、纪念仪式等形式创建的记忆。[②] 共同的规范和价值（即规范性）以及共同拥有的对过去的回忆（即叙事性），支撑起了人们共同的自我认知，人们能比较明确地认识

[①] 〔法〕皮埃尔·诺拉：《记忆之场——法国国民意识的文化社会史》，黄艳红等译，南京大学出版社，2015。

[②] 〔德〕扬·阿斯曼：《文化记忆：早期高级文化中的文字、回忆和政治身份》，第 370 页。

到"这是我们"或者"这不是我们",也在阅读和理解特定的记忆内容时确认并强化自己的身份。这种知识和认知所形成的"凝聚性结构",将单个个体在社会与文化中连接到一起。① 同时,扬·阿斯曼提出,文化记忆带有明显的政治意识形态色彩。但不同于哈布瓦赫强调的记忆的"被支配"地位,扬·阿斯曼更强调文化现象之间的互相影响和互动,而不只有"当权者向民众单向输出"这一种过程。这样的论述范围更大,也更贴近实际。

阿莱达·阿斯曼则将文化记忆的研究范围进一步扩展。其研究对象不再是简单的"过去",而是这些传承的全部内容在历史中不断的阐释、讨论和更新,即"具有象征形式的传承的全部内容"。为了区分这样一个庞大的研究对象的不同功用,阿莱达·阿斯曼还区分了回忆的两种模式:功能记忆和储存记忆。前者是"有关人栖居的记忆",具有"群体关联性、有选择性、价值联系和面向未来"的特性;后者则是"记忆的记忆",即与现实没有直接"生命力"关系的记忆,包括被遗忘的记忆。② 这一部分消除了历史与记忆之间的二元对立,使历史研究和记忆研究有了融会贯通的可能。③ 它们还揭示了历史或过去对当下发挥影响的机制,即一个主体成为功能记忆的载体或承担主体后,如何为自己架构过去,从而建构自己的身份认同。④

(三) 文化记忆理论的历史意义

文化记忆理论在德国出现并兴起,有特定的历史背景。历经两次世界大战和冷战,东西德统一后德国人面临着新的国家意识与国民身份认同问题。对世界上大部分国家而言,建立一个社会的凝聚性结构所必需的国家意识与集体感,是可以在公众生活中被英雄化、被神圣化或者被感化的。但在德国,这些非常困难。纳粹的过往罪行对德国历史是一个沉重的负担,有人对自己的历史与文化过往产生怀疑与否定,也有人将自己视作国家机器与战争的无辜者、受害者。冷战期间在德国建立的意识形态截然不同的两个国家,对一个社会的文化记忆也有深远的影响。东西德统一之后所建

① 〔德〕扬·阿斯曼:《文化记忆:早期高级文化中的文字、回忆和政治身份》,第6页。
② 〔德〕阿莱达·阿斯曼:《回忆空间:文化记忆的形式和变迁》,北京大学出版社,2016,第147页。
③ 〔德〕阿莱达·阿斯曼:《回忆空间:文化记忆的形式和变迁》,第503页。
④ 〔德〕阿莱达·阿斯曼:《回忆空间:文化记忆的形式和变迁》,第503页。

立新的国家秩序与新的国家身份认同，与德国负面的过往历史形成了潜移默化的差异。[1] 没有一个共同的历史认同，新的德国就无法形成一个统一的民族国家意识，也无法让德国人形成统一的身份认同。[2]

特别是在柏林——冷战时期整个城市被一分为二，墙这边与墙那边的生活如此不同，对过去有着截然不同的回忆，甚至有着不同的社会价值的人们如何能够重新生活在一起，并融合出新的凝聚性结构、形成新的文化记忆，对柏林人来说是至关重要的问题。如今距柏林墙倒塌已有近三十年，柏林不再有地理意义上的割裂，但柏林人心目中的记忆文化，仍在不断碰撞中生长、更新。

由此可以看到，文化记忆理论最突出的意义是，展示了不同社会的成长内部机制，以及他们兴衰和互相之间发生冲突的根源。这种社会层面的发展与成长以集体规模存在并互相影响，个体往往很难意识到。研究文化记忆，也是在提醒世人重视对历史记忆的保留和传承，以及个体在集体意识中的觉醒与反思的重要性。

三　柏林记忆文化中的代表性场馆

本文选取的滕伯尔霍夫机场、德意志－俄罗斯博物馆和洪堡论坛这三座场馆有四个共同特点。

一是历史悠久。滕伯尔霍夫机场的历史从 1927 年延续至今，德意志－俄罗斯博物馆所在的别墅建于 1938 年，而洪堡论坛的前身"柏林城市宫"，最古老的部分可以追溯到 15 世纪中叶。三者都跨越了二战和冷战，是德国的历史见证者。其中，滕伯尔霍夫机场和德意志－俄罗斯博物馆更是在柏林战役之后，成为一片废墟的柏林城中少数仍能立即投入使用的建筑，是极为珍贵的战争幸存者。可以说，这三座场馆中的任何一座都值得学者为其单独写一部研究著作。

二是它们的内部、外部以及场馆用途都经过多次彻底的变革。滕伯尔

---

[1] Wolff-Poweska, Anna, *Memory as Burden and Liberation: Germans and Their Nazi Past (1945 - 2010)* (Peter Lang GmbH, Internationaler Verlag der Wissenschaften, 2014), p. 147.

[2] Wolff-Poweska, Anna, *Memory as Burden and Liberation: Germans and Their Nazi Past (1945 - 2010)*, p. 149.

霍夫机场的主楼曾经被用作纳粹监狱和集中营，也是柏林空运时期（Berlin Airlift）的焦点，近几年变成难民营，机场草坪也从停机坪变成柏林最大、德国第二大的城市公园；德意志－俄罗斯博物馆所在的别墅，从纳粹军用建筑变为苏联占领柏林时期的军用建筑，后被苏联改建成博物馆，最后成为联邦德国重建的博物馆，展示内容和主旨发生了巨大变化；洪堡论坛最初是普鲁士几代皇室成员的宫殿，东德时期被拆除后又重建，后被彻底拆除，最终在进入 21 世纪之后被按照原普鲁士皇宫外形重建（除了一面外墙之外），一路以来引发了几代柏林人的讨论。这些场馆所经历的多次变革，无一不与它们所处的历史背景紧密相连。学者们由此便能够合理地进行"反向研究"，即从场馆的变革来推断或证实其当时的历史与社会环境。

三是其建立者都具有巨大的影响力和历史地位。滕伯尔霍夫机场是由纳粹政府设计兴建的，德意志－俄罗斯博物馆的缔造者是苏联政府，而如今洪堡论坛的规划者是联邦德国政府，在此之前规划者又分别为普鲁士王室和东德政府。如果我们将所有这些建立者集合起来，会发现他们互相关联又互不重合，恰好将整个德国近代史完全囊括在内。对这些场馆的研究可以使读者真正站在完整的历史进程中来看待柏林的记忆文化。

四是它们都曾作为一个柏林生活的公共空间而存在，目前也是。它们并非密闭的、少数人才能接触的场所，这一点从记忆文化的角度而言非常重要。滕伯尔霍夫机场如今是难民营和公园；德意志－俄罗斯博物馆自建成起便可免票参观；即将建成的洪堡论坛也是面向公众开放，而其前身"共和国宫"也是公开的餐饮娱乐场所。它们的公共性和开放性与柏林人的生活紧密相连，从而成为许多个体记忆的发源地。同时，它们自身的历史背景赋予了它们集体记忆的宝藏，博物馆与历史建筑也是"记忆场"（lieux de mémoire）的典型代表。所有这些特征，使得这三座场馆有资格成为柏林记忆文化名副其实的代言人。

另外，本文虽然是进行案例分析，但仍具有广泛的代表意义。文化记忆理论具有一定的普适性，不受案例的时间、空间的限制。所以，我们有理由相信，当研究者给出了合适的条件，选择出代表性的文化研究对象，就能够将对这些研究对象的分析，推广到其他符合条件的非研究对象之中。此外，由于案例与案例之间相互独立，每个案例的侧重点有所不同；但是，论点必须从案例的共同点之中找出，若有一个例外都是失败的。这两点将在方法论上为本文的分析保驾护航。

（一）滕伯尔霍夫机场：被挽留的公共空间

滕伯尔霍夫机场（Tempelhof Airport）自 2008 年停运之后，已不再被用作机场。其作为航运投入使用 80 多年，历经沧桑。它的停机坪区域现在成了德国第二大城市公园，也是柏林人周末的常去之处；近几年机场主体建筑变为难民营。滕伯尔霍夫机场也被称为自由的"柏林精神"的代表。

1. 场馆历史沿革：哥伦比亚集中营、纳粹建筑与"柏林空运"

滕伯尔霍夫机场始建于 1923 年。其老航站楼于 1927 年投入使用，是当时世界上第一个拥有地下铁路的航站楼。德国汉莎航空公司（1926—1945）[1]就是在这个机场成立的。1933 年希特勒上台后，滕伯尔霍夫区的警察局在机场大楼地下建了一座监狱，用于关押罪犯。1935 年 1 月，该监狱以及机场附近新建的营地一起被正式称为"哥伦比亚集中营"（KZ Columbia）[2]，这是针对政治罪犯开设的最早的集中营之一。

随后两年间，它在纳粹德国时期成为关押政治、军事罪犯，剥削犯人劳动力的场所；这一时期有大量犹太人和政见不同者被残忍对待、杀害。直到 1936 年，由于滕伯尔霍夫机场将进行大型新建项目，该集中营被关闭，原关押罪犯被转移到柏林市郊一座新开的集中营，即臭名昭著的萨克森豪森集中营（KZ Sachsenhausen）。有学者统计，哥伦比亚集中营在短短的两年时间里关押了 8000 名政治囚犯，其中，只有 450 人左右的姓名被确认，其余都悄无声息地消失在这段历史中。[3]

值得一提的是，这段集中营的历史竟然直到 20 世纪 80 年代晚期才真正被公众所知晓。在四十多年的遗忘之后，纪念纳粹时期滕伯尔霍夫区受害者的纪念册陆续出版；后来，该地区委员会出版了一部专门叙述哥伦比亚集中营历史的著作。滕伯尔霍夫区民政局还提出为此建立一个纪念碑，并

---

① "Deutsche Lufthansa"。二战后，东德和西德又分别成立了两家新的汉莎航空公司。尽管公司名称相同，但与这个最开始的"德国汉莎航空公司"已无实质关系。东德的汉莎航空公司于 1963 年关闭，目前的德国汉莎航空公司承自西德。

② "KZ"，德语词"Konzentrationslager"（也可缩写为"KL"），意为集中营。该集中营同时也被称为"KZ Columbiahaus/Columbia-Haus"，即"哥伦比亚楼集中营"。

③ Jordan，Jenifer，*A Structure of Memory: Understanding Urban Chance in Berlin and Beyond*（Stanford University Press，2006），p. 158.

举办了公开的纪念碑设计比赛；比赛的优胜作品于 1994 年在机场旁建成，成为集体记忆的一部分。① 可见，柏林人的记忆并不总是连续的、全面的，但是只要有人严肃指出了某段历史的空缺或者记忆的流失，人们会提起重视，并尽可能地加以弥补。

1934 年，希特勒设想以浩大规模重建柏林。滕伯尔霍夫机场将被设计为通往"日耳曼世界之都"的大门，纳粹建筑师恩斯特·扎格比尔（Ernst Sagebiel）负责其设计和改造。新建的机场航站楼将成为当时世界上最大的单体建筑之一，主楼以弧形伸展开来，从空中往下看就像雄鹰展翅。这样具有象征意义、充满意识形态特征的建筑设计也是纳粹建筑（Nazi Architecture）的显著风格之一。航站楼主体全部以花岗岩制成，这也带有强烈的纳粹建筑风格。希特勒曾说："花岗岩将保证我们的纪念碑永远流传。它们将会屹立千年，就像现在这样，除非大海再次将整个欧陆平原覆盖。"② 按照希特勒的设想，机场的屋顶能够兼做纳粹胜利阅兵时的看台，整个停机坪可容纳至少 10 万人。新航站楼的建设工程量巨大，造价高昂。1941 年后由于战事爆发，航站楼停止建设，至今仍未完工，但可部分使用。

二战后，苏联与西方盟国瓜分柏林和德国，互相在各方面施加影响力。西德于 1948 年开始发行货币德国马克后，苏联领导人斯大林下令封锁了进出西柏林的所有通道。200 万西柏林居民只能通过空运获得物资供应。值得庆幸的是，滕伯尔霍夫机场正好位于柏林墙的西侧。

"柏林空运"堪称一次史无前例的壮举。在近一年的时间里，平均每分钟都有一架飞机在这个机场降落。运送物资的飞机被人们称为"葡萄干轰炸机"（Rosinenbomber），因为飞行员落地后，常常会给机场附近欢呼雀跃的孩子们一些葡萄干、糖果和巧克力。在这段时间里，运输机总共飞行了 27.8 万架次，运抵西柏林的物资总量高达 230 万吨。

2. 场馆的公共性：柏林人的挽留

虽然近年来大多数航空公司已将它们的业务迁到了其他设计更为实用的机场，但柏林滕伯尔霍夫机场一直在如常运转，即便近年的亏损额已经达到

---

① Jordan，Jenifer，*A Structure of Memory：Understanding Urban Chance in Berlin and Beyond*，pp. 158 – 159.

② Hitler，Adolf，*Hitler's Table Talk*，*1941 – 1944：His Private Conversations*（New York：Enigma Books，2000），p. 81.

了 1500 万美元。2008 年前后，滕伯尔霍夫机场已经老朽不堪，资金紧张的市政当局想关掉它，扩大市郊的一个新机场。

然而当地市民发起了留住这座老机场的活动，因为它已经成为柏林这座城市历史的象征。柏林市民拯救滕伯尔霍夫机场的行动可能会促成就这个问题举行投票公决。这场活动已经动员了十几万选民向柏林市政府请愿。最终由于投票比例未达到要求便对市政府没有约束力，公决投票失败，但这一行动表达了民愿。德国乡村歌手甘特·加布里埃尔（Gunter Gabriel）还推出了一首名为《留住滕伯尔霍夫》（Hände weg von Tempelhof）的新单曲，对保护机场运动表示支持。

机场现已改建成柏林最大的市政公园。机场的跑道成了人们骑自行车、慢跑、滑旱冰和放风筝的好地方。人们喜欢在公园的草地上休闲放松、踢足球或烧烤。公园里还经常举办流行音乐节和大型体育赛事。机库已被改建成为体育中心、迪斯科舞厅、办公室、艺术工作室和录音棚，笔者在参观时还了解到，前不久在机场的废旧大厅里还办了一场时装秀。

2015 年前后，欧洲卷入难民危机，德国一年之内接纳了近百万中东难民。具有历史意义的机场航站楼目前已被用作柏林市内目前最大的难民营。滕伯尔霍夫机场的历史意义和独特的影响力，还会在未来延续。

（二）德意志－俄罗斯博物馆：当政治本身成为展览

在柏林众多令人眼花缭乱的历史博物馆中，德意志－俄罗斯博物馆（Deutsches-Russisches Museum）和盟军博物馆（Allierten Museum）[①] 虽然名不见经传，但将两者比较后可以看出非凡的历史意义，特别是德意志－俄罗斯博物馆。如果我们仔细查看德意志－俄罗斯博物馆的历史就会发现，它的每一次转折都与二战后德国的历史与政治格局息息相关。

1. 场馆历史沿革：德国战败与投降博物馆

德意志－俄罗斯博物馆所在的三层别墅坐落于柏林东部近郊的卡尔霍斯特区（Karlshorst），始建于 1938 年，原属纳粹德国军队的军事工程学院

---

① 网络上有不少人将其中文名译为"同盟国博物馆"，笔者认为这并不准确。"同盟国"在二战中具有特殊的含义，指的是与法西斯"轴心国"相对的反法西斯阵营，除美、英、法三国之外还包括苏联和中国等诸多国家和地区。而该博物馆的展示主体是美、英、法三国及其联盟，故译为"盟军博物馆"更为合适。

和先锋队学校（Pionierschule）。1945 年的柏林战役中，苏联红军获得了全面胜利，整个柏林成几乎被战火夷为平地，这栋别墅是少数还能立即投入使用的建筑之一。苏联当局决定用其作为德国无条件投降书的签署地点。1945 年 5 月 8 日，持续了七年的第二次世界大战的欧洲战争就是在这里正式结束的。① 这栋建筑即使没有被改建为博物馆，也极富历史意义。

战后，这栋建筑被用来作为驻德苏联军事管理委员会（Soviet Military Administration in Germany，SMAD）的总部，即苏联红军攻占柏林后成立的最高管理机关。1949 年，德意志民主共和国（简称"东德"）成立，苏联政府将权力移交到东德政府手中，驻德苏联军事委员会解散。这栋别墅便成为东德政府人民控制委员会（People's Control Commission）办事处，后又于 1935 年成为苏联高级指挥官的住宅。这一时期在卡尔霍斯特区建立起一个军事情报社区，以及苏联人的住宅、学校、商店，还有一座俄罗斯东正教教堂。直到冷战结束前，苏联当局都牢牢掌控着这一地区。②

20 世纪 60 年代开始，在两个五年计划以及随后的新经济体制（New Economic System）取得初步显著成效后，东德经济形势开始上升，一股治愈感和成就感在东德蔓延开来。③ 加上柏林墙的建立和古巴导弹危机，苏联当局感到自己拥有了在各方面与美国抗衡的实力。军事上势均力敌，经济上已有起色，文化上当然也不能示弱。1965 年 5 月，"苏联武装力量中央博物馆"（Central Museum of the Armed Forces of the USSR）④ 的新馆在莫斯科开馆，反响热烈。苏联当局高兴之余，决定在 1945 年 5 月纳粹德国签署无条件投降书的地方再建一个军事博物馆，作为中央博物馆的分馆。由此，一个新的博物馆开始构思成形并于 1967 年开馆。这座博物馆名为"纪念在伟大的卫国战争（1941—1945）中法西斯德国无条件投降的博物馆"（Museum of the Unconditional Surrender of Fascist Germany in the Great Patriotic War 1941 – 1945）。它通

① 关于二战欧洲战场什么时候正式结束，历史上有过争论，在这里取最后一次签字仪式的时间。

② Verheyen, Dirk, *United City, Divided Memories? Cold War Legacies in Contemporary Berlin* (Lexington Books, First paperback edition, 2010), p. 102.

③ Verheyen, Dirk, *The German Question: A Cultural, Historical, and Geopolitical Exploration* (Westview Press, 1991), p. 86.

④ 俄语"Центра́льный музе́й Вооружённых Сил Росси́йской Федера́ции"。该博物馆中文译名五花八门，这里由笔者从英文直译而来。更常见的中文译名为"中央武装力量博物馆"，也俗称为"苏联红军博物馆"（Museum of the Soviet Army）。

常被称为"投降博物馆"（Capitulation Museum），此即德意志–俄罗斯博物馆的前身。

尽管建在德国的领土上，投降博物馆却是全苏联式的。它不断强调苏联对于二战胜利的突出贡献，也大量展示苏联的政治观念及其对东德的影响。例如，常展中设有"列宁的记忆"和"十月革命的传奇"等展区，还有对柏林战役的英雄史诗般的呈现。展览内容中最重要的部分是战时苏联军事成就与贡献，其中的展示品包括苏联的坦克、苏联士兵在二战期间的日常生活用品以及纳粹德国对于苏联士兵所犯残酷罪行的历史资料。

尽管带有明显政治倾向且位置相对偏僻，投降博物馆还是吸引了大量的参观者。据统计，在 1967 年到 1989 年间，该博物馆参观量达到了 185 万人次。[①]

2. 场馆转型及其意义

1990 年，苏东剧变之后，东德和苏联达成协议，东西德统一，苏联军队将撤出新成立的联邦德国的领土。苏联解体之后，双方都有人意识到"投降博物馆"的内容应该调整。由此，德国政府和苏联政府以及相关机构都开始参与到重新规划这座博物馆的进程中来。原先以苏联为中心的展览被撤去，替代它们的新展将在泛欧洲以及全球的框架下，着重于 20 世纪德国和苏联的关系。馆名最后改为"德意志–俄罗斯博物馆"。1995 年二战结束 50 周年纪念之际，新馆开张。

博物馆的改变耐人寻味。关于列宁和民主德国的展览被撤出，但是纪念在柏林战役中阵亡的苏联红军的追悼室（Memorial Room）被保留下来，苏联的多架军事坦克、军事卡车和反坦克炮也留在了博物馆外。斯大林的一句名言也留了下来："历史的经验告诉我们，希特勒们来来去去，但是德意志人民、德意志国家会留到最后。"[②] 这句话被印在一个展板上，放在二楼新建展区的入口处。新馆设计者也许想在展览中尽可能保留苏联红军的贡献，但与社会主义相关的因素不再成为这座博物馆的主线了。新的政治

[①] Verheyen, Dirk, *United City, Divided Memories? Cold War Legacies in Contemporary Berlin* (Lexington Books, First paperback edition, 2010), p. 103.

[②] 笔者译。德语原文："Die Erfahrungen der Geschichte besagen, dass die Hitler kommen und gehen, aber das deutsche Volk, der deutsche Staat bleibt." 引自德意志–俄罗斯博物馆二层展览标语（2017 年 7 月）。

元素被加了进去：在二楼展区最后的房间中，一幅占满整面墙的大型漫画极为引人注目。画中希特勒被三只分别拽着的苏联、美国、英国国旗的手紧紧勒住了脖子。进入地下一层展厅后，直入眼帘的就是巨大的苏联、美国和英国国旗。

从参观者的个人体验而言，这样的展览是令人感到矛盾的。一方面，从博物馆的正门进入，参观者会立即来到纳粹德国当年正式签署无条件投降书的大厅。当年的办公桌放在原处，背后的墙上插着苏、美、英、法四国国旗。二楼的常设展览则用一连串的图片和标示，说明 1941 年苏德战争开始后苏联军队对二战欧洲战场格局的巨大影响，展柜上张贴着大大的"60%"是在强调苏军战俘的死亡率居所有国家之首。而新增展览中突兀的英国、美国的旗帜，其实与整个展区的主旨不相符，当然也不符合这个博物馆最初建立时的用意。但是转型后的政治形势给博物馆增加了新的内容，使得展览中一切无法互相呼应的元素，依然成为德意志 – 俄罗斯博物馆展览本身的一部分。

博物馆的转型具有重大意义。尽管某种程度上说，这座博物馆仍然是一种对于过去东德和苏联的纪念，但是纪念和回忆的主语从苏联影响下的东德变成现在统一的德国，这就意味着现在的政治氛围不再欢迎对苏联的过多强调。有学者还指出，即使是在统一之前，许多东德与西德的政党都能达成共识，认为东西德开始一个共同的政治管理也是可取的。① 联邦德国政府作为转型后的博物馆的主要赞助人，将对现在的转型与改造较为满意。

3. 与盟军博物馆的比较

最初要建立这座位于柏林西部的盟军博物馆的想法，始于德意志 – 俄罗斯博物馆转型之时。1991 年，主导了德意志 – 俄罗斯博物馆转型的德国历史博物馆（German Historical Museum）首先提出，应该建立一个有关西方盟国与柏林的纪念博物馆。1996 年，非营利组织"盟军博物馆筹备委员会"（Allied Museum e. V）成立。在两年的准备之后，盟军博物馆于 1998 年"柏林空运"50 周年纪念之际正式面向公众开放。

---

① Fulbrook，Mary，*History of Germany 1918 – 2008：The Divided Nation*，3 ed.（Wiley-Blackwell，2009），p. 288.

该博物馆中常展的官方名称为"西方力量在柏林的历史",内容从 1945 年美、英、法三国进驻柏林开始,一直到 1994 年三国从柏林正式撤军结束。柏林空运时期的历史是该展的亮点,大量关于英军和美军士兵在该时期牺牲的历史资料被陈列出来,各种文字和影像资料也在向观众极力展示盟国的空运物资带给柏林人民的影响。博物馆外还放着一架柏林空运时期的"Hastings TG 503"英国运输机——这与德意志 - 俄罗斯博物馆外放置的坦克和炮弹有异曲同工之妙。毫无疑问,盟军博物馆的主旨是感谢西方盟国对于西德的战后帮助。德国历史博物馆前馆长表示:"这是一个表达感激的博物馆……(它告诉人们)曾经的敌人也可以变成守护者,并最终成为朋友。"①

我们可以将盟军博物馆与德意志 - 俄罗斯博物馆加以比较。两者都是由联邦德国政府出资建立,由冷战两大阵营分别联合德国政府设计展示内容。这样的博物馆几乎不可能保持中立,双方对历史叙述各有斟酌。但即便是那些确定无疑的历史事实,也会有所侧重,甚至引导参观者忽略其他方面。每一次历史陈述都只能选择性地呈现历史事实。从另一个角度来说,地缘政治影响力的行为本身就是这些博物馆展示的一部分——这样一来,没有什么东西被忽视或者被重构了。只要观众时刻记住这个博物馆的起源与变革,意识到集体记忆在这之中的建构,就能够在参观的同时保留自己独立的思考。

两座博物馆,都是柏林这座城市矛盾而分裂的记忆的体现。它们不仅从不同角度展示历史,平衡并互补叙事内容,还是政治形势的产物,是冷战的遗迹。两座博物馆一起构成了冷战政治格局在柏林的最为突出的展现。②

(三) 洪堡论坛:重建过去

正在建设中的洪堡论坛(Humboldt Forum)位于柏林米特区(Mitte)的博物馆岛。它的北面是柏林大教堂,东面是亚历山大广场与柏林电视塔,

---

①　Stölzl, "The Museum Will Show How Enemies Became Friends," in Trotnow, ed., Ein Alliierten-Museum für Berlin, 20, redirected from Verheyen, Dirk, *United City*, *Divided Memories? Cold War Legacies in Contemporary Berlin* (Lexington Books, First paperback edition, 2010), p. 107.

②　Verheyen, Dirk, *United City*, *Divided Memories? Cold War Legacies in Contemporary Berlin* (Lexington Books, First paperback edition, 2010), p. 59.

西面是菩提树下大街和勃兰登堡门，名副其实地位于柏林的中心地带。得天独厚的位置使得建在这里的建筑注定成为柏林改革与变化的焦点。

1. 场馆历史沿革：柏林城市宫与共和国宫

柏林城市宫（Berliner Stadtschloss）① 可以说是柏林全部历史的见证者。它最早的部分由霍亨索伦家族建于 1443 年，几乎与柏林这座城市同龄。柏林大约从 13 世纪开始兴起，成为勃兰登堡选帝侯国的首都，此后便一直是历代政权的首府；而柏林城市宫也一直是柏林的中心。最开始它还只是一座小城堡，后于 18 世纪伊始扩建为宫殿，成为阿尔卑斯山以北规模最大的巴洛克建筑。柏林城市宫作为霍亨索伦家族管辖柏林的控制中心，具有浓厚的普鲁士军国主义风格。②

1918 年第一次世界大战结束之后，德国皇帝威廉二世退位。11 月 9 日，德国共产党的联合创始人之一卡尔·李卜克内西（Karl Liebknecht），在柏林城市宫前的阳台上宣布了德意志"自由社会主义共和国"（Free Socialist Republic）的成立。而在此前两个小时，德国社会民主党（Social Democratic Party，SDP）政治家菲利普·谢德曼（Philipp Scheidemann）也在国会大厦的窗台上宣告成立"民主共和国"，即后来的魏玛共和国。"两个德国"随后历经几个月的斗争，最终以社会主义阵营的失败而告终。柏林城市宫改成博物馆面向公众开放，直至 1945 年在一次空袭中遭到轰炸，几近摧毁。

1949 年，东德成立。考虑到重修柏林城市宫的成本太过高昂，东德政府决定于 1950 年彻底拆除原宫殿，从而能在柏林市中心空出大片区域。当时东德执政党的总书记瓦尔特·乌布利希（Walter Ulbricht）表示："这片区域必须改建为宽阔的游行广场，来展示我们人民的战斗意志和建设意志。"③当时东德涌现出了许多反对声音，特别是在学术界，包括当时普鲁士科学

① 该宫殿也叫"Berliner Schloss"，即"柏林宫"。它还有一些不常见的中文译法，如"柏林世界文化宫"（莫言：《在柏林世界文化宫的演讲》，《西部》2007 年第 9 期），或者"柏林洪堡世界文化博物院"（〔德〕弗里德里希·冯·博泽：《柏林洪堡世界文化博物院的建立：地方历史与文化政治的磋商》，康丽、郝晓源、李晓宁译，《民间文化论坛》2015 年第 4 期），但都不妥。这里还是取德文直译"柏林城市宫"。

② 〔德〕阿莱达·阿斯曼：《记忆中的历史：个人经历到公共演示》，南京大学出版社，2017，第 103 页。

③ 〔德〕阿莱达·阿斯曼：《记忆中的历史：个人经历到公共演示》，第 103 页。

院①院长约翰内斯·施特鲁克斯（Johannes Stroux）及洪堡大学艺术史学院教授理查德·哈曼（Richard Hamann），但是东德政府坚持要拆。此后二十多年这里一直是一片空地。

进入 20 世纪 70 年代，东德经济开始好转。也许是因为政府财政有所富余，又想充分利用市中心地带的资源，东德政府决定于 1973 年开始在原柏林城市宫遗址处新建一座宫殿，名为"共和国宫"（Der Palast der Repub-lik）。它于 1976 年建成，正式面向公众开放。新建成的共和国宫并不是博物馆，而是一个开放式休闲场所。馆内兴建了许多物美价廉的餐馆、咖啡厅、剧院以及画廊等，并开展了一系列青年活动，是东德人民聚会娱乐放松的场所。至今仍有不少东德人对共和国宫有着深厚感情。然而，就在东西德统一前不到一个月，共和国宫被曝出有严重的石棉污染问题，遂于1990 年 9 月 19 日闭馆。馆内所有的石棉于 2003 年前被移除，联邦德国政府随后也决定将整栋大楼彻底拆除。

2. 关于洪堡论坛的大讨论

早在 2002 年 7 月 4 日，德国议会就通过了一项重建柏林城市宫的议案。在内部兴建洪堡论坛的想法于 2007 年左右成形。2011 年，德国议会批准对洪堡论坛项目的建设拨款。基督教民主联盟、社会民族党、自由民主党以及绿党等德国主要党派都投了赞成票。2013 年，洪堡论坛的建设工程正式启动，并计划于 2018 年完成主体建筑建设，2019 年全部完工并开放整体展览。洪堡论坛项目的计划总开销为 5.9 亿欧元。其中，还原柏林城市宫外形建筑花费 8000 万欧元。建成后的洪堡论坛的使用面积将达到 4.2 万平方米，它将成为一个涵盖科学与公众交流的收藏机构与研究机构的综合体②——正如其临时展厅"洪堡盒子"外的展板标语所说："若想了解世界，就来洪堡论坛。"③

早在共和国宫于 2008 年被拆除之前，德国社会各界对于新建建筑的外观与功能争论已经进行了很多年。最终敲定的"洪堡论坛"这一方案，被

---

① Prussian Academy of Sciences，即现在的的柏林－勃兰登堡科学与人文学院（Berlin-Brandenburg Academy of Sciences and Humanities）。

② 〔德〕阿莱达·阿斯曼：《记忆中的历史：个人经历到公共演示》，第 104 页。

③ 笔者译。德语原文"Wer die Welt verstehen will, geht ins Humboldt Forum"，出自洪堡论坛施工期间官方临时展厅的内部展板信息（2017 年 7 月）。

视为柏林城市宫时隔近 70 年的"重建"。但它并不是完全复制原来的建筑，而是要凭借着图像、文字记录和实物证据，将一个已不复存在的建筑物的外形复原大半，再赋予新的内容。从建筑学来讲，这应该被称为"复建"。然而，这样的复建常常被当作原物，因为看到复建建筑的人们往往并未亲眼见过建筑原物；特别是当亲眼见过原物的那一代人去世之后，时间便会见证这些复建的建筑是真实的。①

基于这样的历史特性，关于洪堡论坛的大讨论的正反双方就对这座建筑的价值产生了分歧。支持复建柏林城市宫的人们认为，其建筑有三大价值：一是美学价值，它将成为阿尔卑斯山以北最大规模的巴洛克建筑；二是象征价值，它几乎与柏林同龄，代表柏林与德国的悠久历史，能赋予联邦德国往日的光彩和荣耀；三是文化传统价值，它能承接起普鲁士启蒙运动与人文主义的传统。② 具体来说，柏林城市宫的重建是对德国历史的部分"正常化"，让人们能回到冷战之前，回到两次世界大战之前，与普鲁士的人文传统进行对话，重塑民族荣誉感与认同感。阿莱达·阿斯曼也评价道："复建柏林城市宫，不是为了面对过去，而是为了赢得历史。"③

而反对复建柏林城市宫的人认为，距离冷战结束、苏联解体和东西德统一还不到四十年，东德的历史仍然深深地根植于人们的集体记忆之中。如今抛弃并排挤这些"还活着"的历史，却花费巨大精力与财力去追捧早已失去了现实关注的帝国主义历史，这会对历史意识及其真实性造成进一步的损害。如果将历史削减至支离破碎的状态，或是仅强调某些个别时期，是有问题的。历史本身所涵盖的内容超出了当下所流行的观点与意识形态，也超出了政治正确等现实关怀。④ 换句话说，反对派人物认为，重金复建柏林城市宫，名义上是在"重拾过去的荣光"，实际上还是在逃避德国近代的历史认同问题。越是逃避，就越难以面对这段历史。这对于塑造这一代人真正的民族与国家的认同感，是有弊无害的。

在笔者看来，正反双方的分歧其实是因为角度不同。支持者所总结的

---

① 〔德〕阿莱达·阿斯曼：《记忆中的历史：个人经历到公共演示》，第 99 页，转引自费舍尔（Fischer），1997：7，11。

② 〔德〕阿莱达·阿斯曼：《记忆中的历史：个人经历到公共演示》，第 107—108 页。

③ 〔德〕阿莱达·阿斯曼：《记忆中的历史：个人经历到公共演示》，第 103 页。

④ 〔德〕阿莱达·阿斯曼：《记忆中的历史：个人经历到公共演示》，第 109 页。

好处非常到位，洪堡论坛如今的规模与定位也充分发扬了这三点价值；反对者告诫的危害也一针见血，但这些弊端光靠洪堡论坛恐怕难以解决。由于德国近代历史的特殊性，目前史学界确实很难为这段历史背书。也许，尊重并淡化伤痕、牢记历史教训，才是面对这段历史所应有的态度。至于德国政府想要重现其历史光辉的愿望也颇令人理解，关键还是要真诚地把握好历史评价的分寸。洪堡论坛最终呈现的效果如何，我们要在其正式开馆后再做评价。

四　结语：东西德统一后柏林的记忆文化

从文化记忆理论到实际案例的探讨分析，再结合亲身考察，笔者认为柏林的记忆文化有以下几个特征：

首先，柏林十分尊重过去的历史。经历过战火的摧残和冷战的分裂后，柏林人珍惜那些保有过去痕迹的建筑物。除了滕伯尔霍夫机场，还包括"陷入地下的柏林墙"、被炸毁一半的凯撒·威廉纪念教堂，以及著名的展示二战和冷战时期遗留的防空洞、地下掩体的展览"柏林地下世界"（Berliner Unterwelten），还有数不清的纪念馆、博物馆等。这些无不显示出柏林人保留历史、尊重历史的意识。德国史学界正视历史、毫无保留地评价与批评近代以来德国历史的问题的态度，几十年来已经得到了世界的认可。

其次，柏林人也在努力淡化历史留给他们的"伤痕"。这些伤痕不只是战争遗留下来的物质层面的影响，更多的出于对自身历史的否定。因为这些否定，柏林人会选择在新建的建筑中避开与这段历史相关的元素，甚至淡化部分原本具有这段历史强烈特性的建筑场馆的特征，德意志 - 俄罗斯博物馆就是这样。淡化伤痕与尊重历史并不矛盾，淡化并不意味着"美化"，只是由于这段历史过于沉重，若一味强调，不利于当今的人向前看。新一代人有新的历史使命。

最后，也是最重要的，柏林仍然在积极寻找历史对于人们新的意义，从而试图积极赋予柏林人新的文化认同感。战后对柏林中心城区的整体重建，旨在恢复柏林过往的面貌。而对于柏林城市宫这座普鲁士皇宫的复建，则试图重塑德国历史的昔日荣光，增加德国人的文化归属感。这种态度从德国人的角度看值得肯定，但同时也需要当心民族主义情绪的再次发酵。

东西德统一之后柏林的记忆文化，就是在尊重过去史实、淡化历史伤痕的基础上，积极寻找或创造新的历史意义。前一半，柏林已经做得很成功了。但是在寻找过往历史的新的意义、创立新的文化认同这一层面，柏林在探索，德国在探索，历经 20 世纪的磨难的整个人类世界，也还在探索。

(作者为北京大学历史学系英国史专业 2018 级硕士研究生)

德国历史博物馆对集体历史意识塑造的影响[*]

孙怡雯

　　德国现有 6372 座各类博物馆，大大小小的博物馆遍布各地，每年约有 1.12 亿参观者。[②] 博物馆作为文化记忆场所，对于历史的回顾和现实的还原有着深刻重要的意义。20 世纪 80 年代，德国著名史学家海因里希·奥古斯特·温克勒（Heinrich August Winkler）以《1945 年后德国历史与政治的关系》为题，指出"所有历史都是争夺历史解读权的历史，没有哪个政治组织会放弃以历史作为自己政治思想的佐证的机会"。[①] 与此同时，在总理科尔的号召下，德国出现了"博物馆热"，这一现象在两德统一后更为突出。由于冷战分裂对峙，民主德国与联邦德国在意识形态和历史认知上大相径庭，新建立的国家如何实现身份定位、如何构建历史认知的一致性、如何将历史更好地服务于当下，成为迫在眉睫的政治问题，而博物馆的建设实质上是一种历史再现，能很好地反映过去，服务于现实政治。

　　20 世纪 80 年代，德国的外交政策主要依赖于与二战战胜国的和解以及对

---

* 本文为国家社会科学基金重点项目"德国联邦议会与'记忆文化'建构（1990—2015）"（项目号：16ASS003）的阶段性成果。

② 参见 https://www.smb.museum/fileadmin/website/Institute/Institut_fuer_Museumsforschung/Publikationen/Materialien/mat69.pdf，最后访问日期：2018 年 12 月 16 日。

① 参见 Heinrich August Winkler, "Aus der Geschichte lernen? —Zum Verhältnis von Historie und Politik in Deutschland nach 1945," *Zeit*, 25. März (2004), http://www.zeit.de/2004/14/winkler，最后访问日期：2018 年 12 月 16 日。

纳粹大屠杀的反思，为树立德国战后积极发展的新形象，总理科尔大力倡导通过记忆文化政策加强民众对历史罪行的认识和反思，在德国新成长起来的一代中注重历史教育，由此增强民族身份认同，体现德国稳重、诚恳、可靠的国家形象。在这一背景下，德国埃及学学者扬·阿斯曼（Jan Assmann）于90 年代提出了"文化记忆"（das kulturelle Gedächtnis）理论，将对记忆的研究转入文化层面。将历史建构与国家政治相结合，便促成了"国家记忆"（Nationales Gedächtnis）的建构及德意志民族的历史身份认同，记忆文化建构在德国历史政治文化中开始扮演重要的角色。两德统一后，记忆文化的构建也在文化反思和回忆机制框架下不断发展完善，进而影响政治决策、塑造政治文化，同时服务于当下社会政策。

一　扬·阿斯曼的文化记忆理论

回忆［或对过去的指涉（Vergangenheitsbezug）］、认同［或政治想象（politische Imagination）］和文化的延续（或传统的形成）构成文化记忆理论的核心。20 世纪 20 年代，对记忆的研究首次由法国哲学与社会学家哈布瓦赫（Maurice Halbwachs）将弗洛伊德的个体意识带入社会意识范畴，提出了集体记忆理论（kollektives Gedächtnis）。按照哈布瓦赫的理解，个体记忆需要社会的框架，受到社会背景的制约和促进，记忆是身份认知的核心，而身份是在特定的集体或社会框架中形成和变化的。集体记忆就是一个群体内所有成员共享的有关过去的表述。属于一个集体的成员共享共同记忆，而个体的记忆一方面构成了集体记忆的基础，另一方面又基于这个集体记忆。①

阿斯曼在集体记忆的理论基础上将其细化为交流记忆（kommunikatives Gedächtnis）和文化记忆（kulturelles Gedächtnis）。交流记忆指的是一个集体的成员通过日常接触和交流建立起来的记忆，载体是每个独立的个体，存在和延续的手段是口传，主要靠见证者维持，所以它持续到三四代人的时段就会逐渐消失。而文化记忆包括一个社会在一定时段内必不可少的、反复使用的文字、图片、仪式、建筑物、纪念日等内容，其核心是所有成员分享的有关政治身份的传统，相关人员借助它确立自我形象。基于这种自

---

①　参见金寿福《扬·阿斯曼的文化记忆理论》，《外国语文》2017 年第 2 期。

我形象，集体内部的成员意识到他们的共同属性以及与众不同之处。每种文化都会形成一种"凝聚性结构"（konnektive Struktur），它起到的是一种连接和联系的作用，表现在两个层面：社会层面和时间层面。每个凝聚性结构的基本原则都是重复（Wiederholung）。重复可以避免行动路线的无限延长：通过重复，这些行动路线构成可以被再次辨认的模式，从而被当作共同的"文化"元素得到认同。另一个重要意义是现时化（vergegenwaertigen）。所有的仪式都含有重复和现时化两个方面，仪式越是严格遵循某个规定的次序进行，在此过程中"重复"的方面就越占上风；仪式给予每次庆典活动的自主性越强，在此过程中"现时化"的方面就越受重视。过去完全是在我们对它进行指涉时才得以产生的。为了能指涉过去，我们必须对过去形成一定的认识：第一，过去不可完全消失，必须有证据留存于世；第二，这些证据与"今天"要有所差异，具有典型性。[1]

对文化记忆理论的阐释能够更好地促进对博物馆历史教育和作为文化记忆场所重要性的理解，并对德国历史博物馆的现实作用有更加深刻的体会。一方面德国历史博物馆本身经历了曲折的发展过程，属于记忆文化内容的一部分，另一方面，该博物馆通过展览、讲座和论坛以及纪念日活动等形式加强国家历史教育，促进德国记忆文化政策的发展和实施。

二 从军械库到德国历史博物馆

17—18 世纪，普鲁士领袖腓特烈威廉三世（Kurfürst Friedrich III）实现了父亲生前计划在首都柏林建造军械库（das Zeughaus）的愿望，并让军械库满足储存兵器的功能外，成为一座高品质而美观的代表性建筑。1695—1730 年，军械库建成，它是当时普鲁士最华丽的巴洛克建筑，[2] 普鲁士的军事成就也赋予了它无上的荣耀。在军械库入口处的上方用拉丁语写道："去认识军事的功绩和壮举，让敌人害怕，去保护朋友和盟友，腓特烈三世——普鲁士高贵的、未被打败的皇帝在 1706 年已经让军械库拔地而起，使它成为储藏

---

① 参见 Assmann, Jan, *Das kulturelle Gedächtnis. Schrift, Erinnerung und politische Identität in frühen Hochkulturen* (München: C. H. Beck, 1992), pp. 29 - 33。

② 参见孟甜湲佳《基于文脉延续的德国历史博物馆新馆建筑设计研究》，硕士学位论文，西安建筑科技大学，2015，第 17 页。

军事器械的房子，也是摆放战利品以及战争荣誉奖杯的地方。"① 可见，那时普鲁士军械库就已拥有收藏和展示的双重功能。1815 年德国联邦成立，普鲁士已成为联邦中军事实力最强的一方，彰显军功便成为其威慑欧洲的方式。18 世纪 20 年代以后，军械库中开始设置专门博物馆，将收集的艺术品、铠甲、武器、模型都放置其中。1871 年德意志帝国皇帝威廉一世（Wilhelm I）下令改造军械库，使其具有"名人堂"的作用，歌颂普鲁士军队和历史，表达对普鲁士的尊重。1883 年军械库向公众开放，1891 年"名人堂"改造完成。至 19 世纪末，军械库的军事藏品已经闻名欧洲，成为柏林最著名的博物馆之一，也成为"普鲁士军队的万神庙"。②

图 1　1785 年菩提树下大街及普鲁士军械库

资料来源：https://www. dhm. de/ueber-uns/die-gebaeude/zeughaus/18 – jahrhundert –
1945. html，最后访问日期：2019 年 2 月 13 日。

　　1933 年纳粹党执政后在军械库庭院举行对普鲁士的纪念仪式，希特勒每年 3 月在这里发表演讲，赞颂德国的英雄主义传统，军械库沦为纳粹宣传地。③ 直至 1944 年 9 月，军械库一直作为纳粹宣传博物馆对外开放，并举办过关于德国在一战时期的"重要角色"的宣传展览。二战末期军械库遭到盟军的轰炸，损毁面积达到 70%。德国战败后柏林被分为四个占领区，军械库就位于苏联占区。1948 年，军械库的修复工作开始实施，1950 年东德政

---

① 参见孟甜湲佳《基于文脉延续的德国历史博物馆新馆建筑设计研究》，第 18—19 页。
② 参见孟甜湲佳《基于文脉延续的德国历史博物馆新馆建筑设计研究》，第 21 页。
③ 参见 Eckardt, Götz（Hrg.），*Schicksale deutscher Baudenkmale im Zweiten Weltkrieg*, Band 1（Berlin：Henschel, 1980），S. 47。

府决定将军械库改造成一座历史博物馆（Museums für Deutsche Geschichte），
经过三次更换建筑师后，1953 年，东德历史博物馆正式建成开放。

图 2　希特勒在军械库庭院内举行英雄追悼会，军械库沦为纳粹宣传地

资料来源：https://www. dhm. de/ueber-uns/die-gebaeude/zeughaus/18 - jahrhundert -
1945. html，最后访问日期：2019 年 2 月 13 日。

图 3　二战中被摧毁的军械库

资料来源：https://www. dhm. de/ueber-uns/die-gebaeude/zeughaus/18 - jahrhundert -
1945. html，最后访问日期：2019 年 2 月 13 日。

1987 年 10 月 28 日，恰逢柏林市成立 750 周年，德意志联邦共和国政府与柏林州政府签署协议，决定在西柏林建立一座与东德历史博物馆相抗衡的综合性博物馆，展出分裂以来的西德历史。总理科尔认为民众对德国历史身份的认同十分薄弱，"如果我们不知道我们从哪里来，如果我们不知道自己的历史，如果我们不能时时刻刻提醒自己，我们将无法公正地评判我们的过去，计划我们的未来"。① 在西德建立博物馆的设想引发了专家学者和民众的激烈讨论，博物馆应具备拥有建筑风格，选址应在哪里，展览内容如何设定等问题都有待商榷。正在人们对这一设想进行积极讨论时，1989年柏林墙倒塌，两年后两德重新统一，原西德首都由波恩迁往柏林。建立西德历史博物馆的设想没有得到实施，并被完全修改。新的德国联邦政府决定将军械库直接作为国家历史博物馆所在地，对原东德历史博物馆进行更名、改造和扩建，并将所有军械库藏品交予历史博物馆管理，因此历史博物馆成为两德统一后第一个全德的文化机构。而原定于在西柏林建的博物馆场地成为现在的总理府。

而为了摆脱"普鲁士军队的万神庙"的历史影响，科尔总理又提议在军械库旁建立一个现代化展馆作为德国历史博物馆的附属场所，作为统一后的德国在国际舞台积极发挥作用的象征，希望人民能够从沉重的历史中走出来，向世界展示德国谦逊、成熟、可靠的一面。同时科尔希望建造一座对柏林形象有益的建筑，能够在城市规划上提供一定的指导意义。另一方面，德国历史博物馆计划永久展览面积应达到 16000 平方米，特殊展览面积应达到 6000 平方米，而军械库的可用展览面积仅有 7500 平方米，受到军械库内部条件的限制，必须在其外部建立一个独立的展馆，与之相邻。这一新场馆就是贝聿铭设计的历史博物馆新翼，于 2004 年建成开放。新展馆共有四层，通体透明，看上去就像是一个透明的蜗牛壳。站在楼梯塔内可以直接看到对面的军械库，很好地迎合了新旧相遇、连接过去与未来的设计理念。

可以说德国历史博物馆从普鲁士的军械库到纳粹宣传地，再到今天的国家性博物馆，从辉煌的巴洛克建筑到立体透明的现代化建筑风格，折射

---

① Ulrike Kretzschmar, Urban Theatre-I. M. Pei Exhibitions Building. Ulrike Kretzschmar: The Exhibitions Building of the German Historical Museum Berlin (Germany: Prestel, 2003), p. 27.

出了德国的崛起与灭亡以及从黑暗中走出重建的过程，作为一个重要的记忆场所，它以直观可见的形式帮助德国人不断了解历史、回忆历史，在增强民族凝聚力的同时也影响着德国人的身份认同和民族意识。

图 4　左侧为贝聿铭设计的新馆，右侧为古老的军械库

资料来源：https://www.dhm.de/ueber-uns/die-gebaeude/zeughaus/1990 - heute. html，最后访问日期：2019 年 2 月 13 日。

三　德国博物馆政策法规与经费来源

德国的"文化联邦主义"政策将文化主权下放给各个州，同时联邦政府不断出台《文物保护法》等法律政策保护德国博物馆的运营。博物馆的资金管理包括基金会管理、公共组织、商业公司和联合会管理四种形式。德国每年用于文化的财政支出占总支出的 13%，各州市文化支出比例更大。德国历史博物馆是联邦文化机构，联邦政府每年拨付 5000 万欧元的经费给历史博物馆，其中 3300 万欧元用于展厅租金、维修，850 万欧元用于 500余名工作人员薪酬，850 万欧元用于项目开支。① 此外，博物馆每年门票收入大约为 250 万欧元。

在政策方面，早在 1918 年魏玛共和国就制定了文物保护法律法规。二战后德国博物馆建设与维护在文化政策领域尤为重要，德国在法律制定方面也有所完善，1955 年 8 月《保护文化遗产以防流失法》生效，1998 年修改案颁布；1967 年出台《在武装冲突中保护文化遗产的法规》；1980 年 6 月出

---

① 参见安战国《对德国文化政策与管理的认识与启示》，《当代兵团》2013 年第 10 期。

台《关于联邦法规中应顾及文物古迹保护的法规》，其中涉及对现存各类联邦层级法典的修改；1998 年《文化遗产归还法》公布生效；2007 年 5 月颁布《关于实施联合国教科文组织 1970 年 11 月 14 日发布的有关禁止和防止文化遗产的违法进口、出口和转让之措施的法规》；2006 年 6 月颁布《关于德国境内由联合国教科文组织指定的世界遗产的决议》等。除官方组织外，一些国家性的民间组织如"地方文物古迹保护者协会"（Vereinigung der Landesdenkmalpfleger，VdL）、"德国文物古迹保护国家委员会"（Deutsches Nationalkommittee fuer Denkmalschuetz，DNK）、"德国家乡与环境联盟"（Bund Heimat und Umwelt in Deutschland，BHU）也出台了各种与文化保护相关的建议，如 1988 年由 VdL 颁发的《农村地区的文物古迹及文化遗产》、1996 年由 DNK 颁发的《关于德国文物古迹保护现状的建议》以及 2011 年 BHU 为响应联合国教科文组织提出的保护非物质文化遗产的倡议而发出的通知《认可与保护非物质文化遗产》。

德国历史博物馆基金会由德国联邦政府和柏林州政府负责，受联邦政府资助和管理监督。博物馆的整个管理层呈现出"三权分立"的形式：董事会是博物馆的最高管理机构，由五位联邦政府成员、五位联邦议会代表和五位联邦州（柏林）代表组成，监管博物馆的项目设计、规章制度制定及人事任命等重大事项。博物馆管理层的另一个机构是科学顾问委员会，由历史学、艺术史学及博物馆学领域的专家教授组成，主要负责展览设计和实施，委员会具有一定的独立性。博物馆内的另一个重要管理角色是博物馆主席。董事会代表整个国家，控制博物馆经费支出和预算，有权任命科学顾问委员会成员和在任主席，科学顾问委员会向董事会和主席提出专业建议和策划，主席通过报告等形式向其他两个组织汇报工作情况，并接受他们的监督。

四　常设展览与特殊展览

德国历史博物馆内的展览一分为二，常设展览在原军械库所在的展馆中设立，占地 8000 平方米，以"从中世纪到柏林墙倒塌的德国历史"为主题持续对外开放，7000 多件历史展品向世界展现从中世纪到 20 世纪末风云变幻的德国历史。特殊展览主题众多，有开放时间限制，在博物馆新翼举

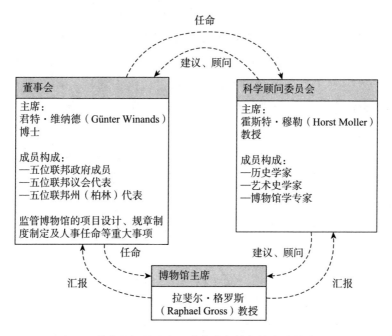

图5　科学顾问委员会、董事会与博物馆主席的关系

资料来源：https://www.dhm.de/ueber-uns/stiftung/organisation.html，最后访问日期：2019年2月13日。

行，博物馆的特殊展览主题大多与周年纪念、人物纪念或重大事件有关，并采取多种形式进行表现。例如2016年1—4月的"大屠杀中的艺术"（Kunst aus dem Holocaust）展览①收集了来自大屠杀纪念地的100件艺术作品供参观者欣赏；2018年6月举行的"欧洲与海洋"（Europa und das Meer）展览②与科隆大学相关学者合作展出海洋与欧洲和历史的密切关系，并举办了多场讲座、电影、讨论会、主题博客吸引参观者积极参与，由此引入了2015年以海洋为通道逃往德国的难民以及难民危机对德国当下社会带来影响的讨论。在这里主要介绍2017年4月12日至11月5日举办的展览"路德效应——500年新教发展"（Der Luthereffekt – 500 Jahre Protestantismus in der Welt）③。

2017年正值马丁·路德宗教改革500周年，德国历史博物馆为参观者

---

① 参见 https://www.dhm.de/ausstellungen/archiv/2016.html，最后访问日期：2019年1月3日。
② 参见 https://www.dhm.de/ausstellungen/archiv/2018.html，最后访问日期：2019年1月3日。
③ 参见 https://www.dhm.de/ausstellungen/archiv/2017.html，最后访问日期：2019年1月3日。

准备了一场"穿越五个世纪、跨越四个大洲的文化之旅"展览，甚至受到德国总统的关注和支持，各州基金会也纷纷赞助。它从各个方面展示了马丁·路德宗教改革的影响，同时批判了新教在社会中具备的潜在冲突性。随着社会的发展和历史学者的研究深入，马丁·路德不再仅有"自由斗士"（Freiheitskämpfer）、"人文主义者"（Humanist）和"基督教的救世主"（Retter des Christentums）这些英雄主义称号，一些人开始对宗教改革的起因提出质疑和批判，德国媒体甚至用"狂热的反犹主义者"（fanatischer Antisemit）、"教条主义的性别歧视者"（dogmatischer Sexist）等标签描述昔日的"救世主"。[1]

马丁·路德在《九十五条论纲》中将"家务劳动和分娩"列为上帝给予女性的规定任务，还有"不要让女巫们活着……她们理应被杀死，她们对社会有很大伤害"等描述，如今这被看作一种性别歧视和人权践踏。

由于对犹太人的描写和态度与纳粹的反犹主义思维一致，有人甚至认为马丁·路德的言论是二战纳粹主义反犹的根源所在，不少德国学者和民众在纪念宗教改革之际也开始反思，如何客观地看待路德的功与过。早在1514年，路德就发表过这样的言论："与犹太人作斗争毫无意义，他们是一群无药可救的人，不可能皈依基督教，如果人们试图通过没收宗教作品的方式来扫除他们对基督教真理的亵渎的话，那么他们还会找到另外的方式来嘲笑上帝和基督耶稣的。"[2] 对于犹太人颠沛流离的命运，他说道："犹太人是被上帝抛弃了的人，他们必须在上帝的愤慨中忍受苦难，这种愤慨的标志就是：犹太教堂被摧毁、犹太人四处流浪并散布于世界各国……"[3]1517—1524年宗教改革发展的高潮阶段，路德曾表达过亲犹态度，希望新教被犹太人广泛传播，但这场改革导致基督教内部分裂，甚至引起一些基督教国家衰落，犹太人反而更加坚信犹太教义，一些基督教民众转而信仰犹太教。路德本人对犹太人失望至极，愈加坚定反犹态度。1543年马丁·

---

① 参见 https://www.infonordost.de/500–jahre-reformation-luther-feiern-sind-zu-viel/，最后访问日期：2019年1月5日。

② Hermann Böhlaus Nachfolger Weimar（Hrg.），*Martin Luther*，*Werke*（Weimarer Ausgabe）. Band 1（Weimar，1883），S. 23.

③ Hermann Böhlaus Nachfolger Weimar（Hrg.），*Martin Luther*，*Werke*（Weimarer Ausgabe）. Band 3（Weimar，1883），S. 264.

路德连续写下三篇反犹文章，其中最著名的就是纳粹党人引用最多的《犹太人与他们的谎言》。在这篇文章中路德提出了七条对付犹太人的恐怖建议，例如"应该用火焚烧犹太人的教堂和学校，烧得一点都不剩，让人们永远也看不到石头和瓦砾"、"应该没收所有犹太人的祈祷书和犹太教法典，因为那里面讲的是谎言、咒骂和亵渎"、"必须以西班牙和法国为榜样，将他们逐出这片土地"。[①]

这些内容与三百多年后的纳粹宣传部长戈培尔在"水晶之夜"下达的指令惊人相似，因此有人认为马丁·路德的反犹言论直接为后来的纳粹宣传提供了理论依据，路德描绘的那种寄生虫似的、放高利贷的犹太人形象在以后的数百年间将犹太人的生活笼罩在黑暗之中。但也有学者反驳称，纳粹并不是从宗教信仰上而是从种族血缘方面否定犹太人。针对这一问题，德国历史博物馆也主持开展了相关讨论，希望以此展览为契机，从更加客观、全面的角度引导舆论，呼吁大家牢记历史、反思二战中的种族歧视和人权践踏，同时对当下的宗教文化生活有更深刻的了解和认知。

五　"被驱逐者纪念日"活动场所

2013 年 12 月 24 日，德国总统高克发表圣诞节讲话，呼吁给予身处困境中的人更多的同情、帮助和宽容。他带领民众回顾了德国历史上出现的逃亡和被驱逐的事件："19 世纪时有数百万人奔向新世界，第二次世界大战之后许多德国难民和被驱逐者不得不寻找新的家园。"当时，德国联盟党（CDU/CSU）和社民党（SPD）在双方签订的联合政府协议中首次确定了为被驱逐者设立国家纪念日的计划。自 2015 年起，每年的 6 月 20 日成为德国的"被驱逐者纪念日"，德国历史博物馆基金会对难民及被驱逐者基金会负责，因此该纪念日活动的场所就是德国历史博物馆。总理默克尔在 2014 年举行的题为"家园日"（Tag der Heimat）的纪念活动中提到，"我相信这个（对于难民和被驱逐的受害者的）纪念日会有助于提醒德国人回忆起被驱逐

---

① Hermann Böhlaus Nachfolger Weimar（Hrg.），*Martin Luther*，*Werke*（Weimarer Ausgabe）. Band 53（Weimar, 1883），S. 523 – 536.

的命运和历史，而许多当代德国人对这段历史并不熟悉"。① 1945 年，德国宣布投降，大批德国人被驱逐出当时占领的国家。伴随着驱逐的是残酷的刑罚、虐待、强奸和杀戮，两百万德国人濒临死亡。1945—1950 年，1200 万至 1400 万讲德语的平民被强行驱逐出中欧和东欧地区。经过长途跋涉，许多难民死于饥饿、疾病和殴打。难民迁移主要有三个时期：一是二战结束前德国人面对苏联红军时出于恐惧自愿组织逃难；二是随着纳粹德国人的撤离，大批德国人也随之撤退；三是二战后波茨坦会议决定，遣返二战被占领国的德国人，德国人从波兰、捷克和匈牙利被驱逐出境。

首次举办纪念日活动时，高克到场演讲："一个经济良好、政治稳定的德国有什么理由，无法在当今挑战中看到未来的机会呢？"② 默克尔在 2014 年的纪念日活动中讲道，第二次世界大战结束时德国被驱逐者遭受到不公正对待，不幸的是当今这种不公正仍然存在。③ 2018 年纪念日活动的主题为"还好我们有这个纪念日"（Gut, dass wir diesen Gedenktag haben）。默克尔再次讲道，难民不是抽象的概念，难民身份的背后是人类的命运。④ 在记忆文化政策的背景下，默克尔强调了自己对德国人身份认同的立场，流离失所者的经历是德国人集体记忆的一部分，第二次世界大战、大屠杀、纳粹主义者的其他罪行，以及德国人的逃亡和受驱逐，被历史证明是现代德国拥有的一个决定性特征。这些灾难的经验和教导奠定了德意志联邦共和国的基础，它们还将继续影响德国在欧洲和国际社会的进一步发展。⑤ 在德国历史博物馆举办这种纪念日活动，是把地点本身作为回忆的主体，使民众受到启发，加深对于战争的记忆，使过去成为民族意识的一部分。纪念日与德国历史博物馆记忆场所的结合，更加呼应记忆文化政策，对于过去的阐释透彻、明了。

---

① 参见 www. bundesregierung. de/C ontent/DE/Rede/2014/08/2014 – 08 – 30 – bdv. html，最后访问日期：2019 年 1 月 20 日。

② 参见 http://world. people. com. cn/n/2013/1224/c157278 – 23935692. html，最后访问日期：2019 年 1 月 20 日。

③ 参见 Merkel, Angela, Rede zum Tag der Heimat am 30, August 2014, www. bundesregierung. de/Content/DE/Rede/2014/08/2014 – 08 – 30 – bdv. html，最后访问日期：2019 年 1 月 20 日。

④ 参见 https://www. bund-der-vertriebenen. de/presse/news-detail/datum/2018/06/22/gut-dass-wir-diesen-gedenktag-haben. html，最后访问日期：2019 年 1 月 20 日。

⑤ 参见 https://www. bund-der-vertriebenen. de/presse/news-detail/datum/2018/06/22/gut-dass-wir-diesen-gedenktag-haben. html，最后访问日期：2019 年 1 月 20 日。

六　结语

德国历史博物馆作为综合性的博物馆，具有公开性、全民性、民族性和历史性，对于德国的历史图像、民众的历史认知和国家认同，有着深远的影响。这座坐落于记忆文化城市柏林的历史博物馆的前身普鲁士军械库作为菩提树下大街最老的建筑，见证着两次世界大战带给德国的冲击和现实影响，2004 年由贝聿铭设计的新展馆则是两德统一后德国政府及人民热切希望塑造新的国家形象、提升国际地位的典型象征。作为历史文化建构的一员，它的成立、演变和运行深刻地影响了民众对历史的认知和反思，并将在未来产生更大的影响。

从记忆文化的角度出发，德国历史博物馆不仅仅是一个收藏、展示的单一性质场所，而且通过展览和历史教育活动，参与到国家形象构建和民族身份认同的过程中来，具有相当的政治性，参观者在接收历史信息的同时也接受了自己国家的过去身份，对本国政治文化的形成、对社会现状的发展有更深的了解，从而将历史延续下去，将历史反思和文化传统作为一种记忆渗透到日常生活中。众多记忆个体聚合在一起，便构成了整个国家和民族的历史观，这种集体记忆将代代传递下去，成为德国人身份的一部分，影响整个国家的未来走向。

（作者为中国人民大学外国语学院德语语言文学专业 2016 级硕士研究生）

欧洲一体化的危机与挑战

康德的欧洲一体化思想及其困难

彭晓涛

文明的多样性一直是困扰欧洲人的难题。面对文明的冲突，欧洲思想家构想了不同的一体化方案，以期在一个政治共同体内将不同的民族、语言和宗教整合起来。其中真正具有现代意义的方案是康德的国际联盟构想。二战的惨痛经验使欧洲的政治精英们认识到，必须通过和平的方式建立超越民族国家的合作形式。正是从这个时候开始，康德的国际联盟和永久和平思想引起人们的关注。经过数十年的发展，一个超国家的联盟在欧洲建立起来。随着欧洲一体化进程的推进，康德的思想甚至成为学术研究的热点。那些推动欧盟发展的哲学家，如哈贝马斯，就有意识地将康德的思想引为欧盟实践的主要思想资源，呼吁欧盟扬弃欧洲中心主义，追求康德世界主义的理想。哈贝马斯的呼吁与欧盟在 20 世纪 90 年代的一系列扩张行为相得益彰，共同将康德的思想推向历史前台。

然而，欧盟存在它的问题。一直以来，由于民众对公共政治参与不足，少数右翼精英宣扬的民粹主义削弱了欧洲一体化的政治意愿。2000 年以来不断发生的恐怖袭击、2010 年以来的债务危机和难民危机更是加速了民众的分裂，加深了成员国之间的分歧。2016 年 6 月英国"脱欧派"公投胜出更是一个标志性事件，欧洲一体化进程遭遇前所未有的重创。有观察者就此认为欧盟前景黯淡，甚至在不久的将来就会走向解体。鉴于康德国际联盟构想和欧盟政治制度之间紧密缠绕的关系，在此时间节点上，重新梳理康德的国际联盟构想，分析康德的永久和平论证，或将有助于我们更好地理解当下欧盟的困境，并展望其未来走向。

一　从目的王国到国际联盟

"国际联盟"这个概念首次出现在康德发表于 1784 年的《关于一种世界公民观点的普遍历史的理念》中。随后，在 90 年代的一系列论文——《论俗语：这在理论上是正确的，但不适合于实践》（1793）、《论永久和平》（1795）、《道德形而上学》（1797）中，康德更具体地考察了国际联盟如何现实地建立起来的问题。但是，国际联盟并不是康德为了适应政治理论需要，在晚年提出来的一个相对独立的概念，而是和他整体的哲学语境密切相关。正如阿利森指出的，为了使自然概念到自由概念的过渡成为可能，康德反思性地构想了一个合目的的历史进程，这个进程的一端是以法权关系为规范的国际联盟，另一端是以道德法则为基础的目的王国。我们首先来回顾这两个概念，然后在《判断力批判》的语境下讨论它们之间的关系。

"目的王国"（Reich der Zwecke）的概念出现在《道德形而上学的奠基》中。在该书中，康德从大众日常的道德概念"善良意志"出发，揭示出它的哲学概念基础，即"责任"概念。责任概念背后蕴含的道德法则，即"定言命令"有三个不同的表达式，它们的先验根据就在于意志自由概念。定言命令的第二个表达式——"目的公式"肯定了"每一个理性存在者的意志都是一个普遍立法的意志"；① 作为推论，这个理念就导向了"依附于它的一个非常丰饶的概念，即目的王国的概念"。② 尽管针对这个目的王国的确切内涵有着不同的解释，③ 但都指向在理性存在者之间形成"一种系统的结合"。④ 为了达成这种结合，需要满足两个条件：一是普遍法则条件，即所有理性存在者在这个系统中都必须服从理性颁布的客观法则；二

---

① 〔德〕康德：《康德著作全集》第 4 卷，李秋零译，中国人民大学出版社，2005，第 439 页。

② 〔德〕康德：《康德著作全集》第 4 卷，第 441 页。译文有改动。

③ 对"目的王国"内涵的解读可以分为几种，一是宗教性解读，认为上帝不仅是目的王国不可或缺的组成部分，而且担负着襄助目的王国实现的重任；二是以罗尔斯、艾伦·伍德为代表的政治性解读，他们分别利用目的王国理念支持自己的政治主张；三是形而上学性解读，它强调目的王国的形而上学意义，将目的王国收缩为理性个体之中的设置。参见宫睿《康德目的王国公式译解》，《中国高校社会科学》2018 年第 5 期。

④ 〔德〕康德：《康德著作全集》第 4 卷，第 441 页。

是互为目的和手段的条件，即原则上不能被理性存在者共享的目的被排除在系统之外。因此，康德这里谈到的目的王国就是一个理性存在者为促进共同善，按照道德法则相互尊重、和谐一致的共同体，而无论这个共同体的达成是理性个体的内在设置，还是需要理性宗教的襄助。虽然理性的存在者能够借助理性自我立法，并根据普遍的道德法则结合成一个伦理共同体，但在实际行动的过程中，人类常常颠倒偏好和道德法则的主从关系，从而不能一贯地出于义务而行动。因此，康德强调目的王国概念虽然在逻辑上是可能的，但不具有真正的现实性，"只是一个理想"。①

　　"世界共和国"（Weltrepublik）与"国际联盟"（Völkerbund）或"和平联盟"（Friedensbund）这两个概念出现在《论永久和平》的"第二条确定性条款"。国际联盟构想直接针对的是当时欧洲各国频仍的战争，鉴于战争的毁灭性威胁，各国会趋向于组成一个"和平联盟"，以终结一切战争。与缺乏现实化路径的目的王国相比，康德在这里充分讨论了和平联盟的具体操作条款和步骤，并自信地说，"永久和平的联盟制"在经验上是可以期许的，"其可行性（客观实在性）是可以展示的"。② 从目的王国的先验理念到国际联盟的经验概念，这个整体思路也在康德对"世界共和国"与"国际联盟"两个概念的区分中得到微妙而重要的体现。康德把国际联盟视为一个消极理念，而把世界共和国视为一个积极理念。两者的区别在于，后者过于高远，缺乏清晰的现实化路线图；而前者具体的路线和步骤则是可以明确勾勒的。下文将涉及这个区分。

　　尽管"目的王国"和"国际联盟"需要加以区分，但两者的关联也很明显。众所周知，"鸿沟"问题是康德哲学的一大难题，在我们这里体现为伦理共同体和政治共同体的沟通问题。康德本人并没有明确讨论这个问题，但阿利森对"第三批判"的解读为此提供了一个方案。阿利森首先讨论了自然的"最终目的"（letzte Zweck）和造物的"终极目的"（Endzweck）。康德表示，人类正是凭借自己的独特性，即自己为自己设定目的并把自然当作手段来使用，才被视为自然的最终目的；而文化能够产生和提高人类的独特性，也就成为自然最终目的的候选者。通过两种类型（技巧的和教养的）文化的发

① 〔德〕康德：《康德著作全集》第4卷，第441页。
② 〔德〕康德：《康德著作全集》第8卷，李秋零译，中国人民大学出版社，2010，第361页。

展，人类一方面通过政治制度建立起法权关系，另一方面借助文明化从欲望的专制中解放出来，共同为更高的道德使命做好准备。这个道德使命就是造物的终极目的，即服从道德法则的人。① 随后，阿利森在关键的段落讨论了两种目的的关联。他指出，尽管造物的终极目的不是自然本身能够带来的东西，但就其作为两种类型文化发展的诱因而言（政治共同体是技巧文化的产物），自然可以被认为间接地促进了终极目的的实现。② 因此，我们有理由认为，阿利森所提出的伦理共同体和政治共同体的间接促进关系，就是基于实践理念的引导与被引导关系。最后，阿利森强调，尽管康德明显将这个作为伦理共同体的目的王国设想为未来历史的条件，但它和历史哲学的关系仍然比较含混。在晚期的论文中，康德倾向于将历史合目的性首要地和共和制以及导向永久和平的联盟制联系起来，也就是说，与文化的发展因而是自然的最终目的，而非造物的终极目的联系起来。借用伍德的说法，国际联盟的建立只是人类发展中途的标记，下半部分的任务是从这个中点进展到伦理的共同体，从"自然的纪元"进入"自由的纪元"。③

二　国际联盟的现实化条件

在《论永久和平》中，康德着重从政治共同体建构的步骤和条款出发，阐明国际联盟的现实化条件。康德将国际联盟的建立具体化为三个问题：首先，国家间如何从无序的战争状态走向合作，建立国际联盟；其次，国际联盟如何避免成为暂时的利益均势，而形成稳定有效的合作机制；最后，如何处理联盟内部成员和联盟外部成员的关系。对这些问题的回答促使康德提出了三个步骤的论证。

康德面对的第一个问题是国家间如何从无序的战争状态走向合作。正如哈贝马斯所言，康德在这里以国际法权和国家公民法权的相似性为依据，采纳了类比论证的策略，即将个体层面通过契约达成公民状态的论证扩展

---

① 〔德〕康德：《康德著作全集》第 5 卷，李秋零译，中国人民大学出版社，2007，第 454 页。
② Henry E. Allison, *Essays on Kant* (Oxford: Oxford University Press, 2012), pp. 221 - 222.
③ Allen Wood, "Unsociable Sociability: The Anthropological Basis of Kantian Ethics," *Philosophical Topics*, 19 (1991): 343.

到国际层面。① 这个论证策略要求个体和国际两个层面公共法权的建立都以自然状态为前提。正如人与人之间的原初关系那样，康德认为，国际社会是一个由丛林法则支配的社会，在一个球形地表上共处的不同国家处在霍布斯意义上的自然状态之中。处于自然状态下的各民族即使没有爆发实际上的战争，这种无法状态本身就威胁到了各主权国家的安全，因为它们并没有放弃侵害彼此的意志。这种无序状态迫切需要在国际层面建立类似于共和国中的公共法权。

在《道德形而上学的奠基》中，康德首先在个体生活层面发现了一种"自然的辩证法"（die natürliche Dialektik），即人性的自然倾向或追求，虽然本身是出于偏好或利益考量的自私行为，但它们最终会促进道德的、自由的公共法权生活的达成。② 康德认为辩证法的自然机制同样能够在国际层面发挥作用。自然的辩证法在国际关系层面被康德称为"自然的机械作用"（der Mechanism der Natur），它能够"通过自然而然地即便在外部也相互对抗的自私偏好而被理性当作一种手段来使用……并借此……促成和确保内部和外部的和平"。③ 自由的主权国家基于利益至上的原则提出相互冲突的要求，从而产生敌对的行为，这种敌对行为的极端形式就是战争。自然正是通过战争，通过极度紧张而不松懈的备战，推动主权国家去做"即便没有如此之多的悲惨经验，理性也会告诉他们的事情，也就是说，走出野蛮人的无法状态，进入一个国际联盟"。④ 自然的辩证法凸显出来的这种合目的性，既能协助对实践来说软弱无力的、基于理性的普遍意志，在个体层面上建立起共和国，也能在国际层面使主权国家从对抗走向合作，建立一个广泛的联盟。

但是康德强调，国际联盟的目的不是延迟敌对行为，而是结束一切战争。⑤ 因此，如何使国际合作在稳定机制的作用下成为常态，成为康德亟待解决的第二个问题。康德看到，建立在公共法权基础上的共和国具有稳定的结构，它能以法律的外在强制力有效地规范公民之间的关系。那么，这个结构能否平行地挪用到国际层面呢？康德显然有过这样的设想，在《论俗

① 〔德〕哈贝马斯：《包容他者》，曹卫东译，上海人民出版社，2002，第194页。
② 〔德〕康德：《康德著作全集》第4卷，第412页。
③ 〔德〕康德：《康德著作全集》第8卷，第372页。
④ 〔德〕康德：《康德著作全集》第8卷，第31页。
⑤ 〔德〕康德：《康德著作全集》第8卷，第348页。

语》中他声称，要消除各国彼此征服的意志，除了"一种建立在伴有权力的、每个国家都必须服从的公共法律之上的国际法权（类似于单个人的公民法权或者国家法权）"之外，别无他法。① 这种国际法权规范下的国际关系康德称为"世界共和国"，它的实质是建立一个"国际性国家"（Völkerstaat），一个世界政府。

但是，如果将国家间关系设想为一般的合众国（civitas gentium），即"（像美利坚合众国那样）建立在一种国家宪政之上，因此不可解体的结合"，② 就可能导致最可怕的专制。所以康德后来严格区分了"国际性国家"和"国际联盟"，后者在保障成员国主权的前提下组成一个自由国家的结合体，类似于一个没有立法机关和行政机关的法庭，这个法庭通过常设国家代表大会设立一道程序，以民事的方式"仿佛是通过一场诉讼"来裁决国家之间的纷争。③ 康德这一构想包含了两个很难兼容的主张：一方面想保留自由结盟和废除协议的权利，以维护成员国的主权；另一方面又想在国际层面建立稳定的合作机制。为了解决这个冲突，康德设想了一个拥有核心国家，围绕核心国家不断扩展的结构："如果幸运如此安排，让一个强大而且已受到启蒙的民族能够形成一个共和国……这个共和国就为其他各国提供了一个联盟统一的中心，以便它们加入其中，并这样依照国际法权的理念来保障各国的自由状态，且通过更多的这类联合来逐渐地越来越扩展更远。"④ 可见，为了使国家结合的自由和国际联盟的强制得到兼容，康德用一个围绕核心国家不断扩展的联盟结构来代替主权国家松散的集会。后来，哈贝马斯也提出了类似的"核心欧洲"的构想，由德法等国扮演火车头的角色，带动欧洲其他国家，从而有序地扩展欧盟。⑤ 康德和哈贝马斯的构想在战后欧盟建立的过程中也得到部分验证，首先由德法主导的煤钢共同体来实现超国家性质的联合，然后鼓励和吸引邻近欧洲国家的参与，最后借助一体化带来的利益吸引更多欧洲国家参加。

---

① 〔德〕康德：《康德著作全集》第 8 卷，第 316 页。
② 〔德〕康德：《康德著作全集》第 6 卷，李秋零译，中国人民大学出版社，2007，第 362 页。
③ 〔德〕康德：《康德著作全集》第 6 卷，第 362 页。
④ 〔德〕康德：《康德著作全集》第 6 卷，第 361 页。
⑤ 〔德〕哈贝马斯等：《旧欧洲·新欧洲·核心欧洲》，邓伯宸译，中央编译出版社，2010，第 24—33 页。

康德将国际联盟的长效机制诉诸少数核心共和国，就要面对第三个问题，即不断扩展的国际联盟如何处理与联盟外部成员的关系。共和制的国家基于制度的亲和性很容易结合，世界贸易的联合力量更是加深了成员国之间的合作；但是，这样一个国际联盟要在空间上推向纵深，就必然面对异质的人群，它们或者由于历史的原因没有建立起共和国，或者仅仅作为一个种群出现，尚未宣示主权。国际联盟要在更大的范围内建构公共的有法状态，就必须与异质的人群建立联系。为此，康德提出了论证的最后一环，即"世界公民法权应当被限制在普遍友善的条件上"。康德首先指出，这个构想不是基于仁爱的道德理念，而是基于法权的政治原则，后者要求"和平联盟不仅要尊重和维护联盟内部公民的人权，还要尊重和维护联盟外部的人权"。[①] 其次，世界公民法权也是一种造访的法权，即一个外地人来到陌生的地域不受敌视的法权，人们拥有这项权利是基于共享的居住在地球表面的权利。世界公民法权这个理念在欧盟的条款中也有着部分的呈现，1992 年欧共体成员国签署的《马斯特里赫特条约》（Maastricht Treaty）在肯定成员国公民权利和义务的基础上追加了联盟公民的权利和义务，如在成员国领土内自由流动和居住的权利、外交或领事机构保护的权利以及向欧洲议会请愿的权利等。

至此，康德完成了他对永久和平的构想。康德强调，这些步骤的划分并不是任意的，而是与永久和平的理念相关。[②] 首先借助于人类身上非社会性的倾向使他们在一国之内建立起国家公民法权，然后借助于自然机械作用使各主权国家结合成由核心国家主导的国际联盟，最后通过世界公民法权为国际联盟的扩展提供条件。在三项法权中，国家公民法权的建立是前提，国际联盟是核心，世界公民法权是它的基本要求。按照康德的设想，当地球上一切人都被纳入法权关系时，基于自然状态的战争将不复存在。

三　康德国际联盟构想的限度

康德的论证从自然状态的预设出发，从个体到国家再到世界，建立了

---

① 丁三东：《欧盟实践的困境与康德思想》，《中国社会科学报》2006 年 9 月 13 日，第 2 版。

② 〔德〕康德：《康德著作全集》第 8 卷，第 354 页。

一个囊括所有人意志的法权体系，从而排除了与战争状态相结合的自然状态。从上节的三个论证来看，康德为国际关系的未来走向提供了乐观的图景：主权国家以和平的方式结成实质性的国际联盟，进而全面地推进一体化，以至于形成一个单一的政治组织；在这个政治架构下，人类的才智和道德水平不断提升，历史有步骤地迈向更高的阶段。很多哲学家都认为，欧盟的建立和发展就一度代表着人类发展的这一美好愿景。当下欧盟面临的重重困难和前途不甚明朗的局势促使我们反思康德国际联盟的构想。我们接下来的工作是追随康德三个步骤的构思过程，从这些具体的论证出发，指出它们存在的限度。

本文第二部分将支撑康德国际联盟构想论证概括为三个条件，并强调它们现实化的取向，现在分别来看这三个论证所面临的问题。首先需要指出的是，康德的第一个论证具有内在的含混性：一方面，康德在历史哲学中发现了自然辩证法，他将建立起公共法权的希望寄托在自然的目的论上，这似乎排除了我们在实践上的义务，因为我们没有义务去做无论如何都会发生的事；另一方面，康德又分明将道德看成法权关系的内在根据，从而保留了人类实践上的义务，"如果没有自由以及建立在它上面的道德法则，而是一切发生的或者能够发生的事情都纯然是自然的机械作用……法权概念就是空洞无物的思想"。① 康德对道德和历史的双重肯定曾经引起阿利森和盖耶的争论，阿利森主张在自然机械作用中，人对理性的运用是以自利为目的的工具性运用，结果却促成了普遍的目的；盖耶则主张康德的相关论述只能表明，仅有人的自利倾向不足以保证永久和平的实现，永久和平必须以道德意志为前提。② 但是，这个论证存在的问题可以通过还原康德的语境加以澄清。康德实际上重新定义了义务，公共法权的建立在康德那里是实践理性概念在经验层面的现实化问题，因而自然辩证法作为技术上的实践理性，仅包含最低限度的道德要求，比如国家利益至上的原则应该受到国际法的约束，国家有义务与其他国家展开合作，但这个要求并不涉及纯粹实践理性的先天义务。③

---

① 〔德〕康德：《康德著作全集》第 8 卷，第 377 页。

② Paul Guyer, *Kant on Freedom, Law, and Happiness* (Cambridge：Cambridge University Press, 2000), pp. 408 – 434.

③ Henry E. Allison, *Essays on Kant* (Oxford：Oxford University Press, 2012), p. 227.

　　如果说第一个论证存在的问题只是含混的话，康德第二个论证的问题却很难通过概念的澄清得到解决。康德的第二个论证要求一个强大且已经受到启蒙的民族充当核心国家，它以强制力为后盾，保证联盟内部成员和平相处并有序地扩展联盟的范围，这就涉及核心国家在对外决策中的持久性如何保障的问题。康德本人在《道德形而上学》中对核心国家的构想有过反思，说"由于在这样一个多民族国家扩展得太过庞大而越过广阔的疆界时，它的管理，从而还有对每个成员的保护就必然最终成为不可能的事情"。① 但他的基调并没有变，因为接近永久和平理念的国际联盟作为政治学原理是可以实现的。康德显然赋予共和制国家特殊的优越性，它除了能够有效地规范公民之间的关系之外，还有望"产生一个民族的良好道德教养"。② 这意味着，国际联盟的核心国家之所以能在历史的进程中保持其强大繁荣，在于它能够基于历史经验的积累使理性获得自我提升，从而在历史进程中有效地做出全局最优的决策。理性的自我提升需要超越个体的有限性，在一个世代的序列中获得实现，康德实际上将这个设想落实为启蒙时代对人类道德所持的进步主义信念。但是，道德的进步只是一种理想的设定，正如哈斯纳所言，人类道德的转变永远不具有理论上的确定性或机械的必然性。③ 况且，即使这个前提成立，康德没有看到公民道德和国家道德之间缺乏连续性，这意味着核心国家是有可能败坏的。即使政府精英出于道德压力努力维系国际联盟的扩张，公民却很可能只考虑眼前利益，而民主决策程序很容易将民众的意愿转化为国家的对外政策。

　　以欧盟为例，尽管实行议会共和制的联邦德国在经济上具有巨大的体量，在文化上也有较强的凝聚力，但二战的记忆很快在年青一代中淡化，他们更看重当下的利益，更认同本民族的文化传统。随着金融危机和难民危机的影响，右翼思潮再度复兴，新晋的选择党（Alternativ für Deutschland）甚至具有很高的民调基础。康德关于理性基于历史经验不断提升的设想显然面临着历史的考验。

　　国际联盟的限度不仅在于理性是否能够基于历史经验自我提升，还体

---

① 〔德〕康德：《康德著作全集》第 6 卷，第 362 页。
② 〔德〕康德：《康德著作全集》第 8 卷，第 372 页。
③ 〔美〕列奥·施特劳斯、约瑟夫·克罗波西主编《政治哲学史》，李洪润等译，法律出版社，2009，第 616 页。

现为先验立场和经验性立场之间的张力。我们来看第三个论证的困难。世界公民法权的主要内容是人权原则。为了说明人与人之间原初的平等关系，康德采取了一种诉诸先验主体的论证策略。简要地说，康德区分了人的经验品格和智性品格，尽管不同的人群在自然环境的作用下有着特定的身心构造和行为机制，但他们都是理性的存在者，能够按照纯粹理性的规定展开自由的实践活动，从而具有相同的道德禀赋和理性能力，这正是国际人权的思想基础。世界公民法权的辩护的确可以诉诸先验立场，但在国际联盟的建构过程中，经验层面的差异毕竟是不可抹除的。为了敉平先验层面和经验层面的差异，康德引入社会历史生活。康德的历史理论允诺一种渐进的改革方案，即便是独裁制政府统治下的臣民，也可以通过不断的启蒙使自己的理性由胚芽推进至完善，逐渐形成自我立法的意识并以共和制的方式达到自治。① 但是，在先验层面，康德对自由持严峻主义（Rigorismus）的理解，自由是一种要么完全实现，要么完全匮乏的东西，不存在任何中间状态。即是说，真正的自由乃在于主体的自我规定，其行动所遵循的法则乃是纯粹理性自身颁布的。那些率先实现宪政自治的民族如果对政治自由采取同样的理解，就很难做到友善对待不同的文化和制度，而且被诱导采取对抗的态度，演变为文明的冲突。在这个问题上，黑格尔在历史哲学中对自由理念进行分层处理的渐进式主张或许更容易发展出一种文化包容的理论立场。在自由发展程度的谱系上，不同的文明被确认享有不同程度的自由；尽管不同程度的自由还不是真正现实的自由，但它们在自由理念的历史理性空间占据着不同的位置。

同样以欧盟为例，当今欧洲宽松的移民政策带来了大量异质人群的涌入，他们缺乏原先的欧洲人在数个世纪中不断碰撞塑造而成的共同生活经验，而共同生活的形成需要两个世界的文明进行长期的砥砺，在这个过程中民众如何做到相互包容，考验着欧盟领导人的政治智慧，更考验着我们在新的历史条件下如何坚持康德的理论。

（作者为南开大学哲学院马克思主义哲学专业 2017 级博士研究生）

---

① 〔德〕康德：《康德著作全集》第 8 卷，第 378 页。

欧盟建立初期德国的难民问题

宋舒杨

一　导言

（一）　问题的提出

难民问题是德国和欧洲政治中的重要议题。近年来，西亚、北非政局动荡，大量难民涌入欧洲，造成难民危机，给各国政府和欧盟都带来了重大挑战。在这场难民危机中，反难民、反欧盟的右翼党派迅速崛起，成为欧洲政坛不可小觑的力量。

20 世纪 90 年代初，欧洲也经历了类似的难民危机，其中德国是接收难民最多的国家。这些难民主要来自苏联和东欧地区。联邦德国《基本法》中保护"避难权"的条款，为难民进入德国提供了法律依据；德国发达的经济和完善的福利制度，对难民具有强烈的吸引力。1990 年两德统一以来，每年向德国申请避难的人数大幅增加，1992 年达到 43.8 万人的峰值，形成了一次前所未有的难民潮。大量难民的涌入带来了诸多社会问题，引起政府、各政党和民众的关注。1993 年 5 月，德国联邦议会决定修改《基本法》，通过了关于避难权的新规定，以减轻德国的难民压力。修改后的法规从同年 7 月 1 日开始实行，此后进入德国的难民数量迅速减少，但逐渐收紧的难民政策和政策实行中的种种问题也引发了许多争议。

90 年代的这场难民危机并没有阻碍欧洲一体化的进程。相反，这一时期欧洲的政治、经济合作都在不断深化。1992 年通过、1993 年生效的《欧洲联盟条约》标志着欧洲一体化从经济走向政治。包括移民和难民政策在内的司法和内政合作成为欧盟的三大支柱之一。1999 年推出的欧元，更是成为"装在口袋里的欧洲认同"，是欧洲一体化进程中的又一大飞跃。

本文以《明镜》周刊这一注重深度政治报道的杂志为主要材料，回顾欧盟建立初期德国面临的难民问题，试图解答这一疑问：为什么在 90 年代德国的难民危机中，没有出现反难民与反欧盟势力的结合，反而出现了欧盟迅速发展的情况？

（二）相关概念和政策背景

1. 难民和避难权

目前国际社会对难民的通行定义出自联合国的两份文件：1954 年生效的《关于难民地位的公约》（又称《日内瓦公约》）和 1967 年生效的《关于难民地位的议定书》。根据它们的定义，构成难民的要素包括：① 在其本国之外；② 不能或不愿受该国保护；③ 基于正当理由畏惧迫害；④ 所畏惧的迫害是基于种族、宗教、国籍、属于某一社会团体或具有某种政治见解。[①] 在这一定义下，难民只包括因在本国受政治迫害而逃亡的人，不包括因经济、环境等问题逃往他国的人。公约对难民的保护，旨在保障其居住权、工作权等基本人权，要求难民不受迫害和歧视，而非对难民提供额外的救济。

联邦德国是这两份公约的缔约国。需要注意，德国人在日常语言中使用"难民"（Flüchtling）一词时，所指未必符合公约对难民的定义。日常语言中所谓的难民有不同的类型：受政治迫害者可根据联邦德国《基本法》第 16 条规定的"避难权"申请避难；内战难民具有特殊的法律地位，可以获得暂时的居留权，但这种保护并不属于根据《基本法》第 16 条获得的政治避难；经济难民实际上是一种因经济困难而来德国的移民，不适用避难

---

① 王陈平：《〈关于难民地位的公约〉及其议定书：难民权利保障的法律框架》，《人权》2017 年第 4 期。

流程，也不受特殊保护。①

2. "安全国"概念与欧盟的限制性难民政策

1992 年签订的《欧洲联盟条约》明确将难民问题列为成员国具有共同利益的领域，为成员国在难民政策上的合作拉开序幕。同年，成员国通过了《关于明显不合理避难申请的决议》和《关于第三东道国问题的决议》。《关于明显不合理避难申请的决议》旨在防止避难程序的滥用，尤其是加快不合理避难申请的驳回程序。"不合理"申请主要包括两种情况：一是申请者在本国可以找到避难所，二是涉及伪造文件、虚假身份等问题。《关于第三东道国问题的决议》提出了"安全国"的概念。"安全国"就是不存在迫害公民问题的国家或能够提供避难的国家，包括安全原属国和安全第三国。如果申请者来自安全原属国，欧盟国家可以将其驱逐回原属国；如果申请者的原属国不安全，但途经安全第三国入境，欧盟国家可以将其驱逐至途经的第一个安全国。欧盟并未提出统一的安全国名单，只是根据人权、社会稳定等方面的情况确定了一个共同标准，具体名单由各成员国政府自行确定。②"安全国"概念突出体现了欧盟建立初期难民政策的限制性。

（三）研究思路

本文将政策背景与社会舆论中的难民问题相结合。一方面，通过阅读德国、欧盟、联合国的政策文件，参考前人研究，了解德国和欧盟难民政策的变化；另一方面，通过《明镜》周刊对难民问题的专题报道，了解德国社会对难民问题的观点。

《明镜》周刊创刊于 1946 年，每周发行量约 110 万份，是德国最有影响力的新闻期刊之一，以其独立的报道立场和详尽的调查性报道著称。周刊不附属于任何党派，不畏惧政治权威，敢于揭露社会各方面的问题。该刊还拥有欧洲其他刊物无法比拟的资料馆，为报道提供翔实的背景资料，每篇报道发出前还要由专家审核，以在最大程度上保证其准确性。③对于本

---

① Grundgesetz für die Bundesrepublik Deutschland, https://www.bundestag.de/gg；唐艋：《德国难民政策的历史与现状》，《德国研究》2015 年第 2 期。

② 甘开鹏：《欧盟难民政策研究（1957—2007）》，厦门大学出版社，2011，第 82—83 页。

③ 参见纪永滨、宋健飞《鲁道夫·奥格斯坦和他的〈明镜〉周刊》，《德国研究》2003 年第 2 期；张征、冯静：《德国〈明镜〉周刊与调查性报道》，《国际新闻界》2005 年第 3 期。

文研究的难民问题，《明镜》周刊辟有专栏，经常报道相关热点问题。报道的内容和形式十分多样，包括对难民聚居区的考察、对政治人物和专家学者的访谈、民意调查等。此外，周刊还会引用其他机构的调查结果，与不同媒体的言论对话。综上所述，《明镜》周刊在报道立场上相对独立，对难民问题的报道内容丰富、信息准确、分析深入，可以用于了解德国社会对难民问题的看法。

本文考察的时期为1993—1999年，这一时期德国的难民数量由连年大幅增加转为波动下降，其间德国和欧洲的难民政策都发生了重要的转折，欧洲一体化进程也经历了两次飞跃。1993年，德国联邦议会经过一番争论，通过了修改《基本法》中避难权条款的决议；《欧洲联盟条约》的生效促进了欧洲的政治一体化，深化了成员国在移民和难民政策上的合作。1999年，欧盟首脑会议通过《坦佩雷协定》，首次明确提出"欧洲共同难民制度"的概念，确定了共同的难民政策标准，欧洲难民政策一体化进入新阶段；共同货币——欧元的使用让欧盟各国的经济联系更加紧密，让欧洲一体化的标志进入普通民众的生活。其间，德国和欧盟的难民政策都在不断探索、调整，社会对难民问题的讨论也较为丰富。

本文的主体部分从两方面回答开头提出的问题，研究90年代德国难民危机为何没有造成"疑欧"势力的兴起，反而伴随着欧洲一体化的深入。第一部分关注德国和欧盟对外难民政策，研究民意与这些政策的互动。第二部分关注欧洲一体化自身的发展程度，试图从这一角度解释欧盟在难民压力下仍能蓬勃发展的原因。

二　对外的限制性难民政策：起源、效果、争议与调整

（一）限制性难民政策的提出

联邦德国建立初期难民政策较为开放。为了吸取纳粹德国的历史教训，弘扬人道主义精神，联邦德国在起草《基本法》时，制定了一条不加限制的避难条款："遭受政治迫害的人享有避难权。"立法之初，到德国申请避难的人数量较少，他们大多来自东欧，被视为共产主义阵营中的反抗者和重要的情报来源，往往在联邦德国受到欢迎。

到了 20 世纪 80 年代，难民数量的攀升引发了社会的关注和讨论。1992 年，向德国申请避难的人数达到历史新高，给德国社会带来了更大的挑战。《明镜》周刊对难民增加带来的社会问题报道颇多，体现出社会各界对难民问题的担忧。各党派为争取选民，在难民问题上顺应民意，采取了限制性的难民政策。

难民大量进入带来的问题包括财政负担、诈骗、暴力犯罪等。《明镜》周刊用具体的事例和调查，反映了民众在难民大量进入后的担忧情绪。1993 年 3 月的一篇文章集中报道了难民骗保的现象及其对财政造成的沉重负担。其中刊登的民意调查显示，61% 的受访者认为滥用社保现象分布广泛，73% 认为应该进行更强力的打击。① 5 月的两篇报道集中体现了民众对难民潮的恐慌，标题分别为《这一切完全让人受不了》② 和《最好扔到西伯利亚去》③，内容都是受访居民对身边难民状况的感受，也反映了当地大多数民众对限制难民的急切渴望。据 Allensbach 民调机构调查，大部分德国人认为，反对修改《基本法》、限制避难权的主张，是错误地理解了人道主义的内涵。④

民众的切身感受影响了他们的政策偏好。汉堡市一名来自基民盟、支持强硬难民政策的市议员认为，汉堡居民的抗议说明他和他的党对避难问题的看法是正确的。⑤ 哈根市来自社民党的市长在财政和民意的双重压力下，要求该城停止接受难民，虽然没有成功，但他认为这一行为给自己的党发出了信号。⑥ 社会学家 Karl Otto Hondrich 认为，民众还不能立刻接受大量外国人，目前应该在坚决反对排外暴力行为的同时修改《基本法》，有限制地关闭边界。⑦

特别值得重视的是民众中出现的右翼极端倾向。1992—1993 年，罗斯托克、索林根等地出现了多起针对外国人的暴力案件。根据警察局的统计，1991—1993 年联邦德国的排外型暴力行为数量迅速攀升：1987—1990 年只发生了 250 起排外型暴力行为，1991 年一年就达到 2427 起，随后两年更是

---

① Sozialhilfe für Napoleon, in *Der Spiegel* 12/1993.

② "Das alles nervt total", in *Der Spiegel* 18/1993.

③ "Am besten nach Sibirien", in *Der Spiegel* 21/1993.

④ "Grenzen des Erträglichen", in *Der Spiegel* 22/1993.

⑤ "Das alles nervt total", in *Der Spiegel* 18/1993.

⑥ Asyl: Einfach zu viele, in *Der Spiegel* 17/1993.

⑦ Karl Otto Hondrich, Das Volk, die Wut, die Gewalt, in *Der Spiegel* 1/1993.

达到每年 6000 多起。① 1993 年的民意调查显示，至少 35% 的德国人对右翼极端倾向表示理解，超过三分之一的德国人不想明确表示反对仇外。调查者担忧地强调，"德国人的德国"的口号正在青少年中得到赞同，民族主义、反对欧洲的倾向增强。② 右翼极端组织利用民众对难民的抗议发展势力，宣传自己的极端主张。③

在民众的呼吁和右翼势力崛起的威胁下，各主要党派的大多数政治人物在限制难民的问题上达成了一致。1993 年 5 月，联邦议会投票达成了"避难权妥协"（Asylkompromiss），决定修改《基本法》和《外国人法》中关于避难的条款，缩小了适用"避难权"的范围，限制难民入境。修改后的法律规定，经欧共体（欧盟）国家和波兰、捷克等安全第三国入境的难民，不适用《基本法》第 16 条规定的政治避难；如果避难申请者来自德国认定的安全原属国，申请者只有证明自己受政府迫害，才能适用"避难权"。如果避难申请被认为明显无理由，前一种情况会将难民遣送回边境，后一种情况则会将其遣送回原属国。联盟党和自民党组成的执政联盟经过与社民党的协商和妥协，才在议会中获得了三分之二多数，最终通过这一法案。其中，联盟党一贯主张限制难民，社民党尽管有所摇摆，但多数派最终改变了立场，支持妥协。来自社民党的莱茵兰－普法尔茨州总理 Rudolf Scharping 认为，如果社民党不同意修改《基本法》，它就会处于"几乎站不住脚的政治境地"。④

反对收紧难民政策的观点尽管在政治人物和普通民众中都存在，但属于少数，缺乏影响力。例如，在社民党的三位党主席候选人中，只有 Heide-marie Wieczorek-Zeul 一人反对在避难权问题上妥协，而她在党内的支持率比另两人低很多。⑤ 在联邦议会表决前夕，反对收紧避难权的左翼组织成员曾恐吓多名社民党议员；⑥ 表决当天，也有抗议者阻塞交通、袭击议员。⑦ 但

---

① 唐艋：《德国难民政策的历史与现状》，《德国研究》2015 年第 2 期。
② Paul Lersch, "Gastfrei, offen, fremdenfreundlich", in *Der Spiegel* 24/1993.
③ Asyl：Einfach zu viele, in *Der Spiegel* 17/1993；"Am besten nach Sibirien", in *Der Spiegel* 21/1993.
④ "Am besten nach Sibirien", in *Der Spiegel* 21/1993.
⑤ Olaf Petersen und Klaus Wirtgen, "Meine Überzeugung ist meine Stärke", in *Der Spiegel* 22/1993.
⑥ "In Angst leben", in *Der Spiegel* 21/1993.
⑦ "Nimm deinen Karenztag", in *Der Spiegel* 22/1993.

"左派的恐怖行为从未成功引发其追求的社会觉醒"，① 追随者寥寥。

（二）限制性难民政策的效果

1993 年 7 月 1 日，新的避难法规正式生效。新规实行之初效果显著，到德国申请避难的人数大幅减少（见图 1），难民住宿压力减轻。② 但这一规定在实行过程中也出现了一些问题：一些案例中当局对难民的遣返行为不合法，边检人员存在暴力执法现象，大量难民不带证件入境以隐瞒旅行路径。③

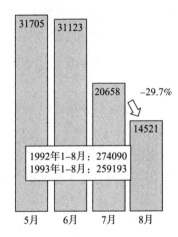

图 1　1993 年 5—8 月每月的避难申请人数

资料来源：*Der Spiegel*。

1993 年 8 月的民调显示，对于是否要让新的避难法规更加严苛，民众的意见较为分散：36% 认为应该，22% 认为绝对不应该，38% 持观望态度。④ 1993 年下半年以后，《明镜》周刊关于难民问题的报道数量呈现减少的趋势，侧面反映出民众对难民问题的关注程度下降，报道中呈现出的态度也相对多元，这与上述民调的结果相符。

居民对难民的恐惧和不满仍旧存在，但这种情绪在报道中的反映不再

---

① Paul Lersch, "Gastfrei, offen, fremdenfreundlich", in *Der Spiegel* 24/1993.

② Asyl: Gemischte Gefühle, in *Der Spiegel* 29/1993; Asylbewerber: Wieder freie Betten, in *Der Spiegel* 37/1993.

③ Asylrecht: Hektisch bis panisch, in *Der Spiegel* 33/1993; Polizei: Duzen und anfassen, in *Der Spiegel* 44/1993; Sportlicher Ehrgeiz, in *Der Spiegel* 31/1993.

④ Asylrecht: Hektisch bis panisch, in *Der Spiegel* 33/1993.

像过去那样密集和强烈。例如，民众仍然担心，在自己的居住区建立难民营，会对居住区的声誉造成不良影响。① 不过，与 1993 年初不同，这些不满更多以零散的抱怨形式出现，没有演变成普遍的抗议。随着民愤的平息，右翼极端势力也得到了遏制。1994 年，德国发生的排外型暴力行为仅为前一年的一半，② 这说明排外势力逐渐失去了生存的土壤。

（三）限制性难民政策的争议

随着难民数量的减少，社会舆论关注的重点也从难民群体的问题转向了政府在政策执行中的问题。这些问题包括公务员受贿、勒索，③ 审核部门对陌生文化缺乏了解，④ 无视难民隐私安全，⑤ 一些急需保护的群体在现有法律体系下难以获得保护，⑥ 等等。

执政的联盟党在难民政策上越来越多地遭到本党选民和其他党派的批评。这些批评主要认为政府的难民政策过于强硬、一刀切，缺乏灵活性和人道主义精神。民众对政策的不满突出表现在关于"教会避难"（Kirchenasyl）的争论上。"教会避难"指的是：一些教会人士为他们认为受到不公正待遇的难民提供庇护，即使政府要遣返这些难民，教会也坚持保护他们。这一行为的合理性引发了社会争议。1994 年，全德发生了 34 起教会避难事件；1997年，这一数字达到 92 起，涉及 334 人。联合国难民署发言人认为，教会避难事件的普遍发生，体现了民众对德国避难实践的不满。⑦ 在巴伐利亚州，警察曾经到教会抓捕进行"教会避难"的难民。虽然抓捕行动中止了，但这一事件仍然引起了当地选民的不满，他们对投票给基社盟感到羞耻，甚至有原本忠诚的党员打算退党。⑧ 到了 1998 年大选前夕，联盟党与教会在

---

① Flüchtlinge: Nachbarn gegen Ghettos, in *Der Spiegel* 11/1994.

② 唐艋:《德国难民政策的历史与现状》,《德国研究》2015 年第 2 期。

③ "Zu Hause droht Blutrache", in *Der Spiegel* 49/1995; Asylrecht: Geld oder Gefängnis, in *Der Spiegel* 48/1994.

④ Asyl: Wie ein Märchen, in *Der Spiegel* 42/1994.

⑤ Helmut Bäumler, Datenschutz: Schlechte Zeiten für Victor Laszlo, in *Der Spiegel* 43/1994.

⑥ 如受到严重心理创伤、难以表达自身经历的人，以及受恐怖组织等非国家力量迫害的人。参见 AUSLÄNDER: In der Schutzlücke, in *Der Spiegel* 5/1998; Stefan Klein, ASYLPRAXIS: "Sie kommen als lebende Tote", in *Der Spiegel* 42/1998。

⑦ ASYL: Bedenkliche Praktiken, in *Der Spiegel* 21/1998.

⑧ Annette Ramelsberger, "Flüchtlinge: Ein Bündel Angst", in *Der Spiegel* 31/1995.

避难问题上的冲突更加激烈。众多教会人士和信徒指责联盟党对待难民和外国人的政策过于强硬，缺乏基督教的同情心，并要求抵制主张这些政策的政治人物。① 联盟党的选民基础受到了严重冲击。

其他政党也纷纷批评联盟党的难民政策。来自社民党的北威州内政部长认为，国家应该对人道行为保有更大的自由裁量空间。② 绿党政治人物Daniel Cohn-Bendit 建议在难民认定中加入有民众参与的委员会。③ 1998 年大选前，联盟党和自民党组成的执政联盟在难民政策上出现了严重的分歧：在联邦议会讨论削减避难申请者补贴的法案时，自民党部分议员不同意联盟党继续削减补贴的政策，转而寻求与社民党合作。④ 面对自身选民和其他党派的攻击，联盟党在难民政策方面可谓四面楚歌。

（四）限制性难民政策的调整

1998 年大选之后，社民党和绿党组成的红绿联盟上台执政。在难民问题上，新政府对此前社会关注的一些人道主义问题做出了回应，在审核尺度上有所放宽，但总体上仍持限制难民的态度。然而，联邦政府又需要控制避难申请通过的数量，防止与担心难民犯罪、不愿接收难民的各州产生矛盾。⑤ 为了保持联邦和地方利益的平衡，红绿联盟政府只能谨慎调整、有限放宽难民政策。

在欧盟制定共同难民政策的过程中，德国联邦政府的代表则积极提倡限制性难民政策。在 1999 年欧盟坦佩雷峰会上，德国总理施罗德声称德国接收了欧盟一半的难民。这一数字实际上有所夸张，可能意在强调德国难民压力之大，希望欧盟予以分担。⑥ 内政部长 Otto Schily 认为《日内瓦公约》中的"避难权"不是可诉的、"要求"避难的权利，而是被赋予的、

---

① KIRCHE：Platzverweis für Jesus, in *Der Spiegel* 35/1998.

② Flüchtlinge：Asyl vom Sponsor, in *Der Spiegel* 29/1995.

③ Annette Großbongardt und Thomas Darnstädt, "Gnade für Flüchtlinge", in *Der Spiegel* 21/1996.

④ FDP：Den Partner rempeln, in *Der Spiegel* 26/1998.

⑤ Jürgen Dahlkampf et al., FLÜCHTLINGE："Wegschauen und verdrängen", in Der Spiegel 15/1999；Stefan Berg et al., ASYL："Folter oder Willkür", in *Der Spiegel* 28/1999.

⑥ ASYLPOLITIK：Schröders Zahlensalat, in *Der Spiegel* 43/1999.

"获得"避难的权利，与移民权类似。① 欧盟司法高级代表则不同意 Schily 的区分，认为《日内瓦公约》中写明的是生命受威胁的人有权"要求"被安全的国家接受。② "要求"与"获得"两种措辞相比，前者强调难民可以上诉，对政府有一定的强制作用；后者则强调难民是政府自愿接收的，为政府进一步限制难民留出了空间。可以看出，欧盟领导层对德国政府的主张有所保留，并未如德国希望的那样继续加强欧盟难民政策的限制性，而是在原有框架下不断深化成员国之间的合作，如设定承认避难申请者的共同最低标准，建立指纹信息系统，防止难民在不同国家重复申请等。

德国和欧盟难民政策的调整过程反映出不同级别政府之间的利益博弈机制。地方政府直接负责安置难民，需要为安置难民投入大量资金和人力资源，还需要加大治安投入，因此不愿放开难民政策。德国联邦政府虽然有意实行更宽松的难民政策，但迫于地方政府的压力，只能有限度地放开政策。而在欧盟层面上，以德国为代表的成员国又主张加强欧盟难民政策的限制性。在难民问题上，成员国和欧盟的关系有些类似地方政府和联邦政府的关系，前者需要直接应对难民压力，因此要求限制难民，后者则努力在人道主义原则和地方利益间寻求平衡。可以说，直接安置难民的基层政府更支持限制性的难民政策，积极对其上级机构的难民政策发挥影响，因此德国和欧盟的难民政策在总体上呈现出限制性。

三　欧洲一体化程度与难民问题

欧盟建立初期的难民危机之所以没有导致反欧盟势力的崛起，不仅与欧盟对外的限制性难民政策有关，还与当时欧洲一体化自身的发展程度有关。具体来说，地缘政治和合作领域两方面的因素都起到了作用。

地缘政治上，波兰、捷克等一批追求入欧的东欧国家与欧盟国家签订了重新接纳协定，为难民问题提供了"缓冲区"。这一政策旨在把进入欧盟的难民遣送回原属国或其途经的"安全国"，让他们在其他国家申请避难，

---

① Stefan Aust, Georg Mascolo und Horand Knaup, "Ich habe lernen müssen", in *Der Spiegel* 46/1999.

② Dirk Koch und Sylvia Schreiber, EUROPA: "Nicht hineinregieren", in *Der Spiegel* 47/1999.

从而减轻欧盟国家的难民压力。这些东欧国家之所以同意接纳难民，主要出于两方面的原因：一方面，它们为了加入欧盟，需要同欧盟国家保持良好的关系；另一方面，欧盟国家为东欧国家提供了大笔经济援助，以换取后者对难民的接纳。[①] 这些欧盟"后备"国家对难民的安置，很大程度上减轻了欧盟成员国的难民压力。

合作领域上，当时的欧洲一体化程度不如现在高，欧洲一体化对民众生活的直接影响较小，因此尚未成为民众最关注的政治议题。欧盟建立之初，欧洲政治一体化和人员自由流动刚刚起步，经济上尚未建立共同的货币体系，共同难民政策仍处于构建基本框架、确定最低标准的阶段。把难民问题与欧洲一体化联系起来讨论的主要是政治精英。许多政治人物希望通过欧洲合作解决难民问题。例如，社民党的 Schily 认为，各国认定难民标准的分歧只能在欧洲层面上解决，德国不能从欧洲共同框架中抽身。[②] 绿党的 Cohn-Bendit 认为"不能一方面计划在欧洲范围内自由移动，另一方面不解决避难和整体的移民问题"，认为欧洲必须实行共同的移民和难民政策。[③] 相比之下，普通民众主要关心其居住区附近的难民状况，他们的抗议尚未把难民议题和欧洲一体化联系起来。这与近几年欧洲难民危机中的状况不同。近年来，欧盟的政治经济一体化程度大大提高，欧盟在成员国间按配额分配难民的政策将直接影响本国接纳难民的数量，进而影响到各国民众的日常生活。此时，政党把反难民和反欧盟的口号结合起来，就容易获得民众的支持。

四　结论

本文通过考察《明镜》周刊 1993—1999 年关于德国难民问题的报道，研究了这一时期德国社会为何没有在反难民的同时，出现强大的反欧盟力量，从两方面分析了这一现象出现的原因。

一方面，德国和欧盟在这一时期都采取了限制性的难民政策，对强烈

---

① 甘开鹏：《欧盟难民政策研究（1957—2007）》，第 112—113 页。

② Paul Lersch, Horand Knaup und Thomas Darnstädt, SPIEGEL-GESPRÄCH: "Die neue Mitte ist eine linke", in *Der Spiegel* 46/1998; Stefan Aust, Georg Mascolo und Horand Knaup, "Ich habe lernen müssen", in *Der Spiegel* 46/1999.

③ Annette Großbongardt und Thomas Darnstädt, "Gnade für Flüchtlinge", in *Der Spiegel* 21/1996.

要求限制难民的民意起到了安抚作用。1993 年德国联邦议会通过了限制避难权的法案，顺应了当时的主流民意。欧盟提出限制性难民政策的时间则更早。"安全国"的概念就是欧盟决议提出的，在德国限制避难权的政策中得到了应用。此后，进入德国的难民数量明显减少，难民危机迅速得到了缓解。民众对难民问题的关注程度随之下降，态度也由反对难民转向呼吁人道主义精神。欧盟的限制性难民政策与德国国内的主流民意一致，收到了明显的效果。因此，德国社会在反难民的同时不反对欧盟，甚至可以说对欧盟的政策持支持态度。

另一方面，欧洲一体化事业在当时尚未遇到瓶颈，仍有广阔的发展空间。波兰、捷克等东欧国家纷纷追求加入欧盟，积极发展同欧盟国家的关系，与欧盟国家签订了重新接纳协定，缓解了欧盟的难民压力。人员自由流动、使用共同货币等触及民众日常生活的一体化措施尚未实施或刚刚起步，前景十分诱人，其中的问题也尚未暴露出来。在欧盟建立之初的德国，欧洲一体化并未成为选民关注的主要议题，反欧盟也就不太可能成为政党主打的宣传口号。

欧盟建立之初的限制性难民政策能为当今的难民危机提供哪些启示呢？在看到成功经验的同时，也应该注意到这一政策的问题。这些问题在 20 世纪 90 年代已经初见端倪，在近几年表现得尤其突出。

一方面的问题来源于欧盟的扩大。90 年代的德国和欧盟可以通过与波兰等国签订协议，把来自东欧的难民阻挡在这些"安全国"，从而减轻自身的难民压力。为了获得经济援助、尽快加入欧盟，东欧国家同欧盟国家签订了重新接纳协定；为了减轻自身的难民压力，这些东欧国家又和它们东方的邻国签订类似的协议，进一步把难民东引。这些行为受到欧盟的鼓励。这样就在东欧形成了一个缓冲区，分担了欧盟的难民压力。而今，随着欧盟东扩，过去属于这一缓冲区的国家大多已加入欧盟，而目前欧盟边缘的乌克兰、土耳其等国政局不稳，吸纳难民的能力有限，且本身就可能产生难民。因此，依靠中转国吸纳难民难以解决目前的难民问题。

另一方面，社会对难民概念的理解也在变化。德国《基本法》规定享有避难权的只有受政治迫害者，其司法解释将迫害主体限定为国家，这一解释是和二战的经验教训紧密联系的。冷战结束后，随着东欧、中东等地区的政局动荡，大批其他类型的难民进入德国，例如战争难民和受恐怖组织威胁者。侵害他们的主体不是国家政权，不符合《基本法》对难民的定义，但其原属国又确实无法保证其生命安全。如何界定这些难民的法律地位，是否提供、如何提供保护，成为德国政治讨论中的一大议题。1993 年，德国联邦议会在修改《基本法》的同时，在《外国人法》中添加了第 32a 条，即如果联邦和州达成一致，可以给予战争难民和内战难民一定期限的居留权，由此引入了"战争难民"和"内战难民"的法律身份。对于受恐怖组织威胁者，存在一个法律漏洞：由于迫害他们的主体不是国家，他们无法按《基本法》或《日内瓦公约》在德国获得避难，迫害他们的恐怖组织成员却可以声称受到国家的政治迫害，从而获得政治避难。施罗德政府的内政部长 Schily 认为不能放任这一问题，应该区分国家与非国家的迫害。[1] 绿党也主张细化对难民种类的区分，对受政治迫害者、受社会迫害者、经济难民等分别采取不同的处理方式。[2] 这些讨论深化了社会对难民概念的理解，使难民的概念不只涵盖受政治迫害者。现在，战争难民和受恐怖组织威胁者也被普遍认同为应受保护的难民，也就难以再通过限制性难民政策将其遣返。

　　研究欧盟建立初期德国的难民问题，可以为理解当前德国和欧洲的难民危机提供一个历史反思的视角。面对前所未有的难民潮，当时的德国和欧盟通过限制性难民政策控制了危机，遏制了反对难民的右翼势力，欧盟也得到了迅速的发展。而今，过去的限制性难民政策暴露出种种新问题。无论从地缘政治的角度，还是从社会共识的角度看，过去的限制性政策都难以直接应用于今天的德国和欧洲。随着欧洲一体化程度的提高，欧盟的共同难民政策更直接地影响到民众的生活，在其政治选择中占有更重要的地位，在民众面前暴露出的问题也更多。早在欧债危机时，德国国内已经出现了反对欧元和欧盟的声音。而在 2015 年的新一波难民危机面前，对欧盟的怀疑和对难民的恐惧合流，共同形成一股疑欧、排外的政治力量，德国选择党就是其代表。如何在应对难民危机的同时保持欧盟的稳定与发展，是德国和欧盟政治精英需要继续思考、讨论和解决的问题。

---

[1]　Stefan Aust, Horand Knaup und Georg Mascolo, "Alles auf den Prüfstand", in *Der Spiegel* 30/1999.

[2]　Annette Großbongardt und Thomas Darnstädt, "Gnade für Flüchtlinge", in *Der Spiegel* 21/1996.

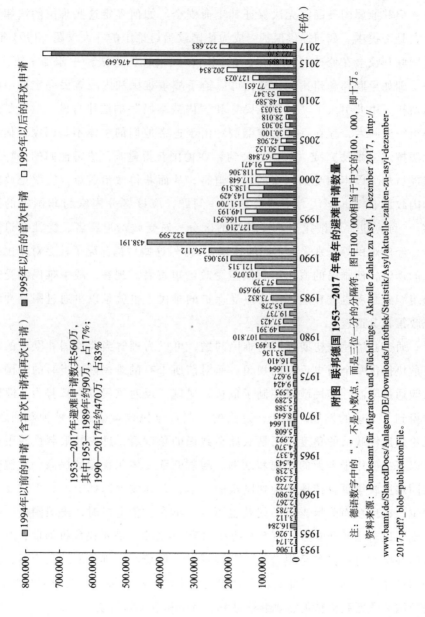

附图 联邦德国 1953—2017 年每年的避难申请数量

注：德语数字中的 "," 不是小数点，而是三位一分的分隔符，图中100,000相当于中文的100,000，即十万。

资料来源：Bundesamt für Migration und Flüchtlinge, Aktuelle Zahlen zu Asyl, Dezember 2017, http://www.bamf.de/SharedDocs/Anlagen/DE/Downloads/Infothek/Statistik/Asyl/aktuelle-zahlen-zu-asyl-dezember-2017-pdf?_blob=publicationFile。

（作者为北京大学历史学系德国史专业 2018 级硕士研究生）

道义与利益的制衡：德国难民危机
与难民政策研究

刘星延

德国是 2015 年欧洲难民危机爆发以来接收难民数量最多的欧洲国家，2015—2017 年，德国难民庇护申请者数量高达 144 万人，仅 2016 年难民庇护申请者数量就达到了空前的 74 万人，2017 年德国难民庇护申请者数量稍有减少，但仍占同期欧盟国家难民庇护申请者总数的三分之一。《德国蓝皮书：德国发展报告（2017）》称，在德国国内层面，难民融入是德国社会未来的最大挑战。[①] 大规模难民的涌入及其社会融入问题正在深刻影响德国社会的方方面面，并将在未来一段时间持续发挥作用。德国接受规模如此庞大的难民背后有着怎样的难民政策支持？其难民政策的历史根源是什么？德国难民庇护申请者的人口社会学特征经历了怎样的变化过程？这一变化过程中体现了德国怎样的难民政策调整策略？本文拟从人口社会学的视角就上述问题进行深入探讨。

一　二战结束以来德国难民政策的演变

（一）二战结束后初期到 20 世纪 70 年代的宽松难民政策

第二次世界大战中，德国纳粹党高呼"日耳曼民族是世界上最优秀的

---

① 《报告精读丨德国蓝皮书：德国发展报告（2017）》，搜狐网，http://www.sohu.com/a/15471
3720_186085，最后访问日期：2018 年 10 月 25 日。

民族"，其大举屠杀犹太民族等一系列极端种族主义政策和侵略行径使其他欧洲国家产生了数以千万计的难民。人们对战争的反思使得超乎民族主义的民主与人权价值观逐步在西方国家中蔓延，① 作为二战侵略国的德国，在战后也受到了人道主义赎罪精神的洗礼。出于对战争历史的反思，战后德国将难民的政治避难权写入宪法，在宪法中确立了避难的基本权利。② 1951年，联邦德国签署了《关于难民地位的公约》，接收国际政治难民。

（二）20 世纪 70 年代到 21 世纪初的难民政策收紧

二战结束后的 30 多年间，德国始终坚持较为宽松的难民政策。20 世纪70 年代，德国难民政策开始紧缩。一方面，1973 年石油危机爆发，对包括德国在内的西欧国家经济造成了重创，德国不断紧缩的财政资源与社会公共资源难以继续支撑宽松的难民政策；另一方面，苏东剧变引发了东欧难民潮，位于东西欧交汇处的德国因其宽松难民政策成为接收东欧难民最多的国家。③ 在难民蜂拥而至与财政紧缩的双重压力下，德国政府不得不开始考虑收紧难民政策，加强对庇护申请者政治避难资格的严格把控。1992 年联邦议会通过了《基本法修订案》，对难民避难权加以限制，缩小了政治避难权的适用范围。④ 这一修订案的实施客观上减少了进入德国的难民数量，缓解了难民涌入为德国社会带来的多方压力。

（三）21 世纪以来难民政策的调整与优化

进入 21 世纪后，德国对难民政策进行了调整与优化，采用"外松内紧"的方式应对难民问题。⑤ 一方面，2005 年《德国移民法》将非政府组织纳入"政治迫害"主体的界定中，在加强政治难民庇护的同时，不拒绝

---

① 〔法〕德尼兹·加亚尔、贝尔纳代特·德尚等：《欧洲史》，蔡鸿滨、桂裕芳译，海南出版社，2000，第 564 页。

② 伍慧萍：《欧洲难民危机中德国的应对与政策调整》，《山东大学学报》（哲学社会科学版）2016 年第 2 期。

③ 田小惠：《德国统一后的难民政策：发展、调整及新动向》，《当代世界与社会主义》2016年第 1 期。

④ 田小惠：《德国统一后的难民政策：发展、调整及新动向》，《当代世界与社会主义》2016年第 1 期。

⑤ 田小惠：《德国统一后的难民政策：发展、调整及新动向》，《当代世界与社会主义》2016年第 1 期。

任何难民的庇护请求；另一方面，德国政府进一步优化难民审查程序，提高审查效率。难民准入程序的严格化使得这一时期真正获得难民身份的难民仅占全部庇护申请者的 2%。[①] 与此同时，德国也致力于在欧盟层面寻求应对难民问题的合作方案，并在欧盟政策框架下进行难民政策调整。[②]

二战结束初期，在人道主义精神主导下，结合提升国际政治地位以及战后经济恢复的迫切需要，德国敞开国门欢迎难民。20 世纪 70 年代后，随着国际国内局势的变化，德国难民政策趋向紧缩。进入 21 世纪，难民政策相关立法日益完备，难民庇护申请程序不断规范化。同时，德国政府也通过与欧盟国家加强合作，共同承担难民庇护责任。二战结束初期的一系列难民政策调整为此次难民危机中德国实施的难民政策确定了基调。

二　难民危机中德国难民庇护申请者变动状况的人口社会学分析

2015 年声势空前浩大的难民危机席卷欧洲，实施积极难民政策的德国成为接收难民数量最多的欧洲国家。截至 2017 年 12 月，德国难民庇护申请者数量已达 144 万余人。本节运用德国联邦移民与难民局数据，对此次难民危机中德国难民庇护申请者的人口社会学特征进行分析，并探究德国难民政策对难民庇护申请者人口社会学特征变动的影响机制。

（一）难民庇护申请者的自然结构考察

1. 2015—2017 年难民庇护申请者单位时间数量变化经历了快速增长到断崖式下降的倒 U 形变化

2015—2017 年德国难民庇护申请者数量变化呈不标准的倒 U 形，2016 年 8 月之前，难民庇护申请者数量波动上升，8 月达到峰值 94350 人。2016 年 8—12 月难民庇护申请者数量呈现断崖式下降态势，12 月时难民庇护申请者数量已低于 2015 年年初水平。进入 2017 年后，难民庇护申请者数量稳

---

① 田小惠：《德国统一后的难民政策：发展、调整及新动向》，《当代世界与社会主义》2016 年第 1 期。
② 唐艋：《德国难民政策的历史与现状》，《德国研究》2015 年第 2 期。

中有降，总体稳定在 1.5 万至 2 万人之间。究其原因，第一，2015 年 8 月，德国放弃《都柏林公约》的第一责任国原则，实施欢迎难民的积极政策，难民庇护申请数量因此迅速增长；第二，欧土难民协议的签署以及德国"安全国家"政策的调整使得在 2016 年 8 月难民庇护申请数量呈断崖式下降；第三，2017 年欧洲难民危机进入尾声，加之德国推行了一系列难民数量控制政策，使得难民庇护数量缓慢下降。

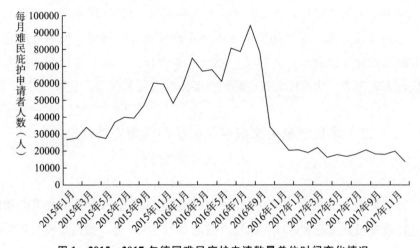

图 1　2015—2017 年德国难民庇护申请数量单位时间变化情况

2. 德国难民庇护申请者性别结构由严重失衡到逐步均衡

2015—2017 年三年间难民庇护申请者中女性所占比重分别为 30.85%、34.30% 与 39.54%，男女性别比逐年减小。这与德国逐步放宽的难民家庭团聚政策有着一定联系：难民家庭团聚政策的放宽，使得那些独身一人来到德国的男性难民得以在德国与妻子、儿女等直系亲属团聚，这是女性难民庇护申请者比重逐年增加的重要政策原因。

3. 难民庇护申请者年龄结构始终较为年轻但年轻化趋势逐步减弱

德国难民庇护申请者的人口结构年轻化特征主要表现在三个方面：第一，16 岁以下难民庇护申请者所占比重由 2015 年的 26.4% 上升至 2017 年的 39.4%，未成年难民庇护申请者比重逐步提高。第二，16—60 岁基本劳动力难民庇护申请者所占比重逐年下降，但依然占据难民庇护申请者的绝对多数。2015 年、2016 年及 2017 年德国境内 16—60 岁难民庇护申请者所占比重分别为 72.6%、68.5% 与 59.3%，在难民庇护申请者中所占比重逐

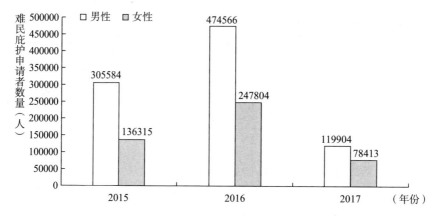

图2　2015—2017年德国难民庇护申请者性别结构

年下降，说明难民庇护申请者年轻化趋势正不断减弱。但16—60岁难民依然是难民庇护申请者的主体，特别18—45岁的主要劳动力始终稳定在难民庇护申请者总数的50%左右，意味着难民庇护申请者人口结构仍然高度年轻化。第三，难民庇护申请者中60岁及以上的老年人口比重始终稳定在1.2%左右，老年难民庇护申请者所占比重低。

表1　2015—2017年德国境内难民庇护申请者年龄结构

年份	2015		2016		2017	
年龄组别	总量	百分比	总量	百分比	总量	百分比
6岁以下	56225	12.7%	105860	14.6%	52363	26.4%
6—10岁	32723	7.4%	60699	8.4%	13834	7.0%
11—15岁	28060	6.3%	52434	7.3%	11890	6.0%
16—17岁	20471	4.6%	42393	5.9%	11120	5.6%
18—24岁	109672	24.8%	169853	23.5%	37385	18.9%
25—29岁	67258	15.2%	101560	14.1%	22525	11.4%
30—34岁	46698	10.6%	69449	9.6%	17105	8.6%
35—39岁	31239	7.1%	45503	6.3%	11862	6.0%
40—44岁	20194	4.6%	28187	3.9%	7580	3.8%
45—49岁	12848	2.9%	19010	2.6%	4964	2.5%
50—54岁	7489	1.7%	11679	1.6%	3066	1.5%
55—59岁	4245	1.0%	7145	1.0%	2057	1.0%

年份	2015		2016		2017	
年龄组别	总量	百分比	总量	百分比	总量	百分比
60—64 岁	2382	0.5%	4456	0.6%	1291	0.7%
65 岁及以上	2395	0.5%	4142	0.6%	1275	0.6%
总计	441899	100.0%	722370	100.0%	198317	100.0%

（二）难民庇护申请者的社会结构考察

1. 难民庇护申请者来源国结构总体稳定，叙利亚难民数量始终高居榜首，2016 年起，阿尔巴尼亚和科索沃难民数量迅速减少，伊拉克与阿富汗难民所占比重大幅提高

自难民危机爆发以来，叙利亚难民庇护申请者数量始终居高不下，2017 年之前始终占据难民庇护申请人数的 30% 以上，2017 年略有降低，为 24.7%。2015 年，德国难民庇护申请者数量最多的三个地区为叙利亚、阿尔巴尼亚和科索沃。从 2016 年起，受到德国"安全国家"政策的影响，科索沃、阿尔巴尼亚难民庇护申请者数量减少，阿富汗和伊拉克难民庇护申请者后来居上，分别占据德国难民庇护申请者总数的 17.6% 与 13.3%，这些国家长期受到美国及其西方盟国的大举入侵及干预，国内局势动荡不安，难民数量居高不下。2017 年，入境难民数量大幅减少，叙利亚、伊拉克与阿富汗依然高居难民庇护申请者来源国的前三位，此外，来自土耳其的难民庇护申请者数量迅速上升，占当年德国难民庇护申请者总数的 4%。难民主要来源国结构的变化不仅受到来源国局势影响，而且与德国难民政策的调整有着密切的关联。

表 2　2015—2017 年德国难民庇护申请者主要来源地结构

2015 年			2016 年			2017 年		
来源地	数量	百分比	来源地	数量	百分比	来源地	数量	百分比
叙利亚	158657	35.90%	叙利亚	266250	36.90%	叙利亚	48974	24.70%
阿尔巴尼亚	53805	12.20%	阿富汗	127012	17.60%	伊拉克	21930	11.10%
科索沃	33427	7.60%	伊拉克	96116	13.30%	阿富汗	16423	8.30%
阿富汗	31382	7.10%	伊朗	26426	3.70%	厄立特里亚	10226	5.20%

续表

2015 年			2016 年			2017 年		
来源地	数量	百分比	来源地	数量	百分比	来源地	数量	百分比
伊拉克	29784	6.70%	厄立特里亚	18854	2.60%	伊朗	8608	4.30%
塞尔维亚	16700	3.80%	阿尔巴尼亚	14853	2.10%	土耳其	8027	4.00%

2. 难民庇护申请者在德国各州分布不均衡但结构较为稳定，总体呈西多东少的分布格局

欧洲难民危机爆发以来，难民庇护申请者在德国联邦各州间的分布始终不均衡，且各州难民庇护申请者数量差距较大。北莱茵－威斯特法伦、巴伐利亚、巴登－符腾堡及下萨克森州等西部及南部经济较发达、人口较密集地区的难民庇护申请者数量也相对较多。德国采用柯尼斯坦比例（Königsteiner Schlüssels）在各州间分配难民庇护申请者，根据各州上一年度财政税收及人口数量确定该州难民庇护申请者配额，各州实际难民庇护申请者数量大致与柯尼斯坦比例相吻合。

表3　2015—2017 年难民庇护申请者在德国各州的分布情况

年份	2015			2016			2017		
德国联邦各州	难民庇护申请总量	所占比例（％）	柯尼斯坦比例（％）	难民庇护申请总量	所占比例（％）	柯尼斯坦比例（％）	难民庇护申请总量	所占比例（％）	柯尼斯坦比例（％）
北莱茵－威斯特法伦	66758	15.10707	21.24052	196734	27.23452	21.21010	53343	26.89785	21.14424
巴伐利亚	67639	15.30644	15.33048	82003	11.35194	15.51873	24243	12.22437	15.53327
巴登－符腾堡	57578	13.02967	12.97496	84610	11.71283	12.86456	21371	10.77618	12.96662
下萨克森	34248	7.75019	9.35696	83024	11.49328	9.32104	18861	9.51053	9.33138
黑森	27239	6.16408	7.31557	65520	9.07014	7.35890	14676	7.40027	7.39885
柏林	33281	7.53136	5.04557	27247	3.77189	5.04927	9369	4.72425	5.08324
萨克森	27180	6.15073	5.10067	23663	3.27575	5.08386	7389	3.72585	5.05577
石勒苏益格－荷尔斯泰因	15572	3.52388	3.38791	28982	4.01207	3.40337	6084	3.06782	3.39074
莱茵兰－普法尔茨	17625	3.98847	4.83472	36985	5.11995	4.83710	12951	6.53045	4.83089
勃兰登堡	18661	4.22291	3.08092	18112	2.50730	3.06053	5547	2.79704	3.03655

续表

年份	2015			2016			2017		
德国联邦各州	难民庇护申请总量	所占比例（%）	柯尼斯坦比例（%）	难民庇护申请总量	所占比例（%）	柯尼斯坦比例（%）	难民庇护申请总量	所占比例（%）	柯尼斯坦比例（%）
萨克森-安哈尔特	16410	3.71352	2.85771	19484	2.69723	2.83068	5118	2.58072	2.79941
汉堡	12437	2.81444	2.52738	17512	2.42424	2.52968	4664	2.35179	2.55752
图林根	13455	3.04481	2.74835	15422	2.13492	2.72451	5040	2.54139	2.69470
梅克伦堡-前波莫瑞	18851	4.26591	2.04165	7273	1.00682	2.02906	3954	1.99378	2.01240
萨尔	10089	2.28310	1.21566	6865	0.95034	1.22173	3099	1.56265	1.21111
不来梅	4689	1.06110	0.94097	8771	1.21420	0.95688	2495	1.25809	0.95331
情况不明	187	0.04232		163	0.02256		113	0.05698	
总计	441899	100	100	722370	100	100	198317	100	100

3. 2015—2017 年德国难民庇护申请处理数量与申请者获得在德居留许可的数量均先升后降

从难民庇护申请处理数量来看，受到难民庇护申请程序滞后效应的影响，2016 年难民庇护申请处理数量大幅增加，2017 年处理数量依然居高不下。2015 年德国难民庇护申请数量处理数量为 282726 人，2016 年处理数量较之增长了 1.46 倍，达到了史无前例的 695733 人，2017 年处理申请数量稍有降低，为 603428 人。从难民庇护申请处理结果来看，2015—2017 年，获得难民身份、受保护及免驱逐从而得以在德国居留的难民庇护申请者比重先升后降：2015 年获得居留许可的难民庇护申请者比重为 49.8%，2016 年获得居留资格的难民比重达到峰值，为 62.4%，2017 年获得居留资格的难民比重跌至 43.4%。德国难民庇护申请通过率较高，表明德国难民政策总体较为开放；而获得居留许可的难民比重先升后降，一定程度上反映出了德国难民政策同时具有先宽松后紧缩的特征。

表 4　2015—2017 年德国难民庇护申请处理结果类型结构

年份	总数	难民	比例	保护	比例	免驱逐	比例	其他	比例
2015	282726	137136	48.5%	1707	0.6%	2072	0.7%	50297	17.8%

续表

年份	总数	难民	比例	保护	比例	免驱逐	比例	其他	比例
2016	695733	256136	36.8%	153700	22.1%	24084	3.5%	87967	12.6%
2017	603428	123909	20.5%	98074	16.3%	39659	6.6%	109479	18.1%

三　难民危机爆发以来德国难民政策的调整及其影响因素

（一）国家利益主导下的谨慎难民政策

受到叙利亚战争、阿富汗战争、伊拉克战争等局部战争的影响，西亚北非地区局势长期动荡不安，成千上万流离失所的难民由此产生。仅 2015 年 1—7 月进入欧洲的难民数量就已达到 34 万，2015 年 5 月，为应对地中海难民安置问题，欧盟出台了相应的难民配额方案。① 欧盟各成员国针对这一配额方案展开了激烈的辩论，德国、法国等国表示支持，而维谢格拉德集团国家则表示反对并拒绝执行这一难民分配方案。欧盟国家间政策的不统一甚至互相指责不仅加剧了欧盟成员国之间的矛盾，而且贻误了难民问题的最佳应对时机，使得难民配额问题在一段时间内悬而未决。

2015 年 8 月之前，在欧盟各国未就难民配额问题达成一致的背景下，德国对是否接收难民持谨慎观望态度，并未积极向难民敞开国门。在这一时期，默克尔坚持遵守《都柏林公约》的原则，不主张德国作为一个主权国家在难民问题上发挥作用，而是旨在欧盟层面寻求各成员国协同共进应对难民危机的合作方案。尽管默克尔总理近乎"冷血"的难民政策饱受德国政客与民众的指责，但就难民危机的后续发展来看，这一谨慎难民政策避免了难民的井喷式入境，可谓维护德国国家利益和公民权益的重要举措，也是保障德国经济稳步回升、政治局势安定及社会和谐稳定的重要因素。正是在这一谨慎政策的影响下，2015 年 1—8 月德国难民庇护申请者规模相对较小，每月申请人数始终未突破 4 万人。

---

① 宋全成：《欧洲难民危机中的德国难民政策及难民问题应对》，《学海》2016 年第 4 期。

（二）人道主义精神主导下的难民政策放宽

2015 年 9 月，德国难民政策发生了逆转。2015 年 9 月 2 日，叙利亚难民小艾兰在土耳其海滩遇难，这一难民危机爆发以来"最揪心的画面"在互联网上广泛传播，促使人道主义在与国家利益的博弈中胜出。德国联邦移民与难民局宣布放弃遵循《都柏林公约》的第一责任国原则，向成千上万流离失所的难民敞开国门。这一积极欢迎难民的政策一经实施便引发了难民庇护申请者数量的指数增长，2015 年 9—12 月德国接收难民数量高达 215425 人，占当年接受难民总数的 45.21%，难民庇护者申请数量于 2016 年 8 月达到峰值 94350 人，同时 2016 年德国难民庇护申请数量达到了史无前例的 722370 人，是 2015 年申请数量的 1.63 倍。

这一时期德国难民政策受到了人道主义与国家利益的双重影响，其中人道主义发挥着主导作用。首先，从政策制定背景来看，难民政策放宽的契机是小艾兰遇难事件，难民基本生存权难以得到有效保护的艰难境况大大激发了德国政府与民众的人道主义精神，在此基础上制定并实施的积极难民政策带有鲜明的人道主义色彩。其次，从政策内容来看，默克尔总理无上限地接收来自叙利亚、阿富汗、伊拉克等地的难民，为难民政策打上了鲜明的人道主义烙印。最后，从政策实施情况来看，这一时期德国为数以百万计的难民提供了庇护，使其免遭战乱与迫害，充分彰显了德国政府的人道主义光辉。

但从国家利益角度来看，尽管难民大举入境为德国带来了大量的适龄劳动力，对于推动德国经济回升、降低社会抚养比、缓解老龄化危机意义重大，但是这一政策依然是未充分认知德国社会吸纳能力的"盲目之举"：事实证明，难民政策放宽引发大量难民蜂拥入境，已远远超出了德国社会的承受能力，对德国的社会福利体系以及教育、医疗等公共卫生资源的配置带来巨大冲击。同时，上百万难民流动于德国各地，成为社会治安的巨大隐患，难民暴力袭击事件此起彼伏，难民犯罪事件屡禁不止，特别是 2016 年新年前夜主要由难民实施的科隆集体性侵案，使得愤怒的声音迅速在德国境内蔓延开来。大批民众反对德国欢迎难民的积极政策，甚至掀起了一场声势浩大的反外来移民、反伊斯兰化的"PEGIDA"运动。① 此外，

---

① 宋全成：《难民危机：撕裂欧洲的一道伤口》，《世界知识》2016 年第 17 期。

德国政府开放的难民政策也引发了右翼分子与种族主义者的强烈不满，激发了德国极右翼政党——另类选择党的迅速壮大，默克尔政权岌岌可危。

（三）"安全阀"机制下的难民政策调整

人道主义主导下的宽松难民政策使得德国的社会矛盾进一步激化。在国家利益与人道主义的共同作用下，为释放大规模难民入境给德国社会带来的巨大压力，默克尔意在将调整后的难民政策作为化解德国社会矛盾的"安全阀"，难民政策调整主要体现在控制入境难民数量与积极推进国内难民融入德国社会两方面。

1. 控制入境难民数量

（1）理性的人道主义政策："安全国家"政策

为控制入境难民规模，使有限的社会公共资源运用于真正有避难需求的难民，欧洲国家制定了"安全国家"政策，对于"安全国家"的难民庇护申请者予以拒绝并遣返。2015 年 10 月，随着难民危机的快速蔓延，德国联邦政府对"安全国家"政策进行了迅速调整，将阿尔巴尼亚、科索沃和黑山等列为"安全国家"，而叙利亚、阿富汗等战乱国家的难民庇护申请将被优先处理。[①] 一方面，这一政策使得德国难民庇护申请者来源国结构发生变动，从 2016 年起，科索沃与阿尔巴尼亚难民庇护申请者数量迅速减少，伊朗、尼日利亚、土耳其、巴基斯坦及厄立特里亚等局势动荡的亚非国家难民庇护申请者比重迅速提高；另一方面，"安全国家"政策有效控制了入境难民规模，使真正拥有避难需求的难民得以享有公共社会资源，在实现物尽其用的同时维护了难民的基本生存权，是在充分衡量德国社会承受能力的基础上做出的理性人道主义决策。

（2）与法国合作控制边境，解决地中海难民问题

2016 年 4 月，第 18 次法德联合内阁会议决定将在应对欧洲难民危机、帮助外来移民融入社会、保护申根区等领域加强双边合作。会议同时强调了欧盟国家协调行动对于有效解决非法移民入境问题的重要性，决定共同向希腊派遣 600 名工作人员帮助其应对地中海难民入境问题。与此同时，两

---

① 宋全成：《难民危机：撕裂欧洲的一道伤口》，《世界知识》2016 年第 17 期。

国还向希腊提供人道主义支援，帮助改善希腊境内难民的生活。① 这一政策的推行间接减少了进入德国的难民数量，减轻了德国承接大规模难民入境的压力，同时也是维护欧盟内部团结稳定、保护整体安全的理性之举。

（3）为入境难民数量设置上限

2017 年 10 月，一改此前不为接收难民数量设置上限的政策风格，德国联盟党设置了在一年内出于人道主义原因接纳包括难民在内的移民人数不超过 20 万人的上限，这是德国难民政策收紧的重要风向标。② 首先，设立难民决策和遣返中心，入境难民将暂时在此停留，等待庇护申请的处理结果，他们的申请一旦被拒绝，便会被立刻遣返回国。其次，进一步扩大"安全国家"名单，除原有的阿尔巴尼亚、科索沃等欧洲国家和地区以外，摩洛哥、阿尔及利亚和突尼斯等北非国家也被列为"安全国家"。再次，实施时间更长且更加严格的边境管制，直到欧盟的外部边境安全得到保证。此外，家庭团聚政策将不再为暂时被庇护者提供家庭团聚的机会。同时，通过加强驱逐出境力度控制入境难民数量。为入境难民数量设置上限，有选择地接收难民入境，这体现了一度主导德国难民政策制定的人道主义因素的式微。出于对本国国家利益的维护，面对蜂拥而至的难民，德国不得已放弃了慷慨的不设限难民政策，为难民入境筛选加设更多条件。

（4）国家利益驱动下的对难民来源国及其周边国家的经济援助

2018 年 4 月 25 日，德国外长马斯宣布："德国将为叙利亚以及收容难民的周边邻国额外提供 10 亿欧元援助，用于援助叙利亚及其周边地区的难民，全力致力于重新开启解决叙利亚冲突的政治进程。"③ 与欧土难民协议的作用相似，德国此举对于叙利亚自主消化解决难民问题具有积极意义，同时有利于增强土耳其、黎巴嫩和约旦等叙利亚周边国家应对难民问题的经济实力，间接减少远渡重洋进入德国的叙利亚难民数量。这对于减少境内暴力冲突事件，维护德国社会秩序，彰显德国的大国责任感具有积极意义。

① 《法德将就解决难民危机加强合作》，新华网，http://www. xinhuanet. com/world/2016 – 04/08/c_1118565331. htm，最后访问日期：2018 年 9 月 15 日。

② 《德联盟党设定接纳移民人数上限》，新华网，http://www. xinhuanet. com//2017 – 10/09/c_1121774262. htm，最后访问日期：2019 年 2 月 25 日。

③ 《德国再出 10 亿欧元援助叙利亚：救济难民　解决冲突》，中国新闻网，http://news. sina. com. cn/o/2018 – 04 – 26/doc-ifztkpin3948674. shtml，最后访问日期：2018 年 7 月 8 日。

2. 积极推进国内难民融入德国社会

（1）新移民政策维护难民家庭团聚权利

2018 年 5 月，德国内阁批准了有关部分难民直系亲属来德的最新政策。德国每个月将多接受一千名获得"有限保护"身份难民的直系亲属来德。① 家庭团聚政策的日益宽松化，为德国难民庇护申请者中未成年人及女性比重逐年提高提供了重要政策支持，难民庇护申请者人口结构日趋年轻化，同时性别比日益均衡。难民家庭团聚政策的放宽增大了难民家庭抚养比，难民中的劳动力人口生存压力加大，但这也成为难民积极投入劳动力市场的重要动力。

（2）加强对未成年难民的保护与教育

从 2015 年至 2017 年，未成年人在难民庇护申请者中所占的比重逐年上升。为确保未成年难民融入社会，德国政府承诺为未成年难民提供住房、教育，满足其基本生活需要。"未满 18 岁的难民可以入住受到官方监护的青少年之家，他们不仅可以在此接受教育，还可以获得一定的生活补贴。"② 未成年难民过早地经历了战火纷飞和流离失所，保护未成年难民特别是那些孤身来到德国的小难民的人身安全，并未雨绸缪地为其提供基础教育及职业培训的机会，不仅是对未成年难民的人道主义保护，更是为德国培养年轻劳动力的重要途径。

（3）通过开设融入班等形式为难民提供工作指导

来自叙利亚、伊朗、伊拉克等国家的庇护申请者获得难民身份后，便能拿到三年的居留签证，全职工作并享受和德国人基本一致的社会福利。三年后，语言过关且可以自食其力的难民便可获得永久居留权。这是德国积极吸收难民中优质劳动力的重要表现。从 2015 年到 2017 年，德国开设了约 5 万个融入班，难民在其中学习德语及德国历史、政治、社会福利与教育制度，融入班为难民提供就业指导员，推进难民积极融入德国劳动力市场。③

---

① 《德国批准难民团聚政策　极端分子也可申请家属来德》，海外网，http://www.chinadaily.com.cn/interface/yidian/1120781/2018 - 05 - 11/cd_36183149.html，最后访问日期：2018 年 7 月 8 日。

② 《年龄决定命运　德国对未成年难民"测龄"引争议》，中国青年网，http://news.youth.cn/gj/201609/t20160919_8670236.htm，最后访问日期：2018 年 10 月 26 日。

③ 《150 万难民在德国》，南方周末，http://www.infzm.com/content/135723，最后访问日期：2018 年 7 月 8 日。

难民的大量入境一定程度上成为德国经济发展的重要助推器。[①] 德国蓝皮书显示："2017 年德国经济保持了连续四年的稳定回升，经济增长的主要动力来源于第二产业中的建筑业及第三产业中的公共服务、教育、交通、餐饮及旅游业。"[②] 这些行业对工人技术水平要求相对较低，是吸引大量难民就业的主要行业。由此可见，经济利益主导的国家利益的驱使是德国积极接收难民的重要原因之一，大量难民进入劳动力市场也对德国经济的持续回升做出了巨大贡献。

四　结论

通过对二战后德国难民政策的论述，对 2015 年难民危机爆发以来德国难民庇护申请者人口社会学特征及德国难民政策变化的分析，可以得出以下结论：

首先，二战结束后德国难民政策总体表现出逐步收紧的特征，战后初期人道主义与赎罪精神主导下的宽松难民政策在国家利益的影响下逐步紧缩。战后初期，德国通过立法的方式保护难民的政治避难权，并接收了来自东德与东欧国家的大量政治难民。1973 年石油危机成为德国难民政策紧缩的契机。为恢复受到石油危机重创的国民经济，维护政治与社会局势，从多方面保护国家利益，德国开始收紧难民政策并在欧盟层面积极寻求解决难民安置问题的共同方案。

其次，关于此次难民危机中德国难民庇护申请者的人口社会学特征，从自然结构特征来看，在规模上，2015—2017 年德国难民庇护申请者单位时间规模变化呈不标准的倒 U 形；在性别结构上，难民庇护申请者的性别比逐年缩小，性别结构由严重失衡到逐步均衡；在年龄结构上，难民庇护申请者年龄结构始终较为年轻但年轻化趋势逐步减弱，16 岁以下未成年申请者比重逐年增加，2017 年时已占全部难民庇护申请者的 39.4%，16—60 岁基本劳动力申请者比重逐年下降，但仍占绝对多数，60 岁及以上老年申

---

① 李其荣：《建立起自己正向的历史：德国难民政策及其影响》，《学海》2016 年第 4 期。

② 《德国蓝皮书：德国经济连续四年稳定回升　国内难民问题凸显》，中国新闻网，http:// news.sina.com.cn/w/2018－07－06/doc-ihexfcvk6238718.shtml，最后访问日期：2018 年 7 月 9 日。

请者比重总体稳定，由此看来，难民群体的社会抚养比提高，基本劳动力难民的家庭抚养负担日益沉重。从社会结构特征来看，在来源国上，三年来德国难民庇护申请者来源国总体稳定，叙利亚难民始终高居榜首；在地理分布上，难民庇护申请者在德国联邦各州间分布不均衡，总体呈西多东少的分布格局；在难民庇护申请处理结果上，2015—2017 年德国难民庇护申请处理数量与申请者获得在德居留许可的数量均先升后降，一定程度上反映出了德国难民政策先放宽后紧缩的变化趋势。

　　最后，在此次难民危机中，德国难民政策可以概括为三个阶段：2015 年 8 月之前国家利益主导下的谨慎难民政策；2015 年 8 月至 2016 年初人道主义精神主导下的积极难民政策；2016 至今在人道主义精神与国家利益双重作用下的难民政策新调整。受到二战后欢迎难民的人道主义传统和德国人民悠久迁移历史的影响，以及小艾兰遇难等多起难民遇难事件的触动，德国政府迅速转变难民危机初期的谨慎难民政策为积极的难民政策。这一政策在为德国树立光辉的人道主义形象的同时，也饱受国内民众与右翼分子的强烈指责。为兼顾人道主义原则与国家利益，德国政府进行了难民政策的迅速转变，通过调整"安全国家"政策、与法国合作控制边境解决地中海难民问题、为入境难民数量设置上限、对叙利亚等难民来源国提供经济援助控制入境难民数量，并通过推行鼓励难民家庭团聚的新移民政策、与法国合作控制边境解决地中海难民问题、加强未成年难民教育、通过开设融入班等形式为难民提供工作指导等方式积极推进难民融入德国社会，在进行人道主义救助的同时维护国家利益，缓解德国劳动力短缺及老龄化问题。

　　进入 2018 年，欧洲难民危机已接近尾声，但妥善控制难民入境、解决难民社会融入问题依然任重道远。回顾过去三年，德国难民政策虽然引发了难民与德国公民之间的冲突以及德国政党之间的一系列摩擦，但在应对难民危机上依然行之有效。随着德国难民政策的收紧，2018 年 7 月 8 日，德国各城市数以千计的人们发起示威游行，高举"人权不是政治主张"的标语，反对德国内政部长泽霍费尔以强硬手段约束难民的政治主张。[①] 默克

---

① 《挺难民　德国上万人上街反欧盟难民政策》，观察网，http://www.guancha.cn/internation/2018_07_08_463179.shtml，最后访问日期：2018 年 7 月 9 日。

尔政府的难民政策将向何方发展还有待进一步的跟进研究，需要注意的是，应对难民危机需要欧盟甚至是整个国际社会的通力合作，欧盟成员国及其他力所能及的国家都应该为应对难民问题负起责任。①

（作者为山东大学哲学与社会发展学院社会学专业 2017 级硕士研究生）

---

① 《联播快讯：希腊将接收从德国遣返的难民》，人民网，http://tv. people. com. cn/nl/2018/0708/c25060 - 30133529. html，最后访问日期：2018 年 7 月 9 日。

全球经济危机前后欧洲的积极福利改革

郭海龙

二战后，欧洲以莱茵模式福利国家著称，然而，20 世纪 70 年代的滞胀危机打破了这一美丽的神话。新自由主义革命则把福利水平降到最低点，引发了社会矛盾。克服莱茵模式的福利国家弊端、借鉴新自由主义优势的"第三条道路"，积极推行福利改革，探索出了一条福利与经济发展共赢的道路。西方国家经过四分之三个世纪的成败兴衰所探索出来的福利制度变革之路，值得后发国家在福利制度建设过程中有辨别地加以借鉴。

一 欧洲积极福利改革的成效：稳定之锚

2008 年以来，欧洲饱受全球经济危机的重创，西班牙、葡萄牙、意大利、希腊、爱尔兰被嘲讽为"欧猪五国"，法国则"法国病"持续，各国左、右翼政党均失策，民粹主义甚嚣尘上。背景是欧洲民众习惯了第一代福利国家高税收、高福利模式，在增长乏力、需削减福利等公共开支时，选民不愿降低福利水平，而主流政党缺乏建树，选民倾向于"取悦于民"的民粹主义。一些国家改革不顺，仍有几国如希腊、意大利继续抵制改革。"繁荣的北方国家的低增长和陷入困顿的南方经济体的经济衰退表明，财政紧缩计划已经达到经济和政治极限。"北方国家为减少公共债务和政府赤字让利率接近零，失业率可控；而南方国家，沉重的主权债务和赤字仍在增加，失业率达两位数，青年尤甚。南北分歧加大，欧元区更不稳定。

表1 欧盟与德国、英国、瑞典通胀率和经济增速比较

单位：%

年份		2000	2005	2008	2009	2010	2011	2012	2013	2014	2015	2016	2017
通胀率	欧盟	1.9	2.2	3.7	1	2.1	3.1	2.6	1.5	0.2	0.1	1.5	2.2
	德国	1.47	1.56	2.63	0.31	1.14	2.3	2.01	1.5	0.91	0.23	0.48	1.8
	英国	0.79	2.05	3.61	2.17	3.29	4.48	2.82	2.55	1.46	0.05	0.64	2.268
	瑞典	1.04	0.45	3.44	-0.49	1.16	2.96	0.89	-0.04	-0.18	-0.05	0.98	2.0
经济增速	欧盟	3.9	2.1	0.3	-4.3	2.1	1.5	-0.4	0.1	1.4	1.67	1.9	2.4
	德国	3.06	1.08	-5.13	3.69	3	0.67	0.43	1.6	1.69	1.08	1.9	2.2
	英国	4.46	-1.1	-4.37	2.09	0.65	0.27	1.74	2.55	2.33	-1.1	1.8	1.8
	瑞典	4.45	-0.61	-5.03	6.15	3.92	0.74	1.64	2.28	4.09	-0.61	3.3	2.29

资料来源：由欧洲统计局网站（http://epp. eurostat. ec. europa. eu/）及新浪财经（http://finance. sina. com. cn/worldmac/nation_SE. shtml#indicator_NY. GDP. MKTP. KD. ZG. shtml；http://finance. sina. com. cn/worldmac/nation_SE. shtml#indicator_FP. CPI. TOTL. ZG. shtml）整理而成。

但与这些陷入困境国家的不同，德国、北欧国家及英国则在危机严重期间（2008—2012）经济表现相对良好（见表1，其中，英国在2013年之后，因苏格兰独立公投、英国脱欧等影响，经济表现有所恶化，应另当别论）。这些国家危机之前更新了政策，进行社会投资型"就业转向"改革，欧洲福利改革是大趋势。[①] 这些积极福利改革可分为两类：

第一类是德国和北欧国家。它们注重探索更富弹性和韧性的社保制度[②]，受冲击较小，经济始终良好（见表1）。

德国经济可谓"风景这边独好"：2003年开始"2010议程"福利改革，简化程序，提高效率，政府、企业和个人都更严谨和勤奋，这让德国在金融风暴中受到影响较小，从"欧洲病夫"一跃成为欧洲经济引擎、火车头，近乎一枝独秀，实现了"就业奇迹"，成为重债国家的学习榜样。[③] 2010年和2011年，德国实际GDP分别增长4.2%和3.0%，[④] 远高于同期欧元区17

① A. Hemerijck, *Changing Welfare States* (Oxford: Oxford University Press, 2013), p.44.

② 王学勇、林永亮：《后金融危机时代"莱茵资本主义"的变与不变》，《当代世界》2017年第2期。

③ 郑春荣：《德国如何抓住改革的"时机之窗"："2010议程"的理念、影响与反思》，《学术前沿》2013年第11期（下）。

④ 不同统计机构数据有所不同，参见丁纯、苏升《在金融危机中德国经济一枝独秀的表现、原因和前景》，《德国研究》2011年第4期。

国2.0%和1.4%以及"欧猪五国"-0.6%和-1.3%的平均水平。① 此外，德国财政可持续性大大提升，灵活就业增加、失业率下降，劳动力成本下降、产品竞争力提升。在全球经济危机背景下，德国出口和经济增长的状况佐证了改革成效。德国在欧债危机和欧元危机时主张的财政紧缩政策和欧洲稳定机制（EMS）成为欧盟公共政策，约束了一些成员国特别是"欧猪五国"低增长、高福利、高消费的行为。2008年以来，"欧洲先是通过凯恩斯主义来救火，之后是财政整顿，最后是先发制人的财政紧缩……欧洲首脑会议2011年12月通过'财政契约'"。② 这些措施正是德国等积极福利国家的主张。虽然，当时的法国奥朗德政府一度带领南欧国家对萨科齐向默克尔紧缩政策曾经的妥协进行了"适当调和"，③ 出现了反弹，但这不合时宜，德国的主张最终成为全欧政策的主基调，甚至在英国脱欧影响下，受民粹主义干扰最小的德国成为欧洲稳衡器，默克尔被认为是欧盟的核心领导人。

北欧国家对公平与效率进行了新型良性组合，主要是不断扩大积极福利的范围，减少干预，推动社会组织承担社会职能，促进社会服务市场化。积极完善和创新社会服务，缩短社保和救助期限、增强针对性并引入制裁措施。北欧已经位于从经济竞争力到社会健康和幸福感排行榜的榜首，北欧国家"既避免了南欧的经济僵化，也避免了美国的极端不平等"，"为世界各国，特别是对于那些背负沉重债务的西方国家，提供了如何使政府更为有效和灵活的改革蓝图"。④ 由于大多数社会救济与收入相联系，北欧国家的福利制度在保障之上添加了约束机制，从而在道德伦理方面形成了鼓励工作的内在激励机制，即个人不易出现恶意依赖福利制度的懒汉行为。

第二类是英国。英国是第一个福利国家，也最早启动改革。从"撒切尔革命"到"第三条道路"，就业目标已从第一代福利国家"充分就业"调整为"促进就业"，是莱茵模式调整的"起始点"。20世纪90年代后，其改革传播到瑞典、德国、荷兰。布莱尔政府改革成效显著，自1997年以来，

① 丁纯、李君扬：《未雨绸缪的德国社会保障制度改革：金融危机中德国经济一枝独秀的主因》，《当代世界与社会主义》2012年第5期。

② 〔荷〕安东·赫梅尔赖克、马赛厄斯·斯特潘：《当福利国家改革与欧元危机不期而遇》，郭灵凤译，《欧洲研究》2013年第1期。

③ M. Monti, "A New Strategy for Single Market at the Service of European's Economy and Society", *Report to the President of the European Commission José Manuel Barroso*, 9 May (2010).

④ "Next Super Model", *Economist*, 2013. 2. 2.

英国经济持续增长，GDP 年均增长率在 2% 左右，居西方前列；人均工资保持了 4% 的增长态势；年均失业率仅为 4% 左右，明显下降，处于 20 世纪 70 年代后的最低水平，年轻人就业率及单身父母就业率都创新高，英国的失业率远低于同期多数欧洲国家。不过，英国在危机初期的情况较差（见表 1）。原因是英国金融业发达，占经济比重较高，且在欧洲英国经济与世界尤其是美国同步性较强，受冲击严重。而英国经济转好正是改革"红利"。这说明，要解决问题只能靠进一步改革，改革是个动态过程，没法一劳永逸。

上述国家拥有积极福利改革的共同特质并非巧合，而是 1999 年《布莱尔－施罗德文件》就开始构建积极福利。这一值得推崇的理念，代表了福利改革的普遍趋势。这样，"莱茵资本主义"（以"市场经济＋总体调节＋社会保障"为核心[1]）的德国与"盎格鲁－撒克逊资本主义"的英国开始趋同，并影响着未来。

二　欧洲积极福利改革的内容：发展利器

第一代福利国家存在消极影响：政府负担重，高税收影响效率、不利于投资；个人积极性低，影响创新；大批不务正业的懒汉存在，对辛勤工作的纳税人不公平，福利制度被认为是"寄生的社会主义（creeping socialism）"。[2] 新自由主义通过削减福利克服了这一弊端，却因"一刀切"式削减福利导致两极分化、社会矛盾尖锐。同时，资本借全球化躲避福利义务，[3] 使福利制度面临挑战：低福利、义务少的美国和新兴国家成为投资优选，全球化强化了资本、税收竞争，导致福利国家财政困难。[4] 竞争性减税

---

[1]　〔法〕米歇尔·阿尔贝尔：《资本主义反对资本主义》，杨祖功、杨齐、海鹰译，社会科学文献出版社，1999，第 20 页。

[2]　肖巍、钱箭星：《从德国〈2010 议程〉看福利体制改革》，《复旦学报》（社会科学版）2014 年第 4 期。

[3]　〔荷〕安东·赫梅尔赖克、马赛厄斯·斯特潘：《当福利国家改革与欧元危机不期而遇》，郭灵凤译，《欧洲研究》2013 年第 1 期。

[4]　H. W. Sinn, "Tax Harmonization and Tax Competition in Europe", *European Economic Review*, Vol. 34 (1990): 489–504; S. Steinmo, *Taxation and Democracy* (New Haven: Yale University Press, 1993); D. Swank and S. Steinmo, "The New Political Economy of Taxation in Advanced Capitalist Economies," *American Journal of Political Science*, Vol. 46 (2002): 642–655.

"竞次（race to bottom）"虽经不起审视，[①] 但构成了"外压"：资本能全球化，福利却不能。鉴于此，"积极福利"才得以出台。

（一）社会福利的精细化

"积极"是指缓解财政压力，不再无限制提供福利，将一些责任转移给雇员或社会伙伴，并降低商业收费和人工费用，通过精准福利避免动荡，如对有劳动能力者通过与促进就业挂钩并严格发放的失业金促进就业，但不盲目削减福利。

第一，在社保和救助领域，福利水平下降，补助期限缩短，资格审查更严，覆盖面缩小。如英国在1997年提出了"效能化的福利国家"政策，大多社会救助只对有薪酬劳动者开放。[②]

第二，调整养老金领域这一最难变革的领域。如丹麦和芬兰将工作与退休金相结合；瑞典则把养老金与预期寿命、净工资挂钩，同时保证低收入者获得普遍的养老保险；[③] 德国既削减了养老金给付水平，又在养老金计算公式中引入"可持续因子"，使养老金增幅低于工资增幅，在保证老年人权益的同时降低养老负担。[④]

第三，收窄失业救济条件并增加培训和教育投入，促进就业。"第三条道路"主张"工作福利"（Welfare to Work），把权利与义务"促压结合"（Fördern und Fordern），促进失业者工作、提供相应的救助和计划。《布莱尔－施罗德文件》指出，要消除障碍来创建新工作岗位。[⑤] 一是减少社保补助类

① P. Genschel and P. Schwartz, "Tax Competition: A Literature Review", *Socio-Economic Review*, Vol. 9, No. 2 (2011): 339 – 370.

② J. Clasen, *Reforming European Welfare States: Germany and the United Kingdom Compared* (Oxford: Oxford University Press, 2005), pp. 318 – 332.

③ B. Ebbinghaus ed., *The Varieties of Pension Governance. Pension Privatization in Europe* (Oxford: Oxford University Press, 2011); G. Bonoli and B. Palier, "When Past Reforms Open New Opportunities: Comparing Old-age Insurance Reforms in Bismarckian Welfare Systems," in B. Palier and C. Martin eds., *Reforming Bismarckian Welfare Systems* (Oxford: Blackwell, 2008), pp. 21 – 39.

④ 肖巍、钱箭星：《从德国〈2010 议程〉看福利体制改革》，《复旦学报》（社会科学版）2014 年第 4 期。

⑤ Susanne Blancke and Josef Schmidt, "Bilanz der BundesregierungSchröder in der Arbeitsmarktpolitik 1998 – 2002: AnsätzezueinerdoppeltenWende", in ChristophEgle et al., *Das rot-grüneProjekt* (Wiesbaden: VS Verlagfür Sozialwissenschaften 2003): 215 – 238.

型、简化领取条件，如英国、荷兰、德国、丹麦、比利时等。① 二是救济金
与促进就业挂钩。凡失业超过一定期限，自动降低失业救济，即"不劳动，
少救济"，意在惩罚消极求职者。改革后的机制更能促进就业：荷兰增加了对
残疾人、单身母亲和老年工的就业要求，② 丹麦和瑞典收紧条件，增加了求职
义务。③ 健康者要获得社保，就必须参加培训和咨询，并履行求职等义务。④

　　德国 2002—2006 年实施的四个哈茨方案，核心内容是放松对企业的用
工限制、促进就业、提高失业保险的领取门槛。其中，哈茨Ⅳ缩短了"失
业金Ⅰ"领取时限（从 26 个月降到 12 个月；超过 55 岁者，从 32 个月降到
18 个月）。领取"失业金Ⅱ"者有接受"一欧元工作"公益工作的义务，
若拒绝，则 3 个月内扣减"失业金Ⅱ"的 1/3；若无故拒绝者低于 25 岁，
则停发"失业金Ⅱ"。只要中介机构提供的工作不违背道德，即使该工作与
技能不符，失业金领取者也必须接受。这意在让失业者保持工作状态，便
于雇用，并提供了公益补贴。⑤

　　英国也与此类似。布莱尔改革旨在"让工作有价值"，让工作者"报
酬"相当，以提高竞争力，避免"只享福利不工作"的福利顽疾。⑥ 卡梅伦
政府继续进行改革。一是对"由福利到工作"进行改革：失业者 12 个月内
必须工作，25 岁以下的失业者最多延长 6 个月也必须工作。只有再就业一
定时间（灵活就业的 13 周，全职的 26 周）后才对雇主补贴。二是推出

①　J. Chasen and D. Clegg eds. , *Regulating the Risk of Unemployment. National Adaptations to Post-Industrial Labour Markets in Europe*, pp. 318 – 332.

②　M. Hoogenboom, "The Netherlands: Two Tiers for All", in J. Clasen and D. Clegg eds. , *Regulating the Risk of Unemployment*, pp. 75 – 99.

③　J. GoulAndersen, "Denmark: Ambiguous Modernization of an Inclusive Unemployment Protection System", in J. Clasen and D. Clegg eds. , *Regulating the Risk of Unemployment*, pp. 187 – 207; O. Sjöberg, "Sweden: Ambivalent Adjustment", in J. Clasen and D. Clegg eds. , *Regulating the Risk of Unemployment*, pp. 208 – 231.

④　M. Van Gerven, "The Broad Tracks of Path Dependent Benefit Reforms: A Longitude Study of Social Benefit Reforms in Three European Countries, 1980 – 2006", *Studies in Social Security and Health* (Helsinki: Social Insurance Institution Finland, 2008); J. T. Weishaupt, *From the Manpower Revolution to the Activation Paradigm* (Amsterdam: Amsterdam University Press, 2011).

⑤　"失业金Ⅰ"与失业前的收入挂钩。"失业金Ⅱ"与失业前的收入没有关联，对领取者实施统一标准，是一种普惠制的失业救济。参见徐聪《哈茨系列改革的内容解析》，《经济研究导刊》2016 年第 3 期。

⑥　See B. Palier, "Continental Western Europe", in F. G. Castles, S. Leibfried, J. Lewis, H. Obinger and C. Pierson eds. , *The Oxford Handbook of the Welfare State*, pp. 601 – 615.

"普遍信贷"（Universal Credit），将求职补助、就业支持补助、儿童税收信贷、收入支持和房补等合并，意在将福利与工作挂钩。[①]

以丹麦为代表的北欧"灵活保障"（flexicurity）模式成为治愈"北欧病"的处方。灵活保障，指的是整合社会政策和劳动力市场，根据公司的需求增加劳动力市场的灵活性，同时，通过激励性的社会政策促进人们就业。这意在帮助失业者再就业，使福利体制焕发出活力，促进了效率和公平双赢。

（二）从劳动力市场供需两侧进行改革

1. 鼓励灵活就业

一方面，政府鼓励灵活雇用。"以市场为基础限制工资，以提高竞争力、提升利润、促进就业……使规则更加朝向'雇用友好'。"[②] 这促进了改革，欧元诞生的准入考察在欧元区社会福利改革中发挥了关键作用。大多欧洲国家在劳动力市场方面开支迅速增长，失业率下降，政府对实施有针对性和有条件的津贴，增加了妇女、年轻人、老年工人和生产力下降工人的流动性。积极劳动力市场得到了发育，失业救济大大下降。

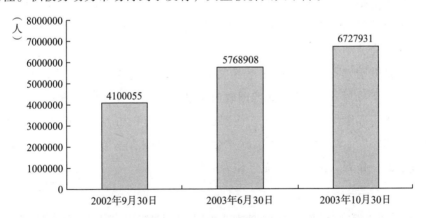

图1　2002年9月至2003年10月德国从事低薪（月薪低于400欧元）工作的人数

资料来源：冯英华《浅析德国2010改革议程背景及内容》，《德国研究》2004年第3期。

[①] 参见田德文《金融危机背景下的英国社会改革》，《当代世界与社会主义》2012年第5期。

[②] 〔荷〕安东·赫梅尔赖克、马赛厄斯·斯特潘：《当福利国家改革与欧元危机不期而遇》，郭灵凤译，《欧洲研究》2013年第1期。

另一方面，劳动力市场趋向弹性。如丹麦劳动力市场引进积极因素，产生了"灵活保障"模式。灵活保障将灵活的劳动力市场、慷慨的失业津贴与积极的劳动力政策三者结合起来，以减少失业，提供优质、充足的劳动力，改变日益增长的应急工作供过于求而失业者不愿工作导致劳动力供给不足的状况。[①]

这大大提升了就业率，缓冲了危机。在英国和北欧，高达 75%—80%的适龄人口就业，25—54 岁妇女就业率飙升。[②] 德国则如图 1 所示，危机前，2002 年 9 月至 2003 年 10 月，灵活就业政策激发了低薪工作，在 2003年 4 月 1 日低薪工作法出台后，到 2004 年已新增 100 万个低薪岗位。

2. 在劳动力的质量和数量上下功夫

劳动力质量和数量的影响表现在智力不足、创新不足，劳动力紧缺、成本上升。而延迟退休、鼓励妇女就业、加大培训力度，可以鼓励创新、降低成本、扩大就业。

一是延迟退休，使 60 岁出头、身体许可者发挥余热，增加了劳动力供给，激发了经济活力。如德国 2012 年已经实现退休年龄从 65 岁延至 67岁。[③] 为增加劳动力供给，欧洲政治家还招徕移民甚至是难民，如德国引起巨大争议并促使默克尔在 2018 年决定隐退的难民政策，一度对难民来者不拒，以补充劳动力。

二是鼓励妇女就业。许多政策协调工作和家庭关系并促进妇女就业，向"双薪养家模式转变"。如德国政府增加 3 岁以下儿童的教育投入，为父母税收优惠并增加学校的投入，使家长放心工作。[④] 再如，英国用"工作家庭税收津贴"（WFTC）取代家庭津贴，优先照顾有孩子的工作者，其次是无孩子的工作者，最后才是无工作者。[⑤]

---

① T. Wilthagen, F. Tros and H. van Lieshout, "Towards Flexicurity? Balancing Flexibility and Security in EU Member States," *European Journal of Social Security*, Vol. 23, No. 4 (2004): 133 – 136.

② 〔荷〕安东·赫梅尔赖克、马赛厄斯·斯特潘：《当福利国家改革与欧元危机不期而遇》，郭灵凤译，《欧洲研究》2013 年第 1 期。

③ 郑春荣：《德国如何抓住改革的"时机之窗"："2010 议程"的理念、影响与反思》，《学术前沿》2013 年第 11 期（下）；肖巍、钱箭星：《从德国〈2010 议程〉看福利体制改革》，《复旦学报》（社会科学版）2014 年第 4 期。

④ 徐聪：《哈茨系列改革的内容解析》，《经济研究导刊》2016 年第 3 期。

⑤ 徐道稳：《1997 年以来英国工党政府社会保障改革述评》，《学海》2008 年第 2 期。

三是对求职者和在岗者加大培训力度。岗位培训意在促进创新、提高在岗者的效率和技术，开拓经济领域和增长空间，创造出更优质产品，提升竞争力。"新趋势的新颖之处在于将人力资源投资和更强的工作激励机制结合起来。"[①] 在培训方面，德国为年轻人提供特殊职业教育，由企业中有经验的工人授课，提高职教的针对性，提高参与职业教育的积极性与实际效果。[②] 无独有偶，英国改革以教育和培训为主，以提高技能、摆脱福利依赖，奠基高附加值经济，如"青年新政"影响最大（该计划也是撒切尔时代唯一的福利扩张项目，布莱尔、卡梅伦政府进行了延续）。"青年新政"规定：18—24 岁连续领取失业金 6 个月以上者，若不参加，将停发救济；即使参加，若违规或退出，将减免救济。"工作福利"加之经济环境良好，使英国就业达到了 30 多年来的最高水平，促进了青年的培训需求。[③]

（三）改革福利管理体制

这方面英国比较典型。英国主要从以下三个方面进行了改革。

一是构建公共就业机构。英国"工作与年金部"建立工作服务中心，负责就业服务、补助代理和社保等。该中心以现代通信技术为基础，垂直分四个层级建立覆盖全国的 1000 多个就业服务网点。网站每周都有百万访问量，求职者可在该中心浏览各类信息或热线求助，获得帮助和指导。该制度取得了良好效果：即使经济衰退，75% 的人会在 6 个月内就业，90% 的人 12 个月内就业，很多私营机构都愿与该中心合作招聘。[④]

二是着眼顶层改革。这涉及地方变革、行政改革并"重绘"政策。[⑤] 最重要的尝试是将社保、救助和劳动力政策进行"一站式处理"，结束社保和就业管理分离、机构重叠的状况。其中的治理创新，趋势是分权、市场化

---

① G. Bonoli, "Active Labour Market Policy and Social Investment: A Changing Relationship", in N. Morel, B. Palier and J. Palme eds., *Towards a Social Investment Welfare State?* (Bristol: Polity Press, 2011), pp. 181 – 204.

② 徐聪：《哈茨系列改革的内容解析》，《经济研究导刊》2016 年第 3 期。

③ Lindsay Paterson, "The Three Education Ideologies of the British Labour Party, 1997 – 2001," *Oxford Review of Education*, Vol. 29, No. 2 (2003).

④ 田德文：《金融危机背景下的英国社会改革》，《当代世界与社会主义》2012 年第 5 期。

⑤ Y. Kazepov, *Rescaling Social Policies: Towards Multilevel Governance in Europe* (Farnham: Ashgate, 2010), p. 56.

和更具竞争性、注重合作和创新管理。①

三是从维持收入计划向提供福利服务转变。伴随着提供合格地方社会服务的新型公私混合体制的个性化和定制化，新福利体制要求管理和实施具备高水准，在职业指导、（再）培训和再就业、儿童和老年护理方面能满足特殊需求并适应不同情况。即家庭责任、商业市场社会服务以及公共服务这三者的分工已被完全重新安排。②

三　欧洲积极福利改革要件：经济政策与政治博弈

（一）配套的经济措施

积极福利改革非常重视经济政策的配套，并与其一起推动了经济发展，减缓了危机的影响。

英国重视在金融业之外开拓新经济，重点加强旅游、交通、商业服务、信息科技、教育和创意产业等领域，这些成为英国经济发展的主要驱动力。③ 此外，英国还积极利用中国崛起的时机，打造"人民币离岸中心"，在西方国家中率先加入亚投行，并积极响应"一带一路"倡议，为英国经济提供外力。

德国推出"工业4.0"以保持实体经济的创新和领先势头，同时，推进"工业4.0"与"中国制造2025"对接，积极推动出口，与中国等贸易大国形成良好的合作关系，这种贸易大国密切合作的关系，被称作"天然盟友"。④

北欧国家审时度势，通过提高国民教育水平、强调科技研发，以发展智力密集型经济的兴国战略跻身于经济竞争力强国之列，在加强对教育投入的同时，不断加大对科研、高新技术及产品研发的投入，教育投入和科

---

① R. van Berkel and V. Borghi, "Introduction: The Governance of Activation," *Social Policy and Society*, Vol. 7, No. 3 (2008): 331 – 340; R. Van Berkel, W. de Graaf and T. Sirovátka, "The Governance of Active Welfare States," in R. Van Berkel, W. De Graaf and T. Sirovátka eds., *The Governance of Active Welfare States in Europe* (Basingstoke: Palgrave Macmillan, 2011).

② C. Pollitt and G. Bouckaert, *Public Management: A Comparative Analysis* (Second Edition) (Oxford: Oxford University Press, 2004), p. 101.

③ 杨芳:《英国经济"一枝独秀"的原因及其走势》,《现代国际关系》2015 年第 2 期。

④ 连玉如:《中德"天然盟友"关系刍议》,《国际政治研究》2008 年第 3 期。

研投入在国内生产总值中所占比例高于其他发达国家。北欧国家经历了从制造业经济向服务业经济和以新技术为基础的知识经济转型的结构重组，从而为迎接加速到来的全球化做好了准备。①

总之，积极福利政策和合适的经济政策，促进了积极福利国家在全球经济危机冲击下表现良好，成为发达经济体中的亮点。

（二）改革中的政治博弈

在工作、家庭、两性关系、公平分配和社会融合等方面新的价值观，促使上述国家实行积极的福利体制。同时，人口老龄化、去工业化、家庭在劳动力市场和家庭生活中作用的改变，导致福利改革总是伴随着社会冲突。改革会产生一些新问题，使变革之路不平坦。不过，难题推动了福利国家改革，在德、英等国，积极福利改革在反对党、工会和雇主组织形成了广泛共识，因而获得广泛支持。

德国的养老金领取者 2001 年抗议施罗德政策的举动就说明了变革之路并不平坦。② 当时，在施罗德获得连任并提出"2010 议程"后，社民党党内批评人士启动了抵制施罗德改革的党内请愿。但是，毅然决然的施罗德把个人前途与改革计划捆绑在一起，使得反对人士不敢用过于严厉的批评来威胁社民党的执政能力；政府已经采取修正措施，减少改革的负面效应以及应对改革所带来的新问题。然而，改革还是给社民党带来了巨大影响：一方面，它导致社民党分裂，2004 年工会人士从社民党中分裂出来组建了"劳动与社会公正选举联盟"，并于 2007 年与民社党合并为左翼党，这造成的损伤至今没有恢复，后面的四次大选社民党连连失利，默克尔成为任职时间最长的德国总理；另一方面，社民党内对"2010 议程"一直有着不同意见。对此，施罗德表示："现在，我们必须拿出勇气，在我们的国家进行必要的变革，以便我们在欧洲重回经济与社会发展之巅。"施罗德本人也做好了改革必须有短期阵痛的准备，甚至宁愿付出"丢掉总理宝座的代价"

---

① 王鹤：《效率与公平俱佳的北欧模式》，《全球视野》2013 年第 3 期。

② 臧秀玲：《从消极福利到积极福利：西方国家对福利制度改革的新探索》，《社会科学》2004 年第 8 期。

也不愿意牺牲德国的长远利益。① 结果，反对党领袖默克尔 2005 年取代施罗德担任联邦总理。而联盟党（基民盟－基社盟）虽然批评施罗德，但对"2010 议程"并无太大意见，默克尔政府在施罗德下台后深入推行"2010议程"。她"在当年 11 月 30 日发表的政府声明中表达了对施罗德的感谢，因为他克服阻力实施改革议程，勇敢而又果断地开启了改革之门"。"2010议程"对重建德国竞争力的作用巨大，德国目前劳动力市场和经济方面处于积极发展态势，施罗德改革在其中所起的作用不容否认。② 默克尔在延续改革政策时也一定程度上抛弃了党派之见，使得改革进展较大。③ 这样，虽然政党轮替，积极福利改革是两大政党的共识和施政基调，为经济发展以及危机期间的良好表现奠定了基础。正如德国学者常说的那样，改革后即是改革前，④ 改革是一个不断推进的动态过程。

英国情况也与此类似。卡梅伦政府在改革中提高税费、削减福利的举措曾引起大学生、公务员和教师的抗议和罢工。由于经济全球化的冲击和全球性经济衰退使两极分化扩大，对原有福利的任何削弱都比较敏感。反全球化运动方兴未艾与此密切相关。但是，纵观英国 30 年改革实践，其改革的基本理念和措施均已超越政党纷争，成为左右翼政党的"新共识"，即媒体所总结的"布莱梅伦主义"。这个词是英国继"巴茨克尔主义"、"布莱切尔主义"之后，英国两大政党在新世纪形成的新共识。这方面有一个鲜活的例子，2009 年工党政府对年收入超过 15 万英镑的人征收 50% 的"富人税"，被视为富人代言人的保守党党首卡梅伦对此明确表示支持。⑤

此外，在福利改革实施过程中，北欧国家的"社会伙伴协议"发挥着重要影响，工会、雇主协会和政府在结构调整、继续学习和技能发展、劳

---

① 丁纯、李君扬：《未雨绸缪的德国社会保障制度改革：金融危机中德国经济一枝独秀的主因》，《当代世界与社会主义》2012 年第 5 期。

② 郑春荣：《德国如何抓住改革的"时机之窗"："2010 议程"的理念、影响与反思》，《学术前沿》2013 年第 11 期（下）。

③ 丁纯、李君扬：《未雨绸缪的德国社会保障制度改革：金融危机中德国经济一枝独秀的主因》，《当代世界与社会主义》2012 年第 5 期。

④ 丁纯、李君扬：《未雨绸缪的德国社会保障制度改革：金融危机中德国经济一枝独秀的主因》，《当代世界与社会主义》2012 年第 5 期。

⑤ 丁纯、李君扬：《未雨绸缪的德国社会保障制度改革：金融危机中德国经济一枝独秀的主因》，《当代世界与社会主义》2012 年第 5 期。

动力市场保障的公共政策等方面协调合作，对竞争力和社会可持续性高度负责。① 因而，积极福利改革取得了显著成效。

而在法国，凝聚左右共识、对"第三条道路"颇有心得的马克龙及其追随者先后赢得总统大选和议会大选，也为医治"法国病"提供了一些可能。

总之，福利国家改革并非一帆风顺，"欧美国家的社会福利体制改革处在一个艰难的时期"。② 而积极福利改革打破了"福利拖累经济"的教条认知，让经济与民生（福利）相得益彰，克服或减缓了经济危机的负面影响，这值得深入研究和积极借鉴。

（作者为中央党史和文献研究院助理研究员）

---

① 王鹤：《效率与公平俱佳的北欧模式》，《全球视野》2013 年第 3 期。
② 林德山：《热话题与冷思考：关于金融危机背景下欧美国家社会福利体制研究的对话》，《当代世界与社会主义》2012 年第 5 期。

图书在版编目(CIP)数据

走向欧洲命运共同体之路 / 李维，范继敏主编. --
北京：社会科学文献出版社，2020.3
（北京大学史学丛书）
ISBN 978 - 7 - 5201 - 6019 - 3

Ⅰ.①走…　Ⅱ.①李…②范…　Ⅲ.①欧洲 - 历史 -
文集　Ⅳ.①K500.7 - 53

中国版本图书馆 CIP 数据核字（2020）第 014909 号

北京大学史学丛书
走向欧洲命运共同体之路

主　　编 / 李　维　范继敏

出 版 人 / 谢寿光
责任编辑 / 邵璐璐

出　　版 / 社会科学文献出版社·历史学分社（010）59367256
　　　　　　地址：北京市北三环中路甲 29 号院华龙大厦　邮编：100029
　　　　　　网址：www. ssap. com. cn
发　　行 / 市场营销中心（010）59367081　59367083
印　　装 / 三河市尚艺印装有限公司

规　　格 / 开　本：787mm × 1092mm　1/16
　　　　　　印　张：23.25　字　数：370 千字
版　　次 / 2020 年 3 月第 1 版　2020 年 3 月第 1 次印刷
书　　号 / ISBN 978 - 7 - 5201 - 6019 - 3
定　　价 / 138.00 元

本书如有印装质量问题，请与读者服务中心（010 - 59367028）联系

▲▲ 版权所有 翻印必究